儒家创业管理

Confucian Entrepreneurial Management

余长春 著

图书在版编目（CIP）数据

儒家创业管理/余长春著. —北京：经济管理出版社，2019.10
ISBN 978-7-5096-2507-1

Ⅰ.①儒… Ⅱ.①余… Ⅲ.①儒家—哲学思想—应用—企业管理 Ⅳ.①F272

中国版本图书馆 CIP 数据核字（2019）第 252011 号

组稿编辑：杜　菲
责任编辑：杜　菲
责任印制：黄章平
责任校对：赵天宇

出版发行：经济管理出版社
　　　　　（北京市海淀区北蜂窝 8 号中雅大厦 A 座 11 层　100038）
网　　址：www.E-mp.com.cn
电　　话：（010）51915602
印　　刷：三河市延风印装有限公司
经　　销：新华书店
开　　本：720mm×1000mm/16
印　　张：20.25
字　　数：384 千字
版　　次：2019 年 10 月第 1 版　2019 年 10 月第 1 次印刷
书　　号：ISBN 978-7-5096-2507-1
定　　价：98.00 元

·版权所有　翻印必究·
凡购本社图书，如有印装错误，由本社读者服务部负责调换。
联系地址：北京阜外月坛北小街 2 号
电话：（010）68022974　邮编：100836

总　序
为解决人类管理问题提供中国方案

文明因交流而多彩，文明因互鉴而丰富。共同建设美丽地球家园、共同构建人类命运共同体，需要推动跨国界、跨时空、跨文明的交流互鉴，从不同文明中寻求智慧、汲取营养，以文明交流超越文明隔阂、以文明互鉴超越文明冲突、以文明共存超越文明优越，推动人类文明进步和世界和平发展。

中华文明，是在中国大地上产生的文明，也是同其他文明不断交流互鉴而形成的文明，历经5000多年的历史变迁，始终一脉相承，是中华民族的精神血脉，需要薪火相传、代代守护，更需要与时俱进、勇于创新。今天，时代的进步推动中华文明创造性转化和创新性发展，激活其生命力，是摆在我们面前的重要课题。

当今时代，人类生活在不同文化、不同种族、不同肤色、不同宗教和不同社会制度所组成的世界中，各国人民形成了"你中有我、我中有你"的命运共同体。面对世界百年未有的大变局，面对全球经济治理中与日俱增的风险挑战，携手解决人类共同面临的各种挑战，中国发挥什么样的作用，成为全世界关注的焦点，也是摆在我们面前的重要课题。

70年来的奋斗实践，中国取得了举世瞩目的历史性成就，中华民族"站起来""富起来"最终必然"强起来"的伟大复兴梦想正日益成为现实。国际上理性看待中国的人越来越多，为中国点赞的人也越来越多。进入新时代，中国管理学者必须增强底气、鼓起士气，树立世界眼光，立足中国大地，用中国理论解读中国实践，用中国话语讲好中国故事，为解决人类管理问题奉献中国智慧，为丰富人类管理思想提供中国方案，为改善人类管理实践展现中国力量，形成同我国综合国力相适应的国际话语权。

为此，我们一方面需要面向实践、瞻望未来，积极面对中外管理实践中面临的新情况、新问题、新挑战，汲取不同文明土壤中的管理思想，提出管理的新观点、新理论、新思想。另一方面也需要回顾历史、鉴古知今，系统整理中华优秀传统文化中所蕴含的管理思想，以中华民族独有的爱国精神、社会理想、生命境界、处世哲学、道德规范、心性修养和改革精神等为底蕴想问题、观大势、思管理。因为中华优秀传统文化一直是中华民族的力量之源、情感之源、动力之源和信心之源，也是今天治国理政、发展经济和改善管理实践的重要思想源泉。今天，中华优秀传统文化早已走向世界，越来越受到国际社会的认可，中华优秀传统文化中蕴含着解决当今国际社会共同面临的一系列管理难题的重要启示，值得全人类共同学习、珍视和爱护。

中国古代管理思想源远流长、博大精深。光辉灿烂的中华文明留下无数传世经典，凝聚着独具特色的中国管理智慧。中华民族修建万里长城、开凿大运河、治理黄河等伟大管理实践，也积累了丰富的管理经验。系统整理中国古代管理思想，用独特的视角、概念和精神提出不同于西方的管理理论体系，服务当代管理实践，已经成为时代的迫切需要，也是历史赋予当代中国管理学者的光荣使命。

正是基于以上认识，我们决定撰写《中国管理思想精粹》丛书，其核心目的有二：一是从现代管理的视角系统解读中华优秀传统文化中的管理思想，深入总结中国管理的经验与智慧，推动中国管理思想走向世界，提升中国文化软实力；二是系统总结中国古代企业经营和公共管理的实践，提炼出有别于美国式管理、日本式管理的中国管理模式，建构有中国特色、中国气派的现代管理理论体系，推动世界管理理论的创新与变革。

本丛书拟分为五辑："（原）理"系列、"（朝）代"系列、"（学）派"系列、"（诸）子"系列、"商（帮）"系列，共20多本。"（原）理"系列，包括《中国管理思想史》《中国古典管理哲学》《中国管理学原理》等著作，主要是通过对于中国管理思想发展脉络的梳理和核心管理概念的创新，构建中国管理理论体系的基础。"（朝）代"系列，包括《先秦政府治理思想》《秦汉国家管理思想》《近代管理思想》等著作，主要是通过深入分析各个历史阶段的重要管理思想，展现中国管理思想的发展演变历史过程。"（学）派"系列，包括《兵家战略管理》《儒家行为管理》《儒家伦理管理》等著作，主要是通过对中国传统某一个学派的某类管理思想的专题剖析，准确传达各学派管理思想的精髓和当代运用要领。"（诸）子"系列，包括《老子管理思想》《孙子竞争战略》《管子管理思想》等著作，主要是通过对某个著名思想家或某部典籍的管理学构建，力求完整剖析和深入研究其某类管理思想。"商（帮）"系列，包括《赣商管理思想》《晋商管理思想》《徽商管理思想》等著作，主要是通过对中国古代不同商帮的商业竞争与企业经营思想的系统解读，提炼中国古代的企业经营管理智慧。

总体上，我们期望本套丛书能够体现以下几个特点：

第一，管理学与历史学视角的融合。既强调从管理学学科架构去分析中国古代管理思想，发现其内在的逻辑规律，为创立中国自己的管理理论提供重要支撑；又将中国古代管理文献视为确定的历史事实，通过研究者的工作还原不同历史时期的管理环境、管理实践和管理思想。管理思想的产生和发展也离不开环境的影响，历史学视角的研究将探讨中国管理思想与中国文明的关系，研究中国管理思想发展的内在规律，揭示中国古代管理思想与中国古代文明高度发达之间的关系。

第二，跨文化比较的视角。将中国古代管理思想视为人类有目的的思维活动的一部分，和西方管理思想一样，都是人类管理思维活动的集中体现。主要通过对不同社会文化背景中产生的管理思想、管理模式以及管理效果进行多维度的分析和比较，探讨它们之间的异同和不同文化背景中的管理理论与实践的可转移性。与此同时，通过内容分析与哲学思辨的方法，探究中国古代管理文献的思想意涵及其文化源流，比较其与西方管理思想之间的差异。

第三，多维立体的管理思想体系。既有对中国古代管理思想史的纵向梳理，又有对同一时期各个不同思想流派管理思想的横向探索；既有对管理哲学、管理原理等基础之基础的研究，也有对古代管理实践之解析。

本套丛书的撰写始于2008年，至今已逾十载，可谓"十年磨一剑"。丛书作者，是一批对中华优秀传统文化具有浓厚兴趣、有志于用中国古代管理思想为世界贡献智慧的学者。十年来，团队为了丛书的编写召开了20多次专题会议，出版社的编辑等多次参与丛书的讨论，许多博士、硕士研究生也为此付出了辛勤的汗水，在此一并表示感谢！丛书还得到了国家社会科学出版基金、国家出版基金的大力支持，对此，团队感到十分的欣慰和感激。

心怀梦想，勉力十年，但工作仍属起步，尚需不忘初心，笃力前行。希望我们的研究能够启迪广大读者的管理学习、管理研究和管理实践。当然，由于水平有限，我们的研究难免存在问题，敬请批评、指正，以求不断完善。

整理国故，弘扬中国管理文化是一项系统工程。中国古代管理思想中尚有许多经典命题亟待做出"创造型转化、创新性发展"，时不待我，但非一日之功，亟待当代中国人的文化自觉、责任担当，希望有更多学科越来越多的学者共同持续地努力。

吴照云

2019年4月2日

前 言

儒家思想是人们在长期的生产劳动、社会活动和思维活动过程中，逐渐创造、积累、发展起来的优秀传统文化。儒家思想内容既丰赡富丽，又具有生生不息的内在活力，是中华民族坚强的精神支柱，也是我们民族凝聚力和生命力之所在。毛泽东曾指出："我们这个民族有许多珍贵品德，从孔夫子到孙中山，我们应当予以总结、承继这一份珍贵的遗产。"当今时代，儒学依然散发着无穷的智慧与光芒。孔子是中国古代历史上伟大的思想家、政治家和教育家，他集以往文化思想之大成，开启世儒家学说之先河。2004年至今，全球成立的孔子学院已经遍布了五大洲。在经济全球化和文化多元化的形势下，儒家思想正在凸显自己的现代价值。无论是在汉语世界还是在英语世界里，儒学现代化思想的运用已经获得了极大的关注，其思想、言论及其功用已被广泛传播。

儒家思想又称为儒学。"儒"是中国春秋战国时期，"百家争鸣"中的一个学术派别。儒家思想把孔子作为儒家的宗师，因此又称为孔子学说，是对中国影响深远并持续至今的意识形态。在传统儒学形成之前，古代社会贵族和自由民分别通过"师"与"儒"来接受传统的六行（孝、友、睦、姻、任、恤），六德（智、信、圣、仁、义、忠）以及六艺（礼、乐、射、御、书、数）的社会化教育。儒家学派的创始人孔子第一次打破了统治阶级垄断教育的局面，变"学在官府"为"有教无类"，把知识传播给平民百姓，使整个民族都接受儒学的洗礼。千百年来，儒家思想教化、哺育着中华文化，成为中华民族的精神和文化脊梁。儒家思想主要内容包括仁、义、礼、智、信、恕、忠、孝、悌，之后逐步发展为以"仁"为核心，主张"仁政"，注重"民贵君轻"及"政在得民"，在实践上极力反对苛政。儒家思想最光彩的焦点闪烁在于重视民心向背、体恤民众、取信于民和仁政王道方面。儒家思想十分重视和谐，包括对个体自我的身心和谐、己与他的和谐、人与天的和谐等。因此，儒家思想总是力图辨明伦理关系、处理好人伦关系、治理好社会公共秩序，保持组织结构稳性牢靠。"天人合一"、"民胞物与"、"和以解仇"、"和以处世"、"知行合一"等都是上述思想的真实反映。

日本最早从现代管理的角度来研究儒家管理思想的学者是涩泽荣一，其代表作为《左手论语，右手算盘》（也称为《论语与算盘》）。美国学者顾理勒于1984年发表了《孔子与现代世界》的文章，强调"孔子令人佩服的开明心态，以及他对教育的重视和他坚持人人皆有机会尽量提升自己的知能才性"。澳大利亚学者利特尔与里德合著的《儒学的复兴》一书中指出，"21世纪管理学的主流将来自东方"，并充分地肯定了儒家仁治管理思想。国内学者研究儒家管理思想是从20世纪80年代开始的，并陆续发表出版了儒家思想管理的相关文章与著作，涌现出沈祖炜、赵靖、黎红雷、孙聚友、陈德述等研究专家学者。复旦大学苏东水认为，现代西方管理中维系支撑企业有效运作的是纪律与规则，而东方管理模式强调赏罚分明，更重视采用道德约束的方式来规范员工及管理者的行为，指出东方儒家思想管理的本质是"以人为本，以德为先，人为为人"。我国港台学者对于儒家管理思想的研究，始于20世纪70年代，代表人物有成中英、曾仕强与傅佩荣。

20世纪80年代中后期，创业经济在欧美发达国家兴起。21世纪，创新、创业、创造成为经济社会生活中的主流。在"后危机时代"的背景下，创业型经济被看作是推动全球经济发展的新动力与新引擎。正如创业大师拉里·法雷尔所说："发展创业型经济是打赢21世纪这场全球经济战争的关键。"为此，世界各国都在大力发展创业型经济，创业潮在欧美、亚洲及我国悄然兴起与蓬勃发展。杰夫里·蒂蒙斯（Jeffry A. Timmons）指出，创业是一种思考、推理与结合运气的行为方式，它为运气带来的机会所驱动，需要在方法上全盘考虑并拥有和谐的领导能力。

在创业大潮中，儒商迅速崛起、队伍逐渐扩大。先秦时期有陶朱、子贡、白圭、桑弘羊等一代儒商，后有明清的晋商、徽商以及淮商、闽商、郴商等儒商商帮，现今也涌现出荣氏家族、邵逸夫、霍英东等现代儒商。在台湾地区，有"东亚"和"儒学"结合起来的实践创业。受瞩目的"亚洲四小龙"为代表的东亚经济的崛起，也与儒家思想的深深影响分不开。1994年7月，首届国际华裔商招商会暨儒商文学研究讨论会在中国海南省召开，来自海内外的儒商和儒商文学研究者100多人与会，成立了国际儒商学会。儒商正在世界各地兴起，儒家经世致用哲学应用于经济领域的成功效果显著，也由此形成了底蕴深厚的儒商文化。

前　言

改革开放30多年来，不断成长发展的中国民营企业成果累累。但是我们也应该清醒地看到，最近几年与这些骄人的成就并存的是，创业者为了追求一己之利，往往无视甚至损害他人及社会的利益，从而引发了"地沟油"、"毒奶粉"、"苏丹红"等频频发生的产品质量与食品安全问题，以及矿难事故、拖欠工资、环境污染等危害社会公众利益和使"中国制造"蒙羞的事件。更令人担忧的是，这些企业的不良行为及个别行业的可怕潜规则只是大量类似现象的冰山一角，它暴露了国内创业企业社会责任感的普遍缺失，现实中的创业企业对创业责任问题履行和处理很不尽如人意。究其根源，正是创业者和企业文化在根本上背离了"义利观"与"天人合一"的生态责任观，以及"以天下为己任"的社会责任观。与此同时，创业企业遇到了一些成长的困境，也面临着许多问题，如创业者急功近利、创业企业寿短、创业团队成员冲突，等等。背后的经验教训是：忽视创业企业伦理道德的建立，或者是盲目地赶时髦而照搬移植西方的企业伦理思想，这种经营管理模式必难以永续。

当下，"商业文明"一词不断被人提起，而现实中往往是带有西方文化烙印的商业文明，对本土文化中的商业文明的影响却很有限。创业需重新审视创业伦理、创业精神、创业动机、创业目标、创业责任及创业本质等一系列创业管理问题，特别是应回归到中国传统文化根基之中进行全方位诠释与系统洗礼。

孔子的哲学思想为中国的士人确立了很高的人生目标，要求人们终身坚持不懈地履行对他人以至天下人的不可推卸的责任。他曾对曾子说："士不可以不弘毅，任重而道远。仁以为己任，不亦重乎？死而后已，不亦远乎？"在孔子的眼中，人道重于天道。他把事在人为的信念转化为自强不息，刚健有为的精神。而这种进取精神所能转化的力量是无穷的。为此，国人应该弘扬进取的儒家思想。儒学是中国传统文化中的一棵千年大树，吸取其中的创业管理精髓，能够收获甜美的硕果。在深入应用西方商业文明成果的同时，吸收我国传统商业文明的精华，不断融会贯通，定能重新体察、回归到传统商业文明的全新真义。

探求儒家思想中的创业管理真谛，挖掘儒学中的道德价值观，用儒家思想指导创业管理，符合创业管理本土化的需要，也是创立中国式创业管理理论的明智之举。汇通中西方创业管理思想资源，挖掘蕴藏在儒学中的创业管理思想，形成系统的儒家创业理论与方法，去"西方化"的创业管理理论，还原中国式的创业管理原貌，是传承、发扬、光大儒家思想的重要路径，能够促进本土化创业管理理论的丰富与发展，并由此提升创业绩效。同时，这对于提高创业者和创业企业的创业素养、协调各种社会关系也是大有裨益的。

　　本书从分析创业、创业管理、儒家思想体系等概念入手，从创业决策管理、创业要素管理、创业组织管理和创业过程管理四个维度，选用古代及现代儒商案例来探究儒家创业管理理论。全书包括八大章：导论、儒家责任观与创业责任管理、儒家勇为观与创业决策管理、儒家品质观与创业者素质管理、儒家人治与创业员工管理、儒家礼治与创业团队管理、儒家仁治与创业组织管理、儒家祸福观与创业生命周期管理。希冀能够在西方创业管理的理论基础上添加儒家管理思想元素，以此丰富中国本土化的创业管理理论。

Abstract

Confucian thought is the excellent traditional culture been gradually created, accumulated and developped of by the people in the process of long-term production of labor, social activities and thinking activity. Confucian thought content is full of rich and internal vitality of life and growth in nature, is a strong spiritual pillar of the Chinese nation and our national cohesion and vitality as well. Mao Ze-dong once pointed out: "Our nation has many precious character, from Kong Fu-zi to Sun Zhong-shan, we should sum up, inherit this precious heritage."In the present era, Confucian thought still exudes the infinite wisdom and light. Confucius was great thinker, statesman and educator in chinese ancient, he concentrated on the previous cultural ideas and opened the door of Confucian thought. From 2004 to now, Confucius institute in the world have already established across five continents. In the situation of economic globalization and cultural diversification, Confucian thought is highlighting its own modern value. Whether in Asia or in the English speaking world, the modernization thought of Confucianism has received a great deal of attention, its thought, speech and function have been widely spreaded.

Confucian thought is also called Confucianism "Confucianism" is an academic factions in the contention of a hundred schools of thought of the spring and autumn and warring states period in China. Because Confucianism regarded Confucius as the Confucianism master, it is also known as the Confucius theory, is the ideology influenced China far-reaching and continued to the present. Before the formation of traditional Confucianism, the ancient society of nobles and free people received social education by the "masterl" and "Confucianism", including six conducts (filial piety, friends, harmony, marriage, Ren, xu), six Character(wisdom, sincerity, righteousness, benevolence, courtesy, loyalty) and six skills (etiquette, music, shot, defense, books, digital.) As the founder of Confucianism, Confucius first broke the education monopoly situation by the ruling class, change "education in the government" to "make no social distinctions in teaching", communicated knowledge to the civilian population, and drove the whole nation to accept the baptism of confucianism. For thousands of years, Chinese culture has been educated and nursed by Confucian thought which becomed backbone of Chinese nation and culture. The main ideal of Confucian thought is consist of benevolence, righteousness, propriety, wisdom, faith, loyalty, forgiveness, filial piety, then gradually developed into "benevolence" as the core, advocated "the people are more important than the ruler" and "politics is to get people", and fought against tyranny in practice. Confucian thought attaches great importance to harmony, including the individual harmony, the harmony between individual and others, the harmony between man and heaven, and so on. Therefore, Confucian thought was always trying to identify the ethical relationship, handle human relation, governance public order, and maintain social structure stability and reliable. "Harmony between man and nature", "the unity of knowledge and action" is the real reflection of thought above.

The first Japan country scholar studied the Confucian management thought from the angle of modern management is Shibuzawa Eichi, which the representative work is "the left hand Confucius while the right hand abacus" (also known as "the Analects of Confucius and the abacus"). USA scholar Gu Le published article of "Confucius and the modern world" in 1984, emphasizing "the admirable enlightened mind of Confucius, and his emphasis on education, and his view whice every people has the opportunity to try to improve their ability and knowledge." Australia scholar Littell and Reed note in the book "the revival of Confucianism" that the mainstream management of the twenty-first Century will come from the East", and fully affirmed the Confucian benevolence management thought. The domestic scholars study of Confucian management thought is from the beginning of 1970's, and has published a related article management of Confucian thought and literature, and has emerged Shen Zuwei, Zhao Jing, Li Honglei, Sun Juyou, Chen Deshu and other experts and scholars. Su Dongshui of the Fudan University thinks that discipline and rules maintainand support enterprise operate effectively in the modern western management, and the oriental management model emphasis distinc rewards and punishments, and pays more attention to the moral obligation to regulate the behavior of staff and management, and points out that the essence of eastal Confucian thought management is "people-oriented, moral Guide, human behavior is for the people". Scholars of Hong Kong

Abstract

and Taiwan began to study Confucian management thought in 1960's, represented by Cheng Zhongyin, Zheng Shiqiang and Fu Peirong.

In middle-late 1970's, entrepreneurial economy rise in developed countries in Europe and America. In twenty-first Century, innovation, entrepreneurship, creation have become the mainstream of economic and social life. In the background of "Post Crisis Era", entrepreneurial economy is regarded as a new power and new engine driving the global economy. Just as venture master Larry Farrell said: "the development of entrepreneurial economy is the key to winning the twenty-first century global economicwar." Therefore, all countries in the world develop entrepreneurial economy, entrepreneurial boom is rising qietly and flourishing in Europe, Asia and China's. Jeffry A. Timmons pointed out that entrepreneurship is a way of behavior of thinking, reasoning with luck, it is driving by luck and opportunity, and needs harmony leadership in the method to consider the overall.

In the business tide, Confucian Businessmen team rises rapidly and expands gradually. In the pre-Qin period, there were Tao Zhu, Zi Gong, Bai Gui, Sang Hongyang, during the Ming and Qing Dynasties, there were Shanxi Merchants, merchants of Huai area, Fujian merchants, Huai merchants, Chen's merchants, now also emerged family of Rong, Shao Yi fu, Huo Yin dong and other modern Confucian merchants. In Taiwan, there is the practice entrepreneurship combined by "East asia" and "Confucianism". The rise of East Asian economy as the representative of Watched "East Asian Tigers", deeply related to influence of Confucian thought. In 1994 July, the Confucian literary merchants and the first Chinese international business conference were held in Hainan province, more than 100 Confucianism and Confucian literature researchers from home and abroad attended the meeting, and the International Confucian society was established. The rise of Confucian is all over the world, the successful results which Confucianist philosophy applied to economic field is significant, which formed the profound Confucian culture.

30 years since the reform and opening up, Chinese private enterprises fruitful achievements gradually growing up have been made. But we should also see clearly, in recent years, in line with these remarkable achievements, in pursuit of their own interests, entrepreneurs often ignore or even damage the interests of others and society, thus causing the problem of product quality and food safety, such as "drainage oil", "poison milk powder", "tonyred", as well as problems harm to the public interest and the shame "China manufacturing" events, such as "the mine accident",

"arrears of wages", "environmental pollution". More worryingly, these bad behaviors made by enterprises and unspoken rule in individual industry are iceberg of similar phenomenons, it exposed the lack of social responsibility which domestic entrepreneurship corporate should bear. Investigate its cause, it lie in the deviation between the entrepreneur, enterprise culture and "righteousness", "harmony" between man and nature, the sense of social responsibility of "taking the world as the own". Mean while, entrepreneurial enterprises meet some growing dilemma, also facing many problems, such as, only pursuit to interest rapidly, short life for entrepreneurial enterprises, entrepreneurial team conflict, and so on. Behind lessons is: ignore business ethics or copy and transplante western corporate ethics established in west, this kind of management mode will be difficult to sustainable.

At present, "commercial culture" has been mentioned constantly, but there is often the commercial civilization with western culture in reality, and it's affection on the local commercial civilization is very limited. In entrepreneurship, it need to re-examine series of entrepreneurial management problems, such as business ethics, entrepreneurship, entrepreneurial motivation, business objectives, business responsibility and entrepreneurial nature, and it especially should return to the foundation of Chinese traditional culture so as to all-round interpretate and baptism systemly.

Confucius Philosophy set high goals in life for Chinese scholar, and asked people to fulfill responsibility to others in the world unremittingly. He said to Zeng zi: "people can not no firm, way is long and heavy to go oneself responsibility is benevolence, not heavy? Until my heart stops beating, not also far?" For Confucius, humanity is more important than heaven. He transferred beliefs done by human effort into self-improvement, vigorous spirit. This power transformed by enterprising spirit is infinite. Confucianism is a 1000 year old tree in chinese traditional culture, absorbing the essence of business management, can harvest the sweet fruit. In the process of applying the western commercial civilization, at the same time, we should absorb the essence of chinese traditional commercial civilization, and combine them together constantly, it will be able to understand and return to new meaning of traditional commercial civilization.

Seeking to the essence of entrepreneurial management in Confucian thought, digging out moral values of Confucian, using Confucian though to guide enterprise management, it meets the needs of local entrepreneurial management and is wise behavior of seting up chinese entrepreneurship management theory. Connecting business management thought resources each other between the west and Chinese, digging in entrepreneurial management thought contained in Confucianism, forming into the system of Confucian entrepreneurship theory and method, removing "the west" entrepreneurial management theory, returning to Chinese entrepreneurial management style, they are important way to inherit, develop, and everbright Confucian though, can promote the enrichment and development of localization entrepreneurship management theory, and thus enhance entrepreneurial performance. At the same time, it also is of great advantage for increasing entrepreneurial quality of entrepreneurs and entrepreneurial enterprises, coordinate all kinds of social relations.

Starting with the concept analysis of entrepreneurship, entrepreneurial management, Confucian thought system, from four dimensions of entrepreneurial decision management, entrepreneurial factor management, entrepreneurial organization management and entrepreneurial process management, the ancient and modern Confucian case were elected to explore Confucian entrepreneurial management theory in the book. It includes eight chapters in the book: Introduction, Confucian responsibility concept and entrepreneurial responsibility management, Confucian brave view and entrepreneurial decision management, Confucian quality concept and entrepreneurial quality management, Confucian man rule and entrepreneurial staff management, Confucian rites government and entrepreneurial team management, Confucian benevolence government and entrepreneurial organization management, Confucian concept of Scourge and blessing and entrepreneurial life cycle management. Hoping to add elements of Confucian Management thought on the basis of the Western entrepreneurial management theoretical foundation, so as to enrich Chinese local entrepreneurship management theory.

目 录

第一章 导 论 ··· 1
 第一节 研究背景及研究意义 ·· 1
 第二节 儒家思想 ·· 8
 第三节 创业管理 ·· 14
 第四节 儒家思想与创业管理 ·· 21
 延伸阅读 ··· 27

第二章 儒家责任观与创业责任管理 ·· 29
 第一节 儒家责任观 ··· 29
 第二节 创业责任管理 ·· 37
 第三节 儒家创业组织内部责任 ··· 39
 第四节 儒家创业组织外部责任 ··· 45
 本章小结 ··· 55
 延伸阅读 ··· 58

第三章 儒家勇为观与创业决策管理 ·· 62
 第一节 儒家"勇为观" ·· 62
 第二节 创业决策 ·· 68
 第三节 创业前决策的勇为观 ·· 74
 第四节 创业中决策的勇为观 ·· 83
 第五节 创业后决策的勇为观 ·· 87
 本章小结 ··· 93
 延伸阅读 ··· 95

第四章　儒家的品质观与创业者素质管理 …… 97
第一节　儒家品质观 …… 97
第二节　创业者素质 …… 108
第三节　儒家创业者道德素质管理 …… 113
第四节　儒家创业者美德素质管理 …… 122
第五节　儒家创业者品格素质管理 …… 127
第六节　儒家创业者能力素质管理 …… 132
本章小结 …… 139
延伸阅读 …… 141

第五章　儒家人治与创业员工管理 …… 145
第一节　儒家人治思想 …… 145
第二节　创业员工管理 …… 153
第三节　儒家人治与创业员工职能管理 …… 162
第四节　儒家人治对创业员工管理的要求 …… 176
本章小结 …… 181
延伸阅读 …… 183

第六章　儒家礼治与创业团队管理 …… 187
第一节　儒家礼治思想 …… 187
第二节　创业团队管理 …… 195
第三节　儒家礼治与创业团队成员 …… 202
第四节　儒家礼治与创业团队文化 …… 211
第五节　儒家礼治与创业团队领导 …… 218
本章小结 …… 227
延伸阅读 …… 229

第七章　儒家仁治与创业组织管理 …… 231
第一节　儒家仁治思想 …… 231
第二节　创业组织管理 …… 239
第三节　儒家仁治与创业组织设计 …… 242
第四节　儒家仁治与创业组织运作 …… 248

第五节　儒家仁治与创业组织变革·················256
　　本章小结·····································261
　　延伸阅读·····································263

第八章　儒家的祸福观与创业生命周期管理···············265
　　第一节　儒家祸福观·····························265
　　第二节　创业企业生命周期·······················270
　　第三节　祸福观与创业企业生命周期段管理·········274
　　本章小结·····································282
　　延伸阅读·····································283

参考文献···285

后　记···295

Contents

Chapter 1 Introduction 1
  Section 1 Research Background and Research Significance 1
    1.1 *Research Background* 1
    1.2 *Research Significance* 4
  Section 2 Confucian Thought 8
    2.1 *The Formation and Development of Confucian Thought* 8
    2.2 *The Main Schools of Confucian Thought* 11
    2.3 *Confucian Classic Work* 11
    2.4 *The Core Essence of Confucian Thought* 13
  Section 3 Entrepreneurial Management 14
    3.1 *Entrepreneurship* 14
    3.2 *Entrepreneurial Management* 18
  Section 4 Confucian Thought and Etrepreneurial Management 21
    4.1 *Confucian Though and Etrepreneurial Eonomy* 21
    4.2 *Practical Interpretation of Confucianism in Entrepreneurial Management* 23
    4.3 *Fusion between Confucianism and Entrepreneurial Management* 25

Chapter 2 Confucian Responsibility Concept and Entrepreneurial Responsibility Management 29
  Section 1 Confucian Responsibility Concept 29
    1.1 *Justice and Righteousness* 29
    1.2 *Justice and Benefit* 31
    1.3 *Social Morality* 34
    1.4 *Ecological Civilization* 35
  Section 2 Entrepreneurial Responsibility Management 37
    2.1 *Enterprise Social Responsibility* 37

2.2　Entrepreneurial Responsibility …………………………………………… 38
Section 3　Confucian Business Internal Organization Responsibility …… 39
　3.1　Confucian Responsibility Concept and Responsible for Staff ………… 39
　3.2　Confucian Responsibility Concept and Responsible for Shareholder ………… 43
Section 4　Confucian Business Eternal Organization Responsibility …… 45
　4.1　Confucian Responsibility Concept and Responsible for Business Partner … 45
　4.2　Confucian Responsibility Concept and Responsible for Consumer ………… 47
　4.3　Confucian Responsibility Concept and Responsible for Sociology ………… 49
　4.4　Confucian Responsibility Concept and Responsible for Country …………… 53
Summary of this Chapter ………………………………………………………… 55

Chapter 3　Confucian Brave View and Entrepreneurial Decision Management …………………………………………… 62

Section 1　Confucian Brave View ………………………………………… 62
　1.1　Connotation of Confucian Brave View ……………………………… 62
　1.2　Evolution of Confucian Brave View ………………………………… 65
　1.3　Characteristic of Confucian Brave View …………………………… 65
Section 2　Entrepreneurial Decision …………………………………… 68
　2.1　Definition of Entrepreneurial Decision ……………………………… 68
　2.2　Influence Factors of Entrepreneurial Decision ……………………… 69
　2.3　Process of Entrepreneurial Decision ………………………………… 70
　2.4　Methods of Entrepreneurial Decision ………………………………… 73
Section 3　Confucian Brave View before Entrepreneurial Decision …… 74
　3.1　Dare or Not …………………………………………………………… 74
　3.2　Free from Fear for Courageous ……………………………………… 77
　3.3　The Courage to Explore ……………………………………………… 79
　3.4　Advocating Brave …………………………………………………… 80
　3.5　Character Building of Benevolence and Righteousness Brave ……… 82
Section 4　Confucian Brave View of Decision in the Course of Entrepreneurship ………………………………………… 83
　4.1　Use of People by Benevolence and Righteousness Brave …………… 83
　4.2　Financial Transactions by Intelligence and Brave …………………… 85
　4.3　Marketing by Sincerity and Brave …………………………………… 86
Section 5　Confucian Brave View after Entrepreneurial Decision ……… 87

| Contents |

    5.1 *Cooperation by Good and Brave* 87
    5.2 *Innovation by Liking Brave* 88
    5.3 *Dedicated to Cause by Brave Accumulation* 90
    5.4 *Self-cultivation by Brave Study* 91
    5.5 *Brave but Ination* 92
  Summary of this Chapter 93

Chapter 4 Confucian Quality Concept and Entrepreneurial Quality Management 97

Section 1 Confucian Quality Concept 97
    1.1 *Quality Value* 97
    1.2 *Quality Characteristic* 99
    1.3 *Quality Composition* 100
    1.4 *Quality Culture* 102

Section 2 Entrepreneurs Quality 108
    2.1 *Entrepreneurs* 108
    2.2 *Entrepreneurs Quality* 110

Section 3 Moral Quality Management of Confucian Entrepreneurs ... 113
    3.1 *Combination of Benevolence and Courtesy* 113
    3.2 *Combination of Justice and Interest* 116
    3.3 *Honest and Trustworthy* 117
    3.4 *Win People by Virtue* 119

Section 4 Virtue Quality Management of Confucian Entrepreneurs ... 122
    4.1 *Temperature and Respective* 122
    4.2 *Industrious and Thrift* 123
    4.3 *Modest and Humility* 126

Section 5 Character Quality Management of Confucian Entrepreneurs 127
    5.1 *Loyalty and Filial Piety* 127
    5.2 *Impartial and Honest* 130

Section 6 Ability Quality Management of Confucian Entrepreneurs ... 132
    6.1 *Bold and Crafty* 132
    6.2 *Diligence* 133
    6.3 *Practice* 134

6.4　Change from Time to Time ……………………………………… 135
　Summary of this Chapter ………………………………………………… 139

Chapter 5　Confucian Man Rule and Entrepreneurial Staff Management ……………………………………………… 145

Section 1　Confucian Man Rule Though ………………………… 145
　　1.1　*Man Rule Though Evolution* ………………………………… 145
　　1.2　*Man Rule Though Hypothesis* ……………………………… 147
　　1.3　*Man Rule Though Features* ………………………………… 148

Section 2　Enterprise Staff Management ……………………… 153
　　2.1　*Staff Management* …………………………………………… 153
　　2.2　*Enterprise Staff Management* ……………………………… 158

Section 3　Confucian Man Rule and Functional Management of Enterprise Staff …………………………………………… 162
　　3.1　*Staff Introduction: Only to the Talent* …………………… 162
　　3.2　*Staff Training: Learning can not be Stopped* …………… 165
　　3.3　*Staff Use: Know One's Subordinates well enough to Assign them Jobs Commensurate with their Abilities* …… 169
　　3.4　*Staff Motivation: A Variety of Methods* ………………… 172
　　3.5　*Employee Retention: Give Grace in order to Make Use of Them* ………… 175

Section 4　The Enterprise Staff Management Requirements for Confucian Man Rule ………………………………………… 176
　　4.1　*The Enterprise Staff Management Atmosphere: "Harmony is Precious"* …… 176
　　4.2　*The Enterprise Staff Management Core: Based on People* …………… 177

　Summary of this Chapter ………………………………………………… 181

Chapter 6　Confucian Rites Government and Entrepreneurial Team Management ……………………………………… 187

Section 1　Confucian Rites Government Though ……………… 187
　　1.1　*Origin and Development of Rites Government Though* … 187
　　1.2　*Connotation of Rites Government Though* ……………… 189
　　1.3　*Nature of Rites Government Though* …………………… 193
　　1.4　*Content of Rites Government Though* …………………… 194

| Contents |

Section 2　Entrepreneurial Team Management ·················· 195
　2.1　*Entrepreneurial Team* ·················· 195
　2.2　*Entrepreneurial Team Management* ·················· 200
Section 3　Confucian Rites Government and Entrepreneurial Team Staff ·················· 202
　3.1　*Intersection by Courtesy* ·················· 202
　3.2　*Harmony by Courtesy* ·················· 204
　3.3　*Move Out of Way by Courtesy* ·················· 207
Section 4　Confucian Rites Government and Entrepreneurial Team Culture ·················· 211
　4.1　*Willing to Make Friends* ·················· 211
　4.2　*Work Carefully* ·················· 215
　4.3　*Mutual Respect* ·················· 216
Section 5　Confucian Rites Government and Entrepreneurial Team Leadership ·················· 218
　5.1　*Respect Rofessionals and Use Talent* ·················· 219
　5.2　*Thrift in Spite of Rich* ·················· 222
　5.3　*Treating Subordinate with Tolerant and Glace* ·················· 224
　5.4　*Allowing Courtesy by Profits* ·················· 226
Summary of this Chapter ·················· 227

Chapter 7　Confucian Benevolence Government and Entrepreneurial Organization Management ·················· 231

Section 1　Confucian Benevolence Government Though ·················· 231
　1.1　*Origin and Development of Confucian Benevolence Government Though* ·················· 231
　1.2　*Connotation of Confucian Benevolence Government Though* ·················· 233
　1.3　*Content of Confucian Benevolence Government Though* ·················· 235
Section 2　Entrepreneurial Organization Management ·················· 239
　2.1　*Entrepreneurial Organization* ·················· 239
　2.2　*Organization Management* ·················· 241
　2.3　*Entrepreneurial Organization Management* ·················· 242
Section 3　Confucian Benevolence Government and Entrepreneurial Organization Design ·················· 242
　3.1　*"Group, Separate, Righteousness" and Organization Division* ·················· 242

3.2　*Equipped with Benevolence Talent* ········· 244

3.3　*Benevolence Value* ········· 246

Section 4　Confucian Benevolence Government and Entrepreneurial Organization Run ········· 248

4.1　*Benevolence Manager and Intenal Organization Run* ········· 249

4.2　*Benevolence Government and Organization Relationship* ········· 251

4.3　*Benevolence Government and Decentralization* ········· 254

Section 5　Confucian Benevolence Government and Entrepreneurial Organization Change ········· 256

5.1　*Benevolence Government and Organization Benefit* ········· 256

5.2　*Benevolence Government and Organization System* ········· 257

5.3　*Benevolence Government and Benefit Adjustment* ········· 259

Summary of this Chapter ········· 261

Chapter8　Confucian Concept of Scourge and Blessing and Entrepreneurial Life Cycle Management ········· 265

Section 1　Confucian Concept of Scourge and Blessing ········· 265

1.1　*Connotation of Confucian Concept of Scourge and Blessing* ········· 265

1.2　*Scourge and Blessing of Entrepreneurial Enterprises* ········· 268

Section 2　Entrepreneurial Enterprises Life Cycle ········· 270

2.1　*Connotation of Entrepreneurial Enterprises Life Cycle* ········· 270

2.2　*Stage Division of Entrepreneurial Enterprises Life Cycle* ········· 270

2.3　*Stage Characteristics of Entrepreneurial Enterprises Life Cycle* ········· 273

Section 3　Concept of Scourge and Blessing and Entrepreneurial Enterprises Life Cycle Management ········· 274

3.1　*Start-up period with growth of Scourage and Blessing* ········· 275

3.2　*Growth Period with Interdependence between Scourge and Blessing* ········· 277

3.3　*Mature Period Blessing to Scourge* ········· 278

3.4　*Recession Scourge to Blessing* ········· 280

Summary of this Chapter ········· 282

Reference ········· 285

Postscript ········· 295

第一章 导 论

第一节
研究背景及研究意义

一、研究背景

当下,管理学界十分注重发掘古代哲学思想的现代管理价值,特别是孔孟大哲学家的思想,"和而不同"、"仁民爱物"、"天人合一"等观念深受关注。

儒家思想是丰富而多元的,在每一个发展阶段都有不同的思想学派。孔子去世后,儒学分成八个学派;汉朝有今文经学、古文经学之争,也有师学与家学的传承;宋朝时,除了正统儒学外,还有理学、心学等流派,尤其是以王安石、陈亮、叶适为代表的事功学派,主张"为天下国家之用"(王安石语);明末清初的王夫之、顾炎武、黄宗羲等倡导的"经世致用"之学,以至清朝后期出现儒商、官商;等等。由此可见,儒家思想并不是像《对策》一文所说"出仕做官、辅佐君王",[1] 而且主张学以致用,关注现实,知行合一。儒家思想很大程度上能够适应当代社会经济发展的需要。儒学将"格物、致知、诚意、正心、修身"的个人修养与"齐家、治国、平天下"的社会责任紧密联系起来,正体现了它关心实务、报效君国的人生理想。它既具有"达则兼济天下,穷则独善其身"的豁达,也具有"苟利国家生死以,岂因祝福避趋之"(林则徐语)的情怀,更具有"为天地立心,为生民立命,为往圣继绝学,为万世开太平"(张载语)的崇高理想。儒家这种以国家民族为念的精神鼓舞着历代知识分子,使他们成为"中国的脊梁"(鲁迅语),书写着中华民

---

[1] 胡友旺:《儒家思想对大学生创业精神的消极影响及其对策》,《湖南师范大学教育科学学报》,2012年第5期。

族可歌可泣的历史。儒家主张"仕而优则学，学而优则仕"，① 将行政官员与学术研究相结合，隋朝以后发展成为科举选士制度，提升官员的文化层次以提高他们的管理水平，也使知识分子有了发挥自己才智的人生舞台，对社会的发展进步是有益的，明清时期逐渐僵化则另当别论。儒学滋养创业精神，儒家思想能够为创业活动提供诸多文化智慧，尤其是"知行合一"思想，可以促使人积极地进行创业实践。②

1988年1月，全世界的诺贝尔奖获得者在法国巴黎开会时发表宣言说："如果人类要在21世纪生存下去，必须回首2540年前，去汲取孔子的智慧！"在四大世界级商业传统中，"儒商"位列其一。当前，儒家思想以强大的生命力、影响力辐射到中国周边的诸多国家和地区。儒学的经营智慧促进了东方资本主义文明的崛起。这以新加坡、日本、韩国、中国台湾为代表。

有人认为，新加坡之所以在短时期内跻身世界发达国家行列，儒家思想立下头功。当时的新加坡，兴起一股"儒学热"。起因是，该国在社会治理中，吸取了儒家思想精华，初步尝到"甜头"。进而，新加坡为凝聚力量和思想，提炼出"忠、孝、仁、爱、礼、仪、廉、耻"八个字的新儒家价值观，以此指导并规范全社会的正常运行。另外，新加坡企业家讲究仁爱。很多企业家，并不把财富留给后人，而是乐善好施，捐献给社会，他们在慈善事业中，找到了比追求财富更有意义的人生。新加坡企业界人士对儒家思想格外推崇，很多人努力修炼，力争成为现代意义上的"儒商"。新加坡企业家总体上给国际社会的感觉是博学多才、温文尔雅、言谈得体，显示出谦谦君子的风度和气质。这种良好印象，为争取更多商业机会增添了砝码。儒家思想讲究中庸之道，他们深知：在社会经济发展过程中，偏激行为的无畏商业冒险，只会给企业带来灾难，给社会带来负担。秉承并发展中庸之道，对于企业发展具有重要的现实意义。在新加坡企业界，忠孝和诚信是衡量一个企业家道德水准的尺码，即便企业家有着很高的智商和情商，但若在这个方面打下折扣，就会被同行所不齿。学会做人、做一个好人，在新加坡企业界人士中达成了共识。

日本在中国的唐朝之前受到中华文化的巨大影响，大量的遣唐使使得日本文化当中带有相当的唐文化印记，韩国直到清朝都与中国维持着从属关系。日韩两国都深受中国儒家文化的浸染，儒家文化早已成为日韩两国的国学与日常生活之待人处事指标，而日韩的经济也恰恰体现了这个特点，日韩经济中最大

---

① 杨伯峻：《论语译注》，中华书局，2009年。
② 胡友旺：《儒家思想对大学生创业精神的消极影响及其对策》，《湖南师范大学教育科学学报》，2012年第5期。

的特色就是"家族企业"。韩国的几大家族企业自不必说,最大的三星集团完全就是李氏家族一手掌控,其他几大集团也没什么差别。日本乍一看不是家族企业,其实内在的还是这种模式。日本的绝大多数企业都隶属于六大财团:三井、三菱、住友、芙蓉、三和、第一劝业,这其实是模拟家族血缘关系,以共同利益为纽带把企业紧密联合在一起的"家公司"。这种家族模式的管理体制恰恰符合儒家思想的长幼有序、家族和谐的特征。这种表面看似"垄断"的经济模式,恰恰发挥了大家族那种对外集中调动资源、对内互相协商礼让的特点。日本现代管理思想家伊藤肇在其所著的《东方人的经营智慧》一书中说:"日本企业家只要稍有水准的,无不熟读《论语》和《道德经》,孔子和老子的教训给他们的激励和影响之巨,实例多得不胜枚举。"而被称为日本实业界一代霸主的著名企业家涩泽荣一则写了一本《论语与算盘》的著作,总结自己成功的经营之道,就是一手拿算盘,一手拿《论语》,既讲精打细算赚钱之术,也讲儒家的忠恕之道,二者互相补充,使事业得以发展。

韩国从未中断过儒学教育。"韩国有近80%的人信奉儒教或受过儒教思想的熏陶"。1960年以来,韩国为传承儒教,正式把儒教的道德伦理列入大、中、小学的教育科目。韩国成均馆大学是以儒教精神为办学理念的高等学校,是世界上独一无二的儒教大学。韩国是目前世界上唯一真正祭祀孔子的国家,每年春秋两季,在成均馆大学的大成殿举行,使用明朝的仪式,政府派高官参加。创业之神、三星集团创办人李秉哲会长的经营理念饱含东方儒学色彩。他从5岁起在祖父李洪锡创办的文山亭书堂学习汉学,包括《千字文》、《资治通鉴》和《论语》等。他在自传中写道,他一生研读的书是《论语》。韩国经济巨子、具有"财界总统"之称的现代之父郑周永会长,4~7岁在祖父的私塾里学习汉学《千字文》、《小学》、《大学》、《论语》、《孟子》等。与孔子相比,他更喜欢孟子,因为他认为孟子有人本思想。在现代集团的工厂里挂着的厂训是"国强民富,民富国强"。

台湾"经营之神"王永庆经常提及的两句话是:"大学之道,在明明德,在亲民,在止于至善,""知止而后能定,定而后能静,静而后能安,安而后能虑,虑而后能得。"他也经常以《三字经》的"教之道,贵以专"教育子女和员工。他的管理哲学是:管理就是追求合理化。合理化就是"点点滴滴的改善",是"追根究底",是"止于至善"。最能展现王永庆"追根究底"的精神,莫过于中外驰名的台塑"午餐会报"。为了追踪、考核台塑各有关事业单位,以了解命令贯彻的情况,并考验各单位主管与幕僚的能力起见,由台塑总管理处总经理室定期安排"午餐会报"。王永庆利用中午吃饭的时间,以便餐方式(便当或面食)轮流招待各事业单位的主管。这不但是追踪、考核以及能力的考验，而且也是主管与幕僚之间重要的沟通场所。会报通常以各事业单位经营状况或是遭遇的管理难题为主。每次参加的人数约三四十人，时间约两小时。其他制度的建立、投资案或经营改善提案，也常在会报中讨论。台塑每一事业单位都能轮到。轮到报告者，总管理处会在一个月前通知他们准备。随后拟定报告的主题和议程。报告者事前都会经过多次的演练与充分的准备。在用完便餐之后，即由事业单位主管提出报告。现场气氛严肃，会中王永庆若听到有疑问之处，立刻将报表折角，待报告到一段落时，即以惯有的"追根究底"的方式不断追问，若准备不充分，或对问题了解不够深入，随时会被问倒。面对王永庆的质问，报告者承受极大的压力，因为会报表现得好坏，将直接影响他在台塑未来的发展。有人因为表现良好而平步青云，也有人因为表现不好而降职，甚至有人因表现太差，回到办公室时，发现办公桌已经不见了。无论如何，台塑管理上的许多难题，都经由此令主管们胆战心惊的"午餐会报"迎刃而解。统一企业的创始人高清愿的经营理念是：正派经营，用人以德为先；对周边人和事以和为贵。宏碁创始人施振荣说："在台湾我花了30多年才创造出自己的企业文化。宏碁的文化几乎都和中国的传统文化息息相关。"他以孟子的"人性向善"和"王道精神"为经营哲学，恪守不渝。台湾中钢总经理赵耀东在4~9岁，读遍"四书五经"，接受中国传统文化价值"齐家、治国、平天下"的洗礼，具有士大夫"士不可不弘毅，以天下为己任"的国家社会意识。

经历三次创业以后，创业已成为我国经济发展的强劲推动力。[①] 在建设有中国特色社会主义实践中，儒学已经融入现代化中国的社会意识中，儒学与管理学的融合问题引起了国内外许多学者的关注和研究。对于创业企业经营管理而言，儒学仍具有不可低估的借鉴价值。研究儒家思想在创业管理中的运用，研究具有中国传统文化特色的创业管理理论，适应了时代经济与社会发展的需要。

二、研究意义

（一）理论意义

儒学是中华民族传统思想的主干，也是民族精神的核心。孔子作为儒学的鼻祖，对他思想的研究一直是国内外学者研究的热点。近年来，很多科研机构纷纷成立了孔子基金会和研究院，关于孔子思想研究的地域和范围更加宽广，儒学研究得到了长足的发展。现有研究对儒学的概念解析、理论特质、形成与

---

① Bygrave, W. D. Buildingan Entrepreneur Economy: Lessons from the United States [J]. Business Strategy Review, 1998, 48 (2).

发展历程、范畴体系和类别导次等方面进行了详尽的探索，这些成果深化了人们对儒学的理性认知。1854年日本被迫"开国"后，直接沦为殖民地的民族危机，儒学思想在其国土内发生了空前的改造，他们强烈要求引进西方科学技术，以"师夷之术制夷"，并提出儒学与西学理论的互补。日本现代儒学于20世纪末开端。如伊田喜家的《日中两国的现代化和儒学》以及沟口雄三等学者的相关研究。20世纪30年代，阿拉伯人开始能详细记载中国儒家创始人孔子的思想了。此后，有不少著作被编译，如1971年由埃及出版总局出版的、用英文翻译成阿拉伯文的著作《从孔夫子到毛泽东的中国思想》。还有开罗大学文学院哲学系主任侯斯尼一蛤乃斐博士已经培养第一位阿拉伯世界专攻中国哲学史的女硕士，她的毕业论文选题就是中国儒家孔子的思想。列文森作为美国20世纪五六十年代"中国研究"领域的重要代表人物，在其著作《儒教中国及其现代命运》中，对于传统与现代、历史与价值、保守与激进、东方与西方、民族主义与世界主义等重大问题进行了深入的探讨，提出许多深刻的见解，尤其着力于揭示儒家文化的内在特质及其所决定的儒教在现代社会发展的功用。英国学者李约瑟博士对儒学思想颇有研究，他认为儒家思想及其在现代的运用，对中国的发展乃至世界的发展都起到不可估量的作用。国内对儒学现代化问题的研究，主要体现在现代新儒学家对儒学思想及在现代社会中现代思想价值的研究。包括杨向奎的《礼的起源》、冯友兰的《中国哲学史新编》、徐复观的《中国学术精神》、张岱年主编的《孔子大辞典》、廖名春的《中国学术史新证》、白奚的《仁字古文考辨》、邓曦泽的《文化复兴论——公共儒学的进路》、黄玉顺主编的《现代新儒学的现代性哲学》、牟宗三的《宋明儒学的问题与发展》和胡治洪的《全球语境中的儒家论说——杜维明新儒学思想研究》等大量著作。

儒家思想中包含丰富的管理思想，如"以人为本"、"道之以德，齐之以礼"、"仁"、"和为贵"等。对儒家管理思想的研究始于20世纪70年代。在国外，东亚及东南亚各国，包括美国、日本、韩国、新加坡、马来西亚等国家，对儒学的研究成果颇丰。如哈佛大学杜维明教授指出，是否可以从儒家具有涵盖性的人文精神出发来反思启蒙文化。"在儒家的传统里有关伦理学的课题，确有很丰富的资源"。① 杜教授曾对儒家人文主义精神进行阐发："现代新儒家的人文主义，有助于建立相互沟通意见、协商、对话、妥协的和平文化。"美国学者倪培民在《儒家文化与全球性的对话与和谐》一文中指出："儒学以开放的肯定行为基本态度，以修己、复礼为基本方法，以对人生的价

---

① 杜维明：《亚洲价值与人权——从儒家社群主义的观点看》，群言出版社，2005年。

值确认为基本立场,以'赞天地之化育','与天地参'为理想境界,儒学为'和'的世界的实现提供了明确的基本原则内容,富有建设性的方法,并为世界各文化传统(包括儒学本身)留有讨论、交流、切磋,以及在这个过程中各自得到充分发挥的余地。"[1] 日本小岛毅的《中国近世之礼的论域》一书,从"如何用礼"的实践性角度考察了中国儒者从12世纪到16世纪如何让礼在中国社会生根的工作。绪形康在《日本中国近现代化思想史研究的历史与课题》一文中,回顾了日本的中国近现代史的研究,提出:"要在研究方法上进行反省,不要以欧洲中心的价值为中心,而应该直接与中国的现实对话,研究中国儒家思想在中国现实社会的作用。"[2] 日本的伊藤肇在《东方人的经营智慧》一书中,阐述了日本企业家把儒家思想运用到企业管理的情形;[3] 日本的涩泽荣一,作为日本明治和大正时期的实业家,他在《论语与算盘》中提出了"士魂商才"的概念,这种观点把儒家观念与武士道结合起来;[4] 林罗山,则是日本江户时代初期的儒学家,他结合朱熹的儒家观点,认为万物是由理和气构成的。[5] 具体把儒家仁道伦理思想与现代企业管理道德建设结合的人是日本企业家与哲学家稻盛和夫。稻盛和夫是一名"哲商",1996年著名学者季羡林先生在《新经营·新日本》一书的序言中说:"根据我七八十年来的观察,既是企业家又是哲学家,一身而二任的人,简直如凤毛麟角,有之自稻盛和夫先生始。"稻盛和夫在企业经营过程中总结出了"利他经营"、"阿米巴经营"等经营哲学。目前,稻盛和夫的著作《活法》系列等已在中国企业家中产生了深刻的影响。韩国李承焕在《自由权利抑或儒家的道德》一文中,仔细地剖析了自由主义权利说与儒家德行的利弊,提出了在自由主义权利说与儒家的"德行说"之间互动的理想。

在国内,代表人物有港台学者成中英教授和曾仕强教授、国内的沈祖炜和孙聚友等专家学者,他们主要围绕管理基础、管理目标、管理内容、管理方法等方面展开,这些研究的实用性强而理论性较弱,并且缺乏系统性。[6] 如1978年以后,出现了重新评价孔子和儒学的思潮,张岱年提出"文化综合创新"论、杜维明倡议"儒学发展的第三期前景"问题研究、余英时探讨儒家伦理与资本主义精神的契合、金耀基探讨儒家伦理与香港社会经济的关系等,这些

---

[1] 倪培民:《儒家文化与全球性的对话与和谐》,哈佛燕京学社出版社,2007年。
[2] [日] 绪形康:《中国近现代化思想史研究的历史与课题》,北京大学出版社,2006年。
[3] [日] 伊藤肇:《东方人的经营智慧》,光明日报出版社,1987年。
[4] [日] 涩泽荣一:《论语与算盘》,李政译,江西美术出版社,2010年。
[5] 陈来:《东亚儒学九论》,生活·读书·新知三联书店出版社,2008年。
[6] 黄河:《儒家管理思想研究综述》,《南阳理工学院学报》,2009年1月第2期。

研究力图阐明传统与现代并非"两立"而可"两利"的观点。刘军、黄少英著有《儒家伦理思想与现代企业管理理论》一书，较为系统地分析了儒家伦理思想在现代企业管理实务中的应用问题。著名的儒学家孟维巍和周雪在《儒家伦理中的礼与和谐社会构建》一文中指出，在儒家看来，礼的制定就是为保证社会稳定，它象征着一种有条不紊、上下有序、协调和睦的秩序。从某种意义上讲，礼作为儒学的核心，仁学实质上是礼学，德治实质上是礼治。就现实意义来讲，儒家思想的礼对个体、家庭、国家关系、自然、经济发展等方面的影响是深层次的。[1]

总的来看，理论界主要从宏观层面对儒学本身涉及的道德伦理和传统思想等一系列问题进行了探究，而将儒学与当代管理相结合的研究成果却不算丰富，特别是鲜有关儒家思想与创业管理结合起来的研究成果。儒家思想中包含丰富的经济理念，儒家思想中有关投机观与和谐发展观等都涉及创业管理的基本问题。[2] 开展对于儒家创业管理的研究，既能拓展儒家思想的研究领域，又能为当前国内蓬勃兴起的创业型经济研究奠定自身的传统文化根基。

本书主要从儒家思想与创业思想的关联性出发，从儒家伦理（包括道德论、人性论、方法论、认识论等）反映出的创业要素、创业过程和创业管理职能等方面进行分析，探讨儒家思想促进创业的作用机理、方法和途径，从而为丰富儒家管理思想、推动西方创业理论和儒家思想的交叉融合发挥一定的作用，希冀研究成果能够进一步深化和完善创业理论研究。

（二）实际意义

中共十七大报告明确提出，要"实施扩大就业的发展战略，促进以创业带动就业"的政策，把鼓励创业、支持创业摆到就业工作更加突出的位置。我国提出了"以创业带动就业"、"创造条件让更多群众拥有财产性收入"的国策。创业作为我们的一项新国策得到各级政府的高度重视，加上正在蔓延的全球金融危机导致失业率大大增加，使我国创业时代提前来到。

如前所述，儒家思想在新加坡、日本及韩国家族式创业中的运用，推动了创业型创业的发展，也促进了该国经济的发展。

创业企业的发展离不开支持性的自然与社会环境。科技迅猛发展，既带来了人类物质文明的巨大进步与飞跃，也产生了一系列世界性的问题，如资源危机、环境污染、生态失衡和道德滑坡等。归结起来，这主要反映在社会问题和

---

[1] 孟维巍、周雪：《儒家伦理中的礼与和谐社会构建》，《中共郑州市委党校学报》，2007年第4期。
[2] 俞吾金、余源培、程恩富等：《经济哲学：当代哲学与经济学的联姻》，《光明日报》，1997年2月15日。

人文精神的失落这两个方面。"仁"是儒家思想的理论核心，作为儒家教育传统的核心价值观念"己所不欲，勿施于人"和"仁、义、礼、智、信、忠、孝、诚、恕"，实为中华人文精神，是中华文明赖以生续的社会基础、道德支柱和精神动力。① 顺理成章，儒家思想在创业中的应用，能够在某种程度上解决创业企业、创业者的创业人文精神和道德伦理问题。

由此可见，儒家思想在创业中的运用，有益于提高创业组织的管理效率、效果及效能。如儒家"天人合一"思想，启示创业组织管理应"以人为本、构建和谐的创业团队"；儒家"仁者爱人"的思想，富含着对人基本权利的承认和肯定，为解决创业组织中人与人的关系提供有效借鉴；儒家"讲信修睦，修己及人"的思想，启示创业者应信守"诚实守信"的创业美德，对消费者、对员工、对供应商等利益相关者讲信义。

当下，以经世济民为出发点的儒家经济思想，更为社会所推崇。而对于创业企业与创业者，往往会急功近利，如追求短期的经济行为、忽视自身该有的社会伦理规范等问题时有发生。创业者如何处理经济利益与社会效益的关系？如何实现利益相关者多方共赢？从儒家伦理道德中学习，并且践行这种思想与认知，是有效的途径。

在我国创业经济大势兴起的形势下，研究本土化的创业管理理论，必将极大提升本土创业的管理实力和潜能，最终推动我国创业型经济的发展与升级。

第二节

儒家思想

一、儒家思想的形成与发展

孔子是儒家学派创始人，他提出以"仁"为核心的儒家学说，具有古典人道主义的性质。他要求人与人之间要互相爱护，融洽相处，要待人宽容，"己所不欲，勿施于人"（《论语·卫灵公》），并强调统治者要以德治民，反对苛政和任意刑杀。实际上，孔子确立儒家学说是在春秋末期，此前夏、商、西周、春秋约1500余年的文明时代并没有系统的儒家思想。②

---

① 黄甲喜：《儒学研究与建设和谐社会》，《支梦学刊》，2006年第27期。
② 谢文庆：《儒家思想对大学生创业精神的积极影响——兼与胡友旺等先生商榷》，《湖南师范大学教育科学学报》，2013年第1期。

孟子是战国时期儒家的代表，主张"仁政"，进一步提出"民为贵，社稷次之，君为轻"的民本思想，在伦理观上主张"性本善"，要实行仁政来回复和扩充人的善性。荀子主张以德服人，提出"君舟民水"的著名论断。荀子提出"性本恶"，强调用礼乐来规范人的行为，使人向善。孟子和荀子发展了儒家学说。战国末期到秦朝，儒家学说受压制，秦始皇统一全国之后便实行"焚书坑儒"政策，儒学在法家"焚书坑儒"和"以法为教，以吏为师"的政治重压下，出现了首次危机。①

汉武帝"独尊儒术"使儒家思想开始成为中国封建社会的正统思想。西汉的董仲舒把诸子百家中道家、法家和阴阳五行家的一些思想糅合到儒家思想中，加以改造，形成了新的儒学体系。宣扬"君权神授"，提出"天人合一"和"天人感应"学说。还提出了"君为臣纲、父为子纲、夫为妻纲"和仁、义、礼、智、信五种为人处世的道德标准，后人称为"三纲五常"，他的思想集中于《天人三策》和《春秋繁露》。此后，儒家思想成为历代统治者推崇的正统思想，逐渐成为2000多年来中国传统文化的主流。

魏晋南北朝时期，儒学吸收佛教、道教的精神，有了新发展；佛教吸收儒学精神，逐渐中国本土化；道教受到儒学影响，主张"贵儒"又"尊道"。

隋朝，儒学家提出"三教合归儒"的主张，又称"三教合一"，主张以儒学为主，调和并吸收佛教、道教的理论。唐初，统治者奉行三教并行的政策，即尊道、礼佛、崇儒。佛教和道教的发展，开始挑战儒教的正统地位，儒学大师韩愈率先提出复兴儒学。从维护封建统治出发，用儒家的天命论和封建纲常来反对佛道的观点。

宋代理学以儒家思想为基础，吸收佛教和道教思想形成新儒学。理学是以儒家思想为基础，吸收佛教和道教思想形成的新儒学，是宋朝主要的哲学思想。朱熹是理学发展的集大成者，朱熹继承了北宋哲学家程颢、程颐的思想，进一步完善和发展了客观唯心主义的理学体系，后人称之为程朱理学。其核心内容为："理"是宇宙万物的本源，是第一性的；"气"是构成宇宙万物的材料，是第二性的。把"天理"和"人欲"对立起来，认为人欲是一切罪恶的根源，因此他提出"存天理，灭人欲"。朱熹编著的《四书章句集注》，成为后世科举考试依据的教科书。

明清时期，科举考试从儒家的四书五经中命题，称为"八股文"，标志着儒家思想发展到了极致。明中叶的王阳明反对朱熹把心与理视为两种事物的观

---

① 谢文庆：《儒家思想对大学生创业精神的积极影响——兼与胡友旺等先生商榷》，《湖南师范大学教育科学学报》，2013年第1期。

点，创立与朱熹相对立的主观唯心主义理论——心学。更多地吸取了佛教"心外无佛，即心是佛"思想，宣扬"心外无物"、"心外无理"的命题。在认识论上，他提出"致良知"和"知行合一"学说。

明末清初，黄宗羲、顾炎武和王夫之三位进步思想家对传统儒学的批判继承，促使我国传统文化重新焕发了生机，对后世产生了巨大影响。

清末，儒学受到西方工业文明的挑战，不能适应时代发展需要，"新文化运动"和"文化大革命"中受到猛烈批判，一些新儒家如近代的熊十力、牟宗三、钱穆等，当代的杜维明、成中英、蒋庆等，试图实现儒学的第三次转型。[①]

在近代，北洋军阀出于复辟封建帝制的政治目的，在社会上掀起反动的尊孔复古逆流，新文化运动健将们对以儒家思想为代表的封建思想进行了彻底的批判。

新中国成立后马克思主义居主导地位，儒学的统治地位被彻底推翻，"文革"时期还开展了"批林批孔"运动。

中共十一届三中全会以来，思想界对儒家学说进行了实事求是的评价，认为要客观全面地评价儒家思想在各个时期的不同地位，要从当时特定的历史条件出发，用阶级分析和比较的方法分析评价。主张应充分利用儒学中的合理成分，改造和重建中华民族的优秀文化，使之适应中国的社会主义现代化建设的需要。

在经济全球化的趋势下，在我国寻求本土化管理理论与方法的背景条件下，在中国文化走出国门、融入世界文化体系的潮流中，对东方管理思想以及传统文化中的管理要义的研究已然在国内如火如荼地展开。作为国学，儒家思想得到进一步的挖掘和发扬，其对经济的发展、社会进步和文化繁荣将起到不可估量的作用。

从儒家思想的演化脉络看，其第一高峰是先秦儒学，即肇始于伏羲氏，显雏形于尧、舜、禹，成长于夏商周，大成于孔夫子的儒学。儒家的第二高峰是宋明儒学。宋明儒学的最大贡献是复活了先秦儒学形而上的智慧。宋明儒学分三大系统，包括北宋三大家周濂溪、张横渠、程明道及胡五峰为一系，程伊川、朱熹为一系，陆九渊、王阳明为一系。儒学的第三高峰是现代新儒学，其核心人物和集大成者是牟宗三先生，英国《剑桥哲学词典》誉之为"当代新

---

① 谢文庆：《儒家思想对大学生创业精神的积极影响——兼与胡友旺等先生商榷》，《湖南师范大学教育科学学报》，2013年第1期。

儒家那一代中最富原创性与影响力的哲学家"。①

二、儒家思想的主要流派

先秦的儒家只是众多思想流派中的一种思想或一个派系，而后代的儒家则可以作为中国古代文化的代名词。②

儒家思想在汉朝上升为国家政治的统治学说和社会的主导意思，政统与道统合一，使得儒家思想不得不面对各种学说、文化的挑战，并做出回应。

儒家思想在选择、吸收中国传统文化所孕育的各种思想之后，还创造性地接纳和吸收了大量的外来文化，其中最重要者莫过于对佛教和佛经思想精华的汲取。所以，我们所说的儒家思想，不仅是先秦儒家文化的思想，而且是来自本土的和非本土的各种思想文化的综合体。

儒家思想两千多年的政统与道统地位，决定了它在传统文化中扮演了一个最重要和最主要的角色。从横向来说，一个历史阶段中所存在的社会和政治思想，无不与儒家有关；在纵向上，两千年间朝代的更迭和文化的接续，都有儒家传统思想渗透其间。西方学者在评价柏拉图时说：柏拉图以后的思想，有柏拉图的，有反柏拉图的，但绝无非柏拉图的。套用这句话，我们可以说：在儒家出现以后，有传承儒家的，有反对儒家的，但绝对没有与儒家无关的。按照儒家思想这个主线，我们可将中国传统思想划分为主流派儒家、非主流派儒家、反主流派儒家或儒家的反对派、非儒家系统等阵营（见图1-1）。

主流儒家包括春秋战国时期的孔子、子思和孟子创立并弘扬的先秦儒家，汉朝董仲舒为代表的成为统治哲学的汉儒，北宋程颐、程颢和南宋的朱熹所创设并信奉的理学（即宋代新儒学）。

非主流派儒家包括春秋战国时期子夏和荀子一派（该派重礼，而与孟子之重义有所不同），宋代的陆九渊、陆九龄、明代的王守仁（即王阳明）和王垠一派（该派均倡心学而与理学分庭抗礼），清朝的顾炎武、戴震弘扬汉学而削弱宋学的势力。

非主流儒家与主流派儒家很接近，但并不混同，他们的学术观点与主流儒家分野鲜明，但并不公然与之为敌，故没有完全成为主流儒家的对立面。

三、儒家经典著作

儒家代表作有孔子《论语》、孟子《孟子》、荀子《荀子》、董仲舒哲学

---

① 薛在君：《我的第一堂儒学管理课》，安徽人民出版社，2013年。
② 宋长琨：《儒商文化概括》，高等教育出版社，2010年。

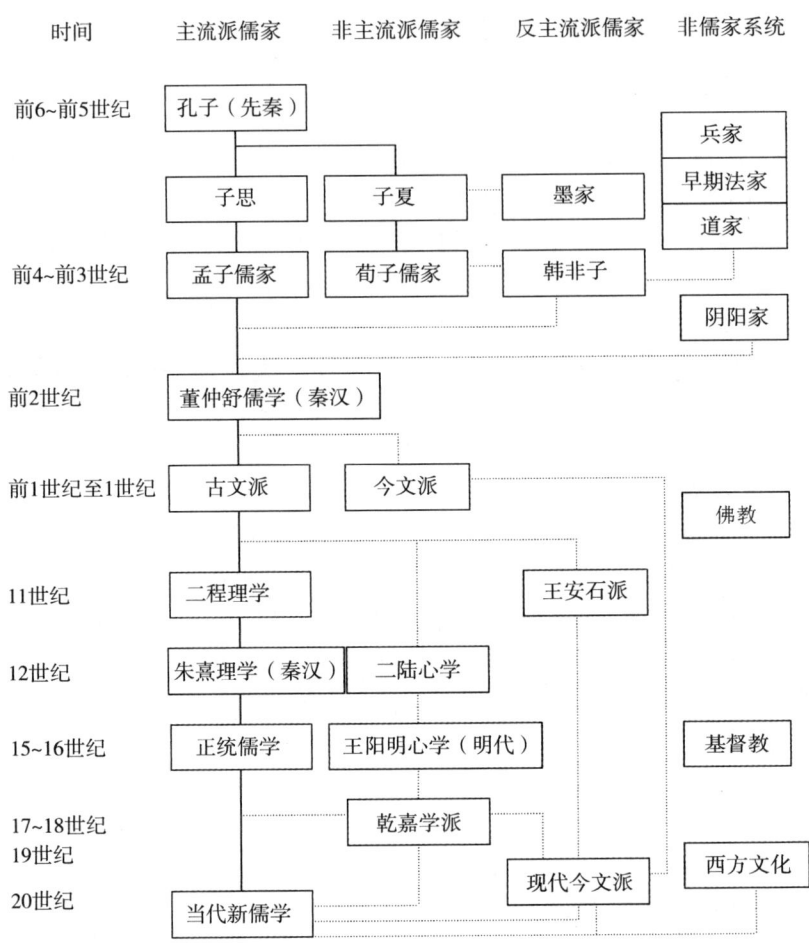

图1-1 儒家思想演进路径

散文的代表作是《春秋繁露》。《春秋繁露》与《天人三策》成为汉朝今文经学的奠基之作。二程（程颢、程颐）《二程集》。朱熹《四书集注》、《四书或问》、《太极图说解》、《通书解》、《西铭解》、《周易本义》、《易学启蒙》等。此外有《朱子语类》，是他与弟子们的问答录。王阳明的一生，著作甚丰。他死后，由门人辑成《王文成公全书》三十八卷，其中在哲学上最重要的是《传习录》和《大学问》。

总的来说，《十三经》是儒家文化的基本著作，就传统观念而言，《易》、《诗》、《书》、《礼》、《春秋》谓之"经"，《左传》、《公羊传》、《谷梁传》属于《春秋经》之"传"，《礼记》、《孝经》、《论语》、《孟子》均为"记"，

《尔雅》则是汉朝经师的训诂之作。后来的《四书》是指《大学》、《中庸》、《论语》、《孟子》，《五经》则指《周易》、《尚书》、《诗经》、《礼记》、《春秋》。

四、儒家思想的核心要义

儒家思想也称为儒教或儒学，由春秋末期思想家孔子所创立，其最初指的是司仪，后来逐步发展为以尊卑等级的仁为核心的思想体系，是中国影响最大的流派，也是中国古代的主流意识。儒学是一种伦理型的人学，讲述如何做人和如何处理人际关系的学问。以人为本位，用以区别于宗教；以伦理为中心，用以区别于西方人文主义和中国道家学说。

儒家思想指的是儒家学派的思想，"儒"是中国春秋战国时期"百家争鸣"中的一家，是一个学术派别，儒学是一种以人为文明核心、主体的思想。儒家的学说简称儒学，是中国古代自汉朝以来的主流意识流派，自汉以来在绝大多数的历史时期作为中国的官方思想，"仁、义、礼、智、信、恕、忠、孝、悌"是儒家思想的核心。

"仁"意指爱人，它是孔子思想体系的理论核心，也是孔子社会政治、伦理道德的最高理想和标准。"义"原指"宜"，即行为适合于"礼"，孔子以"义"作为评判人们的思想、行为的道德原则。"礼"是孔子及儒家的政治与伦理范畴。"智"同"知"，孔子的认识论和伦理学的基本范畴，具体指"知道、了解、见解、知识、聪明、智慧"等。"信"指待人处事的诚实不欺，言行一致的态度。"恕"意指"己所不欲，勿施于人"，包含宽恕、容人之意。"忠"意指"己欲立而立人，己欲达而达人"，孔子认为忠表现于与人交往中的忠诚老实。"孝"不仅限于对父母的赡养，而且侧重对父母和长辈的尊重，孔子认为孝悌是仁的基础，认为如缺乏孝敬之心，赡养父母也就视同于饲养犬，乃大逆不孝。"悌"指对兄长的敬爱之情，孔子非常重视悌的品德，其弟子有若根据他的思想，把悌与孝并称，视之"为仁之本"。

儒学有两大支柱：即仁学和礼学。仁学是儒家人学的哲学，是它的内在精髓；礼学是儒家人学的管理学和行为学，是它的外在形态。仁学在儒家所有学问中代表着中华民族发展的精神方向，蕴含着较多的人道主义和民本主义成分，它给中国知识分子提供了一种切实而又高远的人生信仰，一种独特的文化价值理想，培养了一大批道德君子、仁人志士，成为中国文化的精英。仁学由于具有较强的生命力和普遍性价值，所以在中国从中世纪向近代社会转型过程中，受到先进思想家的珍重，成为儒学中最值得继承和发扬的部分。礼学作为一种社会管理学和行为学，也曾为中华文明的发展做出过贡献，内涵亦相当丰富，不可简单否定，但它与中世纪宗法等级制度、君主专制制度结合较为紧密，贵族性和时代性都比较强烈。①

儒家思想有两层含义，学理层面为儒学，实践层面是儒教。儒学的宗教性问题在孔子创立典籍的价值源头与传统宗教就有千丝万缕的瓜葛。"天人感应"→"道统说"→程朱"理学"→陆王"心学"→近世宗教伦理五个阶段的发展过程，儒家"入世出世化"已为实践"不争"，儒学以国家权力的形式干预着世俗事务，入世内倾始终没有脱离精神文化的型塑，到了宋朝，儒家教理更是由抽象的道德玄思变为制度化的宗教。儒家伦理的祭祖法天、宗庙家规、宗族宗法、孝悌礼制等无疑作为宗教系统的重要构成要素。任继愈说，它以儒家的"封建理论纲常名教为中心，吸取了佛教、道教的一些宗教修行方法，加上烦琐的思辨形式的论证，形成了一个体系严密、规模宏大的宗教神学结构。它既是宗教又是哲学，既是政治准则又是道德规范。这四者的结合，完整地构成了近世宗教伦理的基本因素"。②

第三节

创业管理

一、创业

Entrepreneurship 早期译为企业家精神，现在则较普遍被称为创新精神、创业等，其实质都代表着个人或企业采取创新与冒险开创的行动。"创业"这一概念的创立者是 18 世纪的 Cantillon③。在他看来，商品生产虽然离不开财产依托，但关键不在财产而在使用财产的能力。积极发现市场供求缺口并为此牵线搭桥、整合资源、承担风险的人，是商业活动的真正主体，其独特活动对于理解商业效益具有关键意义。Cantillon 把这样的人称为创业者，这样的精神称为企业家精神。

19 世纪法国经济学家萨伊指出，创业就是"将资源从生产力较低的地方转移到较高的地方"。然而，这样的定义不足以显示创业的内涵。Schumpeter 从创新的角度定义创业："将原来的生产要素重新组合，并由改变功能来满足市场需求，从而创造利润，创业者就是实践这些创新组合的人。" Low 和 Mac-

---

① 牟钟鉴：《儒家仁学的演变与重建》，《哲学研究》，1993 年第 3 期。
② 任继愈：《儒教问题争论集》，宗教文化出版社，2000 年。
③ Cantillon, R. Essay on the Nature of Trade in General [M]. New York: AM Kelley, 1755.

Millan 把创业定义为新企业的创建。也有学者更认为创业包括新创企业的创业和已创建企业的创业。如 Weber 早期提出，创业是指接管和组织一个经济体的某部分，并且以自己可以承受的经济风险通过交易来满足人们的需求，目的是为了创造利润。此外，Cole 把创业定义为发起、维持和发展以利润为导向的企业的有目的性的行为。

  熊彼特[①]从经济发展的角度，对商业变化进行了深入分析。在他看来，商业变化不仅是量的扩展，而且是质的更新，关键在于生产函数的重组。这种重组不能来自边际改进，而是一种"创造性破坏"，依赖产品、技术、市场、原料、组织等方面的创新。这些进行"创造性破坏"的创新者，也就是商业活动中的创业者，他们以其个体特殊性引发不同方面的创新，产生非边际改进的突变。这是经济社会发展的源泉。德鲁克[②]也从新创企业作用的角度，提出了创业经济的概念。他认为创业的本质在于从市场变化中寻找机遇，围绕财富增长方式进行创新。这种创新的特点在于，市场需要的客观状况与满足市场的知识结构之间出现了矛盾，人们必须超越原有思维方式构建新的商业活动方法。这一过程存在着大量不确定性问题，需要创业者发挥独特的智慧进行决策和处理。加拿大约克大学舒立克商学院教授、美国富布莱特杰出教授谭劲松把创业视为，将满足人类想象的产品和人类愿望合二为一并创造市场的活动。南开大学创业管理研究中心主任张玉利认为，创业是一种思考、推理和行为方式，它为机会所驱动。由此可知，把创业仅仅理解为创建新企业是片面的，创业的本质更在于把握机会、创造性地整合资源、创新和快速行动，创业精神是创新的源泉。创业是具有企业家精神的个体与有价值的商业机会的结合，是开创新的事业。

  目前，创业的多数定义侧重机会追求。如 Stevenson、Roberts 和 Grousbeck 给出的定义，他们认为创业是一个人不管是独立的还是在一个组织内部追踪和捕获机会的过程，这一过程与其当时控制的资源无关。Shane 和 Venkataraman 认为，创业是一种为了导入从未出现过的新产品或新服务，通过对组织结构、市场、流程和原材料等的组织努力，而进行的对商业机会的发现、评估和开发的活动。还有侧重理解机会是如何形成的，将来的产品或服务由谁来发明、创造和利用，并且将会产生什么样的后果。创业应该包括"如何（How）、谁（Who）以及什么（What）因素会影响到机会发现、评估及利用"，因此主张将创业研究聚焦于机会来源、发现、评估、利用机会的过程，以及发现、评估

[①] 熊彼特：《经济发展理论》，孔伟艳、朱攀峰、娄季芳译，北京出版社，2008年。
[②] 德鲁克：《创新与创业精神》，张炜译，上海人民出版社，2002年。

及利用机会的个人。Gartner 认为创业就是新组织的创建活动,回答的是类似"组织是如何出现"的问题,特别是在这个过程中,"个体都做了什么";Stevenson 认为创业是不拘泥于当前资源条件的限制下对机会的追寻,将不同的资源组合以利用和开发机会并创造价值的过程,侧重从行为的角度研究追求机会的过程。台湾研究创业管理的著名学者刘常勇教授强调,创业包含精神和实体两个层面,精神层面的含义,代表一种"以创新为基础的做事与思考方式";也包括实体层面的含义,代表一种"发掘机会,并组织资源建立新公司或发展新事业,进而创造新的市场价值"。

创业不仅意味着创办企业、筹集资金和提供就业机会,也不只等同于创新、创造和突破;创业不仅要受机会的制约,还要求创业者设计缜密的实施方案,并掌握高超的平衡技巧和领导艺术。① 创业代表性的定义,如表 1-1 所示。

表 1-1 创业的定义

来 源	定 义
Knight	承受不确定和风险而获得利润
Schumpeter	实现企业组织的新组合、新产品、新服务、新原材料、新生产方法、新市场和新的组织形式,"创造性破坏"
Drucker	从市场变化中寻找机遇,围绕财富增长方式进行创新
Hoselitz	承受不确定性、协调生产性资源、引入创造和提供资本
Cole	发起和创建以盈利为目的的企业的有目的的活动
Mcclelland	中度冒险
Casson	对稀缺资源的协调整合
Gartner	新组织的创建
Stevenson 和 Grousbeck	不顾现有可控制的资源而寻求和利用机遇
Hart、Stevenson 和 Dial	不顾现有可控制的资源而寻求和利用机遇,但是受到创建者以前的选择和行业相关经验限制
Shane 和 Venkataraman	理解创造新事物的机会是如何出现并被特定个体所发现或创造的,如何利用或开发机会并生产各种结果

有关企业创业的核心要素,不同的学者有不同的观点。Timmons 认为有机

---

① 张玉利、李乾文、李剑力:《创业管理研究新观点综述》,《外国经济与管理》,2006 年第 5 期。

会、资源、团队；Wickham 认为有机会、资源、创业者、组织；Sahlman 认为有机会、人和资源、外部环境、交易行为；Gnyawali 和 Fogel 认为有机会、创业能力、创业倾向；Vesper 认为有机会、技术和经营能力、创业精神、创业环境、创业机会等方面。在对创业的广义理解基础上，创业活动从个体拓展到现存公司并进一步拓展到社会。公司创业（CE）的概念因此而提出，并很快受到学者的普遍关注。公司创业突出表现在：一是由组织而非个人表现出来的企业家特征；二是这些特征转化为企业绩效是依靠组织而非个人的力量。公司创业可以存在于各种组织，强调的是在现有组织基础上的创业精神与创业行为。

越来越多的学者研究公司创业。公司创业有两个前提：①公司创业是针对既有组织（Existed Organization）而言的，而不是新创企业；②公司创业是针对既有规范（Customary Behavior）而言的，意在打破企业已有的运作规范。公司创业的概念界定如表 1-2 所示。

表 1-2 公司创业的概念

作　者	公司创业的研究焦点
Pinchot	内创业行动（Intrapreneuring）
Hisrich 和 Peters、Antoncic 和 Hisrich	内创业精神（Intrapreneurship）
Cooper	公司内部创业（Infra-corporate Entrepreneurship）
Macmillan、Vesper	公司新业务投资（Corporate Venturing）
Schollhammer、Jones 和 Butler	公司内创业精神（Internal Corporate Entrepreneurship）
Miller 和 Friesen	创新行为（Innovative Behavior）
Dess	创业战略制定（Entrepreneurial Strategy Making）
Covin 和 Slevin	公司层面的创业姿态（Firm-Level Entrepreneurial Posture）
Lumpkin、Dess 和 Knight	创业导向（Entrepreneurial Orientation）
Miles、Paul 和 Wilhite	经济租化的竞争（Rent-Seeking Competition）

公司创业存在不同的形式维度。Covin 和 Miles 提出了持续换代、组织复兴、战略更新和领域重构四个公司创业维度。Thornberry 认为公司创业包括公司新业务投资、内创业、组织变革和产业规则扭转四个形式。Thomson 和 McNamara 指出学习能力、团队导向、实验尝试和远景志向是公司创业的四个形式表现。Antoncic 和 Hisrich 则提出了公司创业的另外四个维度，即新业务投资、创新、自我革新和领先行动。

公司创业与公司人力资源管理、管理者及公司组织环境（如组织文化、组织战略）之间存在着密切关联。Laursen、Laursen 和 Foss 发现基于团队工作、基于绩效的薪酬制度、部门整合和缩编以及公司内部培训有助于诱发创新。Hayton 指出 HRM 的"自由支配实践"（Discretionary Practices）包括激励性工资、员工合理化建议制度、正规的员工参与计划等。Thornberry 则认为制约管理者公司创业的四大障碍：缺乏创业型激励、有限的时间提供、管理者的相互竞争和排斥的心态、直接上级施加的干扰和一成不变的要求。Taylor 指出企业过度追求内部的公司治理，必然导致对公司决策的多重控制和限制。高管应将重心放到公司创业上，积极营造公司再造。孕育创业心智（Entrepreneurial Mindset），让管理者转变为领导人，时刻传递公司的远景和价值观。何志聪和王重鸣指出管理者应当有目的地测量在职或潜在雇员的个性特质并赋予更多的创新性机会，如内部控制源、风险取向、成就动机、自主取向等。Zahra、Hayton 和 Salvato 发现组织文化处于个体主义和集体主义这根轴的中等水平时，公司创业达到最高值。Michael、Davis 和 Allen 发现个体主义和公司创业具有较高的关联度，但个体主义并不是越高越好，过高水平甚至会削弱创业精神，关键所在就是在个体主动性和集体合作精神之间寻找一个平衡点。

二、创业管理

创业管理还远没有形成独自的理论范式。新的管理问题需要用新的管理理论来解释，这对创业管理理论的形成提出了紧迫需求。但创业管理的理论范式还远未"定型"。对于创业管理理论的研究，国内外学者围绕机会、资源、企业家与团队、组织方式、时间、环境等提出了不同的创业管理的概念模型。①

创业管理则是在不成熟的组织体制下，更多地依靠团队的力量，靠创新和理性冒险来实现新事业的起步与发展，② 也是指通过捕捉和利用创业机会，组织和优化创业资源，以创造价值为最终目的的过程。狭义的创业管理把创业管理的研究对象定位于企业设立之前的管理。其管理框架有企业家素质培养、经营机会选择及项目确定、开业前的财务计划、市场开发及销售准备等，即企业开业之前的各项准备工作所涉及的管理。广义的创业管理是指企业在新生期和成长期阶段的管理。其管理框架有创业者特征、创业环境、创业机会等。创业管理的核心问题是机会导向、动态性等。所谓机会导向，即指创业是在不局限于所拥有资源的前提下，识别机会、利用机会、开发机会并产生经济成果的行

---

① 陈寒松：《创业管理与一般管理融合的概念框架》，《山东大学学报》，2007 年第 5 期。
② 李乾文：《创业管理与传统职能管理及其思维比较》，《管理现代化》，2004 年第 3 期。

为，或者将好的创意迅速变成现实。而创业的动态性，一方面即创业精神是连续的，创业行为会随着企业的成长而延续，并得以强化；另一方面，机会发现和利用是一个动态的过程。创业管理的根本特征在于创新，创新并不一定是发明创造，而更多的是对已有技术和要素的重新组合；创业并不是无限制地冒险，而是理性地控制风险；创业管理若没有一套有效的成本控制措施以及强有力的执行方案，只能导致竞争力的缺失；创业管理更强调团队中不同层级员工的创业，而不是单打独斗式的创业。

创业管理反映了创业视角的战略管理观点。通常，创业管理包括创业机会管理、创业决策、商业模式选择、创业团队管理、创业融资、创业组织管理和新企业的生存与成长管理等方面，而传统管理主要包括计划、组织、协调、控制、指挥等职能。创业管理范式可以概括为：以环境的动态性与不确定性以及环境要素的复杂性与异质性为假设，以发现和识别机会为起点，以创新、超前行动、勇于承担风险和团队合作等为主要特征，以创造新事业的活动为研究对象，以研究不同层次事业的成功为主要内容，以心理学、经济学、管理学和社会学方法为工具研究创业活动内在规律的学说体系。

创业管理是一个系统的组合，并非某一因素起作用就能导致企业的成功。决定持续创业成功的系统必然包括创新活力、冒险精神、执行能力以及团队精神等。通过这样的系统来把握机会、环境、资源和团队。创业管理的根本特征在于创新，创新并不一定是发明创造，而更多是对已有技术和因素的重新组合；创业并不是无限制地冒险，而是理性地控制风险；创业管理若没有一套有效的成本控制措施以及强有力的执行方案，只能导致竞争力的缺失；创业管理更强调团队中不同层级员工的创业，而非单打独斗。

有关创业管理的模式，加德纳提出了个人、组织、创立过程和环境的创业管理模式。威廉则根据影响新创企业成败的观点提出略有不同的创业管理模式，其模式结构包括人、机会、环境、风险与回报。综合来看，在诸多创业管理模式中，提摩与克里斯琴两位学者提出的观念性模式最具有参考价值。提摩在他所著的《开创新企业》一书中提出了创业管理模式。他认为，成功的创业活动必须将机会、创业团队和资源三者做出最适当的搭配，并且要随着企业发展而做出动态的平衡。创业流程由机会启动，在取得必要的资源与组成创业团队之后，创业计划才能顺利推进。提摩认为，在创业前期，机会的发掘与选择最为关键，创业初期的重点在于团队的组成，当新企业顺利启动后，才会增加对资源的需求。也就是说，提摩模式十分强调弹性与动态平衡。他认为创业活动随着时空变迁，机会、团队、资源三项因素会因比重发生变化而产生失衡的现象，良好的创业管理就必须及时进行调整，掌握当时的活动重心，使创业活动重新获得平衡。提摩认为，创业过程中，机会的模糊性、市场的不确定性、资本市场的风险以及外在环境的变迁等，经常冲击着创业活动，使创业过程充满了风险。因此，必须依靠创业家的领导、创造力与沟通能力来发掘问题，掌握关键要素，弹性调整机会、资源、团队三个层面的搭配组合，使新企业在波涛汹涌、一望无际的大海中，仍然乘风破浪地驶向事业的目标远景。克里斯琴认为，创业管理的整个焦点应该放在创业家与新企业之间的互动，所以他提出来的创业管理模式中主要的两个构成元素为创业家与新企业。由于克里斯琴主要强调创业家与新企业的互动关系，因此，他将如何创立新企业、创业流程管理以及影响创业活动的外部环境网络三个议题，视为创业管理的核心问题。克里斯琴与提摩同样重视创业家的功能，视创业家为创业活动的灵魂与推动者，显示如何发展创业家的创业才能是创业管理工作中的一大重点。

创业管理与传统管理存在着差异。德鲁克认为创业是一项可以组织，并且是需要组织的系统性工作。也就是说，从管理学的角度看，创业者同时也是一个管理者，是一个以创业的方式进行管理的人。因此在以变革为特征的时代，无论是在新的组织或企业，还是在现有的组织或企业中，都更需要创业管理。而这种创业管理是与传统的管理有所区别的。根据创业的内涵，我们可以把创业管理理解为一种以追寻机会和创造变化为目标的管理。创业管理与传统管理的区别主要体现在三个方面：一是对变化的关注不同。创业管理比较关注变化，通过把人、财、观念和资源组合在一起或创建新的组织或者改变现有的组织，这就是说要不断地创新。在快速变化的经济时代，只有关注变化，不断创新，才能在市场上立于不败之地。而传统的管理比较关心的则是通过保持已建的组织，保护它并维持其市场份额而维持现状。这并不是反对以追求均衡为目标，而是在科技飞速发展的今天，这种均衡是无法持久的，不进则意味着退，正如熊彼特所说的"经济学的中心问题不是均衡而是结构性变化"，只有变化创新才是长久发展之计。二是对机会的关注不同。创业的核心概念是机会，它注重的是对机会的识别、评价和利用，因而创业管理的目标也是以追寻机会为目标，并通过创新来创造新价值。而传统的管理则更关心的是保存资源。并不是说创业管理不在乎、不关心资源，而是他们意识到他们拥有的资源是有限的，资源只是作为一种达到目的的手段而不是目的本身，而传统管理中的管理者则往往更多地保护其"稀缺的"资源而不去利用这些资源来追寻机会。这也是 Stevenson 等曾提出的"创业是在不拘泥于当前资源条件限制下的对机会的捕捉和利用"这一观点的体现。三是组织管理的范围不同。创业管理注重的是整个组织的管理，是一种全局管理，而不仅仅是某个或某些方面的管理，也就是说他们以整个组织目标为基准，而不只是某个部门的目标。而传统的管理往往会为了某个部门目标的实现而忽略了整个组织的目标。因此，我们可以说创业管理的主要特征是以机会的利用为焦点，以创造变化为目标，实行整个组织范围内的管理。

第四节
儒家思想与创业管理

一、儒家思想与创业型经济

从逻辑与事实两方面，儒家思想在促进创业型经济的发展中存在着诸多优势，这些优势是西方资本主义生产方式和管理模式所不可替代的。其一，儒家的群体主义与顺从精神推进了创业型经济的发展。儒家思想没有保障个人权利与自由的内容，儒家思想的全部努力就在于让个人"克己复礼"，自觉接受其倡导的社会规范，服从群体的利益与要求，从而形成一个和谐雍睦的组织单元。这种精神能够使国家通过行政力量迅速整合人心、组织力量，造成通国上下一盘棋的局面，进而齐心协力、步调一致地推动经济的持续发展。儒家文化圈的国家或地区大都是在救亡图存、民族振兴的背景下，由政府制定经济发展政策，带领全民创业而走向现代经济发展道路的。日本、新加坡和韩国均是如此。日本是通过明治维新而走上现代化道路的。明治维新是一个自上而下的政治改革，是政府引导民众走向现代经济发展的行动。长期接受儒家思想教育的日本各界民众迅速一致行动起来，以其对天皇及国家的忠诚之心，对改革做出了积极响应。明治维新之后，日本政府仍然通过强调儒家道德规范来加强民众对天皇政府的服从。1882年和1892年天皇颁布《军人敕语》和《教育敕语》，分别面向军人和民众强调了儒家的一系列道德，其核心是忠于天皇、忠于国家，认为天皇和道德的根源已成为一体，应以忠于天皇、孝于父母为道德的根本。如《教育敕语》说："尔臣民应孝父母，友兄弟，夫妇相和，朋友相信，恭俭持己，博爱及众……一旦有缓急，则应义勇奉公、以辅佐天壤无穷之皇运。"新加坡的现代化进程也是以国家的力量来引导、规范人民的思想与行为，从而整合全国力量，顺利实现了经济的腾飞。一些学者提出，新加坡等地的经济成就应该与文化因素有关，"崇公抑私"以至"大公无私"的美德，特别是尊重群体而非个人权益的价值观，表现在忠诚、孝顺、服从、勤劳、节俭等方面。新加坡前总理李光耀说："从治理新加坡的经验，特别是1959~1969年那段艰辛的日子，使我深深地相信，要不是新加坡大部分人民都受过儒家价值观的熏陶，我们是无法克服那些困难和挫折的。"① 韩国现代经济的发轫亦如此。1961年5月16日朴正熙上台后，努力创业，并自称信奉孔子学说，提出了牺牲政治发展以追求经济增长的发展思路，大力弘扬儒家思想中的"忠"、"孝"、"秩序"、"以国为家"等儒家伦理。

其二，家族主义与和谐精神推动了创业型经济的发展。儒家文化圈内的国家在其经济起步时，出现的大都是家族式企业。其领导阶层多属于本家族内的成员，最多扩展到领导者的亲戚或朋友，甚至员工也大多来自本家族。这样的企业容易统一步调，同甘共苦，有强大的凝聚力及和谐合作的精神。日本的现代企业就是从过去的"家"与后来的家族企业发展起来的。日本的企业与员工之间的关系并不像西方企业那样仅仅通过契约来维系及法律来保障，而是通过努力营造家族氛围，让员工在企业感受到家庭一般的温情，来换取员工的忠诚与报答。"家"的观念使日本企业不像西方企业那样把工人当作生产工具，而是当作生产的主人与目的。日本企业一般都实行"终身雇用制"和"年功序列制"。这样，使员工有强大的安全感与归属感。日本企业与员工同舟共济、荣辱与共，对日本的创业及经济发展有重要的积极意义。韩国企业对员工同样有着家庭式的照顾。如三星在执行国家社会保障和福利政策的同时，还有自己的附加福利，包括雇用保险、健康检查、医疗补助等，甚至员工的爱人也可享受同等待遇。相比欧美，在韩国，经营者与一般职员的待遇差距较小，这有益于企业上下团结和睦及劳资关系的协调。韩国的劳资纠纷往往被实质性的家庭集团主义传统所化解。同样，这种和谐精神在新加坡企业也得到了重视并增进了劳资关系的融洽。新加坡劳资关系处理得好，是其生产率连年增长的重要原因。

其三，道德国主义与义利并重思想推动了创业型经济的发展。虽然儒家讲"何必曰利，义而已矣"，讲"正其宜不谋其利，明其道不计其功"，但儒家并不是从根本上反对利益追求，只是要求将求利的行为限制在道义的范围之内。儒家指的"义"其实是社会的公利，"夫义所以生利也"（《国语·周语中》），"夫义者，利之足也；贪者，怨之本也。废义则利不立，厚贪则怨生"（《国语·晋语二》）。可见，儒家是主张义利并重的。日本企业家的追求与利益分配一般都不是以企业的获利为唯一目的，他们都自觉地把服务于社会的大义放在心头。日本公司的利益排序是："雇员第一，顾客第二，股东第三。"这与西方经济学家所设想的经济原理截然不同。电力公司董事长平岩外四特别推重《论语》中"放于利而行，多怨"，他说："如果企业只追求利润，总有一天会

---

① 中国孔子基金会：《儒学与二十一世纪》，华夏出版社，1996年。

遭到民众报复。"①

儒家思想中的很多内容如"群体主义"、"家庭观念"、"道德主义",对于国家的创业型经济的转型与发展都有正面积极影响。当代很多学者都认识到,随着大工业的日益发展与分工合作要求的逐渐提高,西方的个人主义越来越失去其昔日的光彩,未来经济的发展很可能是一个"儒化"过程。

二、儒家思想在创业管理中的现实诠释

明清时期,随着商品经济的发展,商人的社会地位不断提高。儒商②在商业经营中遵循儒家伦理规范,以儒家理念、精神指导商业经营活动,形成了独特的时代精神和源远流长的"儒商"文化。六百余年的儒商实践,把儒家的政治理论和道德哲学渗透在商业活动中,运用在经营实践上,使之成为一套行之有效的经济伦理和商业准则。③ 儒家伦理思想与创业管理之间的关系,对创业管理理论的构建具有一定的借鉴意义。儒家思想曾被形象地概括为"修身、齐家、治国、平天下",这种由近及远、由小及大、由己及人的思维方式,是符合现代创业管理理念的。④ 因为儒家思想不但提供了怎样成为高质量管理者的方式,还提供了许多现代创业者必不可少的管理方法。⑤ 传统儒商对中国文化传统的创造性转化,给我们留下了最宝贵的精神财富。儒家思想分析的是己与人、人与人的关系,也是一种将心比心、推己及人的精神。⑥ 宗族聚群互帮互助的抱团观念,敢于并善于冒险、不屈不挠和拼搏进取的骆驼精神,从经营理念到经营行为都体现诚信仁义的儒家创业思想风范。⑦ 虽然时代在变迁,社会在进步,但人类古老的基本道德和经商伦理却历久弥新,对当今企业经营管理仍具有不可低估的借鉴价值。⑧

徽州文化继承了以孔子、朱子为代表的儒家学说,成为儒家文化传承的典范。从中原士族到徽州望族,徽州宗族都有着悠久的儒学渊源。儒学在徽州的

---

① 王家晔:《儒家思想与日本文化》,浙江人民出版社,1990年。
② 儒商是指尊崇儒家思想,深受儒家思想影响,并在商业经营活动中运用儒家思想的商人。儒商在先秦时期即开始形成,春秋时期的子贡、范蠡即为其中的典型代表。千百年来,随着儒家思想的广泛传播,影响的不断深入及封建商品经济的发展,儒商一直在商业经营和社会活动中发挥着重要作用,历经汉唐宋元,到明清时期已发展成为一种特殊的商人群体。在长期的发展过程中,儒商形成了自己独特的时代精神。
③⑥ 宋长琨:《儒商文化概括》,高等教育出版社,2010年。
④ 蔡玉波:《儒家德治管理的人本特征》,《社会科学研究》,2002年第1期。
⑤ 樊浩:《论中国特色的管理精神与管理模式》,《管理世界》,1992年第1期。
⑦ 吴芳:《儒家思想对当今企业经营管理的启迪》,《芜湖职业技术学院学报》,2007年第9期。
⑧ 赵薇:《基于儒家思想的现代管理模式研究》,《齐鲁学刊》,2011年第224期。

发展经历了几次大的变迁：从南宋到明朝前期，徽州学者奉朱子之学为圭臬，形成了徽州朱学一统时期。明朝中后期，徽州出现了朱学与心学并存的格局；而到清初，徽州学术界又出现了复兴朱子之学的潮流，不过很快被兴起的徽派朴学取而代之。徽州朴学兴起于明末清初，盛行于清雍正、乾隆时期，嘉庆、道光时衰落。① "谈笑有鸿儒，往来无白丁"，是徽商深度融入创业网络的重要基础，这在徽商与盐业主管部门官员的交往中表现得非常充分。美籍华人余英时在《中国近世宗教伦理与商人精神》一文中指出："盐业是一种特殊的商业，对盐业的生产、管理、运销、课税等，国家有完整的政策规定，而且非常详细具体，对文化知识的需求很高，为徽商提供了一个充分施展才能的广阔空间和商业舞台，为他们的脱颖而出创造了机遇。"徽商深受儒家传统诚信观、义利观的影响，在商业活动中，他们身体力行，以诚为本，诚信待人，诚实守信，以义为利，充分体现了儒家诚、信、仁、义的道德规范。② 徽商"贾而好儒"，确立"贾儒相通"观念是徽商迈入商旅之途的关键环节。贾而好儒的含义有两层：一是指徽商多为"业儒"出身，是有文化的商人，这是把握商机、结交官府的重要前提；二是指徽商以"儒学饰贾事"，经商遵守儒道。明朝后期及至清朝嘉庆、道光之际，在两淮盐业中，徽商迅猛发展的势头超过晋商，其中一个重要原因就是徽商的儒学优势。徽商"诚信经营"，对待顾客真诚，坚持童叟无欺；对待商业伙伴，讲究信守承诺。徽商的杰出人物胡雪岩曾经说："对朝廷守法，对主顾公平，就是讲良心。"徽商从小养成的以诚待人的处世准则恰好迎合了这种需要。徽州是朱熹的家乡，其民风深受程朱理学的影响，讲究道德操守，而儒家是非常讲究"诚"与"信"的，"诚与信在程朱理学乃至整个儒家的思想体系中，是两个非常重要的范畴，程朱理学关注和重视'诚笃'、'诚意'、'至诚'、'存诚'以及'立信'、'笃信'、'言而有信'、'讲信修睦'等为学之道和道德规范"。③ 程朱理学在号称"东南邹鲁"的徽州具有深刻的影响力，"诚信"观念深深植根于徽州人的思想中，难以撼动。"新安各族聚族而居，绝无一杂姓掺入者，其风最为近古。出入齿让，姓名有宗祠统之，岁时伏腊，一姓村中，千丁聚集，祭用朱文公家礼，彬彬合度"。④ 徽商"义而好施"，徽商致富之后，不忘回报社会。清初歙县经商于扬州的大盐商江演，曾捐银数万两，开凿绩溪县镇头至孔灵约 30 里山路，方便

---

① 梁德阔：《儒家伦理与徽商精神——"韦伯式问题"的经验研究》，上海大学博士论文，2010 年。
② 周志斌：《论徽商的商业伦理》，《学海》，2002 年第 6 期。
③ 朱友强：《程朱理学在价值取向上对徽商兴盛的影响》，《淮南职业技术学院学报》，2008 年第 3 期。
④ 余英时：《儒家伦理与商人精神》，广西师范大学出版社，2004 年。

行人，捐巨资疏浚扬州下河，以利行船。

儒家传统文化对客家人也产生了深刻的影响。客家人也是因避战乱而迁居闽粤赣山区的中原人的后裔，他们自觉恪守儒家文化中一些历久弥新的理念，真正把儒家文化当作客家之魂而完整继承下来，体现在商业经营中，"诚信仁义"理念就是客商恪守不渝的规则。如客商李光前创办的南益集团，控制了全世界 1/4 的橡胶产业，被誉为十大华裔富商之一。他曾经将其成功的秘诀总结为"诚实、信用、严明、谨慎"八个字，正是由于他在企业管理上坚持"诚信"，以"诚信"之心对待车间里最普通的工人，才赢得了员工们的尊敬和拥护，而广大员工受到李光前"诚信仁义"精神的感召，无不努力工作，争着为企业做贡献，使南益集团生机勃勃，在良性循环的轨道上越走越顺，最终成为世界知名企业。再如马来西亚客商吴德芳，他把"诚信仁义"的理念奉为经商至理。他自觉抵制当时用纯度低于八成八的黄金打造黄金首饰的陋习，坚持用纯度八成八的黄金打造首饰。为了彰显自己产品过硬的品质，他还在所批发的首饰上打上"义"字标识。这样的行为让他在当时饱受质疑。然而，付出总有回报，带有"义"字的金饰渐渐成为了品质的保证，得到了越来越多顾客的追捧。吴德芳的信誉靠此得以确立，其生意也迎来了明媚的春天。

三、儒家思想与创业管理的交叉融合

William B. Gartner 于 1985 年在其篇名《一个描述新企业创建现象的概念框架》（*A Conceptual Framework for Describing the Phenomenon of New Venture Creation*）中提出了一个描述新企业创建过程的概念框架，进而构建了颇具特点的创业管理模型（见图 1-2）。

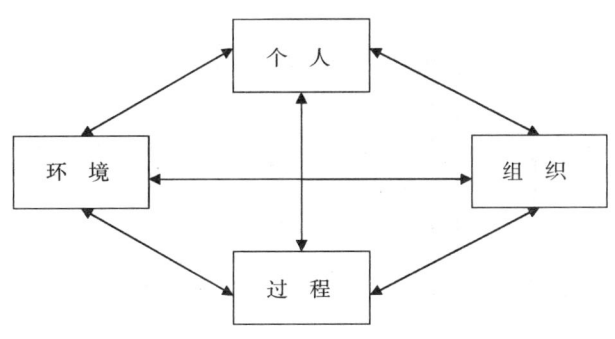

图 1-2　Gartner 创业管理模型

| 儒家创业管理 |

Gartner 认为，创建新企业就是组建新的组织（Organizing of New Organizations），也就是按照合理的结构整合相互独立的不同行为要素以获得预期的结果。他构建了一个结构较为复杂的创业管理模型。他用创立新企业的个人——创业者、他们创建新企业的类型——组织、新企业所面临的环境和创立新企业的过程四个变量来构建创业管理模型。任何新企业的创立都是这四个维度相互作用的结果。其中，创业者个人应该具有取得成就的愿望、敢于冒险、阅历丰富等特质；创业过程主要包括创业者发现商业机会、整合资源、建立组织、生产产品或提供服务以及回报社会等环节；创业环境主要包括技术因素、市场因素、政策因素和资源因素等；而组织则包括内部组织机构及其运作，以及组织战略选择等。

参照 Gartner 的创业管理模型和管理的基本职能（计划、组织、领导和控制），笔者从创业决策管理、创业要素管理、创业组织管理和创业过程管理四个维度来分析儒家创业管理思想，具体包括以下八章：导论、儒家责任观与创业责任管理、儒家勇为观与创业决策管理、儒家品质观与创业者素质管理、儒家人治与创业员工管理、儒家礼治与创业团队管理、儒家仁治与创业组织管理、儒家祸福观与创业生命周期管理（见图1-3）。

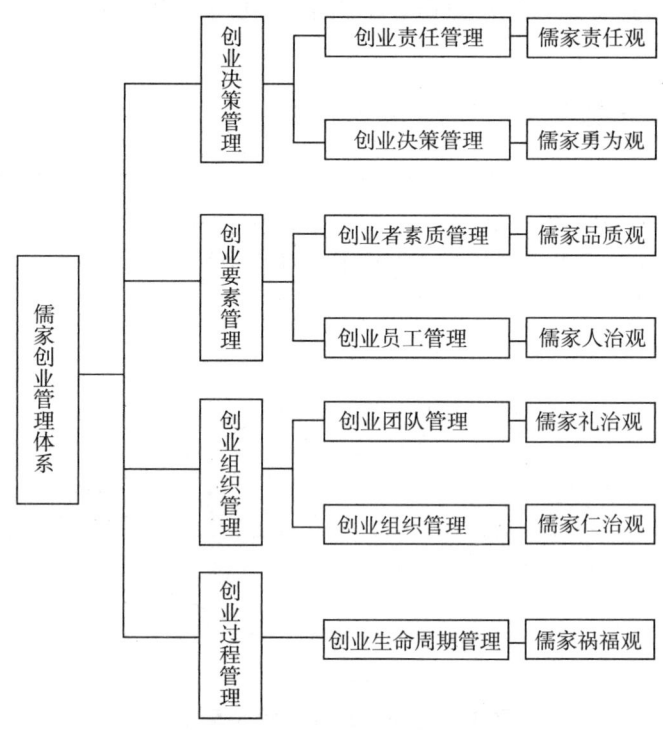

图 1-3　儒家创业管理体系

延伸阅读

范蠡，字少伯，汉族，春秋时期楚国宛地三户邑（今河南南阳市）人。春秋末著名的政治家、军事家和经济学家。被后人尊称为"商圣"，"南阳五圣"之一，他出身虽贫贱，但是博学多才，与楚宛令文种相识、相交甚深。因不满当时楚国政治黑暗、非贵族不得入仕而一起投奔越国，辅佐越国勾践。传说他帮助勾践兴越国，灭吴国，一雪会稽之耻，功成名就之后急流勇退，化名姓为鸱夷子皮，西出姑苏，泛一叶扁舟于五湖之中，遂游于七十二峰之间。其间三次经商成巨富，三散家财，自号陶朱公。世人誉之："忠以为国；智以保身；商以致富，成名天下。"后代许多生意人皆供奉他的塑像，称之财神。被视为顺阳范氏之先祖。

范蠡曾辗转到齐国，变姓名为鸱夷子皮，并在海边结庐而居，勤力耕作，兼营副业，很快积累了数千万家产。范蠡仗义疏财，施善乡梓，他的贤明能干被齐人赏识，齐王把他请进国都临淄，拜为主持政务的相国。他喟然感叹："居官致于卿相，治家能致千金；对于一个白手起家的布衣来讲，已经到了极点。久受尊名，恐怕不是吉祥的征兆。"于是，才三年，他再次急流勇退，向齐王归还了相印，散尽家财给知交和老乡。一身布衣，范蠡第三次迁徙至陶（今山东肥城陶山，或山东定陶），在这个居于"天下之中"（陶地东邻齐、鲁；西接秦、郑；北通晋、燕；南连楚、越）的最佳经商之地，操计然之术（根据时节、气候、民情、风俗等，人弃我取、人取我予，顺其自然、待机而动）以治产，没出几年，经商积资又成巨富，遂自号陶朱公，当地民众皆尊陶朱公为财神，乃我国道德经商——儒商之鼻祖。史学家司马迁称："范蠡三迁皆有荣名。"史书中有语概括其平生："与时逐而不责于人。"

范蠡注意选择经商环境，把握有利时机，运用市场规律，做事有准备，不盲目。据时而动，得失均衡。范蠡关于把握时机的全面论述很有现代价值。他的待之原则实际上是要求经营者站在时机的面前，超时以待，就像以网张鱼须迎之方能获猎。

范蠡提出"知斗则修备，时用则知物，二者形则万货之情可得而观已"的观点。他认为知道要打仗，所以要从各方面做好准备，知道货物何时需用，才懂得货物的价值。只有把时和用这两者的关系搞清楚了，那么各种货物的供需情况和行情才能看得清楚。

范蠡的销售理论主张贵出贱取。贵出如粪土，当商品价格涨到最高点时，要果断出手。贵上极则反贱。贱取如珠玉，当商品价格跌落到最低点，要像珠玉一样买进。贱下极则反贵。

范蠡提出"三八价格，农末俱利"的思想。他认为，"夫粜，二十病农，九十病末，末病则财不出，农病则草不辟矣。上不过八十，下不减三十，则农末俱利"。商人的利益受到损害，就不会经营粮食商品；农民的利益受到损害，就不会去发展农业生产。商人与农民同时受害，就会影响国家的财政收入。最好的办法就是由政府把粮食价格控制在八十和三十之间，这样农民和商人就可以同时获利。

范蠡提出了"积着理论"。"积着之理，务完物，无息币。以物相贸易，腐败而食之货勿留，无敢居贵"。即要合理地贮存商品，加速资金周转，保证货物质量。

范蠡提出了薄利多销的见解。范蠡主张逐十一之利，薄利多销，不求暴利，这种非常人性化的主张，符合中国传统思想中经商求诚信、求义的原则。

范蠡"富好行其德"，是因为他意识到物聚必散，天道使然。《老子》有云："圣人不积，既以为人己愈有，既以与人己愈多。"范蠡从人有盛衰、泰终必否的道理中隐约感觉到久受尊名、不祥的道理，可以说与老子的思想有异曲同工之妙。

资料来源：http：//baike.baidu.com/view/22142.htm?from_id=81896&type=syn&fromtitle=%E9%99%B6%E6%9C%B1&fr=aladdin。

第二章 儒家责任观与创业责任管理

第一节

儒家责任观

一、正义与公义

"正义"一词源于古希腊哲学。正义指公正的、正当的道理。如《韩诗外传》卷五:"耳不闻学,行无正义。"《史记·游侠列传》:"今游侠,其行虽不轨於正义,然其言必信,其行必果。"正义也指正确的或本来的意义。如汉桓谭《抑讦重赏疏》:"屏羣小之曲说,述五经之正义。"三国魏曹植《七启》:"览盈虚之正义,知顽素之迷惑。"清范家相《三家诗拾遗·韩诗》:"《齐诗》匡衡一疏,似与鲁说不同,而《诗》之正义,亦未明辨以皙。"正义还指公道正直、正确合理。如汉王符《潜夫论·潜叹》:"是以范武归晋而国奸逃,华元反朝而鱼氏亡。故正义之士与邪枉之人不两立之。"毛泽东《为建设一个伟大的社会主义国家而奋斗》:"我们的事业是正义的。正义的事业是任何敌人都攻不破的。"

公义可理解为两种含义:一指公平正义。公平是指按照一定的社会标准、正当的秩序合理地待人处事,是制度、系统、大型活动的道德品质。包括社会正义、政治正义和法律正义等。公平正义是每一个现代社会孜孜以求的理想和目标。二指社会正义。从柏拉图反驳 Thrasymachus 关于正义只是强者的论点以来,社会正义一直都是个很魅惑人心的概念。在《理想国》一书中,柏拉图主张一个理想的国家必须建立在四个基础上:智慧、勇气、节制以及正义。而社会正义中的社会则是指将正义这个概念实践于律法上,并且因为每个社会的文化、政治以及道德观都不尽相同,所以社会正义在不同的社会中也会有着不同的意义与实践。另外,社会正义也指社会上不同阶级与领域之间付出和所得的公平性，因此这一词也常被政党拿来作为所得重分配的依据。在《圣经》中，正义是指按照神的标准公平公正。神要求我们在人类关系上做到公正公平。但是还有一个更高的要求，公正地对待神，不可非难神，在心灵上做到正确。男人和女人在生活中必须学会理解什么是正确。这种知识只能来自神。"耶和华的道理洁净，存到永远；耶和华的典章真实，全然公义"，得到神的高标准是天下男人和女人的职责："耶和华啊，谁能寄居你的帐幕……就是行为正直、做事公义、心里说实话的人。"亚伯拉罕信仰神，并相信神所做的一切事情都是正确的。信徒保罗是这样描述亚伯拉罕的："……且满心相信神所应许的必能做成。所以，这就算为他的义。"

在儒家传统中，"义"首先是一个伦理化的概念，代表人的一种德行，其基本内涵是一种道德理性和实践德行必需的道德意志。儒家主张通过施行这种义原则推进个人的成德之途、推进社会教化。儒家所指的"义"更多的是一种安身立命的价值根基，与个人的修养问题密切相关。"义"首先指涉个人的伦理精神。但是，处理社会正义问题，则不仅仅是个人的问题。其背后蕴含着公平概念。即对所有人都一样对待，每个人都有平等的权利。孔子和孟子都非常重视与他人交往过程中的"义"问题。荀子认为，处理多个人的义原则即是公义。可见，在儒学中的"义"主要指公义，即一个群体所承担的道义责任。不同层次的公共范围，其主体承担不同的义的责任。对一个家庭来说，维系家庭和睦是义。对一个国家来说，其责任主体是统治阶层，对他们的道义责任即儒学所谓统治阶层应该承担的天下为公的王道责任，核心问题是政治正当性问题。一个国家所实现了的义，即社会正义。在儒家系统中，推行公义是儒家伦理的必然指向。"君子喻于义，小人喻于利"反映了孔子"见利思义"、"以义谋利"的思想境界，其警策人们在赚取利润时，切不可忘记自己的社会责任和义务。

荀子说："君子处仁以义，然后仁也"（《荀子·大略》）。其意为："君子以义的原则来实施仁的法则，这才是真正做到了仁。"可见，荀子所谓仁是以义原则为基础。仁和义一样，来自礼义之统，是一种反思后的理性法则。仁虽然可以体现为具体的情感，但是显然不能理解为偏爱本身。只有做到"仁义"，才能达到"老者安之，朋友信之，少者怀之"（《论语·公治长》）。

孔子反对贫富分化，主张公平与正义。"丘也闻，有国有家者，不患寡而患不均，不患贫而患不安。盖均无贫，和无寡，安无倾"《论语·季氏篇》。这反映了孔子追求"大同"和"小康"社会的崇高理想。

海瑞（1514~1587），字汝贤，号刚峰，广东琼山人，回族。明嘉靖举人，历任淳安、兴国知县，户部主事、吏部右侍郎、应天府巡抚、南京右都御史等职。明朝嘉靖年间,社会风气腐败。达官贵人经州过县,除了酒肉招待之外,还要送上厚礼。礼帖上写的是"白米多少石"、"黄米多少石",但其实,这"白米"、"黄米"都是隐语,指的是白银多少两、黄金多少两。这样的风气蔓延开来,连一些公子衙内路过,地方也要隆重接待。一天,总督胡宗宪的儿子,带着一队人马来到淳安。驿站官员不知道来者是谁,接待上稍有怠慢,惹得胡公子大怒,当场命令家丁,把驿吏五花大绑,吊在树上,用皮鞭狠狠抽打。淳安知县海瑞听说后,马上赶到驿站,见光天化日之下竟有如此无法无天之举,顿时义愤填膺。他大喝一声:"住手!"立即命令给驿吏松绑。胡公子的手下见"半路杀出了程咬金",呼啦一下把海瑞团团围了起来。胡公子趾高气扬,挥着马鞭,说:"你知道大爷是谁吗?"海瑞理直气壮、义正词严,指斥道:"不管你是谁,都不准在我管辖的地方胡作非为!"胡公子手下的家丁威吓说:"狗官,你瞎了眼!这是胡总督胡大人的公子!"海瑞一听,心中早已有谱。他冷冷一笑,说:"哼,以往胡大人来此巡查,命令所有地方一律不得铺张。今天看你们如此行装威盛,如此胡作非为,显然不是什么胡大人的公子,定是假冒的!"说时迟那时快,海瑞挥手喝令将胡公子捉下,驱逐出境,并把他沿途勒索的金银财物统统充公。事后,海瑞马上给胡宗宪修书一封,一本正经地禀告说:"有人自称胡家公子沿途仗势欺民。海瑞想胡公必无此子,显系假冒。为免其败坏总督清名,我已没收其金银,并将之驱逐出境。"胡宗宪是一代抗倭名将,他收到信后并不怪罪海瑞。就这样,海瑞巧妙地制服了胡公子的巧取豪夺。海瑞一生刚正不阿,在老百姓当中流传着这样一段称颂他的歌谣:"海刚峰,不怕死,不要钱,不吐刚茹柔,真是铮铮一汉子!""不吐刚茹柔",意思是不吐出硬的、吃下软的。它高度评价了海瑞不欺软怕硬的硬骨头精神。

二、义与利

朱熹说:"义利之说乃儒者第一义。""义"可理解为"正义、理义"等(李泽厚《论语今读》),通常,"义"指一般的道德准则,又指合乎道德准则的行为;"利"指利益,又指功利或功效,通常指个人利益。

按照亚当·斯密的利润最大化理论、达尔文的"适者生存"理论、大多数传统经济学家的观点,创业的主要任务就是在法律允可的范围内,追求利润最大化,而不需要承担多余的社会责任。现代企业社会责任流派却认为,企业承担社会责任更有利于其可持续发展。

创业责任属于"义"的范畴,"义利"之争是根本。对于此问题,儒家主张"义以为质"、"义以为上"、"义以制利"、"义以生利"。儒家思想重义轻利,反对"重利轻义"、"见利忘义"、"以私废公"。"君子喻于义,小人喻于利"《论语·里仁》、"见利思义"、"君子义以为上"、"利者,义之和也"、"不义而富且贵,于我如浮云"、"生我所欲也,义亦我所欲也,二者不可得兼,舍生而取义者也",等等,都充分佐证了这点。当然,重义并非就是片面地否认利,这与董仲舒"正其谊不谋其利,明其道不计其功"的主张是相对立的。

孔子认为,追求富贵是人的本性,"富与贵,人之所欲也",认为君主在主持国政时应把解决人民的物质生活放在首位,他说,"邦有道,贫且贱焉,耻也",而要"因民之利而利之"。可见孔子比较看重人民的物质生活。

孟子认为,没有固定的产业而能坚持道义,只有士才能做到;至于老百姓,没有固定的产业就会没有道义,胡作非为,只有制民之产,才能"驱而之善"。"制民之产"涉及百姓之"利",但对统治者来说却是"义"。

孟子曾经对梁惠王说:"王亦曰仁义而已矣,何必曰利?"(《孟子·梁惠王上》)孟子对梁惠王讲的是治国之道,这里的"仁义"是价值目标,"利"是效率目标。很显然,孟子看重的是通过管理行为,构建社会组织的和谐秩序和提升组织中人的精神境界,人文价值是其根本追求。

"义以分则和"(《王制》),义在于对社会物质利益的合理分配而达群体的和谐。"义与利者,人之两有也"(《大略》),荀子以其理性思维,直面人生,正视人的社会欲求,以义制利,为人的欲望需求提供适当的范围与方向,而不同于孔孟之义与利在性质方向上的对立。荀子说:"水火有气而无生,草木有生而无知,禽兽有知而无义,人有气有生有知亦且有义,故最为天下贵也。"

在"义利"冲突的道德困境中,儒家思想主张舍"利"取"义",孟子曰:"鱼,我所欲也,熊掌,亦我所欲也;二者不可兼得,舍鱼而取熊掌者也。生,亦我所欲也,义,亦我所欲也;二者不可兼得,舍生而取义者也。"如果一味贪图私利,非但得不到,反而会失去利益。只有真正地"见利思义"、"见得思义",才能在创业过程中义利相生。这便是儒家思想中的义利兼得的观点,即认为义可带来利。"义以生利,利以丰民"《国语·晋语一》,"义"作为至善道德必然带来广泛的社会利益,这是春秋时期一种较为普遍的看法,也是原始儒学的基本主张之一。孔子强调"不义而富且贵,于我如浮云"(《论语·述而》)、"富与贵,是人之所欲也,不以其道得之,不处也。贫与贱,是人之所恶也,不以其道得之,不去也"(《论语·里仁》),提倡"见利思义"(《论语·宪问》)、"见得思义"(《论语·季氏》)。

此外,儒家在强调"义"的优先性时,还给"利"的合理存在以必要的保证,如果这个"义"不能带来利益,那么这样的"义"肯定不是原儒所需要的。因此儒学虽然认为"义"比"利"重要,但他们追求的是能够提升"利"的"义",而不是仅仅为了义而求"义"。

就创业责任而言,首先,创业的动机应义利结合、义利兼顾、义利并举。"仁中取利真君子,义内求财大丈夫"、"财自道生,利缘义取"、"君子爱财,取之有道"等民间商业谚语,就是上述义利观的真实写照。其次,创业应有合理的谋利,即不能不择手段去取利,假冒伪劣求利等行为就严重违背了义利观。把义作为衡量创业行为的客观标准,见义勇为,不义不为。创业者应该深入学习儒家的义利思想,树立正确的义利观,提升自己的创业境界。儒家虽然肯定通过正当方式获取个人利益,但其基本价值倾向是追求高层次的精神愉悦。孔子曾说过,如果富贵可求,即使是执鞭这样的贱事也愿意去做,但他的话并不是到此为止,他的话语的重心在后半句,即"如不可为,从吾所好",意思是不排斥富贵,但不刻意追求,因为人生还有更高的追求。而孔子说得更清楚:"饭疏食饮水,曲肱而枕之,乐亦在其中矣。"最后,应取来源正当的利,不取不义之财。即取义应该利他。某种程度上讲,义利之辨是人己之辨。利是利己,义是利人。义具有至上性,儒家提倡利他。对于创业,利他就是要为创业伙伴、创业团队、员工、顾客和社会着想。小范围的利他,是更大的范围利己。王夫之说:"以一人之正义,视一时之大义,而一人之正义私矣;以一时之大义,视古今之通义,而一时之大义私矣。公者重,私者轻,权衡之所自定也。"(《读通鉴论六卷十四》)相对于"一时之大义","一人之正义"为私,相对于古今之通"义","一时之大义"为私。因此,"一人之正义"必须服从"一时之大义","一时之大义"必须服务"古今之通义"。当三者发生矛盾时,无论是"一人之正义",还是"一时之大义",必须服从"古今之通义"。总之,创业企业在力所能及的情形下,承担能够带来创业效益的责任,而并不是承担越多的社会责任越好。

实质上,儒家思想义利观的核心是公平交易、重视信誉、讲求诚信,高度关注社会利益和国家利益,秉承义利合意、义先利后、义利兼重的价值观和财富观。

在第一次石油危机前,日本的地价开始上涨,很多公司都竞相购买土地,借机炒作以获利。与稻盛领导的企业有业务往来的银行也劝说稻盛投资房地产,稻盛对他们的答复是:"我们还是用传统的方式赚取利润,也就是借着生产产品来增加公司的价值,而不是炒地皮来获利。"稻盛为什么能这么做呢?稻盛说:"企业经营需要大义。"所谓"大义",就是企业的核心价值观,是企业在任何时候都必须坚持的基本理念。稻盛领导的京瓷公司的"大义"是"在追求全体员工物质精神两方面幸福的同时,为人类、为社会的进步发展做出贡献"。正是有此"大义",稻盛在面对可能的房地产行业的暴利镇定自若,真正做到了孔子所谓的"不义而富且贵,于我如浮云"。稻盛说:"在经营企业时,我们绝不要忘了创办企业的本质。"创办企业的本质就是为顾客生产满意的产品,为人类、为社会的进步发展做出自己的贡献,而不是不择手段地追求利润的最大化。

无独有偶,默克是一家制药公司,曾推动美迪善计划,即开发和捐赠美迪善这种药物对付河盲症。第三世界有上百万人感染这种疾病,这是个巨大的市场,但得病的人大多是买不起药品的人,因此开发治疗这种疾病的药品绝对不会有很大的回报,但默克还是决定推行这个计划。他不仅免费捐赠药品,还参与分发工作并承担费用,以保证药品送到患者手中。他为什么能做出如此选择呢?默克说:"我们做的是挽救和改善生命的事业,我们所有的行动都必须以达成这个目标的成就来衡量。""挽救和改善生命"是默克的"大义"。默克说:"在(我们)这一行工作的人真正受到了促进医学进步并服务之的理想的激励。"默克的第四任 CEO 罗伊·魏吉罗说:"最重要的是要记住,我们的业务成功意味着战胜疾病和协助人类。"

三、社会公德

儒家强调仁德为人伦之大要,重视"仁",强调"礼",推崇"孝",三者构成儒家社会公德的核心要义。

"仁者爱人"是孔子"仁学"的基本精神。孔子曰:"克己复礼为仁。一日克己复礼,天下归仁焉。"(《论语·为政》)"己欲立而立人,己欲达而达人","己所不欲,勿施于人"(《论语·雍也》),"己所不欲,勿施于人","老吾老以及人之老,幼吾幼以及人之幼",等等,显然都是"仁者爱人"的具体表现。其所爱对象广泛,不分阶级地位,即所谓"泛爱亲仁"。

在"仁者爱人"的号召下,孔子提出了"博施于民而能济众"的主张,并把它作为调整统治者和被统治者之间关系的原则。要求统治者减轻对劳动者的剥削,提倡爱民、养民、利民、富民、教民、安民。同时,孔子的"仁者爱人"的原则,已经在一定程度上超脱了奴隶社会以族类亲疏作为确定各阶级统治者社会地位的标准,而明确提出以"爱人"与否这样一个道德标准来确定人们是否应该受到尊敬和重用。

"老吾老,以及人之老;幼吾幼,以及人之幼"(《孟子·梁惠王上》),折射出儒家"待人以礼"的精神境界。在对待基本人生态度上,提倡人要参与天地运动,注重现实,勤劳节俭,乐观有为;在情感表达方式上,主张含蓄而有节制;在思维模式上,强调相互的整体观念,把人融化于自然图式之中,并以天地人为万物之本,主张"报本反始";在伦理观念上,主张以家庭为中心、以修养为根本、以敬意为基础、以仁爱为动力;在价值观念上,遵奉传统,以先王之道、圣人之训作为价值尺度,重义轻利、追求人格完美;在社会政治以及人际关系上,强调和为贵的原则,注重礼尚往来,诚所谓"天时不如地利,地利不如人和"(《孟子·公孙丑下》)。

"孝于亲,下慈于民","守礼、正身、修己"是孔子的"忠恕"思想;"不义而富且贵,于我如浮云"则反映了孔子富与贵的思想。

儒家思想注重社会公德的价值,即"治以道德为上,行以仁义为本"的情怀。王朝昌盛时期,儒家德行要求是,"居安思危",以免"功成德衰",要"积德义、取民心"。因而"为政以德","道之以政,齐之以刑,民免而无耻;道之以德,齐之以礼,有耻且格"(《论语·为政》)。

"敬人者,人恒敬之"。以仁德之心关爱其他利益主体,也能得到"仁"的回馈,从而形成所谓"善之循环哲学",相反,便会步入"恶的循环"。

儒家推崇德治:"为政以德,譬如北辰,居其所而众星共(拱)之。"① 孔子认为:"道之以政,齐之以刑,民免而无耻;道之以德,齐之以礼,有耻且格。"仅靠严刑峻法治理民众,只会使民众内心丧失道德责任感,效果是短暂的;相反,以道德教导为规范,就能够使民众自觉约束自己的行为,而且心悦诚服。德是礼的内在支撑,礼是德的外在表现,仁、德通过一整套的礼仪制度来贯彻和体现。这也是孟子所说的"以力服人者,非心服也,力不瞻也;以德服人者,心中悦而诚服也"。② 只有创业者具有高尚道德和人格,才能对员工产生巨大的感召力和说服力,从而形成和谐有序的创业组织。孔子说:"政者,正也。君为正,则百姓从政矣。君之所为,百姓之所从也。君所不为,百姓何从!"③ 治国之道就是由"正己"而"正人",即创业者首先要能够端正自己,管理他人就是一件很容易的事了;如果创业者都不能端正自己的行为,也就没法管理好他人。

四、生态文明

"天人合一"是儒学对天人关系的基本看法。早在《周易》中,就有"夫大人者,与天地合其德,与日月合其明,与四时合其序,与鬼神合其吉凶,先天而天不违,后天而奉天时。天且不违,而况于人乎?况于鬼神乎?"为什么"大人"有如此神通呢?《系辞上》中又解释说:"是故君子所居而安者,

---

① ③ 杨伯峻译注:《论语译注》,中华书局,1980年。
② 唐满先:《四书今译·孟子》,刘方仁译注,江西人民出版社,1986年。

《易》之序也；所乐而玩者，爻之辞也。是故君子居则观其象而玩其辞，动则观其变而玩其占，是以自天佑之，吉无不利。"这是很典型的"天人合一"思路。孔子后来继承了这一思路，有"五十而知天命"之类的明确提法。孟子干脆说："尽其心者，知其性也；知其性，则知天矣。"孟子肯定了人性与天道的同一，这也被视为中国"天人合一"思想的真正出处。到了北宋时期，理学家张载正式提出了"天人合一"这个概念。他在《正蒙·东铭》中说："儒者则因明至诚，因诚致明，故天人合一，致学而可以成圣。"这个意思就是说，人性的善良是出于天的实理，故交相致，而明诚合一。

儒家所主张的"天人合一"，体现了现代社会经济发展中的生态文明，其要求人们首先通过"诚意、正心、修身"等自身的道德修养来实现这种社会责任意识。人应该遵守"诚"，"诚者天之道也，诚之者，人之道也"（《礼记·中庸》），意为人要发扬"诚"的德行，就能够达到与天的一致性。王阳明曰："吾心即宇宙。"张载认为，知识分子的责任是"为天地立心，为生民立命，为往圣继绝学，为天下开太平"。

儒家充分地肯定了人生存在现实世界的意义，认为在天、地、人三者之中，人是中心，处于最重要的位置。"天生万物，唯人为贵，吾既得为人，是一乐也"。中国古代"天命论"把包括人在内的世间万物都看成是上天安排的结果，是老天爷意志的体现，这种儒家思想中的"天"的说法，虽然也有神的意念和成分，但它更多更主要地是指不以人的意志为转移的客观存在，即我们今天讲的自然、自然界的客观规律。孔子明确地认为："天何言哉？四时行焉，万物生焉，天何言哉？"意思是说，上天是用诸四季的更替、万物的存在和变化等行为来表示它的存在和意志。最为重要和根本的一点是，中国古代"天命论"的出发点和归宿点并不是要人们去追求天国世界、为"天"献身和殉道，而是借助"天"来证明在现实世界行为的合理性和按照"天"的意志，即客观规律办事，达到"天"为人服务的目的。"天"生出各种各样的物品就是为了满足人们的需要，使人有生存条件。"天地之生万物也以养人，故其可适者以养身体；其可威者以为容服"。

儒家提倡"富民"，但更多的是强调对生态环境适度利用及持续保护。孔子主张："钓而不纲，弋不射宿。"（《论语·述而》）孟子对世人的劝诫是："不违农时，谷不可胜食也；数罟不入池，鱼鳖不可胜食也；斧斤以时入山林，材木不可胜用也。谷与鱼不可胜食，材木不可胜用，是使民养生丧死无憾也。养生丧死无憾，王道之始也。"（《孟子·梁惠王上》）荀子的观点亦如此："污池、渊沼、川泽谨其时禁，故鱼鳖优多而百姓有馀用也；斩伐养长不失其时，故山林不童而百姓有余材也。"（《荀子·王制》）儒家诸子在这里提出了

| 第二章　儒家责任观与创业责任管理 |

"天人合一"的生态观,将人类社会与自然环境作为一个密不可分的整体来对待,"亲亲而仁民,仁民而爱物"(《孟子·尽心上》)。

儒家思想主张"天地之间,莫贵于人",但更强调人不能脱离自然而生存,人的长远利益与大自然密不可分,应该像爱护自己的生命一样爱护自然。天之道"始万物",地之道"生万物",人之道"成万物",易经《乾卦》曰:"夫大人者,与天地合其德,与日月合其明,与四时合其序,与鬼神合其吉凶。先天下而天弗违,后天而奉天时。天且弗违,而况于人乎?"人应"惟天下至诚,为能尽其性;能尽其性,则能尽人之性;能尽人之性,则能尽物之性;能尽物之性,则可以赞天地之化育;可以赞天地之化育,则可以与天地参矣"。在此,"天地"可以理解为宇宙和地球,"日月"为太阳和月亮,"四时"为春夏秋冬,"鬼神"为有利与不利的因素。其告诫我们的是:这些大自然客观规律是不以人的意志为转移,人类只是大自然的一个组成部分,不要漠视自然,人与人之间应该和谐共处,人与天地要"并存共荣",天人和谐,实现人与人、人与自然、人与社会之间长期相互交汇、碰撞和渗透的"天人合一"的理想境界。

■ 第二节

创业责任管理

一、企业社会责任

企业社会责任是指企业家根据社会目标与价值观应该遵循或执行的政策、决策和活动方针,① 它由经济的、法律的、伦理的和自由决定的(或慈善的)责任组成。② 因此,企业的社会责任包括了经济责任、法律责任、伦理责任和自愿责任。经济责任指公司必须负有生产、盈利及满足消费者需求的责任;法律责任指公司必须在法律范围内履行其经济责任;伦理责任指公司必须符合社会准则、规范和价值观;自愿责任指公司所具有的坚定意志和慈爱胸怀。四种责任对企业提出的要求是逐步提高的,呈现出金字塔式格局。基于这四项内容,一家对社会负责的企业应当尽力去做到获得利润、遵守法律、合乎道德,

---

① Brown, B., J. E. Butler. Competitors as Allies: A study of Entrepreneurial Networks in the U. S. Wine Industry [J]. Journal of Small Business Management, 1995, 33 (3).

② Carroll, A. B. The Pyramid of Corporate Social Responsibility: Toward the Moral Management of Organizational Stakeholders [J]. Business Horizons, 1991 (3).

以及做一个良好的企业公民。

两个代表性的企业社会责任流派是：认为是具体的活动或维度的组合；将企业伦理定为企业社会责任的一个关键维度。

可以将社会责任描绘为七种经济责任的组合，这七种经济责任包括用具有实际价值的商品和服务满足消费者、通过投资者对委托给企业的资金获得公平的回报、创造新的财富（对拥有公共持有的企业股份和通过工资增长脱离贫穷的非营利机构是自然产生的）、创造和维持新的工作、击败嫉妒尽管产生向上流动和给人一种他们的经济条件可以改善的感觉、促进创新和差异化公民的经济兴趣以阻止大多数人的专制。[1]

企业社会责任可分解为三大要素：一种职责与义务、一个利益相关者通常被视为一个个体或群体、组织被作为一种对其活动负责的实体。[2]

二、创业责任

创业责任是创业主体，包括创业企业和创业者，在创业活动过程中应该承担的社会责任。对于创业企业来说，是指企业的社会责任；对于创业者来说，是指创业者应承担的责任。由于创业企业与创业者的法人地位的差异性，所以，所对应的社会责任要求和内容也不尽相同。

对创业责任的界定，学界存在不同的观点。一种观点指出，创业责任"就是要坚定信念、奋力攻坚。有率先实现企业改革和发展目标的政治责任感，有忠于职守、敬业尽职、遵守法纪，对国家、对社会负责的责任心"。[3]另一种观点指出，创业责任就是指企业作为主体在社会生活中应该承担的义务以及对企业所选择的不良行为所承担的后果。通常，创业责任更多的是在创业价值增值的过程中对利益相关者所应承担的责任。

现有文献表明，创业领导、适应压力和商业兴趣是影响创业责任的三个重要决定因素。创业责任的动力包括内部（价值取向和商业兴趣）和外部（适应压力）两个方面，其动力机制是价值取向、商业兴趣和适应压力与社会责任之间的不同作用模式。不同的影响因素对社会责任的影响力度和动力机制也迥异。

---

[1] Lantos, G. P. The Boundaries of Strategic Corporate Social Responsibility [J]. The Jounal of Consumer Marketing, 2001, 18 (7).

[2] Vos, J. F. J. Corporate Social Responsibility and Identification of Stakeholders [J]. Corporate Sociail Responsibility and Environmental Management, 2003, 10 (3).

[3]《沪工业党委提出在干部党员中开展增强"创业责任、创新意识、创造能力"的主题教育》，《政工研究》，2012年第3期。

社会责任可以提升创业企业的竞争优势,在缺乏承担社会责任的足够资源情势下,创业企业必然"穷则变,变则通",独辟蹊径,广泛而深入地投身到社会责任的实践活动中。同仁堂、王老吉以及徽商创业等现实表明,创业企业承担社会责任既必要又可能。

第三节

儒家创业组织内部责任

一、儒家责任观与对员工负责

员工是创业者拥有的最重要的资源,员工能否高效完成工作,员工的积极性、创造性是创业组织生存与发展的根本。三纲有言:"君臣有义",虽然当代社会已不存在封建的君臣关系,但是现代社会的领导与与员工的相处之道与之亦是相似的。要想创业成功,持久经营,最直接的影响是员工,所以要对雇员承担社会责任。"二战"后,日本经济成功崛起的原因除了引进欧美先进技术和管理手段外,借鉴儒家思想的"仁与礼"、"和为贵",以年功序列制等激励措施增强员工的认同感,凝聚员工心力。

(一) 知人善任与任人唯贤

孔子说,"不患人之不己知,而患人之不知己"(《论语·学而》),要充分了解员工的个性,发挥他们的长处,做到人岗匹配,充分发挥员工的聪明才智,发挥他们的创新精神,这是对员工最负责的表现。知人善任前提是要"知人",而如何"知人",却也是考验创业者的一大难题。古代了解一个人的才能则通过察举制(由下向上推选人才为官的制度)、征辟(自上而下选拔官吏的制度)、九品中正制(九品分为上上、上中、上下、中上、中中、中下、下上、下中、下下,依据士人的品级,向吏部举荐并按品级授官)、科举制(公开考试来甄别人才高下,从而量才录用)来了解人才。当代创业过程使用人才招聘,通过各种考核及日常行为举止来考量员工,从而做到人岗匹配、量才而用。

"不怕神一样的对手,就怕猪一样的队友",看过电影《泰囧》的人大多对"猪一样的队友"深有体会。因而,创业时期如何选择人才,如何运用人才,也是十分关键的。"在实现公司转变中,人力不是最重要的财富,合适的雇员才是",所以,为了彰显对员工的责任,必然要合理安排员工岗位。这也进一步说明知人善任有多么重要。"陈力就列,不能者止"(《论语·季氏将伐舆》），大意是说如若能发挥才能就继续效力，如若不能则只能选择离开，这正如韩愈所云："千里马常有，而伯乐不常有"（韩愈《马说》）。正是因为千里马遇不到伯乐，创业才会更加艰难，很难提高创业绩效。

员工是创业中最重要的资源，如今特别流行的一句话是"科技竞争归根结底都是人才的竞争"，因为人力资本确实是创业最有效的资本、最能创造利润的资本。同一性质企业，在相同的社会条件下，竞争力的强弱主要取决于雇员能否顺利地、高效地完成本职工作。可以这样说，只有员工有积极性、有创造性，创业才能得以为继。

子曰："见贤思齐焉，见不贤而内自省也。"（《论语·里仁》）大意就是说遇见贤能的人就想与他看齐，遇到不贤能的人则反省自己。因而一旦聘用才能特别突出的员工，要想方设法留住他们，而不是一味地打压、牵制。哀公问曰："何为则民服？"孔子对曰："举直错诸枉，则民服；举枉错诸直，则民不服"（《论语·为政》）。孔子的这句话也可以理解为公平对待人才，任人唯贤才能让员工信服。孟子曰："尊贤使能，俊杰在位，则天下之士，皆悦而愿立于其朝矣"《孟子·公孙丑上》。这也是说任人唯贤，则天下贤才都会慕名而来为其效力。

创业者应为员工创造相对安全、舒适的工作环境，尊重员工的劳动成果，保护员工的合法权益。实现员工的安全需求、社交需求、尊重需求和自我实现需求以此提升创业绩效。

现任安徽楚江投资集团有限公司董事长的姜纯，从1991年开始接手一家将近破产的乡镇企业，最后凭借他的努力扭亏为盈。他主张办企业要"以人为本，以质量求生存，以科技为动力，以更高更优的产品回报社会，以高收益回馈股东"。他的用人理念是"以事业吸引人，以目标凝聚人，以机制激励人"，姜纯认为员工各有所长，所以他经常观察每一位员工的各种能力，并且科学合理地进行人才流动。所以，姜纯才尽其用的观念使他所带领的企业成绩斐然。

（二）仁者爱人与爱屋及乌

"仁"是儒家伦理观的核心，亦是其最高标准。孔子说："仁者，人也。"仁的本质是关爱他人，包括亲人、朋友、同事。对当今创业者来说就是关心员工的切身利益，最终能够实行人性化管理。

《礼记·中庸》中提出："为政在人，取人以身，修身以道，修道以仁。"可见，创业管理的本质是"治人"，核心是人的完善，前提是"人性"，最终目标是"安人"与"人和"。孔子解决社会问题的逻辑起点是社会中微观的人，其曰："仁者爱人"，意为创业者应关爱其员工，这样有利于缓和"劳资双方"的矛盾，在上下级之间形成亲密的情感联系和内聚力，从而利于达成创业目标。孔子为"仁爱"管理提出了五种具体方式，即"恭、宽、信、敏、惠"，也就是创业者对员工的尊重、宽厚和诚实守信。"仁"还应以德服人，在创业过程中，对员工要以教育培训为主，让员工自觉接受管理并且还必须做细做实员工的思想工作，使创业过程中的改革和管理措施得到员工的理解和支持。这就要求创业者自身能够坚持仁，真正做到"仁者爱人"。古人有云："感乎人者，莫先乎情。"亦是说要真正关心。孟子则提出"仁政"学说，认为"仁政"关键在于"得民"，而"得民"的前提则是获取"民心"。即"得天下有道：得其民，斯得天下矣"。

当然，"仁者爱人"也并非什么人都爱，也并非毫无原则地爱。孔子有云："唯仁者能好人，能恶人"（《论语·里仁篇第四》）。可见，仁者也是有原则地爱人，需要公正的标准，而不是私心的，所以对创业者来说也并非要一味仁爱，对员工要是非分明。对于芸芸众生来说，爱能够给他们信心，创业者对员工如若能够做到有原则的仁爱，那他的事业已然成功了一半。

"老吾老以及人之老，幼吾幼以及人之幼"（《孟子·梁惠王上》），在这里亦是要说创业的同时不要忘记关爱员工。对员工要如同对待家人，实行人性化管理，对待员工的家人亦是要"爱屋及乌"。"天时不如地利，地利不如人和"（《孟子·公孙丑下》），这句话很有道理。

在生活上，要关心员工，实现员工的物质需求，要对他们尽心尽力的关怀。最重要的就是给出员工合理的薪酬。现在有很多新生代农民工，他们渴求能够留在城市，能够享受城里人的待遇，能够过上城里人的生活。但是，终究是一场美梦，现实将他们的梦击得粉碎。创业依靠员工的努力才能成功，可是又有多少成功后忘记员工的辛劳。不要说基本员工福利，就是工资报酬也存在严重克扣现象。要让员工"老有所终，壮有所用，幼有所长，矜寡孤独废疾者，皆有所养"（《礼记·礼运》）。

"不仁而在高位，是播其恶于众也"（《孟子·离娄上》），孟子认为，居高位不仁就是向世人传播恶的理念。李兆基就是一位居高位而且实行仁的儒商。李兆基长得慈眉善目，是一位名副其实的儒商，他也深谙"仁"的道理及其在创业过程中的重要作用。他从商几十年来一直仗义疏财。员工移民女儿写信称不能支付贷款时，他替员工女儿海外买房；雇员炒股炒楼血本无归致使被证券经纪行迫仓，他帮员工平仓；当有的员工要创业时，只要是正道，他也给予帮助。他的善意在坊间流传，同时有许多人不理解他的行为，他这样解释："我不帮他们，还会有谁帮他们呢？"这就说明李兆基对待员工的"仁"、"义"以及对员工家属的"老吾老以及人之老，幼吾幼以及人之幼"。李兆基也不责怪他的员工每天给他送相同的饭菜。这正是他的仁义所在,对生活不拘小节。

(三)"制民之产"与"增民之能"

儒家主张"贵民","贵民"观念衍生出了儒家对待人的具体态度,即"爱民"。珍爱别人如同珍爱自己。孔子的马棚发生火灾,他回到家中问道:"有人受伤了吗?"而不问马的情况。住在马棚里的人肯定是奴隶,在一匹马、一束丝的价格等于五个奴隶价格的时代,孔子这样的问法,表明他不是把奴隶与马同视为财富,而是从人(仁)道角度,关心的是人,而不是财富。

"爱民"有两层含义:一是主张人民有生存和富足的权利。孟子提出"制民之产",认为应当使人民"仰足以事父母,俯足以畜妻子。乐岁终身饱,凶年免于死亡"(《孟子·梁惠王上》)。孔子主张统治者应当使人民"富之"(《论语·子路》),孟子主张使人民"老者衣帛食肉"(《孟子·梁惠王上》),这讲的是人民提升自己生存状态的权利。可见,创业者应有保障员工生存及富裕的权利。二是认为人民有接受教育、提升自己精神存在状态的权利。孔子主张人民富裕之后应当"教之"(《论语·子路》),孟子主张"黎民不饥不寒"之后应当"谨庠序之教,申以孝悌之义",以"驱而之善"(《孟子·梁惠王上》),都是讲这层意思。

摩托罗拉大学反映了公司对培训工作的重视,该大学总部设在伊利诺伊州肖姆堡,从东京到檀香共设有14所分校,预算超过1.2亿美元。学校课程由"辅导工程师"制订,内容包括批评式思维、解决难题的方法、管理、计算机、英语补习和如何使用机器人等。当然,有些雇员抵制这种重返学校的培训计划,为此,培训官员曾以解雇相威胁使某些雇员接受培训。但大多数的鼓励措施是正面的。如掌握一门新技术可以使雇员有资格得到晋升;为使培训课程具有趣味性,课堂上的许多问题来自摩托罗拉公司的实践;教师采用生动的有给有取的教学方式;落后生还可以得到教师的单独辅导。但是,如果有些雇员达不到应用的要求,他们就可以被降级。实际上课堂教学仅是摩托罗拉公司培训的一部分,更重要的是"现场操作"或实习。如在伊利诺伊州阿灵顿海茨的工厂,新雇员在老雇员指导下的学徒期间可拿到工资,美国培训与教育协会(ASTD)的卡内维尔说,在每年40小时的正规培训以外,就额外的实习培训而言,摩托罗拉公司是在全美国公司中率先实行这种培训方式的公司。对于那些仍然怀疑培训教育是一种竞争武器的人们来说,看一下在奥斯汀新建的MOS-11芯片工厂是很必要的。该工厂制造某种世界上最精密的芯片,其电路线仅有1/2微米,相当于人的1根头发的1/200。先进的芯片工厂一般需要3~4年才能开工,而摩托罗拉公司仅用了18个月就开工了。上述成功的秘密在于"外遣工作队"。120人被派往世界各地实习,以成为即将安装在这座工厂的有关设备专家。斯蒂文·亨德森技师就将他到摩托罗拉公司后的前13个月时间花在路上。他说:"在办公室的许多人甚至不知道我是谁。"他的大部分时间花在摩托罗拉公司在菲尼克斯城的一家工厂和在加利福尼亚州圣何塞的一家晶片设备供应厂中。这家供应商是硅谷集团公司,摩托罗拉公司的工作人员帮助这家公司做了一个生产设备模型。为了取得实际操作效果,他们使用成千上万个每个价值100~150美元的晶片,而且用完就扔掉了。这样做虽然成本昂贵,但却使操作人员和技术人员了解这种设备,找出设备问题所在,并为奥斯汀工厂写出了培训报告。因为有了上述的准备,MOS-11工厂在生产第三批商品时,就创造了公司生产完好晶片的纪录。由于有了这种新的生产能力,摩托罗拉公司已成为超高速静态随机存储器迅速扩大的市场中的主要供用者。

二、儒家责任观与对股东负责

一般意义上说,股东就是指持有公司股份或者公司的出资者,股东是一个公司存在的基本要素,没有股东就不可能会有公司,股东是创业时期的关键人物。所以,在创业阶段,对股东负责就是对公司负责。

(一)诚信对待股东

儒家倡导"言必信,行必果"《论语·子路》。创业总是离不开股东的投资,创业者对股东也要信守承诺,股东就是创业过程中一个非常重要的角色。"君子务本,本立而道生"(《论语·学而》),孔子的这句话在这里是说要专心致力于创业本身,而非其他。这就是说要对股东诚信,诚信是对股东负责的一个重要前提,只有对股东在最初坦诚相待,向股东提供真实的经营、财务、投资方面的信息,而非欺骗作假,才能在后续的发展中获得股东的支持和信任。

诚实守信是对股东负责的前提,当代创业股东投资亦看重创业者的品质及创业企业的发展前景,在封建社会则是向当时的读书人押宝,祈求他们科举金榜题名亦能给自己带来利益,使自己名利双收。

胡雪岩就是一个懂得投资人脉的人,他用智慧交往过一个重要人物——王友龄。王友龄只是一介穷书生,贫穷潦倒的他甚至没有足够的盘缠进京赶考。于是,天生仁厚豪爽的胡雪岩私下借用了钱庄的500两银子送给王友龄做进京的盘缠和做官的"本钱"。胡雪岩与王友龄有过几番深入的交谈,以他的敏锐眼光,他发现王友龄绝对是只"绩优股",以后必成大器。如果自己与其建立起良好的关系,一定会受益无穷。胡雪岩比别人高明之处就在于他将一个人落魄的时候视为是与其交往的最佳时刻。他不但在精神上支持王友龄进京赶考,而且做出了拿自己的饭碗换王友龄盘缠的仗义之举。王友龄中榜以后，对胡雪岩的生意给予了竭尽所能的协助，成为扶起一代商界大枭的最重要"支撑"。有人说，胡雪岩运气好，用500两银子就攀上了"大官"，但同样的机会也曾摆在很多人的面前，却没有人像胡雪岩一样能够紧紧抓住。胡雪岩的一生，抓住对方的内心需要、投其所好的交际经典不计其数。起初是胡雪岩投资那些读书人，后来就是他们帮助胡雪岩。胡雪岩与那些官员虽不是与股东的关系，却更胜那一层关系。他诚实对待他结交的达官显贵，使他们成为他的利益靠山，也使他结交的官员名利双收。

（二）尊重股东权利

孔子认为，经营最关键的就是人，强调所谓的经营就是抓住人心。股东不仅仅是公司的一个利益主体，是一个经济人，但同时也是普通的社会人，人与人之间取得信任的前提就是互相尊重，所以，在与股东的交流过程中，要充分尊重他，不仅要尊重他的人格，更重要的是要尊重他的利益。因为股东投资一家公司最基本，也是最直观的目的就是为了获得利益。所以，企业在经营的过程中应该把股东的利益放在非常重要的位置，在创业获得发展的同时，也使股东能够获得最大的利益。

"义与利者，人之所两有也"（《荀子·大略》）。荀子认为义与利都是人所必需的，所以追求利益最大化本身而言是对的，但是，也不能因为贪图最大利益而最终损害股东利益。保证股东利益的最大化的前提就是合法经营，取得合法利益，不能违反国家或地方的相关法律法规。孔子曾说，"不义而富且贵，于我如浮云"（《论语·述而》）、"过犹不及"（《论语·先进》）。在孔子看来，不义之财如同浮云，一味追求利益就失去了创业的意义。见利忘义已被社会所不齿，儒学强调"以义制利"，也就说明"义"能够约束和规范"利"，不能违背道德标准去贪图不正当利益。假如创业只是贪图利益，盲目扩大股东利益，不讲社会仁义、道义，股东不但不能得到利益，相反，还会失去更多的利益，付出更大的代价，最终使股东利益受损。

李彦宏，中国山西省阳泉人，是中国当代著名的晋商，他是计算机科学硕士，毕业于美国纽约州立大学布法罗分校，他一手创立了百度公司。真正改变百度命运的事件是在2001年度百度董事会召开。李彦宏在会上，信心百倍地提出百度转型做独立搜索引擎网站，开展竞价排名的计划，但是遭到股东们一致反对，股东认为十分冒险，会损害他们的既有利益及未来收益。但是李彦宏依旧坚持自己的想法，他坚决的态度让股东们不得不退让，终于同意他的意见，而他们的转变只是因为李彦宏的态度而非他的论据，最后，李彦宏并没有让股东失望。对百度来说，这是里程碑事件，百度从此从幕后走到台前，开始了百度的辉煌历程。李彦宏并非单纯从自己的利益出发，而是站在百度的长远发展立场考虑的，这就是对股东收益最大化负责。

第四节

儒家创业组织外部责任

一、儒家责任观与对商业伙伴负责

商业伙伴是指创业合作伙伴、供应商、经销商、零售商、竞争者。与商业伙伴应维系相互平等、相互尊重的关系。因而对商业伙伴的负责，主要体现在诚实信用、互惠互利、团结协作的原则下，契约、合同等各种约定的履行。

"三人行，必有我师焉"（《论语·述而》）、"三个臭皮匠，顶个诸葛亮"、"众人拾柴火焰高"，这些弘扬人多好办事的言语，同样适用于创业。因而，商业伙伴是创业原始的人脉资源。

（一）诚实守信与履行合约

《礼记·中庸》有言："诚者，天之道也；思诚者，人之道也。"意思就是说诚实是人道的准则。创业的时候要履行承诺，言而有信，正所谓"人而无信，不知其可也"（《论语·为政》），意思就是说如果一个人不讲信用，那也就没什么可值得肯定的了。这句话对创业者来说也是很有价值的。"君臣有义，朋友有信"（《孟子·滕文公上》），虽然创业者与股东不是君臣关系，也可能不是朋友关系，但是却一定要讲信义。"诚信如神"（《荀子·致士》）、"诚信生神"（《荀子·不苟》）亦是说诚信的重要价值。世界名牌企业都以信誉著称，信誉多半都是信守承诺换来的。所以创业格外讲信用，这会是成功的捷径。

而对合约的履行，不仅要保证按时履行，更要保证按质按量履行。按时履行是因为合约有时效性，时间观念在与商业伙伴的关系看来也是十分重要的，按质按量履行，则是对合约条款的遵守，相比而言，后者更能体现创业过程中对商业伙伴的尊重。

对竞争者的责任与其他商业伙伴不同，与竞争者更多的是要公平竞争。社会的发展势必不会总是一家独大，竞争者会越来越多，竞争的前提就是要能够量力而行、诚实守信。"竞争与合作不单是经济学范畴，它们同时也是哲学范畴"。[①] "竞争的一般含义是指两个以上主体为追求同一个目标而展开角逐，以

[①] 赵子祥：《哲学要研究竞争与合作》，《实事求是》，2006年第2期。

争取胜过对手的社会现象。"① 竞争一般分"正当竞争"和"不正当竞争", "竞争"属经济范畴,而"正当"、"不正当"则属于道德范畴。"企业在竞争中击败对手并非不道德行为,前提则是采取的竞争手段必须合乎竞争的伦理规范。"② 如果企业一味追求自己的利益,采用一些如虚造事实、诋毁攻击、仿冒假冒、压价限价等"不正当竞争"手段和行为,将会破坏正常竞争机制在市场经济条件下的运行,导致企业间恶意竞争行为,进而破坏整个社会的伦理秩序和道德规范。合作则说的是各领域所有的互助、协调、共存、共发展等这一类现象。企业间的合作就是企业竞争产物,它是企业间交换互补性资源,以此长期获得市场竞争优势的一种经济策略。

古代有一位叫程大的徽商,出身书香门第,特别推崇儒家文化。他本想参加科举考试做一个文官,就在他准备赶考的前一天,他的父亲病重,他就放弃了科举,从此决定成为一名儒商。与程大家族合作的一家丝绵铺,想要在半个月内要一批上好的丝绵料子,因为急着要货,出价也是异常高。而当时程大也需要一大笔资金周转,这笔生意无疑能解程大资金上的燃眉之急。店铺掌柜劝程大接下这个单子,但是程大最后还是拒绝了这笔生意。他如实告诉对方,因为程大考虑到自身的生产能力,即使加班加点亦不可能在半个月之内交货,他不能因为自己的利益而损害对方的利益。丝绵铺的老板知道程大如此讲信誉,就将另一笔生意给他,还预付了工钱,程大渡过了生意难关。

程大的成功在于他信守承诺,同时量力而行,他只答应在限期内能做的生意,接了生意也会在规定时间交货。创业要客观地判断与理智地分析,要在此基础上,做到诚信。

(二)助人自助与推己及人

子曰:"夫仁者,己欲立而立人,己欲达而达人。能近取譬,可谓仁之方也已"(《论语·雍也》)。要把对自己、企业的利益建立在对商业伙伴利益共享的基础之上。常言道"送人玫瑰,手留余香"也是这个道理。"推恩足以保四海,不推恩无以保妻子"(《孟子·梁惠王上》),这说明创业时期不应只顾个人利益中饱私囊,还要考虑股东利益,只有与股东齐心协力,才能使创业顺利进行。

创业如果只考虑自己的利益,而不考虑商业伙伴的利益,最终只会失去商业伙伴。一般而言,创业时更应该团结互助,互惠互利,站在对方立场考虑商业伙伴的利益。商业伙伴中供、产、销之间的关系更密切,一般是"一损俱

---

① 吕明瑜:《竞争法》,法律出版社,2004年。
② 韩冬:《企业间竞争与合作的伦理探究》,《沈阳工程学院学报》(社会科学版),2006年第1期。

损、一荣俱荣"。因此，要实现商业伙伴之间的多赢，而非仅为自己创业利润最大化来损害商业伙伴的利益，要让利于商业伙伴，这就是所谓的"让别人赢自己才能赢"，这样长久的合作关系才能得以维系。

石贵是明朝中叶的一名徽商，因祖上随朱元璋征战而得到朝廷嘉奖。到了石贵这一代已经成为皇商了，社会地位极高，因为皇商名号的庇佑，同行都不敢与他竞争，而他自己也是欺诈同行。他为人十分高调，酷爱炫富，放在当今社会，也是土豪一个。石贵挥金如土，建造亭台楼阁，并且四处寻找绝色女子，这也为他后来家道衰落埋下定时炸弹。石贵对同行更是毫不手软，依仗自己的财势，不遵守经济秩序，倾销商品，击垮同行，最后低价收购同行商铺。有一位许氏，也是被他逼迫走投无路的同行，就向当时的一位好色王爷透露石贵藏有一位绝色女子，并且石贵家财万贯。那位王爷一来垂涎那女子美色，二来也对石贵的家财十分动心，就随便给他安了一个罪名，将他抓了起来。石贵自恃身份高贵，无人敢欺，最后却是家财散尽家道败落。石贵自始至终都不知道自己哪里出了问题，只认为是上天不公。其实石贵是自己无容人度量，对同行赶尽杀绝，这对创业者来说绝对是忌讳的。俗语"做人留一线，日后好相见"，说的就是凡事要考虑日后的后果，对商业伙伴要利益共享、合作共赢。

二、儒家责任观与对消费者负责

消费市场是创业活动持续的不竭动力，经济学上常提到"顾客就是上帝"，生产的最终目的是消费，创业者或创业企业对消费者负责尤为重要。

相互信任和尊重是企业与顾客关系形成和发展的动力源泉。从顾客的立场来说，希望企业商品质量高、服务好、价格低廉、操作使用方便等。企业和顾客的关系是互利的。"在一种充满竞争的经济制度下，企业时刻都面临着严峻的生存压力，而单纯的经济利益的追求，最容易驱使企业通过放弃伦理原则来确立竞争优势"。[①] 企业与顾客之间"信息不对称"。顾客无法全面了解产品、服务的真相，而且在更多的时候，他们也没有专门的知识和必要的手段来了解将来要购买的产品。在企业明显处于优势的情形下，如果完全听任市场的作用，就等于放大和强化企业的优势地位，企业的行为中就会有更多的如缺陷、劣质甚至有害产品、夸大或虚假的广告宣传、恶意隐瞒、欺骗顾客等不道德行为，玩起"上帝变上当"的魔术。

"取诸社会，还诸人群"，创业应保持整个生产经营过程都与消费者的长远利益相符合、相一致，满足消费者正当需求和欲望，才能获得盈利。价格欺

---

① 赵德志：《企业伦理问题及其根源》，《辽宁大学学报》（哲学社会科学版），2006年第5期。

诈、虚假广告等侵犯消费者权益的行为，只会带来声誉损失和信任危机，致使消费者"用脚投票"。"己所不欲，勿施于人"可以作为检验创业是否对消费者承担了社会责任的简单而有效的标准。只有对消费者负责，创业才能恒久。

（一）产品质量与消费者权益

滕文公问为国，孟子曰："民事，不可缓也。"其意为，滕文公向孟子请教治国的办法，孟子说："对于老百姓的事情，千万不能拖延。"民事，就是老百姓的事，它的范围很广，衣食住行无所不包。当前，社会正处于快速向前发展的阶段，人民的生活水平也在日益提高。越是在这种阶段，就越要防止出现一些损害人民利益的事情。换言之，对创业企业来说，"群众利益无小事"就是指"消费者利益是大事"。

创业的关键之一就是生产出适销对路的产品，适销对路的前提则是安全可靠。产品是创业的生命线。创业过程不能损害消费者的权益，要充分尊重消费者，让他们拥有商品自主选择权和产品信息知情权。2008年发生的三鹿毒奶粉事件，"享誉世界"、轰动全球，事件的起因是在三鹿奶粉中发现化工原料三聚氰胺，导致全国各地婴幼儿出现肾结石的症状。这属于严重的食品安全事件。许多创业者走所谓的品牌战略，也是先有品，后有牌，可以说产品质量是企业的生命，更是创业成功的基本前提。

要及时准确发布产品信息，保证消费者的产品知悉权。产品的更新换代要及时说明。孟子说过："君子不亮，恶乎执"（《孟子·告子章句下》）。意思就是说君子如果不讲诚信，怎会成为一个有操守的人呢？这也是说明讲求诚信才能使创业成功，并且始终立于不败之地。

儒家强调"恕"，即"包容"、"宽恕"。创业企业的营销，可能会得到客户毫无根据的猜忌曲解。但不能因此而对消费者不"恕"。相反，要容人之心。"宰相肚里能撑船"，要想干大事，必须要胸有海量，能容人之飞黄腾达，能容人之恶语中伤，花自飘零人自清。毕竟，言行自由是消费者的基本权利。

明清时期，有一位徽商与其合作伙伴共同经营粮食商铺，起初两人都踏实勤奋，生意名声很好，所以粮食商铺经营得有声有色。直到一年，他们所在区域遭遇百年一遇的旱灾，粮食收成不好，有不少粮商为了获取暴利就在粮食里面掺入石子。那位徽商的合作伙伴看到同行获得暴利，心里痒痒，按捺不住了，总找机会与徽商商量掺石子进去，那徽商却始终都没有同意。于是，徽商的伙伴就与徽商分道扬镳，另与他人合伙开商铺，在粮食里掺沙子。很快，那些顾客发现了粮食中的石子，加上灾荒过去，粮食价格回落，人们都认准了徽商的商铺，并且经常介绍别人来买粮，徽商的生意越做越大。但他那位曾经的合作人就失去了顾客，生意惨淡。

"只要货赢人，不愁客不来"，创业要靠产品质量取胜，而非投机取巧。守住道德的底线，学会约束自己。要想在商界有立足之地，必须为消费者提供货真价实的商品。

（二）公平交易与消费者利益

"人无远虑，必有近忧"（《论语·卫灵公》），在孔子看来没有长远的眼光才不会有短期的烦恼。对消费者的尊重就是在继续赢得消费者信赖。"人无诚信不立、家无诚信不和、业无诚信不兴、人无诚信不宁"，对消费者要诚实经营、童叟无欺，这是对社会回馈的基本前提。要坚持公平交易，明码标价，不可强买强卖，欺骗消费者。诚信的创业过程会使创业更加顺利，同仁堂的成功，得益于对顾客的诚信，堪称创业的典范。因此，要明码标价，不能漫天要价，欺骗消费者，所以，创业对所生产的产品必须要有一个合理的利润评估，要使合理的利润与期望利益最大化之间平衡。因为创业利益最大化也要依赖消费者的购买。应该是寻求"合理的最大利益"或者是"最大的合理利益"。定价公正合理，保护消费者的利益。

如果创业时过于贪心，并且希望短期内获得巨额利益，而实际的正当合法经营根本不可能一本万利。则必然会想方设法去满足贪念，这样就会出现非法生产经营，损害消费者利益的局面，然而这种杀鸡取卵的做法，暂时欺骗顾客，却可能终生失去消费者的信任，再也得不到他们的青睐。这实际上是鼠目寸光的表现。因而创业能做到不贪，让利于消费者，这才是会创业持续成功的行为，也才是长久之计。

优质的售后服务会为创业企业争取更多的回头客。就像海尔电器，优质的售后服务让其销路异常顺畅。

著名的红顶商人胡雪岩，是徽商领军人物，同时也是一位儒商。他坚守信义，奉行顾客至上的理念，所用药材全部为真材实料，药店匾额"戒欺"则是最好的佐证。胡雪岩有一次去胡庆余堂视察员工工作，正好碰见一位顾客买药，但对药的成色有疑义，胡雪岩上前查看，发现是药品质量出了问题，就打算帮他换，而此时这种药已经卖完，胡雪岩再三向顾客道歉，并安排顾客食宿。三天时间就配出新药给那位客人，顾客十分满意，回去后便夸胡雪岩诚信。作为一位商人，他如此替消费者着想，确实十分难能可贵。在创业过程中用真材实料生产安全可靠的产品，是创业过程的关键步骤，这也是对消费者负责的最重要举措。

三、儒家责任观与对社会负责

宋朝儒学大师朱熹曾用"理一分殊"说明宇宙整体与部分的关系，他说：

"万物皆有此理,理旨同出一源。但所居之位不同,则其理之用不一。如为君须仁,为臣须敬,为子须孝,为父须慈。物物各具此理,而物物各异其用,然莫非一理之流行也。"(《朱子语类》卷十八)这里的"理",即后世所谓"天理"。这就是说,宇宙是一个由天理支配的和谐整体,宇宙的每一个具体部分尽管各自的功用看起来不同,其实都是在以自己的方式表现着宇宙整体的价值本质(天理),是整体价值的有机组成部分。以此对应现实的社会,每一个社会组织都是一个特殊的"部分",它们的形态与功能都是不同的;然而它们又都是社会"整体"的有机部分,应当在自己的位置上以自己的方式表现社会整体的价值,为社会整体价值的实现发挥各自不同的作用,就像"为君须仁,为臣须敬,为子须孝,为父须慈"那样。根据宋儒这个道理,创业组织,尽管作为经济组织具有特殊的性质,但也要表现社会整体的价值,在自己特殊的位置上为社会整体价值的实现做出贡献。创业组织应当自觉融入社会价值整体之中,而不应游离于这个价值整体之外,更不能使自己的行为背离社会整体的价值追求。

(一)天人合一与环境保护

《论语》中提到,"君子有三畏:畏天命、畏大人、畏圣人之言。小人不知天命而不畏也,狎大人,侮圣人之言"(《论语·卫灵公》)。"畏天命"观点说明儒家生态伦理观在那个年代就已形成。虽然孔子并未明确提出天人合一的生态观,但敬畏天命、崇尚自然确实有过之而无不及。

儒家有诸多关于天之含义的论述。如"天命玄鸟,降而生商……古帝命武汤,正域彼四方"(《诗经·商颂·玄鸟》),"昊天有成命,二后受之"(《诗经·商颂·昊天有成命》),"有命自天,命此文王"(《诗经·大雅·大明》),这里把天当作自然界与人世间的最高主宰。再如,"天生烝民"(《诗经·大雅·烝民》),"天作高山"(《诗经·周颂·天作》),孔子在谈到天的作用时,也提及"百物生焉"(《论语·阳货》),这里把天当作是一切自然生命的本源。还如,"上天之载,无声无臭"(《诗经·大雅·文王》),孔子也曾以"四时行焉"(《论语·阳货》)归之于天的作用,这里把天当作万物行载之物。

孔子认为人与天存在着关联性。如"天何言哉?四时行焉,百物生焉,天何言哉"(《论语·阳货》);"获罪于天,无所祷也"(《八佾》)。"吾谁欺?欺天乎?"(《子罕》)"予所否者,无厌之"(《雍也》)。"天下之无道也久矣,天将以夫子为木铎"(《八佾》)。"五十知天命"(《为政》)。孟子更为清楚地阐述了对"天"的认识。譬如,"畏天之威,于时保之"(《梁惠王下》)。"永言配命,自求多福"(《离娄》)。"天降下民,作之君,作之师"(《孟子·梁惠王下》)。"天作孽,犹可违;自作孽,不可活"(《孟子·公孙丑上》)。"天视自我民视,天听自我民听"(《尚书·泰誓》)。

在天人关系处理上,孔子主张人要顺从天命,"唯天为大"。《礼记·中庸》也提到:"诚者,天之道也,诚之者,人之道也。"大意就是说人只要发扬"诚",就可以与天一致。孟子将天命归结为人之道。《孟子》说:"尽其心者,知其性也。知其性则知天矣。存其心,养其性,所以事天也。"这意思就是说人要充分去实践内心的觉知,才能了解人的秉性,并由此上达天道。就命运而言,"君子创业垂统,为可继也;若夫成功,则天也"(《孟子·梁惠王上》)。"吾之不遇鲁侯,天也"(《孟子·梁惠王下》)。"莫之为而为者,天也;莫之致而致者,命也"(《孟子·万章上》)。可见天与命的关系密切。就使命而言,则"君子行法以俟命而已矣"(《孟子·尽心下》)。"修身以俟之,所以立命也","尽其道而死者,正命也"(《孟子·尽心上》)。"生,亦我所欲也;义,亦我所欲也。二者不可兼得,舍生而取义者也"。(《孟子·告子上》)汉朝儒家代表人物董仲舒则提出:"天人之际,合而为一"(《春秋繁露·深察名号》)。这成为儒家伦理生态观的一个最重要的观点。宋明程朱理学时期,张载首次明确提出了"天人合一"的观念,对现在依旧影响很大。

儒家伦理思想强调"天人合一"的自然观念,哲学上也说人不能脱离自然而独立生存。这也可以看出人类要想长远地生存、发展,必然离不开大自然。自古"竭泽而渔"都为世人所不齿,在改革开放以后,中国却又像回到古代,创业者纷纷"竭泽而渔",导致能源消耗过快,世界性的能源危机也使"人们惶惶而不可终日"。"仁民爱物"不应只是口号,更应该成为行动,要厉行节约,要为人类、自然的未来留下喘气的机会。

当前,环境污染主要包括大气污染、水资源污染、土壤污染、白色污染、光污染、噪声污染、放射性污染、重金属污染、射频污染、装修污染、服装污染。这些污染的形成大都与社会企业组织有关。近年熟知的核泄漏、近海水域营养化,都与企业、创业者、管理者的社会良知缺失有直接联系。

随着现代经济的快速发展,创业者在创造巨额财富的同时,也在逃避责任。他们付出廉价的社会成本,却让环境满目疮痍,致使各种社会资源、能源枯竭、生物多样性减少、荒漠化加剧、各种污染也频频发生,但却没有任何停止的前奏。全球生态环境已经急剧恶化。

因而环境保护已经刻不容缓,在生态环境脆弱的今天,更应该坚持可持续发展,实现天人和谐,做到"天人合一"。可持续发展是我国创业必须坚持的,这是坚持科学发展观的必然要求,科学发展观的第一要义是发展,核心是以人为本,基本要求是全面协调可持续,根本方法是统筹兼顾。在科学发展观指导下，要发展绿色经济、循环经济、低碳经济，这就要求在创业项目的选择上，要注意经济与环保协调发展，履行环保责任。只有坚持可持续发展道路，真正做到天人合一，才能使创业成功，并且立于不败之地。

海尔集团是世界第四大白色家电制造商，是一个为社会负责任的良心企业。海尔在"珍惜资源、保护环境、关心未来、协调发展"的资源环境方针的指导下，提出建设清洁生产企业的理念。海尔集团为此实施了一系列措施，包括树立正确的企业管理，提高企业节约、清洁、创新发展的自觉性；坚持仁民爱物，坚持科学发展观，开展全员参与的清洁生产活动；依靠技术与创新推进清洁生产；从提升企业竞争力战略高度组织实施清洁生产。海尔集团的清洁生产是利国利民的举措，创业过程最需要的就是这种对社会的责任，这样的创业是社会最欢迎的。

（二）利中讲义与回馈社会

《孟子·尽心上》有一句名言："穷则独善其身，富则达济天下。"《孟子·梁惠王上》孟子对曰："王！何必曰利？亦有仁义而已矣。王曰'何以利吾国？'大夫曰'何以利吾家？'士庶人曰'何以利吾身？'上下交征利而国危矣。"并且直言"王亦曰仁义而已矣，何必曰利？"孟子所言正是揭示不能单纯看重利益，更重要的是注重义利相生，因义生利、以义换利。

儒家义利之辨向来为学者所推崇，重义轻利，自古商人就被定格在重利轻义这一层面。《论语》有云，"君子喻于义，小人喻于利"、"子罕言利，与命与仁"、"见利思义"。孔子谈"义"总是相较于"利"而言。孔子固然是重义轻利的，但他也承认人需要利益才能过"体面的生活"，所谓"君子爱财，取之有道，用之有度"，也正好迎合他的义利观。"义与利者，人之所两有也"《荀子·大略》。荀子认为义与利都是人所必需的。在现今看来，义利相生才是对义利观最好的理解。因而，创业管理过程中更应该对社会讲道义，回报社会。

作为士农工商的四民之末，商人自古社会地位极低。但时至今日，儒商已然成为全球华商的一面旗帜。儒商创办的企业是以盈利为目的的组织，其直接目的就是为了获取财富，所以真正舍"利"取"义"却又是不现实的。中国最早的国别史著作《国语》中提到："言义必及利"、"以义生利，义以丰民"。认为义能够生利，义也是生利的前提条件。这也表明，古人已经明白了义利。

从大的方面讲，整个社会公众都会是潜在客户、潜在的消费者，因而创业过程中做公益事业，致力于慈善就是在做口碑营销。但是"媒体也不能盲目根据企业的捐款排序，以此来判断企业是否是一个对社会负责的组织"，关键在于企业本身是否具有对社会的责任意识。

当代著名香港儒商李兆基，是香港地产发展商，恒基兆业、中华煤气董事局主席暨新鸿基地产董事局副主席。从商几十年，并不唯利是图，他曾经要求捐地给政府，让政府开发国产，解决民众的住房问题，政府没有接受而是建议他捐给慈善基金会，后来他也照做了。中国发生的每次灾难，都能看到李兆基及其公司捐款捐物的消息，这也是他的仁义所在，更是他的睿智所在，他懂得回馈社会，这也是很好的正面形象的宣传相生的道理，没有将义与利对立起来，而是认为应该结合二者。

儒商支岩福现在是浙江乔克控股集团的董事长，产业涉及房产开发、娱乐休闲、旅游餐饮、医疗卫生、商务办公、酒店等行业，现在他更忙了，身上的担子也更重了。即使再忙，他也尽可能地参加慈善公益活动。他认为，企业的财富积累是社会的给予，回馈社会是企业的责任。这几年来，支岩福回馈社会的捐款就高达 90 多万元。此外，嘉善温州商会和在嘉善温州籍企业在会长的带领下，也积极参与社会公益事业，仅仅几年就累计捐款 100 多万元。2009 年乔克控股集团获得"慈善爱心单位"称号，同一年获得社会公益事业贡献奖，次年被评为第五届杰出华商大会财富领袖论坛最具财富潜力的企业。这一切都源于他骨子里流淌着儒家文化"仁爱"之血、有着"义利兼顾"商业诚信、有着对社会和人民的责任感与使命感，希望儒雅的支岩福在未来的道路上越走越宽，给家国社会做出更大的贡献。

四、儒家责任观与国家负责

"如欲平治天下，当今之世，舍我其谁也？"（《孟子·公孙丑下》）孟子的这句话体现了他"以天下为己任"（《南史·孔休源传》）的责任感与使命感。创业需要国家的支持，得到国家的首肯才能大张旗鼓地进行。

（一）合法生产与经营

子曰："君子爱财，取之有道。"用孟子的名言："富贵不能淫，贫贱不能移。"（《孟子·滕文公下》）"不以物喜，不以己悲"，也是说不以财富来决定自己的心情。合法经营，生财有道，这样才能做到"视不义富贵若浮云"。以义取利，德兴财昌，舍义取利，丧失了"义"也得不到"利"，为商者应深以诫之。"积善之家，必有余庆，积不善之家，必有余殃"。如果一个经营者有长期的理性和智慧，他必不会用恶劣、卑鄙的手段去获利；用恶劣的手段去做任何生意，最终将会失去已获得的利润。

李兆基先生自小开始学习生意经，将家传事业打理得井井有条，后来因社会环境动荡，所以才去香港，可以说是白手起家！创业初期，他还是做老本行，而到了后来，意识到不动产的重要性，遂与合作伙伴开始从事房地产开发。他总是有独到的眼光，并在适当的时机给人震撼！在合伙开发房产时，他们率先提出分层销售的理念，这说明其创业的睿智。李兆基在他的财富王国驰骋，但他却是一直合法经营，从未有过非法经营的事情发生。其企业在达到一定规模想要上市时，都倾向于收购实力较弱的上市公司，这样借壳上市、以小博大的收购、吞并战术，是李兆基最擅长的。他的这种方法至今仍成为股市收购战中的经典范例，成为课堂上经常引用的著名例证。他的投资回报率高，股东都能受益，真正体现了对股东负责。他的智体现得淋漓尽致。李兆基的投资遍布全球，他也力挺中央大型企业，成功转型。对大陆资本的信赖亦是体现他对国家的责任所在。

（二）推动国家经济与技术发展

《诗经·十月之交》云："十月之交，朔月辛卯。日有食之，亦孔之丑。彼月而微，此日而微；今此下民，亦孔之哀！日月告凶，不用其行。四国无政，不用其良。彼月而食，则维其常；此日而食，于何不臧！烨烨震电，不宁不令。百川沸腾，山冢崒崩。高岸为谷，深谷为陵。哀今之人，胡憯莫惩？皇父卿士，番维司徒，家伯维宰，仲允膳夫，聚子内史，蹶维趣马，禹维师氏。醜妻煽方处。抑此皇父，岂曰不时？胡为我作，不即我谋？彻我墙屋，田卒污于莱。曰予不戕，礼则然矣。皇父孔圣，作都于向。择三有事，亶侯多藏。不憖遗一老，俾守我王。择有车马，以居徂向。黾勉从事，不敢告劳。无罪无辜，谗口嚣嚣。下民之孽，匪降自天。噂沓背憎，职竞由人。悠悠我里，亦孔之痗。四方有羡，我独居忧。民莫不逸，我独不敢休。天命不彻，我不敢效我友自逸。"其意为，九月底来十月初，十月初一辛卯日。天上日食忽发生，这真是件大丑事。月亮昏暗无颜色，太阳惨淡光芒失。如今天下众黎民，非常哀痛难抑制。日食月食示凶兆，运行常规不遵照。全因天下没善政，空有贤才用不了。平时月食也曾有，习以为常心不扰。现在日食又出现，叹息此事为凶耗。雷电轰鸣又闪亮，天不安来地不宁。江河条条如沸腾，山峰座座尽坍崩。高岸竟然成深谷，深谷却又变高峰。可叹当世执政者，不修善政止灾凶。皇父显要为卿士，番氏官职是司徒。冢宰之职家伯掌，仲允御前做膳夫。内史聚子管人事，蹶氏身居趣马职。楀氏掌教官师氏，美妻惑王势正炽。叹息一声这皇父，难道真不识时务？为何调我去服役，事先一点不告诉？拆我墙来毁我屋，田被水淹终荒芜。还说"不是我残暴，礼法如此不含糊"。皇父实在很圣明，远建向都避灾殃。选择亲信作三卿，真是富豪多珍藏。不愿留下一老臣，让他守卫我君王。有车马人被挑走，迁往新居地在向。尽心竭力做公事，辛苦劳烦不敢言。本来无错更无罪，众口喧嚣将我谗。黎民百姓受灾难，灾难并非降自天。当面聚欢背后恨，罪责应由小人担。绵绵愁思长又长，劳心伤神病恹恹。天下之人多欢欣，独我忧深心不安。众人全都享安逸，唯我劳苦不敢闲。只要周朝天命在，不敢效友苟偷安。《十月之交》是周幽王时的一个朝廷小官，因为不满于当政者皇父诸人在其位不谋其政，不管社稷安危，只顾中饱私囊的行为而作的一首政治怨刺诗。

顾炎武在他的《日知录》说出"保国者，其君其臣、肉食者谋之；保天下者，匹夫之贱，与有责焉耳矣"！后来，梁启超总结为"天下兴亡，匹夫有责"，这句话一直流传至今，被许多爱国人士奉为人生信条。"没有国家做后盾，生意是不好做的，即使赚到一些钱也无福消受，岂不痛苦？"胡雪岩深谙此道理，他做生意经常在大义面前放弃自己的利益。在兵荒马乱时期，胡雪岩运粮食替国家解决战事的粮草之忧，他也得到朝廷嘉奖。

徽商王传福，外表温文尔雅，是个典型的"白面书生"。1995年辞去研究院工作，下海经商，创办比亚迪公司。2003年进军汽车行业，起初是想制造电动汽车。王传福的企业一定要将自身的能力与社会责任结合起来。而汽车尾气无疑是污染来源之一，未来汽车的发展必然要在汽车动力上进行革新。王传福组建研究小组研究铁电池技术，并且还提出造福人类的"三大绿色梦想"：电动汽车、储蓄电站、太阳能电站。后又提出构建"未来村"，目的是运用风能与太阳能，解决目前汽车尾气污染的严重问题。虽然是构想，但是王传福敢想敢干，这就是在实实在在地为将来绿色社会着想。王传福的社会责任感值得每一位创业者学习。在他眼中，财富不是他最看重的，他始终考虑创业的初衷和肩负的国家责任。作为一名徽商，王传福坚持自己的绿色梦想，他不是不择手段赚取利益，而是想方设法对国家负责。他不断革新技术，就是希望改变中国目前汽车尾气污染问题，这个问题解决了，对全国人民的生活环境都有大的改观。

本章小结

"天下兴亡，匹夫有责"，创业者或创业企业承担社会责任也是建立理想社会秩序所必需的。创业者要注重道德修养，诚实信用、乐善好施、保护环境、关注弱者是创业企业道德性的必然体现。其实，承担社会责任不是一种简单的利他主义，而是一种既利己又利他的明智选择，承担社会责任可以从股东之外的债权人、雇员、消费者、社区及公众等利益相关者处获得良好的信誉和有益的经营环境，从而获得持续增长的创业收益。相反，如果只顾追求股东利益而丧失社会责任感，从长远看它终究会失去一切，"三鹿"毒奶粉事件就是

| 儒家创业管理 |

一个由于对消费者失去信誉而导致破产的典型例子。儒家确信"得道者多助，失道者寡助。寡助之至，亲戚畔之；多助之至，天下顺之"（《孟子·公孙丑下》），这也可以解释为什么创业要承担社会责任。

可以从松下幸之助的自来水哲学中得到启示："什么是神圣的经营和真正的经营呢？那就是自来水管里的水！"松下先生解释"那就是深刻地教育我们懂得了生产者的使命是把贵重的生活物资像自来水一样无穷尽地提供给社会。无论什么样的贵重东西，生产的量多了，就可以达到几乎低到无代价的价格提供给人们，这样，才能逐渐消除贫穷。因贫穷产生的苦恼，也可逐渐消除。生产的烦恼，也可最大限度地缩小。在以物质为中心的乐园里，再加上宗教的力量，获得精神上的寄托，人生才能得到幸福。这就是我们所说的真正经营。经营的真正使命也在于此！"

利益相关者理论指出，组织的一个利益相关者是能够影响组织目标的实现或被其影响的任何群体或个人。[①] 利益相关者可以分为主要利益相关者和次要利益相关者。前者包括股东与投资者、当地社区、普通雇员与管理者、供应商与其他合作企业、顾客等；后者包括政府与监管机构、媒体与学术评论者、市政机构、贸易团体、社会压力群体和竞争者等。创业企业与许多委托人群体有关系，这些利益相关者影响和受企业的行动影响。[②]必须关注利益相关者理论以及参与社会责任的创业企业道德的和伦理的维度。[③] 创业活动及其绩效受到利益相关者制约与牵连，应该对利益相关者承担起应有的创业责任。

Gallo认为，那些笼统认为家族企业没有或者较少承担社会责任的观点是错误的，如果把企业的众多社会责任分成企业的内部社会责任和外部社会责任，那么可以发现家族企业和非家族企业在各项社会责任方面的优劣特点。他认为，企业有4种内部社会责任：①向社会提供消费者需要的、对人类发展有益的产品和服务；②创造企业的经济财富；③为企业内的员工提供自我发展的机会；④确保企业持续经营的需要。而企业的外部责任是在力所能及的、法规许可的范围内服务公共利益。

基于以上认识，本章主要从创业过程的角度入手，以此阐述对员工、股东、商业伙伴、消费者、社会、国家等利益主体的责任，如图2-1所示。

---

①② Freeman, R. E. Strategic Management: A Stakeholder Perspeetive [M]. Englewood Cliffs, NJ, Prentice Hall, 1984.

③ Donaldson, T., L. Preston. The Stakeholder Theory of the Corporation: Concepts, Evidenee, and Implications [J]. Academy of Management Review, 1995 (20).

第二章　儒家责任观与创业责任管理

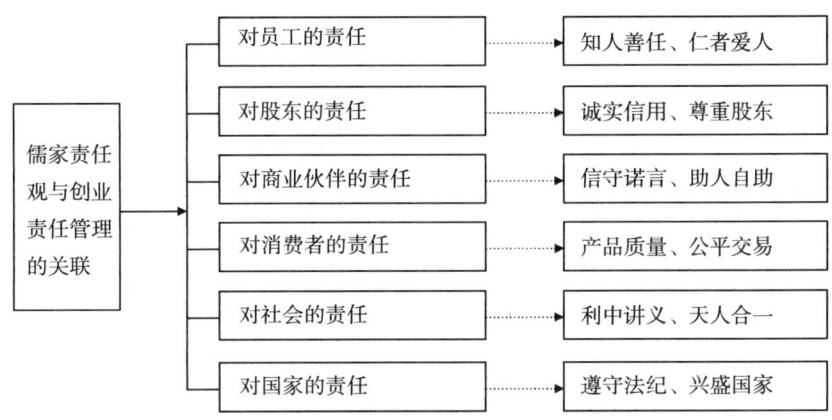

图 2-1　儒家伦理观与创业责任管理

创业对员工的责任可以体现在对员工仁爱与才尽其用，因为仁者爱人才能奉行以人为本，而真正做到以人为本则是发挥员工才能。对股东的责任是要对股东诚信并且为股东谋取最大合法利益，这都是基于对股东合法权益的尊重。对商业伙伴负责就是再创业过程中要履行合约，把利益建立在互利共享的基础上的，做到助人自助、推己及人。对消费者负责就是要向消费者提供真实可靠的产品，并且在交易过程中要明码标价，做到公平交易。对社会负责更多的是对社会环境负责，同时，创业过程中要发挥创业企业的能力，积极回馈社会。对国家负责则是在遵守国家法律法规的基础上推动国家经济技术发展，为中国的崛起贡献出一分力。

正确地处理创业的效率目标与价值目标之间的关系，是正确履行创业责任的关键，可以从儒家的中庸思想中找到合理答案。中庸之道是儒家思想的精髓，"中庸之为德矣！其至也乎！民之鲜矣"。所谓"中"是指恪守中正之道不偏不倚，无过无不及，是实现天人和谐的根本。《中庸》言："中也者，天下之大本也；和也者，天下之达道也。致中和，天地位焉，万物育焉。"儒家思想的中庸，即致中和，是承担社会责任的一个重要方法论原则。创业承担社会责任存在边界，"过"就是超过了所能和所应承担责任的界限，必然会引起质的变化；"不及"是低于承担责任度量的界限，而导致相反方向的质的变化。孔子认为君子在社会生活中要严格按中庸之道处世："质胜文则野，文胜质则史，文质彬彬，然后君子"。[①] 树立"温而厉，威而不猛，恭而安"[②] 的中庸形象。孔子说："可与共学，未可适道；可与适道，未可与立；可与立，未

[①②] 杨伯峻译注：《论语译注》，中华书局，1980年。

可与权。"① 通权达变是孔子追求的社会管理的高级境界,体现孔子凡事依道而行,又不拘泥于常规的思想。用荀子的话来说就是"宗原应变,曲得其宜"。② 孟子进一步阐述了"经"与"权"的关系,他说:"执中无权,犹执一也。所恶执一者,为其贼道也,举一而废百也。"③ 主张"折中"的同时必须要权变,否则就会导致固执片面。在特定的条件和环境中,必须要对常理进行变通。在创业责任管理活动中,普遍存在适度问题。创业管理者应该充分运用中庸的基本理念,以"执经达权"、"执两用中"、"君子时中"的原则来履行创业责任。"君子之道,譬如行远,必自迩;譬如登高,必自卑"。这提醒创业者应循序渐进地承担创业责任。只有较好地为股东、员工等内部利益相关者负责,才能处理好企业与外部利益相关者的各种关系,满足消费者需求、提升社区福祉、捐助公益事业、增进社会福利。如果逆其道而行之,承担社会责任则只会流于形式,成为无源之水、无本之木。例如,企业高调做慈善无可厚非,但前提是企业有足够的盈利使得慈善行为得以延续为继。

儒家伦理思想提出"修身、齐家、治国、平天下"的责任观,就是要人对自己、家庭、国家、天下负责。对普通民众而言,只会做到"修身、齐家",而对企业来说,这些都需要兼顾。《周易》言:"天行健,君子自强不息;地势坤,君子以厚德载物。"但在转轨时期的中国社会经济条件下,创业目标未必与社会目标一致,君子"义"的范围缩水,无法达到普遍信任和理想化的道德水平。王夫之说:"以一人之正义,视一时之大义,而一人之正义私矣;以一时之大义,视古今之通义,而一时之大义私矣。公者重,私者轻,权衡之所自定也"(《读通鉴论》卷十四)。创业者或创业企业须在规范治理的基础上,提升自律的道德水准,以家、国、天下情怀,从长远的、更广泛的视角审视自身行为,正确履行创业责任。惟有承担合宜的创业责任才能够保证创业的持续发展。

// 延伸阅读 //

端木赐(公元前 520 年~公元前 446 年),复姓端木,字子贡(古同子赣),以字行。春秋末年卫国(今河南鹤壁市浚县)人。孔子的得意门生,孔门十哲之一,"授业身通"的弟子之一,孔子曾称其为"瑚琏之器"。

子贡在孔门十哲中以言语闻名,利口巧辞,善于雄辩,且有干济才,办

---

① 杨伯峻译注:《论语译注》,中华书局,1980 年。
② 章诗同注:《荀子简注》,上海人民出版社,1974 年。
③ 唐满先:《四书今译·孟子》,刘方仁译注,江西人民出版社,1986 年。

事通达，曾任鲁国、卫国之相。他还善于经商之道，曾经经商于曹、鲁两国之间，富致千金，为孔子弟子中首富。"端木遗风"指子贡遗留下来的诚信经商的风气，后世有人奉之为财神。子贡善货殖，有"君子爱财，取之有道"之风，为后世商界所推崇。

子贡死于齐国，唐开元二十七年被追封为"黎侯"，宋大中祥符二年被加封为"黎公"，明嘉靖九年被改称"先贤端木子"。子贡不仅在学业、政绩方面有突出的成就，而且他在理财经商上也有着卓越的成就。被誉为"儒商始祖"。《论语·先进》载孔子之言曰："回也其庶乎，屡空。赐不受命，而货殖焉，臆则屡中"，意思是说颜回在道德上差不多完善了，但却穷得叮当响，连吃饭都成问题，而子贡不安本分，去囤积投机，猜测行情，且每每猜对。《史记·仲尼弟子列传》亦载："子贡好废举，与时转货赀……家累千金"，这里的"废举"是指贱买贵卖。"转货"是指"随时转货以殖其资"，翻译：子贡依据市场行情的变化，贱买贵卖从中获利，以成巨富。由于子贡在经商上大获成功，所以司马迁在《史记·货殖列传》中以相当的笔墨对这位商业巨子予以表彰，肯定他在经济发展上所起的作用。

子贡是著名的富商，经营商业成就斐然。《史记·货殖列传》共记载了十七个人的经商活动，将子列在第二。传载："子贡既学于仲尼，退而仕于卫，废著鬻财于曹鲁之间。"子贡能言善辩，反应敏捷，经商有很好的个人条件。他能及时掌握行情，"亿（预测）则屡中"，并"与时（及时）转货"。《论衡·知实》载："子贡善居积，意贵贱之期，数得其时，故货殖多，富比陶朱。"由于子贡善于经营，使他非常富有。《仲尼弟子列传》载："七十之徒，赐最为饶益，""常相鲁卫，家累千金。"子贡经商不单是为了发财致富，而与政治目的相联系。他是孔子周游列国经济上的支持者。吴慧《中国古代商业史》中说："孔子和大商人子贡生活在一起，至少是子贡做买卖，供给周游列国的孔子和同门。"子贡是一位有学识的商人，诸侯不但需要他的货物，也需要他的政治识见和才学。经商成为他宣传政治主张和实现外交才干的重要条件。《史记·货殖列传》载："子贡结驷连骑，束帛之币以聘享诸侯。所至，国君无不分庭与之抗礼。"越王勾践甚至"除道郊迎，身御至舍"。子贡通过经商才达到如此显赫地位，因而成为孔子的代言人和杰出的外交家。

子贡18岁时，到鲁国游学，拜于孔子门下求学6年。24岁时，回归原籍娶句氏为妻。之后，子贡开始随孔子周游列国，至公元前482年即38岁时返回鲁国。其后，他又曾受命出使齐、吴、越、晋等国。公元前479年，孔子去世，众弟子为恩师守墓。《史记·孔子世家》记载："孔子葬鲁城北泗上，弟子皆服三年。三年心丧毕，相诀而去，则哭，各复尽哀；或复留。唯子赣（子贡）庐于冢上，凡六年，然后去。"就是说，按照儒家当时礼仪，弟子守墓服丧三年就可结束，但子贡在孔子墓旁盖上草庐，服丧六年才离开。今山东曲阜孔林内孔子墓西侧有子贡庐墓处三间，室内原置神龛一座，内供子贡木主。室前左侧立"子贡庐墓处"石碑一座，右侧立"先贤子贡庐墓祭碑"一座，均系明崇祯十三年（1640年）所立，这些古迹生动体现出子贡与孔子的师徒恩情，尤其是弟子对师父的尊敬。

公元前473年，时年48岁的子贡回到卫国，继续他的治学经商生涯。50岁时，他再一次去鲁国拜祭孔子墓，并再度受聘于齐国，任大夫一职。公元前456年，子贡在齐国逝世，享年65岁。子贡去世后，其孙"端木叔"继承了祖业。端木叔乐善好施，但不擅长经营家业，不久便将亿万家资散给了宗族和国人，以至于端木叔后来"病无药石之储，死无瘗埋之资"的人生结局。

到了后世，子贡不断地被历代帝王祭祀和封爵，并且他的后裔子孙也受到了恩泽。至今，在河南一带仍流传着"既在黎阳学子贡，何必南越法陶朱"的说法。曾有学者发表文章称子贡为"学者型富翁第一人"和"自古儒商第一人"。子贡开辟了文人经商的先河，以其修身、齐家、治国、平天下之气魄，勤奋好学之精神，广济博施之胸怀，谦逊至孝之美德，垂名后世。子贡与孔子的关系堪称尊师重教的典范，他的经商及外交活动，使得儒家思想学说在商界、政界中得到了广泛的传播和发展，不愧为儒商之祖、商界楷模、政界精英。

子贡的儒商美誉来自诚信。他虽做买卖，却不忘儒家学说；他家财万贯，却富而不骄、富而有仁。《吕氏春秋》记述了子贡自己出巨资赎回一批鲁国奴隶的善举，可谓千古流芳。他积极牢记孔子"己所不欲，勿施于人"的教诲，坚持以诚待人、诚信交易。《论语》多处记载子贡与孔子探讨"信"的问题，他深知"信"乃立足之本，没有"信"一切就荡然无存，更遑论发财乎？是"言必信、行必果"使子贡立于不败之地，达到"忆则屡中"、"义利双赢"的最高经商境界。由于他名满天下，到邻国经商各国君主都会礼貌地会见他，说明他真是名副其实的商业巨子。

孔子对子贡十分看重，称他"始可与言《诗》已矣"，赞他对孔学达到心领神会的地步。子贡靠经商积累大量财富，为孔子及其门生周游列国提供了有力的经济保障，堪称以文促商、以商养文的成功典范。孔子对此评价甚高，《论语·先进》曰"回也其庶乎，屡空。赐不受命，而货殖焉，臆则屡中"，说颜回在道德上很完美了，却穷得叮当响，连吃饭都成问题；子贡却不

第二章 儒家责任观与创业责任管理

安现状,亲自做生意,极善猜测行情,且每每猜准。孔子云:"富而可求,虽执鞭之人,吾亦为之;如不能求,但随吾所好。"可见圣人并非不爱财,只是"取之有道"罢了。浚县不少商场可见"子贡经商取利不忘义,孟轲传教欲富必先仁"的对联,足见故乡人对先祖和孔孟之道的敬重。沧海桑田世事更迭,想不到两千多年后的今天,一代儒商鼻祖子贡重新唤起人们的关注。中国中央电视台的《中国商人》大型纪录片甫在浚县拍完"中华儒商"专集;一部32集电视连续剧《孝圣子贡》又在紧张筹拍中。毕竟,儒商在中华崛起中扮演越来越重要的角色。难怪沃尔玛公司创始人也会说:"沃尔玛最初灵感来自中国古老商号——端木子贡!"

资料来源:http://baike.baidu.com/view/53310.htm?from_id=1462869&type=syn&fromtitle=%E5%AD%90%E8%B4%A1&fr=aladdin;http://xintaoran.blog.163.com/blog/static/556130192011102 40461248/.

第三章 儒家勇为观与创业决策管理

第一节

儒家"勇为观"

一、儒家勇为观的内涵

"勇,气也"。指果断、勇敢、有胆量。"勇"的内涵十分丰富。"持节不辱曰勇"、"持义不掩曰勇"、"投身为义曰勇"、"知死不避曰勇"、"弃命为仁曰勇"、"胜敌壮志曰勇"。人们也常将"勇"与"敢"连用,它既是一种魄力,也是一种精神境界。既是一种品格,也是一种力量。"勇"与"让"相反相成,古人所说"大行不小谨,盛德不辞让"①,即"勇"之要义之一。

"勇"在儒家人格中占有重要地位。在孔子看来,"勇"是仁人君子所必须具备的品德,"仁者必有勇,勇者不必有仁"(《论语·公冶长》)。在"勇"这一点上,孔子的自我评价是还不够"勇",如子路就比他勇敢("由也好勇过我",《论语·公冶长》)。至于仁、智、勇三种品德,孔子自谦地以为并不完备。子曰:"君子道者三,我无能焉:仁者不忧,知者不惑,勇者不惧。"子贡曰:"夫子自道也。"(《论语·宪问》)儒家思想者中最为人所熟知的"三达德",即"知、仁、勇",其中就有"勇",排在第三位。"知、仁、勇三者,天下之达德也"(《礼记·中庸》)。孔子曾说"志士仁人,无求生以害仁,有杀身已成仁"。孔子认为这是"勇"的最激烈的表现。孟子赞美"舍生取义",这些都是勇敢者的行为,勇为,就是指勇敢者的作为。

孔、孟、荀都对"勇"做了不同类型的区分。孔子论"勇",大致可归为

---

① 一作"大行不小谨,盛德不辞让"(《史记·李斯列传》),一作"大事不细谨,盛德不辞让"(《史记·郦生陆贾列传》)。

"仁勇"、"智勇"和"义勇"三类;孟子的"大勇"、"文王之勇"与荀子的"上勇"、"士君子之勇",均发端并沿袭了孔子的思想。孟子提出了三种"勇"的表现形式:其一为"北宫黝之养勇";其二为"孟施舍之所养勇";其三为"大勇"(《孟子·公孙丑》)。荀子则以物质利益与社会正义为依据,把"勇"分为"狗彘之勇"、"贾盗之勇"、"小人之勇"、"士君子之勇"(《荀子·荣辱》)。荀子在《荣辱篇》里分析了四种"勇":"狗彘之勇",勇于争夺饮食而无廉耻是非;"贾盗之勇",勇于争夺财货而无辞让之心;"小人之勇",勇于逞暴而轻视生命。"士君子之勇",讲究仁义道德,不是为了一己私利,而是为了正义公利,这也是儒家的理想人格。在《性恶篇》里,荀子又把"勇"分成"上勇、中勇、下勇"三种,他认为"狗彘之勇"、"贾盗之勇"、"小人之勇"三者皆唯个人利害是瞻,本质上都属于"下勇",所谓"轻身而重货,恬祸而广解,苟免不恤是非,然不然之情,以期胜人为意,是下勇也"。只有"重死而持义不挠"的"士君子之勇"才属于"上勇",所谓"天下知之,则欲与天下同苦乐之;下不知之,则傀然独立于天地之间而不畏,是上勇也"。其实,孟子、荀子论"勇",是对孔子推崇的"仁勇"、"义勇"的发挥与发明,重"仁"尚"义"的特点鲜明。孔子认为,仁、德包含勇德,勇德必须在仁、德的统摄之下。子曰:"仁者必有勇,勇者不必有仁"(《论语·宪问》)。孔子还认为,勇德也必须在"礼"和"义"的规范之下,否则就会"勇而无礼则乱"、"君子有勇而无义为乱"(《论语·阳货》)。宋代理学家程颐也说"君子勇于义,小人勇于气"。① 降至宋明理学,"颜子大勇"新论的提出转变了论勇的基调,二程、朱熹、陆象山、王阳明等主张"勇"是一种"克己自胜"的内圣德行,且强调"以知为先"。

孔子说,"勇者不惧"(《论语·子罕》)。所谓"不惧",就是临危不乱,镇定自若,"泰山崩于前而色不变"。② 孙中山说,诸如一往无前、坚韧不拔、从容就义等各种"勇",其根本要义就是"不怕"。"不怕即勇之定义,绝无可疑"。③ 勇者何以不惧,孔子并没有直接阐明,但他从勇者属于君子的角度间接地做了回答。君子坦荡荡,"内省不疚,夫何忧何惧?"(《论语·子罕》)君子不像小人,自省无罪恶,平日所作所为无愧于心。也就是说,不做亏心事,不怕鬼敲门。这完全是从克己内省的角度来讲的。"勇德"在这里仅是一种德行修养。贾谊《新书·道术》:"反勇为怯,""惧者,勇之仇也。"怯懦的人

---

① 程颐:《河南程氏遗书》(卷18),中华书局,1991年。
② (宋)苏洵:《心术》,周振甫译注,江苏教育出版社,2006年。
③ 孙中山:《孙中山全集》(第6卷),中华书局,1986年。

胆小怕事，意志力薄弱，善不能为，恶不能去。《左传·哀公十四年》谓："懦，事之贼也！"儒家认为，"不惧"并非无所畏惧，更不是"胆大妄为"，所谓"悍戆好斗，似勇而非"（《荀子·大略篇》）。子路虽说是"暴虎冯河，死而不悔者"（《论语·述而》），但夫子坚决表态"吾不与也"，而是更愿意和"用之则行，舍之则藏"（《论语·述而》）的颜渊一起征战。由此可见，子路虽说具备了"勇力"和"勇气"，但是有勇无谋，还不具备"勇德"。"勇德"为贵，"勇气"次之，"勇力"为轻。中国古代历史上有两个典型例证：一是骁勇善战的项羽灭亡秦国却反被知人善任的刘邦所灭。项王之勇猛，实乃匹夫之勇。二是越王勾践卧薪尝胆十年，最终用智谋而不是单凭个人的勇敢灭掉了吴国。从本质上讲，任何一个创业活动都是"先谋后动"的过程，"小不忍则乱大谋"，所以智者三思而后行。联想集团总裁柳传志发明了一个"拐大弯不转急弯"的著名理论，说的就是"要把很多事都提前看到，提前去谋划好，然后再一步步发展。凡事不可仓促上马，转急弯就很容易翻车，甚至车毁人亡"。这个形象生动、幽默风趣的比喻，道出了"先谋后动"隐含的智慧，给人以深刻的启示。

　　果敢是"勇"的应有之义，否则不能成就勇德。所谓果敢，是指决策者思维专一、反应敏锐，对信息的吸收和消化、对经验的综合和运用、对未来的估计和推测，都能在较短时间内完成，形成明确的决策指令，并把它明确地表达出来。《礼记·乐记》："临事而屡断，勇也。"扬雄曰："断而决之者，勇也。"①《韩非子·解老》："不疑之谓勇。"《史记·春申君列传》："当断不断，反受其乱。"良莠不分、不知取舍、缺乏主见、优柔寡断实属"非勇"，对一个统帅或决策人物来说，是最致命的弱点。如三国时期的袁绍虽然帐下谋士如云，战将如雨，但由于"多谋少决"，官渡一战败于曹操之手。之后在白马之战中，袁绍又"旧病复发"。他的大将颜良、文丑先后被关羽所斩，两次欲杀投靠在自己帐下的刘备，却都未能断然出手，都被刘备化险为夷。从中可看出刘备的沉着机敏和袁绍的出尔反尔、谋而不断。俗话说，机不可失，时不我待。面对良机，应当机立断，果敢决策。瞻前顾后、怕这怕那、畏畏缩缩，不可能成为一名好的指挥员。战场惊心动魄，战机稍纵即逝，更需要当机立断，否则，只会贻误商机，最终一无所获。商场如战场，美国著名的管理公司麦克金赛对全球前100强企业进行调查的结果表明，企业获得成功有8个条件，其中最重要的一条就是决策者行动要坚决，办事要果断。果敢往往透着一股酷劲，这是基于理性的从容与洒脱，不是草率，更不是鲁莽。草率和鲁莽是愚昧

---

① 孙中山：《孙中山全集》（第6卷），中华书局，1986年。

无知的伴生物，而果敢则是在对信息充分加工后，做出的十分迅速、准确的反应，是"短、平、快"式的深思熟虑。草率与鲁莽对指挥员来说，是大忌，是毒药。

二、儒家勇为观的演化

"勇"在每个不同阶段的含义是随着不同时代以及不同儒家主要代表人而形成的。儒家"勇为观"有三个发展阶段。

春秋战国时期，"小学"大致内容有"礼、乐、射、御、书、数"，最初的勇是应该对这六艺的基本掌握。孔子曰："君子义以为上，君子有勇而无义为乱，小人有勇而无义为盗。"[1] 这确立了儒家论"勇"的方向。孔子之后，孟子继承和发展了孔子的勇敢观，孟子尚勇，"自反而缩，虽千万人，吾往矣"。[2] 他认为的大勇是深明大义，能安天下，能够通过自反做出进退选择的"理性之勇"。与孟子同时代的荀子，也是儒学的重要继承者，他也发展了孔子的勇敢观，对"勇"做出了系统的总结。在《荣辱篇第四》中，他对"勇"作了细分，其中有"狗彘之勇"、"贾盗之勇"、"小人之勇"、"士君子之勇"。荀子还认为"勇果而亡礼，君子之所憎恶也"（《荀子·大略》）。这基本上与孔子的观点是一样的。

秦汉时期儒学发展进入了第二个阶段，政治上实行"焚书坑儒"，儒家"勇"不断发展，继承了孔孟荀的思想，先秦的"勇"是一个从形式到内容的转换，对于先秦儒家来说，对"勇"的态度是很平均的，一方面认为"勇而无礼则乱"，另一方面认为社会上有一批积极的侠义之士。朱熹曰"小勇，血气所为。大勇，义理所发"。

魏晋南北朝之后儒学发展进入了第三个阶段，佛教、道教、玄学的出现挑战了儒学的地位，经过唐宋时期形成了宋明理学。王阳明的观点是："……则勇非其所宜，勇不得为仁矣。然勇为仁之资，正吾侪之所尚欠也……"

三、儒家勇为观的特性

（一）"仁"勇

孔子推崇的勇是建立在仁的基础上的，"仁者必有勇，勇者不必有仁"。仁是勇的出发点和归宿。生命对于每个人来讲都十分宝贵，但还有比生命更可贵的，那就是"仁"。杀身成仁说的是在生死攸关时宁愿舍弃自己的生命也要

---

[1] 刘宗志译注：《论语·阳货篇》，贵州人民出版社，2009年。
[2] 万丽华等译注：《孟子·公孙丑上》，中华书局，2006年。

成全"仁",作为一个仁者,必须具备坚毅、勇敢的这一"勇"的品质。七擒孟获回师时,过江要祭奠以人头以镇冤魂,诸葛亮命人以面捏成人头,称为馒头。这体现了诸葛亮的仁,而空城计则体现了诸葛亮的仁勇。

王守仁说过:"夫志士仁人皆有心定主而不惑于私者也。以是人而当死生之际,吾惟见其求无惭于心焉耳,而于吾身何恤乎?"(《论语·卫灵公》)意思是被大家称作志士仁人的那些人,都是竭尽全力想做到既有健全的心智,又有高尚的品德而不被私欲迷惑的人。这样的人在面对死亡这个魔鬼的考验时,他们定会全力以赴做到问心无愧而不是先顾虑自己的生命。在企业创业时的表现为,我们除了考虑决策对自身是否有利外,还应考虑对他人是否有不利的影响,如要考虑是否会造成公害、环境污染、浪费资源,等等。假如没有做到这些,就与儒家之"勇"背道而驰了。

(二)"义"勇

义勇指见义勇为的精神。《汉书·陈汤传》:"策虑愊亿,义勇奋发。"宋王谠《唐语林·凤慧》:"前朝邑尉刘幽求忠贞贯日,义勇横秋。"义勇还指义勇的人。《后汉书·张酺传》:"酺虽儒者,而性刚断,下车擢用义勇,搏击豪强。"唐元稹《招讨镇州制》:"尚念一军之中,岂无义勇?"《论语·为政》云:"见义不为,无勇也。"义,宜也,就是指应该做的事。孔子这句话的意思是:"见到应该做的事而不去做,就是没有勇气。"这说明孔子非常崇尚见义勇为,他认为见义勇为是一个人拥有的最高尚的精神品质之一,可见他期望的且提倡的并不是一个无勇社会,但他反对匹夫之勇,主张人们要在采取智谋的前提下见义勇为。孔子一直教育他的学生"有用武之地的时候就好好干,没有机会的时候先把本事藏起来"。又有:"君子有勇而无义为乱,小人有勇而无义为盗"(《论语·阳货》)。

孔子提出的"三军可夺帅,匹夫不可夺志",以及"杀身成仁"和孟子的"舍生取义"这种救亡图存的牺牲精神,在历史长河中不知培养了多少有骨气、有操守的英雄志士。像苏武被匈奴扣留十九年归汉;蔺相如以威武不屈的大无畏精神威逼秦始皇还璧于赵国;文天祥被元人关押五年,威逼利诱,誓死不当元人宰相,最后在大都狱中留下千古传颂的《正气歌》而从容就义……

中国文化很重视这个义字,认为这是人与禽兽相区别的根本之处。禽兽的生活完全是自然的,没有应该不应该的问题;人的生活则除了物质的、自然的生活之外还有社会的、精神的,凡事都有个应该不应该的问题。人生的追求应该是"义以为上",把道义放在第一位;生死、利害的取舍,是非、善恶的判别,都要以道义为准绳;遇到合于道义,应该做的事,就要勇于去做,也就是要见义勇为。

显然，只有义而无勇则很难使一件事情顺利，勇需要义的引导，有勇无义则是强盗的行为，而且会形成一股破坏的力量。一个人的勇敢如果不是为了维护正义，而是为了个人私欲，那就是绝对的匹夫之勇了，那是绝对得不到世人尊敬的，如所谓的"抵制日货"爱国行动，以"爱国"的名义，理所当然地打砸抢，这并不是真正的勇士，这是对"勇"的一种践踏。义以为上，有对关系的正确认识和科学的对策，才会有正确的、理智的、恰当的勇。真正勇敢的人在面对困境时，始终坚守"义"，不会因环境的影响而动摇，坚持理性，有勇有谋，勇与义相结合才能够成就君子之勇，而君子之勇正是儒家所追求的勇。

（三）"知"勇

"知"一般同"智"，指的是智慧。所以，知勇指智谋与勇敢。《列子·仲尼》："孔子曰：'三王善任智勇者，圣则丘弗知。'"晋潘岳《西征赋》："临危而智勇奋，投命而高节亮。"《三国演义》第七回："袁本初智勇过人，手下名将极广。"明冯梦龙《东周列国志》第七十三回："姬光素闻伍员智勇，有心收养他，闻先谒王僚，恐为僚所亲用，心中微愠。"清龚自珍《自春徂秋偶有所触拉杂书之漫不诠次得十五首》诗之五："传闻智勇人，伤心自鞭影。"

儒家强调，智就是一个道德的认识，知本身不是目的而是手段，知为本，为在末，知在前，为在末，人的行为都受着意识的支配，支配行为的意识就是知。"推其所以然，辨其不尽然其实，均与善而醇疵分，均于恶而轻重别。"① 儒家之"勇为观"是对善的一种追求和一份坚守，这种坚守可以让我们明辨善与不善，只有拥有智慧我们才能在创业中坚持儒家之"勇"，才能使"知"在做决策时得到合适的发挥和运用，"知"和"勇"才是真的结合。古代儒家有礼、乐、射、御、书、数六艺。其中射是指射箭技术，御则是驾车技能。射与御都是武略，用于战场，这些本领过得硬，则"皆可使赴火蹈刃，死不旋踵"。②

《庄子·秋水》篇中记载了"圣人之勇"的典故：孔子貌似阳虎，过匡城，匡人以为阳虎而围之于馆舍，且欲杀之。孔子弹琴唱歌，声不绝耳。子路不解，问夫子为何如此娱乐。子曰："水行不避蛟龙，是渔父之勇；陆行不避虎兕，是猎夫之勇；交于前而视死若归，是烈士之勇；穷之有命，通之有时，临大难而不惧，是圣人之勇。"劝子路且静观天命。不久，匡人入而辞谢，言其以为阳虎而围之。由此可见，孔圣的确天赋异禀、胆略超凡。三国时孔明上演"空城计"，有异曲同工之妙。孔子凭着这种不惊不惧的"圣人之勇"，平

---

① 王夫之：《读通鉴论》，中华书局，1975年。
② 张双棣：《淮南子校释》，北京大学出版社，1997年。

安闯过了一个又一个生死大难，不动声色地化敌为友，化险为夷。据《孔子集语·杂事》记载，孔子游山，子路随行。夫子口渴，子路打水遇虎，与老虎搏斗，拽下了老虎尾巴。子路回来得意地问夫子："上士打虎如之何？"夫子说，上士持虎头，中士持虎耳，下士持虎尾。子路非常生气，自己与老虎搏斗，差点儿连命都搭进去了，才落了个下士。子路认为夫子先知先觉，明知水边有老虎，让自己去打水，就是想让老虎吃掉自己。所以扔掉虎尾巴揣个石盘回来，欲杀孔子。又问夫子："上士杀人如之何？"孔子回答，上士用笔尖即"笔伐"，中士用语言即"口诛"，只有下士才动用石盘即武力。子路虽很粗野，却也明白士人分为上、中、下三等，杀了孔子自己依然是个下士，并不是真正的勇士，于是悄悄地扔掉了石盘。从上述史籍记载中可以看出，子路性格粗直，崇尚勇力，稍遇不平，便愤然作色，甚或拔剑相斗，遇事不能沉着冷静，这种"勇"并非"圣人之勇"。圣人之勇往往藏而不露，所以德高齐天的圣人，总是能不为而成，不武而威，不战而屈人之兵，以至于垂衣裳而天下治。

（四）"礼"勇

"勇"需要用"礼"来规范。在过去等级社会中，"礼"是维系社会秩序正常的一种制度。孔子曾经说："克己复礼为仁。"意思就是做一切事情必须围着"礼"，在那个时期，"民之所由生，礼为大。非礼无以节事天地之神也，非礼无以辨君臣上下长幼之位也，非礼无以别男女父子兄弟之亲、婚姻疏数之交也，君子以此为尊敬然"（《礼记·哀公问》）。所以，"礼"在宗法社会中，既是社会赖以生存发展的关系和纽带，又是一剂让社会稳定的润滑剂，不管是谁、不管谁做了什么，都要接受礼的规范。孔子和子贡曾在谈论"君子有恶乎"时，孔子说过"恶勇而无礼者"（《论语·阳货篇》），子贡说"恶不孙以为勇者"（《论语·阳货篇》）"无礼"、"不孙"，都是违反"礼"的约束，如果有人拒绝"礼"的规范，做出破坏礼制的行为。都不是真正的勇为，不是一个真正的勇者，所以孔子之后指出"勇而无礼则乱，直而无礼则绞"（《论语·泰伯第八》）。

■ 第二节

创业决策

一、创业决策的定义

创业决策（Entrepreneurial Decision），是创业者从创业意向产生、机会识别、机会评价再到方案形成的一系列心理过程。创业决策是创业者成功的关键，它具有常规决策的属性，如风险性、过程性和不可逆转性。① 创业决策也具有自身独特的属性——内隐性，即决策的过程往往是难以表达的、复杂组合的、超前预测的，有时甚至是令人费解的。

创业决策有广义和狭义两种定义。广义的创业决策指的是潜在的创业者对创业机会的识别、对创业模式的选择以及对风险投资活动的认知、决策过程，包括了选择是否创业的狭义的创业决策过程和创业活动过程中有关创业的机会捕捉、业务决策、风险投资、创业发展模式的选择等活动中的认知、决策过程。② 而狭义的创业决策则指潜在的创业者通过创业理念的产生，进一步做出创办企业、成为一个创业者的决策过程，狭义上的理解常常只停留在"是否创业"这个基本问题上。

二、创业决策的影响因素

创业者的创业决策是一种风险条件下的决策行为，很多学者都认为创业决策过程受多种因素的影响，如个人背景、心理特质、创业动机、社会、经济、文化与情境因素等均会影响创业者的创业决策。创业机会识别和开发的影响因素主要可以分为两个方面，即机会本身的属性和创业者的个人特征。③ 创业者创造力、压力承受能力等与新企业创立决策有着很高的相关性。④ 创业者之所以采取风险行动是因为他们感知到的风险比大多数其他人感知到的风险要小。⑤ 在个人背景方面，一个人的职业经历与其创业决策有着密切的关系。创业机会识别的几个重要影响因素包括：①创业者，包括创业者的警觉性、个人的基本特质、先验知识、认知学习能力、创业动机类型以及资源禀赋等；②社会网络；③环境，包括技术、市场、社会价值和政府的政策法规。⑥ 归纳起

---

① Busenitz, L. W., P. West, D. Shepherd, et al. Entrepreneurship in Emergence: Past Trends and Future Directions [J]. Journal of Management, 2003, 29 (3).
② 周劲波、蔡成凤：《创业决策研究综述》，柳州职业技术学院学报，2011年第11期。
③ Shane, V. S. The Promise of Entrepreneurship as A Field of Research [J]. Academy of Management Review, 2000, 25 (1).
④ Rauch, A., M. Frese. Let's Put the Person Back into Entrepreneurship Research: A Meta-analysis on the Relationship between Business Owners' Personality Traits, Business Creation and Success [J]. European Journal of Work and Organizational Psychology, 2007, 16 (4).
⑤ Politis, Diamanto, Jonas Gabrielsson. Entrepreneurial Decision Making: Examining Preferences for Causal and Effectual Reasoning in the New Venture Creation Process [J]. Lund Institute of Economic Research Working Paper Series, 2006 (4).
⑥ 陈海涛、蔡莉、杨如冰：《创业机会识别——影响因素作用机理模型的构建》，《学术新知》，2007年第4期。

来，创业决策的影响因子如表 3-1 所示。

表 3-1　创业决策的影响因子

主因子	子因子
宏观创业环境	金融环境、税收环境、产业环境、宏观经济环境、政策环境、文化环境、信息化环境
创业动机	机会导向、成就需求、挑战需求、财富需求
风险感知	风险感知
风险偏好	风险偏好
创业机会评价	创业启动资金、预期收益、竞争者情况、外部资源
创业者禀赋	家庭背景、打工经历、创业经历、社会关系、战略眼光、创业团队、创业警觉性、压力承受能力、认知学习能力、意志力、自主性、进取心、自信心、乐观性、创新精神、诚信、领导能力、沟通能力、管理能力、市场研究能力、专业技能、财务和法律知识

三、创业决策的过程

创业决策过程分为三个阶段。创业决策的第一阶段是产生创业动机，即要不要去创业、创业意向如何。创业意向是指引创业者追求某一目标，而投入大量注意力、精力和行动的一种心理状态，个人或社会因素都通过意向影响创业行为。[①] 创业意向源于"创业可取性"、"创业可行性"和"行动倾向"。[②] Busenitz（1996）研究发现认知过程和认知内容在创业意向发展中扮演了重要的角色。特别是创业者的"图式联网"如成功概率的知觉、行为控制力以及启发式特征。在此基础上，Busenitz 首次提出文化和价值观对创业的影响，如低不确定性回避、高权利距离以及长期导向都会对图式联网起到助推作用。[③] Gaglio 和 Katz （2001）等研究发现创业持续性的信念存在性别差异。女性呈现相对"内在稳定"倾向，总是更加执着于当雇主，而男性更加"外显稳定倾向，更执着于

[①] Bird, B. Implementing Entrepreneurial Ideas: the Case for Intention [J]. Academy of Management Review, 1988 (13).

[②] Hayton, J. C. Strategic Human Capital Management Entrepreneurial Performance [J]. Human Resource in SMEs: Management An Empirical Study of Journal, 2004, 42 (4).

[③] Busenitz, L. Research on Entrepreneurial Alertness: Sampling, Measurement, and Theoretical Issues [J]. Journal of Small Business Management, 1996, 34 (4).

开拓市场,挖掘顾客需求。① Jones(1997)运用因果映射技术对创业意向展开了实证研究,发现具有成长导向的创业者所诱发的因果地图更加连贯、更加绩效导向;不具成长导向的创业者更加有控制欲、表现欲。②

创业决策的第二阶段是决策者的信息搜集、创业机会识别与评价,即如何创业、选择哪个行业等主要决策,创业者需要对创业环境进行识别与评估,从而甄别出创业机会与威胁。搜索行动对创业绩效的意义十分显著。③ 把高层和基层之间的搜索活动和创新性进行了对比,发现基层员工的搜索半径更加宽泛,对企业创新有较大的贡献。④ 创业者更加偏好非正规信息,如市场原料和人际网络关系,而对法定刊物、咨询公司或行业年报等正规数据兴趣不浓。⑤ 创业警觉性(Entrepreneurial Alertness)理论指出,创业者的信息搜索意识要比管理者高出一节,但对一些客观信息,如财务信息的依赖程度远不及管理者,只对主观信息(Subjective Cues)偏爱,如交易对象的身份、顾客偏好。⑥ 决策信息的扁平化、决策信息的外部借鉴与专家参与、决策信息的系统性和精密性、决策信息的联系实际性与实时性是影响创业战略决策的四个重要的信息结构。⑦ 创业者的决策特征是决策启发式(Heuristics)和图式(Schema)使用,创业者十分看重机会的存在。⑧ Palich和Bagby(1995)提出的"预设心理分类"(Pre-defined Mental Category)模型反映,在风险倾向上创业者与管理者处在同等水平,但前者具有预设性,即对模糊环境事先有一个分类框架,善于应对风险和把握机会。这一模型从侧面应验了熊彼特的假设:"创业者是机会的最佳理解者(Understander),而不是风险盲目追随者和喜好者(Pursuer and

---

① Gaglio, C. M., J. A. Katz. The Psychological Basis of Opportunity Identification: Entrepreneurial Alertness [J]. Small Business Economics, 2001, 16 (2).

② Jones, A. E. Reflection-impulsivity and Wholist-Analytic: Two Fledglings? Oris R-I a Cuckoo? [J]. Educational Psychology, 1997, 17 (1-2).

③ Starbuck, W., A. Greven, B. Hedberg. Responding to Crises [J]. Journal of Business Administration, 1978, 9 (2).

④ Hartman, E., C. Tower, T. Sebora. Information Sources and Their Relationship to Organizational Innovation in Small Businesses [J]. Journal of Small Business Management, 1994, 32 (1).

⑤ Kahneman, D., D. Lovallo. Timid Choices and Bold Forecasts: A Cognitive Perspective on Risk Taking [J]. Management Science, 1993, 39 (1).

⑥ Kaish, S. Characteristics of Opportunities Search of Entrepreneurs Versus Interest and General Alertness [J]. Journal of Business Venturing, 1991, 6 (1).

⑦ Forbes, D. P. Cognitive Approaches to New Venture Creation [J]. International Journal of Management Reviews, 1999, 1 (4).

⑧ Busenitz, L. Research on Entrepreneurial Alertness: Sampling, Measurement, and Theoretical Issues [J]. Journal of Small Business Management, 1996, 34 (4).

Lover)。"① 创业机会识别作为创业的初始阶段和核心环节,在新创产业价值的过程中是不可或缺的重要环节,它是做出创业决策的必要条件。创业者的认知和自身学习能力是机会识别能力的主要影响因素,创业者的认知和学习思路能够促使其进行机会识别。如果创业机会中存有很大的盈利空间,则会对决策者产生巨大的驱动力来选择这一机会。② 机会识别的程度越高,才可能引发更快的决策速度,更高的决策认同度,更显著的决策正确度。

创业决策的第三阶段是结合自身资源禀赋条件实施创业决策与行动,在这一过程中,创业者的个人特征影响着创业决策的制定和行动。创业者个人特征包括个人背景、个人特征、社会网络等因素。创业者的家庭背景,受教育程度,社会资源利用程度,创业自我效能感,风险承受能力等影响着创业者的风险倾向与风险感知。③ Gartner（1992）对创业行为和组织行为进行了区分,他认为创业者日理万机的事情绝大部分都是模糊的、不确定的。在行事过程中,创业者以不断适应环境和改变环境为手段,逐渐降低潜在的风险（改变风险概率）,因此企业是创业者的"缔造物"。④ Hill 和 Levenhagen（1995）提出了一个创业者的"隐喻（Metaphor）与心智模型",认为创业者是一帮在"未知领域探险的人",隐喻是一种有效的手段,旨在不断获取环境中熟悉的元素和保留一定的灵活性,为行动阐述意义（Sensemaking）和赋予意义（Sensegiving）,以实现创业者探索和重构未知领域。⑤ Gersick（1994）开展了纵向的实证案例研究,并提出"战略节奏"（Strategic Pacing）每经历一个创业时段都有必要重新审视战略内涵在创业过程的重要作用。在对一家医疗产品公司跟踪后,他发现战略节奏与环境变化具有一定的相关性,战略与环境的匹配度越高,越容易获得成功。⑥

---

① Palich, L., R. Bagby. Using Cognitive Theory to Explain Entrepreneurial Risk-taking: Challenging Conventional Wisdom [J]. Journal of Business Venturing, 1995, 10 (6).

② Craig, Justin B. Noel J. Lindsay. Quantifying "gut feeling" in the Opportunity Recognition Process Frontiers of Entrepreneurship Research: Proceedings of the Twenty-first Annual Entrepreneurship Research Conference [M]. Sapienza. Wellesley Babson College, 2001.

③ 周劲波、蔡成凤:《创业决策研究综述》,《柳州职业技术学院学报》,2011 年第 11 期。

④ Gartner, W., B. Bird, J. Starr. Acting as if: Differentiating Entrepreneurial from Organizational Behavior [J]. Entrepreneurship Theory and Practice, 1992, 16 (3).

⑤ Hill, R., M. Levenhagen. Metaphors and Mental Models: Sensemaking and Sensegiving in Innovative and Entrepreneurial Activities [J]. Journal of Management, 1995, 21 (6).

⑥ Gersick, C. Pacing Strategic Change: The Case of a New Venture [J]. Academy of Management Journal, 1994, 37 (1).

四、创业决策的方式

创业者所采用的决策方式明显不同于传统的管理决策方式,根据创业决策所面对的情境不确定性程度,有三种常见的创业决策方式。① 首先,在不确定性较低(即创业者认为未来可预测)的情境下,创业者会采取因果逻辑方式,也就是先系统收集和分析相关信息,然后根据因果关系来进行决策。其次,在不确定性相对较高(即创业者认为未来相对不可预测)的情境下,他们会采取类似于贝叶斯估计法的决策方式,借助于试验、经验和学习来优化决策。最后,在不确定性非常高(即未来不可知)或者处于奈特不确定性情境下,创业者无法采用以上两种方式来进行决策,他们必须根据既有手段和初始意愿来进行决策,即遵循效果逻辑来进行决策。Gustafsson(2006)提出了四种常见的创业决策方式,即因果逻辑、效果逻辑、即兴而作和探试方式。②

因果逻辑是传统管理理论研究讨论较多的一种决策方式,其特点就是以目标为导向、以预测为基础,其基本思路在于:未来可以预测,目标可以预定,创业者要做的就是发现最可行的手段去实现预定的目标。

效果逻辑是一种与因果逻辑相对应的决策方式,这种决策方式的特点是创业者在高度不确定情境下从既有手段出发,充分发挥自己的主观能动性,投入他们可承受损失范围内的资源,通过与外部资源所有者互动、建立利益共同体来动员尽可能多的资源,充分利用突发事件来努力取得尽可能好的结果。在充满不确定性并难以预测的环境中,具体的任务目标无法确定,但创业者既有的资源或手段是已知的,他们只能通过整合利用既有手段,甚至创造新的手段来取得尽可能好的结果。③

在创业情境中,机会转瞬即逝,环境不断变化,即兴而作,尤其是完全即兴而作,是创业过程中最常用的一种决策方式。"即兴而作"最早是指在没有事先准备的情况下同时进行创作和执行的行为方式。即兴而作具有普适性、可移植性和可及性等特点。④ 然而,学者们普遍认为,即兴而作最重要的特征是"即兴"和"创作"。这里的"即兴"是指遇到突发事件能即刻通过调动一切

---

①③ Sarasvathy, S., S. Kotha. Dealing with Knigheian Uncertainty in the New Economy: The Real Networks Case [A]. Butler J (Ed.). Research on Management and Entrepreneurship [C]. Greenwich, CT: IAP Inc., 2001.

② Gustafsson, V. Ettrepreneurial Decision-making: Individuals, Tasks and Cognitions [M]. Northampton, MA and Dheltenham: Edward Elgar, 2006.

④ Vera, D., M. Crossan. Improvisation and Innovative Performance Teams [J]. Organization Science, 2005, 16 (3).

可利用资源来应对;"创作"是指应对行动不但要迅速,更应有创意。因此,即兴而作的结果常常难以预料。①

在管理学领域,探试是决策者在制定决策时必须遵循的一条重要原则,如"雇用有经验的员工来担任管理职务"。创业者不可能等到系统分析不确定事件以后再进行决策,而常常是采用探试方式来快速决策和完善决策。其实,探试决策是创业者区别于一般管理者的显著特征之一。主流观点认为,在创业情形下,机会转瞬即逝,创业情境动态变化,创业者必须快速决策并采取行动。在高度不确定、快速变化的创业情境下,相对于理性分析而言,探试有利于提高决策效率,改善创业绩效。探试方式更加快捷,且成本较低,与理性分析的决策结果相同,有时候甚至更好。不过,有时探试会导致决策失误。创业者在什么情境下倾向于运用探试方式来决策,是探试决策研究的一个新热点。相关研究从不同视角探讨了这个问题。如 Wright 等(2001)从环境的角度阐述了在动态变化的创业环境中,探试是创业者认识真相进行决策的一种重要方式。他们认为,如果不采用探试方式来决策,那么,机会开发过程就会变得任务繁重、成本高昂。② 不过,快速变化的环境并不会迫使创业者采用探试方式来进行决策。有经验的创业者在遇到新问题、新情况时,往往是先认知环境并基于反馈信息开展学习,然后再采用探试方式来进行决策,即创业者以往积累的经验会促使他们采用探试方式来进行决策。然而,创业者的先前经验并不会促使他们采用探试方式来决策,而"师父带徒弟"甚至受过正式的创业教育则会促使创业者采用探试方式来决策。③

第三节

创业前决策的勇为观

一、敢与不敢

商人鼻祖白圭说:"其智不足与权变,勇不足以决断,仁不能以取予,强

---

① Miner, A. S., et al. Organizational Improvisation and Learning: A Field Study [J]. Administrative Science Quarterly, 2001, 26 (2).

② Wright, M., et al. Firm Rebirth: Leveraged Buyouts as Facilitators of Strategic Growth and Entrepreneurship [J]. Academy of Management Executive, 2001, 15 (1).

③ Barsky, E. D. Enterpreneurial Heuristics and Serial Entreprenueur [D]. Temple University, United Stetes, 2010.

第三章 儒家勇为观与创业决策管理

不能有所守,虽欲学吾书,终不告知矣。"提醒我们在创业决策中,必须要鼓起勇气,果断地做每一个决策。而创业的起点就是识别商机。

是否善抓机遇,在机遇面前果敢地进行科学决策,对创业成败起着至关重要、甚至是决定性的作用。中国儒家讲"天时、地利、人和",兵家讲"势",道家讲"道",都是说成功者必须顺应规律,抓住机遇。中国古代几位著名的商家都毫无例外地是善抓机遇、果断决策、从而取胜的行家里手。子贡经商能做好"与时转货赀",即善于根据市场供求变化的时机,从事转手贸易,买贱卖贵,从中谋利。范蠡经商很善于审时应变,他曾说过:"从时者,犹救火……惟恐弗及。"白圭的经营特点更是善于"乐观时变"、"智与权变"的高手,但他一旦看准时机,则当机立断。古人总结白圭经商能抓时机的特点是"趋时若猛兽挚鸟之发",其捕捉商务时机,拍板决断,迅猛、果敢、敏捷之状不言自明。

机会是企业打开成功之门的"金钥匙"。但要抓住它,必须了解机会的特性:一是普遍性,有市场,有经营活动,就客观上存在着经营机会;二是偶然性,"踏破铁鞋无觅处,得来全不费功夫"正是说明;三是消逝性,机会的出现与客观条件相连,当客观条件变化时,经营机会就会消失或流逝,"机不可失,时不再来"正说明了机会的消逝性;四是开发性,即经过经营者的主观努力,创造出经营机会出现的条件,从而引导消费,创造市场。当今世界一些大公司每年投入大量研究开发资金,研制新产品,创造机会,引导消费,占领市场,席卷机会创造的丰厚利润,就是充分利用机会的可开发性。

机会和风险是共存的。如何降低风险,关键在于根据时间、地点、条件来利用机会,科学决策。改革开放以来,不少"明星"企业变为"流星",关键的一条是在机会面前,错误决策,从而坐失良机。决策要跟着科学走,绝不能跟着经验走,跟着感觉走,更不能跟着"神仙"走。特别是企业的事关全局和长远的战略决策,必须在周密调查研究的基础上,根据经营环境的变化和企业内部的条件而制定。捕捉经营机会,进行科学决策的基础是获取信息。政治与经济密不可分,当代商人,必须关心了解政治信息。"处处无心处处空,处处有意常有金"。要获得有价值的信息,必须做个"有心之人",正如科学家巴斯德的一句名言所说:"机遇偏爱那种有准备的头脑",只有"有准备的头脑"才可能对已经出现或潜在的变化,做出科学的预言。

春秋时期,子贡跟随孔子漂泊流浪于各国之间,他发现敌对两国的高官贵族都对别国的珠宝非常感兴趣,但是鉴于当时正处于各国交战时期,这些高官贵族都无法自己出面去购买别国的珠宝。这种状况使得子贡领悟到了一个道理:原来国与国之间的矛盾和纷争可以给自己带来更大的财富,正是由于这种阻塞和不变，使得很多东西价值上涨数倍却依然供不应求，于是他决定做跨国珠宝生意。由于珠宝生意面对的人都是达官显赫，子贡花费巨资包装自己的团队，从一开始就定位走高端路线。子贡善于发现问题并且解决问题，带领自己团队，可谓是春秋末期"跨国公司"的"大哥大"。

徽商常说，生意的成败常常在"敢"与"不敢"之间。这里的敢就是勇。许多很好的商业机会都是"有准备"的回报，在创业中，要想成功必须具备大勇，商场竞争激烈，瞬息万变，要是没有大勇，必然会举棋不定，正所谓大商有大勇。《周易》里说："君子终日乾乾，夕惕若。厉，无咎。"这句话是说，君子既要刚健有为，即有勇，同时又要严谨小心，才能不会有过错。"胆欲大"，说的是勇于敢，"心欲小"，说的是勇于不敢。

其实，创业机会围绕在我们身边，可我们总是因为害怕而不敢迈开我们的步伐，成功的秘诀就是善于捕捉商机。科茨纳（Kirzner）认为，创业者应当具有捕捉市场获利机会的"敏锐"，创业者能够利用自己特有的知识来认知这种机会，并通过对机会的开拓获取回报。[①] 创业过程的首个步骤是认知机会，随后评价被认知机会的可行性，进而采用合理的决策行为开发机会。创业者做决策时面临着复杂多变的环境。有些环境条件在未来是具有一定的可预可判性，而有些环境条件在未来却有不可预测性，创业决策面对着诸多不确定因素，存在一定的风险性。因此，抓住商机，进行创业决策要求创业者需要具备相当的勇气和魄力，成功的创业者应该是在任何情况下都明确自己的目标和立场，勇敢做出自己认为可行的判断，并且要有斗智斗勇的勇气，这样才能把握住商机、从容决策。

格兰仕在2000年进入制冷业的经历就是一个大型企业面临风险性环境时识别采用创业机会并勇于果断决策的典型案例。格兰仕进入制冷行业时，相关的需求和供应市场均已存在。格兰仕基于以下三点来识别中国空调冰箱制冷业带来的商机：①空调和冰箱的市场容量和前景非常广阔，全国各大城市居民的空调拥有率不到30%，城镇在8%左右，农村市场更是尚未开发。以中国空调业20%的成长速度看，中国空调业的市场发展空间巨大。而且价格居高不下，这对以总成本领先而获取竞争优势的格兰仕来说，是一个极大的机会。②空调是国内家电业价格血战之后相对利润较高的一块"肥肉"，制冷行业毛利高达35%。③完全竞争的空调市场远远没有形成完全充分的竞争，十几个品牌集中瓜分了80%的市场份额，但是各自的占有份额相差不大，这也是格兰仕的机

---

① Kirzner, I. Competition and Entrepreneurship [M]. Chicago and London: University of Chicago Press, 1973.

会所在。格兰仕识别到市场不均衡，充分发挥其强大的制造和研发能力，迅速完成资源的重新配置，在短短的几个月时间里，顺利完成了从OEM生产到自己设计、自己开模、自己制造的飞跃。格兰仕空调上市的第一年，它在国内的销售量就达到了40万台。

再以戴尔公司的创业为例。20世纪80年代初的美国计算机市场，电脑开始进入家庭，消费者已经有了个性化快捷响应式服务的需要，对产品功能的需求不再是千篇一律，但当时的市场在位者并没有对此予以重视，仍然采用大规模批量生产、统一配置、渠道销售等方式生产和销售产品，未能很好满足这种消费的需求。年轻的戴尔在他的大学时代发现这个需求，同时他也具备相当的资源和能力去满足这个需求，因此他勇敢地采用定制产品的直销方式，成功实现创业，并迅速成长为全球最大、最有竞争力的电脑制造商之一。

二、勇者不惧

子曰："知者不惑，仁者不忧，勇者不惧"（《论语·子罕篇》）。聪明的人不会因此而被迷惑，有仁德的人也不会因此忧愁，勇敢的人也不会因为风险的存在而退缩。荀子曰："折而不挠，勇也"（《荀子·法行篇》），真正的勇者需要有百折不挠的勇气，并且在行动上要临危不惧，临危不乱，不能退缩、不能低头。

互联网革命以来，新企业所面临的成长环境发生巨大变化：企业目标不再清晰，市场需求有待挖掘，主导技术尚未确立，创业者进入了充满不确定性的世界。更有甚者，超出预期的突发事件，例如次贷危机对中国出口型企业的致命性影响，足以改变商业环境的基本结构，使得以预测为基础的推理方式越来越受到质疑。

创业者面对不确定性环境，无法进行准确预测，也无法提前确定目标，而且环境不是独立的。面对如此不确定的环境，创业者的决策行为受到了挑战：无法预先知晓可能发生的事件结果的概率分布，甚至结果本身都有可能是未知的，因此决策者无法通过转嫁风险降低未来可能的损失。对于创业者，他们不仅需要寻找创业机会，还要承担一定的创业风险。创业风险来自很多方面，如在选择项目或产品上过于盲目、缺乏创业技能、关于资金的风险、创业管理者带来的风险、竞争风险等。在经历创业失败时不能像购买到劣质产品那样可以进行交换或退货，最可能的结果就是接受创业失败或重新创业。因为创业阶段要求创业者必须身体力行，这样创业失败会给创业者带来很大程度上的心理、时间和资产等方面的成本损失。在经济学家看来，此时的创业决策需要"直觉"、"智慧"和"抉择",① 而不是在期望利润基础上的投资。另外,对待创业风险及其所造成的创业挫折,需要具有勇者不惧的心理、胆量和能力,并且需要有面对风险勇于开拓的精神。

《孟子》里有"山径之间,介然用之二成路,为间不用,则茅塞之矣",意思是在山坡间的小路,经常有人走便踏成了一条小路,过一段时间如果没有人走,又会被茅草堵塞了。这段话旨在鼓励我们要有开拓的精神,不要畏首畏尾,有时候看似没有路,但是只要你去闯,有冒险的精神就自然有路了。但是荀子认为"勇而不见惮者,贪也"(《道德经第三十三章》)。"……勇而无惮……是天下之所弃也",他认为一个人的勇敢是有限度的,如果一个人的勇敢已经超过无所畏惧,那就成为了"贪",这是被整个社会所摒弃的。

2008年金融危机期间,恒大地产在全国一共有32个楼盘,共计906万平方米,当时100多亿元的资金缺口对于恒大来说是个大数字。大部分人都认为恒大这次将"必死无疑"。但是许家印没有因此而放弃,他一方面重操发家的决策,也就是薄利多销,在全国的楼盘都搞联动促销,很快就回笼了海量资金,另一方面又与国际投行秘密签署融资协议,就这样帮助恒大熬过最艰难的危机。

现代新儒商比亚迪总裁王传福真正做到了"知者不惑,仁者不忧,勇者不惧"。时刻有着不畏困难积极进取之心。中国企业在全球产业分工链条的低端上苦苦挣扎,只是生产制造廉价的技术含量低的产品占领低端市场,王传福改变了中国企业家的形象,成为"技术派"领军人物,以拆解跨国公司的技术壁垒为己任,狂热追求技术创新,组织了一支真正能征惯战的本土化的技术研发和制造队伍。针对中国企业普遍面临的"技术恐惧症",他认为这种恐惧来源于对手给后来经营者造成的一种产业恐吓,他们不断地告诉你说做不成,投入很大,研发很难,直到你放弃。汽车?说穿了不过就是"一堆钢铁"。是啊,能让飞船上天的民族,难道就只能干些鸡零狗碎的低端加工业!王传福正是秉承着仁者无敌的儒家思想意识,他带领的这家深圳公司白手起家,13年中建立了涉及电池制造、手机配套、汽车等领域产值约200亿元的高端制造企业。

真正的勇者,越为环境所迫,越加奋勇,不战栗,不逡巡。无论在什么时代,没有敢于承担风险的心理素质,任何时候都成不了企业家,避免冒险也就是避免机会,因为机会的代价就是冒险,在渴望财富的今天,创业是被鼓励

---

① Isenberg, D. J. Thinking and Managing: A Verbal Protocol Analysis of Managerial Problem Solving [J]. A Cademy of Management Journal, 1986 (29).

的，创业路上满布荆棘，唯有勇敢者才能采摘最美丽的果实。

三、勇于探索

老子说"胜人者有力，自胜者强"（《道德经第三十三章》）。虽然是道家的思想，但是与儒家思想完全一致，同样适合儒者的修养，战胜自我，是儒家倡导的"勇"。

新一代儒商身上都有"探索家"、"决策家"、"战略家"的特征。方太集团的茅忠群在市场竞争激烈的今天，在其他厂商开始大打价格战的今天，一直坚持走高端路线，下属给出意见希望降价促销，但他毅然选择相信自己，认为如今的高端资源适合打开另外的市场，他顺势推出了新款欧式机，完全占有了市场。

创业初期，选择项目时，经营者必须有探索力和预见性，能够把握市场趋势，对于现有的资源状况我们必须加以分析，要把十分关键的资源和其他不是那么重要的资源分开，我们要有足够的判断力对于缺乏的资源或者是资源不适合创业风险所带来的影响做出判断，紧接着是如何在适当的时机获取适当的所需资源，并在整个过程中尽可能对创业控制。对于一名企业家来说，果断判断力与决策力是最重要的，也是最困难的。而这些判断力和控制力我们如何得来呢？如何锻炼呢？答案就是"勇"。

台塑集团创办人王永庆是一位有头脑又富探索精神的企业家。20 世纪 50 年代，王永庆手里经常拿着一只包，里面装的是他的毕生积蓄，当时作为一个普通人谁都不知道什么叫 PVC，可是他勇于判断，并对现有资源加以分析，果断认为 PVC 是个有前景的产业，一口气接下，所以造就了现在的台塑王国，换做常人都不敢，可是王永庆他敢。

《礼记》中曾记载："明乎商之音者，临事而屡断。明乎齐之音者，见利而让。""……勇也；见利而让，义也。"意思就是勇者，要自强、果断。在创业前期对资源状况分析时，必须敏锐果断地做出决策。

儒商白圭把经商之道传承下来，其中他把"智、勇、仁、强"作为商人四德，他所说的强就是自强。有勇有强，这是商人不可缺少的部分。朱熹是继孔子之后最博学的大儒，他说："……汝若到彼，能奋然勇为，力改故习，一味勤谨，则吾犹可望……"① 这段话强调了"奋然勇为"，要求我们在创业过程中积极获取需要的资源信息，在这个步骤中"勇为观"给我们提供了知识基础，让我们绝不懈怠，勤奋不懈地从事我们自己选择的创业之路，一个勇敢

---

① 朱熹：《四书章句集注·与长子受之》，中华书局，2011 年。

的创业者应尽量保持对所有权的最大限度的控制。创业决策是一个不断优化的学习过程,① 勇于求索是取得创业成功的重要因素。

徽商有着自己独特的经商方式,即敢于突破,敢为人先。明成化前,徽商商帮主营行业有文房四宝、漆、木、茶和米谷业,成化后则转变为盐、典当、茶、木四业。在垄断四主业之外,他们的经营范围几乎无所不包,如粮、布、墨、丝绸、草货、瓷器、饮食、药、书籍、染料、航运、古玩、酒、干货诸业。他们首先在行业内做出改变,将固有的售卖原则舍弃,不只出售一种商品。通过多种经营和组合投资的方式分散风险。这一大胆的突破,使原来孤立进行的投资联系起来。徽商敢为人先之举推动了其商业范围的逐步扩大。

四、崇尚勇为

古人有云"不谋全局者,不足与谋一域"。仁者尚勇,勇者有智。子曰"非其鬼而祭之,谄也。见义不为,无勇也"(《论语·为政篇》)。前者指的是不该做的硬要去做,后者指的是该做的不敢去做。子曰:"暴虎冯河、死而无悔者,吾不与也。必也临事而惧、好谋而成者也"(《论语·述而篇》)。这句话中没有一个"勇"字,但是却透露孔子崇尚有勇有谋之人。《礼记·礼运》中"礼义以为纪,以正君臣,以笃父子,以睦兄弟,以和夫妇,以设制度,以立田里,以贤勇知,以功为己"(《礼记·礼运》)。也说明了尊重有勇有智的人。

儒学"尚勇"。"率义之为勇"《左传·哀公十六年》。"见义不为,无勇也"《论语·为政》。"仁者必有勇,勇者不必有仁"《论语·宪问》。"仁者不忧,知者不惑,勇者不惧"《论语·宪问》。"义之所在,不倾于权,不顾其利"《荀子·荣辱》。这些都是真实写照。

徽商胡雪岩协助左宗棠兴办洋务期间,有个洋人感染了瘟疫,听说胡雪岩做药材生意,有灵丹妙药,前来拜访他,后来洋人吃药后便在一日之内恢复了,他大加赞赏并当面致谢,胡雪岩接受了感谢并且送出两大箱药材。店里伙计非常不解,他解释说,未雨绸缪,要为今后的生意打算。他的两箱药材成了最有说服力的宣传,开拓了国外市场。

子曰:"朝闻道,夕死可矣"(《论语·里仁第四》)。说的是,早上听道,即使晚上就死去也没什么遗憾了。这是儒商的最高标准,求道,修道要有这种

---

① Cunha, M. P. E. Improvisational Entrepreneurshipas Decision Making: Rational, Intuitive and Approaches [J]. Journal of Enterprising Culture, 2007, 15 (1).

第三章 儒家勇为观与创业决策管理

精神,创业之道和守业之道大概也这样。有人说,守业比创业难多了。长远的计划对一名有智谋的创业者来说必不可少,事前充分做好准备,有了预先的决策应对,就不会陷入窘境。若想取得创业成功,必须往前看。

退伍军人张亚光曾在大连的海岛当过15年兵,1987年转业到黑龙江伊春粮食专科学校任党支部书记。军旅生涯使张亚光具有了坚强的性格和吃苦耐劳的精神。他似乎天生不甘寂寞,喜欢接受挑战,羡慕别人在商海的自由驰骋。在有权、有车、有房的书记岗位上待了三个月之后,他就决定下海经商了。张亚光谈起下海的决心时,年迈的父亲,曾让他三思而后行。张亚光说,最坏的打算大不了到菜市场去卖豆芽,也要养活自己和全家。后来父亲重重地拍了拍他的肩膀,这对军人父子的心永远是相通的。张亚光说当年创业时是赤手空拳,没有任何的经商经验,即使是1000余元的转业安置费,也化作了战友临别的酒宴。从零开始,从模仿开始,别人能干的我也能干。通过观察和思考,张亚光决定在大连有名的破烂市场——北京街摆地摊,卖小百货,也卖油漆、菜板等杂货,这样投资少,风险小且能承受。经过一段时间的地摊经营,张亚光发现卖菜板利润可观,当时进价2.7元/块的菜板,可以卖到4元。1988年冬天,张亚光做了生平第一宗大买卖:从黑龙江往大连发了半火车皮的菜板。他听从别人的建议,把菜板全堆在一起任人挑选着买,3000块菜板很快被抢购一空。如果按以往的方式,一天卖掉三五只菜板,不知要卖到何年何月。从此以后,张亚光与菜板结下了不解之缘,他看到了菜板有广阔的市场前景。张亚光不仅要卖菜板,还要做菜板,做高质量的菜板,以满足人们日益提高的生活水平的要求。张亚光一边卖菜板,一边对菜板进行深入调查研究。每次到饭店吃饭,他都必须到后厨看看菜板,要不让看他就不在这家饭店吃饭。在调查中,张亚光发现了一个触目惊心的事实:那些色香味俱全的美味佳肴,居然来自脏得不能再脏的菜板,这是社会现实,更是一个巨大的市场。有关资料表明,菜板每平方厘米大肠杆菌繁殖400万个、20分钟繁殖一代。如果要做菜饭,就要使菜板本身具有强杀菌功能。于是他请来木材学协会的陆文达博士一起合作攻关,开发出了长效无菌系列菜板。他广泛收集国内外菜板样品,他的办公室可能是世界上第一个菜板博物馆,世界各地的菜板挂满了四周的墙壁,仅一位日本朋友一次就给他空运来价值1000美元的数十种菜板;张亚光申报了菜板专利,并开始筹建他的深亚木业有限公司,投资建厂。1995年11月,投资2200万元,全球唯一的专业化菜板生产企业——深亚木业有限公司,一期工程在辽宁营口济技术开发区破土动工,1996年9月建成投产,当年产值7000万元;1997年,二期工程建成投产,年产值达到2亿元;1998年3月,张亚光再投资1000万元上马第三期工程,建成后实现产值10亿元……从张亚光的创业经历可以看出,自强、自立、敢于接受挑点的创业勇气是驱动他创业的动力,而勇于进取是使他走向创业成功的关键。

五、仁勇塑德

创业企业决策目标中包含道德思考的企业比将企业目标定为纯粹经济利润的企业能更好地推动企业管理的道德化建设。创业者决策,首先应从管理的道德决策着手。决策道德化必须把道德因素加入到创业企业决策过程,并进行决策的道德分析。儒家仁勇为企业道德决策指明了方向。

子曰:"德之不修,学之不讲,闻义不能徒,不善不能改,是吾忧也"(《论语·述而》)。管理者对员工除了要有仁爱之心、尊敬之心,还要教育员工树立社会公德,遵纪守法,遵守工厂和车间的制度。通过道德教育,通过企业理想、企业精神、职业道德的教育,提高员工的道德自律和行为自律;通过厂规、纪律实行他律。自律和他律,在企业管理中是缺一不可的。任何时候、任何地方都存在有人的道德自律、行为自律能力的差别。这是因为人的文化教养的不同、价值取向的不同、追求目标的不同,因而必然存在差别。为了达到一家企业内部的和谐、协同和行动的一致,除了通过道德的自律之外,就必须要用纪律进行他律。古代的"礼"具有自律和他律的功能。进行他律就是纪律,有纪律规定员工在生产过程中的行为规范,当然这样的他律也是应该以道德的自律为基础的。

在孔子那里,"齐之以礼"与"道之以德"相互联系,二者相得益彰。礼是表现形式,而仁是礼的精神实质。孔子管理理论的内容和特色为:注意德礼引导教化的目标管理,而不十分重视以政刑惩罚为手段的行为管理,强调以"德"为内容的价值管理与以"礼"为内容的制度管理的相互结合运用,两者当中又以价值管理为主。孔子提倡的"导之以德"一直在强调价值决策,把一整套价值观念灌输到企业成员的头脑中去,渗透到成员的价值观和人生观中去,从而对他们的行为产生影响。孔子认为,严厉的政治决策即使在短时间内能够奏效,其作用也不可能长久,只有深入人心的价值决策才能提供一种代价较低却十分有效的管理方式。

荀子曾提出"上勇"、"中勇"、"下勇"三个概念,认为上勇、中勇、下勇,是三个层次不同的"勇"。天下有正道,有治理社会的准则,为了捍卫这种原则,敢于挺身而出;先王有治世之道,敢于按先王的意旨而去实行;对上不因循于乱世之君,对下不随从于乱世之民;仁之所在,无贫穷之分;仁之所亡,无富贵之别;天下人了解他,便与天下人同苦乐;天下人不了解他,则岿然独立于天地之间而无所畏惧,这样的人,就是上勇。这样的上勇,也就是孔子所说的智、仁、勇的统一。礼貌恭顺，心意谦逊，重视信誉而轻视货财，对于贤人敢于把他推举上去重用，对于不肖之人，敢于把他撤下来去其职，这样的人，就是中勇。轻视人身而重视货财，安于在祸乱之世生活，只是个人想方设法解脱祸患，而不管他人死活，也不管是非和对错的实际情况，只是希望取胜别人，这样的人，就是下勇。荀子的上勇便是仁勇。

中国作为一个地域辽阔、人口众多的大国，之所以能够经历几千年的风风雨雨非常完整地延续下来并依然兴盛强大，一个重要的原因就在于：中国文化将人心凝聚起来，形成了大家普遍认同的价值体系，沉淀为民族性格，对人的生活方式和处事方式发挥着潜在而又持久有力的影响。孔子就是用道德——仁、义、礼、智、信、孝、悌、忠、诚、敬等一系列道德信念来感动，教化大众，当大众认可这些道德信念后，他们就在日常行为中开始依照上述信念自觉地进行自我管理了，不再是迫于外部力量的管理和监视了。他们明白哪些事该做，哪些事不该做。这时，创业者带领着的是一群明辨是非、自觉性很强的员工，实际上他已培育了一个有效的群体。

邵云环、许杏虎和朱颖是我国三位驻南联盟记者，在以美国为首的北约对南斯拉夫狂轰滥炸的日子里，他们不怕困难，不怕牺牲，亲临现场，采写了大量的报道，客观、公正地报道了科索沃危机的最新动态和事实真相，揭露了以美国为首的北约对一个主权国家狂轰滥炸的暴行，赞颂了南联盟人民为维护国家尊严英勇不屈的精神。1999年5月8日，三位新闻工作者在北约轰炸中国驻南使馆时，献出了生命。他们是为世界伸张正义而捐躯的，赢得了世界上所有善良人们的尊敬。我国政府追认他们为烈士。这三位烈士为了我国的新闻事业而不畏牺牲的英勇气概表现了一种大仁大德、为正义慷慨的胆魄。

■ 第四节

创业中决策的勇为观

创业的过程就是一个决策的过程。以下的三个决策都是必不可少的，当然这些都只是大致的，每个决策的过程其实都是极其复杂的。儒家"勇为观"创业决策有极其重要的道德意义。

一、"仁勇"用人

子贡曰："有美玉于斯，求善贾而沽诸？"子曰："沽之哉，沽之哉，我待贾者也"（《论语·子罕第九》）。从上述文字我们可以看出孔子对待人才的态度，人才都十分渴望遇到自己一生的伯乐，孔子还在《论语子路第十三》中说道"举贤才"，孔子主张用仁爱来对待管理对象，因为他认为只有"爱"才能缓和管理者与被管理者之间的矛盾，有利于二者之间建立和保持和谐的关系，在内部各成员之间形成亲密的情感关系。孔子说："仁者必有勇"（《论语·宪问》），两者之间是有紧密联系的。施行仁爱的人在创业中的人力资源决策中一定有一番"勇为"。

得人才者得天下，创业与夺天下同理，在商战中企业的兴衰根本在于人才。中国清朝道光年间晋商李宏龄设立的"日升昌票号"（经营汇兑业务），当时能成为同行之冠，发财扩张，在全国设分号24处，主要是任用贤才雷履泰为经理，实行经理负责制，委以全权，并始终恪守用人不疑、疑人不用之道。

仁勇用人必须坚持德才标准，即仁的标准。宋朝政治家司马光提出："才者，德之资者也；德者，才之帅也。"离开德谈才，就会失去正确的方向，离开才谈德，德可能成为空谈，德是前提，但有德无才，就不能对企业做出成绩，做出贡献。在坚持德才标准中要注意三点：一是勿求全责备，"人无完人，金无足赤"，扬其长，避其短，就能避免埋没人才；二是选才勿用一把尺，不同的工作需要不同的知识、才能，要根据各方面的需要，选用不同专业、不同能力、不同气质的人才；三是要有科学的考察方法，要避免唯专业或学历论，要以实际工作能力为依据考评和选聘，考评之法可多样化，切勿拘泥于公式化。

仁勇用人必须要有勇的气概，看准了就果敢地用，大胆地用，不畏首畏尾，也不将信将疑。以大胆用人著称的唐太宗李世民曾说过"为人君者，驱驾英才，推心待士"。"推心待士"就是指对任用的人才要推心置腹。武德年间，李世民收降刘武周大将尉迟敬德不久，尉迟敬德手下有两个将领叛逃了，于是有人猜测尉迟敬德肯定也会叛变，不向李世民请示就将尉迟敬德囚禁起来，并力劝李世民赶紧将其杀掉。但李世民认为，尉迟敬德是一个有能力帮他打天下的良将，非但没有杀他，反而把尉迟敬德招入自己的卧室，安慰他，让他不要介意，最后还送了金元宝给他。尉迟敬德对此十分感动，恨不得立刻为李世民而死，后来他为建立唐王朝立下了汗马功劳。太祖时，郭进的官职是西山巡检，有人密报说他暗地里和河东刘继元有交往，将来有可能造反，太祖听后大怒，认为他是诬害忠良之人，下令将他绑起来交给郭进，让郭进自己处置，郭进却没有杀他，对他说："如果你能帮我攻占河东刘继元的一城一寨，我不但赦免你的死罪，并且还能赏你一个官职。"此年末，这个人将刘继元的一个城诱降过来了，郭进将他的事上报给了朝廷，请求给他一官半职。太祖说:"他曾经诬害我的忠良之臣,可以免掉他的死罪,给他官职却是不可能的。"命令还是将这个人交给郭进,郭进再次进言:"如果皇上让我失信于人,那我以后怎么用人啊?"于是,太祖就给那人赏了一个官职,君臣之间也是应该守信的。

创业管理要有用人之胆,敢于用比自己强的人,敢用奇才。《孟子》里说:"今天下地君德行,莫能相向,无他,好臣其所教,而不好臣其所受教。"意思是天下各国的土地都差不多,君主德行也不相上下,彼此不能胜出一等的原因就是君主们不喜欢用能够教导他们的人为臣。作为一个创业者要敢于用比自己强的人,敢用奇才,儒商胡雪岩说"我最自豪的用人本领并不是任用将才,而是用一些有缺点,别人不敢用的人"。当时刘三才家中生意兴隆,经营着家传秘方的药材,他本性好逸且好赌,世代经营的药店传到他手里很快就因为他要还赌债而被顶掉。在别人眼里他可能是个败家子,但是胡雪岩的眼光却不一样,他觉得此人本性不坏,无论多落魄他并没有因此卖掉自己的家传秘方,还认为他出身名门,了解上等人士的习性,并且加上他好玩好赌的习性造就他善于交际应酬的能力,于是胡雪岩把他留在身边,果不其然,刘三才为他笼络了当时上海的丝业龙头,使得胡雪岩顺利操控整个上海当时的丝价。

二、"智勇"理财

在创业中,我们必然碰到各种决策,其中包括财务决策。白圭将"智、勇、仁、强"作为经商要领,他认为理财要选好管理者,他的经商成功之道,为后世所示范。《孟子·万张下》记载:"孔子尝为委吏矣,曰'会计当而已矣'。尝为乘田矣,曰'牛羊茁壮长而已矣'"(《孟子·万张下》)。这是关于财务决策的最早的也是最精辟的定义,它提醒我们在做决策时真实反映财务状况和成果,信用是财务的灵魂。

财是"利",属于物质范畴对大部分人来说诱惑极大,有些人为了追求"利"而危害到"义",为了"财"而讲果断,是荀子所说的"贾道之勇"。如何在财务决策上做到效率与公平?树立正确观念是成就创业者成功的重要前提,同时又有成功的创业者的重要特征之一就是能够洞察或是认准机遇,通过有效的市场营销和财务计划,将市场机会化作重大财务成就。

《诗经》里:"羔裘如濡,洵直且侯。彼其之子,舍命不渝。羔裘豹饰,孔武有力。彼其之子,邦之司直。羔裘晏兮,三英粲兮。彼其之子,邦之彦兮"(《诗经·羔裘》)。这是在赞美一个勇敢而且正直,不渝操守的官员。这里的勇指的是正直的勇敢。在今天的创业财务决策里依然对创业者具有指导作用。它希望我们在面对财务这个巨大的诱惑时依然能保持正直勇敢的秉性。

商人白圭在财务决策上实行"欲长线，取下谷"。下谷指的就是老百姓日常消费的谷物，价格低，利润少，但是销量大，因此选择经营"下谷"，实现较大利润。徽商在财务决策上信奉"财从伴生"。为了弥补资本不足，就和同乡或者宗亲搞合资经营。这样既能共谋发展，又能分摊风险。创业中涉及财务决策时，我们必须做一名真正的会冒险的"勇者"。讲智谋，讲果断。在利欲熏心的今天，能在利益面前一直遵循这个基本原则，全力以赴做好这件事，不失为"勇为观"的一种行动体现。

三、"信勇"营销

勇者胜场如战场，狭路相逢勇者胜。"士君子之有勇而果于行者，不以立节行谊，而以妄死非名，岂不痛哉！士有杀身以成仁，触害以立义，倚于节理而不议死地；故能身死名流于来世，非有勇断，孰能行之？"（《说苑·立节》）这一段话的主题就是鼓励我们要有勇敢果敢的精神。

除了财务决策，我们在创业过程中还需要进行市场和销售方面的决策。市场营销活动会受到营销道德的制约。儒家之勇同时也是君子之勇，贯穿整个商业过程，"勇和智"、"勇与义"、"信"在现代市场营销决策中的应用是极其重要的。市场营销决策也依靠儒家文化给予它精神动力、智力支持、思想保证和舆论环境。

现代市场中，部分商家产品质量和产品包装失范，为了降低成本获取更多不义之财，生产质量低，还有些生产假冒伪劣产品，过分强调和夸大产品作用，有些商家促销伦理不规范，在市场营销中，仅仅是为了加速资金的回笼，播出虚假或者是欺骗性的广告，诱导消费者，这些都违背了中国古代儒家思想构建的和谐经济市场。属于"小人"的行为。"小人"如果仅仅有勇敢而没有道义，那么它就成了盗贼。《易经》中有"恃强倚勇"（《第十二挂》），说的是做事要遵守规章和制度来办事。

《左传·成公二年》："齐高固入晋师；桀石以投人；禽之而乘其车；系桑木焉以徇齐垒；曰：'欲勇者贾余余勇。'"杜预注："贾，卖也。言己勇有余；欲卖之。"这段话的意思是还有剩下的勇气可以卖给别人，指的是非常有勇气的，坚持不懈的人。创业者在做营销决策时，必须有勇气坚持"仁、义、礼、智、信"的道德规范，从儒家之"勇"中汲取营销的艺术，避免无知的冒进。

曹德旺是福耀玻璃集团的创始人，他诚信待人，正当经营。凭借不用手段，不耍权术，福耀公司的汽车玻璃拥有市场71%的份额，成功挤进国际市场，占有一席之地。他认为现代的企业家要有三大品质：一是敢于第一个吃螃蟹的精神；二是做企业、创品牌之路离不开"仁、智、勇、义"；三是新世纪的企业家雄心、才智、专长、果断与信誉，缺一不可。笔者认为他是儒家"勇为观"真正的实践者，是名现代儒商。

"义之所在，不倾于权，不顾其利，举国而与之不为改视，重死持义而不桡，是士君子之勇也"（《荀子·荣辱》）。只要是合乎情义和道义，就会不被权势所屈服，也将自身利益抛之脑后，即使把整个国家都给他也不为之改变观点。儒家思想中的"勇"对我们当今社会仍然有深刻的提醒作用。自觉遵守诚信是商业道德的最高境界。

第五节 创业后决策的勇为观

创业后仍应坚持以儒家思想为道德基础，以"勇为观"为创业导向，培养企业家的精神和魄力，只有具备了企业家的素质，我们才能在日后的管理中做出相应的绝佳的决策。当代徽商周战飞认为："做生意的过程就是一个决策的过程，这个过程永不停歇。企业家也必须不断积聚自己的力量，让企业走得更长更远。"

一、"善勇"合作

"君战虽有陈，而勇为本焉"（《墨子·修身》），意思是君子作战虽然有阵法，但是士兵的勇敢是成功的根本。这就强调了勇敢的员工的作用。儒家强调人与人之间的团队与合作。孟子曾说"天时不如地利，地利不如人和"。只有注重人和，企业才具有凝聚力，向心力，从而具有竞争力。《中庸》有云："和也者，天下之达道也。"中国人很早就关注"和"了，和谐社会思想是远古人心中的乌托邦。《诗经》又有："彼何人斯，居河之麋；无拳无勇，职为乱阶"（《诗经·小雅·巧言》）。本文用在现代创业的决策里，也具有一定的指导意义，它指导我们在团队工作中，若领导者无勇，则会成为祸根影响整个团队的运作。

《晏子春秋》里记载晏子用吃桃子帮助景识别真正的勇士，公孙接、田开疆曰："吾勇不子若，功不子逮，取桃不让，是贪也；然而不死，无勇也。"皆反其桃，挈领而死。古冶子曰："二子死之，冶独生之，不仁；耻人以言，而夸其声，不义；恨乎所行，不死，无勇。虽然，二子同桃而节，冶专其桃而宜"（《晏子春秋·谏篇》）。这三个勇士违背了自身的责任和义务，他们的责任和义义对外震慑敌人，对内可以禁止一些内部行为，但他们三个都将勇猛的一面对准自己的朋友，破坏了社会规范。现代商业竞争的错综复杂，注定了在商品经济中某一个人或某一家企业都无法独揽一面，作为创业者，必须做到团队合作，一致对外，能使企业凝聚力不断增强、促进竞争力的持续进步。

王阳明说：" 事君而不避其难，仁者不过如是。然而不知食辄之禄为非义，则勇非其所宜，勇不得为仁矣。然勇为仁之资，正吾侪之所尚欠也。鄙见如此，明者以为何如？未尽，望便示"（《王阳明全集·别录十》）。

孔子曾说：" 与人恭而有礼，四海之内皆兄弟也。"在孔子看来，一个人的力量还是弱小的，众人的力量才是强大的。与人为善，则四海皆友。俗话说："在家千日好，出门时时难。"出门在外，独闯商海，其困难可想而知。因此，徽州人外出经商时，往往是通过合作的形式，三五成群，从而发挥"一致对外"的整体力量优势。以家族为单位，以宗亲为纽带是徽商经营的特点。徽商注重合作，注重凝聚力。能够成为和晋商并驾齐驱的大商帮，与徽商之间的团结合作精神是密不可分的。

创业的成功需要和谐的创业环境，要和谐必须合作，包括创业组织内部成员之间的合作，以及创业组织与外界主体之间的合作。在追逐人与人和谐共进的人和管理下，我们应该选择双向发展——既要通他人的发展之途，也要通自我发展之途。在企业家的每一次成功背后，都有着一支团结一心的成功团队，企业内各部门步调一致、上下一心、协同合作，集中优势火力，达到资源配置的最大优化组合。

孔子曾教育其弟子："能行五者于天下为仁矣。""恭、宽、信、敏、惠。恭则不悔，宽则得众，信则任焉，敏则有功，惠则足以使人。"在合作中一定要遵守这五项要点方能成就大事。如果说合作是取得成功的基础，那么互惠互利则是合作的强力胶。一个缺乏合作精神的人是不可能在事业上有任何建树的。徽商的百年经验告诉我们，合作才能成为大商。

二、"好勇"创新

齐宣王"好勇"，孟子机智回答他说"王请无好小勇。赴抚剑疾视曰：'彼恶敢当我乎！'此匹夫之勇，一敌一人者也。王请大之！"（《孟子·梁惠王下》）紧接着他还称赞了"武王之勇"和"文王之勇"，旨在说明希望齐宣王实行"王道"和"仁政"，这样才是真正的"大勇"。匹夫之勇是"小勇"，管理者施行"仁政"，尊敬下属，既做到"和"，也为"大勇"，兼世爱人，是一种美德，员工因此也能激发自己的创新意识，若仅仅逞一时的匹夫之勇，结果往往是相反的。朱熹曰"小勇，血气所为。大勇，义理所发"（《左传·哀公十六年》）。

第三章 儒家勇为观与创业决策管理

孔子曰:"君子和而不同"(《论语·子路篇》),是指在遵守企业的规章制度基础上,允许个性张扬,某种程度上讲,这也是一种创新。这样既能发挥个人作用,又能充分发挥团队合作的优势。不仅是在处理人际交往问题或者是处理事物之间关系上,它也是创新精神的哲学基础。在企业管理中,还是一种领导境界,更是一把企业竞争的利器。在过去儒商是指有较高文化素养的、有儒家道德观和价值取向的、有自强不息和勇于创新精神的企业家。

儒学追求创新。"苟日新,日日新,又日新"(《礼记·大学》)。"旧更新,不间断地更新又更新。德贵日新"(康有为《论语注》卷九)。"青,取之于蓝而青于蓝"(《荀子·劝学》)。"君子之学必日新,日新者日进也。不日新者必日退,未有不进而不退者"(程颐《二程集·河南程氏遗书》)。"学须觉今是而昨非,日改月化,便是长进"(朱熹《朱子语类》卷八)。这些都从不同的视角分析了创新。创新,"勇"无止境,勇于创新,从另一个角度讲,还可能是对常规问题的大胆尝试,把"冷门"演变为"热门",不能逢"冷"就退缩,觉得难有新意。其实往往在常规里,潜伏着许多新创意、新商机和新发展,这就需要有敏锐的观察力和独到的眼光,变害为利,从"废墟"中得到"新生","置之死地而后生"。

中国阴阳家有句名言:"穷则变,变则通。"兵家孙武说:"兵无常势,水无常形,能因敌变化而取胜者,谓之神"(《孙子兵法·虚实篇》)。无论何事,要想取得成功,必须根据环境的变化,常变常新。创业要适应市场需要,走向成功,也像自然界一切生物种群适应环境一样,在于独特,在于变异成新。谁能在市场上开拓出为消费者需要的独特的新的"区隔市场",谁就会在竞争中处于优势地位。当今社会,科学技术的发展日新月异,社会经济环境瞬息万变,在新的环境下,人们的价值导向、道德观念、消费习惯、消费心理等均在变化。如何适应多变、快变的时代,求得生存和发展,除了以市场为导向,制定合理的目标和企业发展战略并不断创新外,别无选择。可创新的方面甚广,但必须抓住各种创新的中心环节——企业技术创新。只有创新技术,才能创新产品、创新质量;才能降低经营成本,扩大市场占有率;才能提高企业信誉,扩大企业规模;才能使企业鹤立鸡群,独领风骚;才能使企业进入良性循环而"长寿"。今天美国的微软公司、英特尔公司之所以能称雄于世界,就在于他们以知识作为资源,分别创造出并控制着更先进的计算机操作系统和中心处理芯片。我国的北大方正集团在汉字出版系统软件中能占有全球市场的80%,全在于产品的技术创新。

"海尔"的一款1.5公斤容量的特小型洗衣机,得到许多人的青睐。这款洗衣机的诞生过程,背后蕴含的道理不容小觑。每当炎热的七八月来临,人们并不是不想使用洗衣机,而是市场上常用的洗衣机不太适合夏天使用。人们平日洗衣比较勤,每次只洗几件衬衣、袜子之类的小数量零碎衣物,用大容量的洗衣机,既费水又费电,干脆就直接用手洗了。"海尔"集团CEO张瑞敏仔细作了市场调查,积极听取反馈意见,针对消费者的这种心理,开发了一种专供夏天使用的1.5公斤容量的特小型洗衣机,还设有三个调节水位,最低的一档,洗两双袜子也可以。新产品问世后,很快便成了以往销售淡季里的一个闪亮的新"贵族",顺利"反滞为畅"。

某些看似寻常平淡的"冷点",往往背后隐藏着尚未开发的无限商机。谁能够思人所未思,发人所未发,肯下功夫,继而勇于打破常规,谁就会开拓出独领风骚的新天地。在寻常工作中处处留心,积累许多感性材料,在同事中做出与众不同的决断,即使工作寻常,也时时迸发新意,工作就会大有前途,得到良好的发展空间,很长时间都不会被人取代。所以说,勇于创新,是生存与发展的根本原动力。"重金之下,必有勇夫",唯有突破传统观念的束缚,才会有创新,有了创新,我们才能超越现实。"兵无常势,水无常形",我们要有通权达变的智慧,勇于创新的精神,敢想敢做的胆量。

三、"养勇"敬业

孟子提出怎样"养勇",曰:"视不胜犹胜也。量敌而后进,虑胜而后会,是畏三军者也。舍岂能为必胜哉,能无惧而已矣"(《孟子·公孙丑上》)。这两个勇士的方法,相同点都在于"守气",区别在于北宫黝是向外求必胜,孟施舍则是以"无惧"之念来代替向敌求胜之心,所以孟子说孟施舍是"守约",两人所养的都是血气之勇。在激烈的市场竞争面前,成功的企业家不单要持续创新,还要有坚忍不拔的毅力,勇于接受挑战。孟子也说过"天将降大任于斯人也,必先苦其心志,劳其筋骨,饿其体肤,空乏其身"(《孟子·告子下》)。这都需要坚定不移、奋发图强、不懈进取的敬业精神。儒家强调"敬业乐群",指的是用诚敬的心去对待自己的工作,一丝不苟严肃认真,同时感化周边的人,大家一起努力工作。《左传》中说"夫战,勇气也。再而衰,三而竭"(《左传·庄公十年》)。意思是在战场上全凭自己的勇气,如今放在商战上也是一样的,"养勇"以后方能"用勇",全力以赴走好每一个步骤。

敬业精神也包括勇于负责,勇于承担,勇于自省,子曰:"好学近乎知,力行近乎仁,知耻近乎勇……"(《礼记·中庸》)其意为,知道羞耻就接近了勇。这里强调的就是自省。在管理企业过程中,往往会碰到突发事故,有的人选择逃避,有些人选择承担。《儒行者》里说:"儒有委之以货财,淹之以乐好,见利不亏其义;劫之以众,沮之以兵,见死不更其守;鸷虫攫搏不程勇者,引重鼎不程其力。"① 作为一个儒者,加上一个商人,既可以担当大任,又不因为利诱被邪恶者威胁,每当遇见了艰难的事情,绝不推诿,一定迎难而上,勇于负责,解决问题。只有热爱了自己的事业,别人才能把它当回事。

清朝末年,徽商白启因家族没落,从小就有理想振兴家业,他先给人打工,然后自己创业。他来到苏州一家丝绸店当伙计。在当伙计时他都是寅时起床子时才睡,每天除了自己本职工作,还努力学习有关丝绸的各种知识。第六年积蓄了足够的资金和人脉,开始自己做起生意,他做了老板后还和以前一样寅时起子时休息,每天巡视店面,有人劝他"你是老板,这样的事情交给伙计就可以了"。他摇摇头,说:"做一行爱一行,不坚持到底怎么行。"靠着这种敬业的精神在苏州站稳了脚跟,振兴了白氏家族。

山西商人在清朝开辟了一条以山西、河北为枢纽,北越长城,贯穿蒙古戈壁大沙漠,到库伦,再至恰克图,进而深入俄境西伯利亚,又达欧洲腹地彼得堡、莫斯科的国际商路,这是继我国古代丝绸之路衰落之后在清朝兴起的又一条陆上国际商路。西北新疆伊犁、塔尔巴哈台等地也是山西商人活跃之地,并进而"远贾安西"(今伊朗)。山西商人从明朝开始与日本贸易,清朝乾隆时山西商人范氏是赴日贸易的最大洋铜商,清末山西商人又在韩国、日本开办了银庄。这些事业的成功,没有非凡的敬业精神是不可能实现的。清人纪晓岚曾说:"山西人多商于外,十余岁辄从人学贸易,俟蓄积有资,始归纳妇。"可见山西人是把经商作为大事业来看,他们通过经商来实现其齐家立业的抱负,而这种"舍我其谁"观念正是其在商业上不断进取的极其巨大的精神力量。

四、"学勇"修身

"学而不厌,诲人不倦"(《论语·述而》)。对于创业者,学习才能积聚勇气,只有不断地学习,从实践中感悟商业发展的规律和精华,方可保持创新能力与竞争优势,提升自己的决策力。"修身"是儒商三宝之一。随着时代的不断发展,在经济浪潮的汹涌撞击下的管理者越来越意识到学习的重要性。企业决策的失误是最大的失误,有小错误不可怕,错了可以纠正,避免再犯,可一旦战略决策出现问题,则会累及全盘。那么正确的决策哪里来?如何避免与减少决策错误?那就是学习,学习可以丰富知识,拓展视野,让人站得高望得远,经得起大风浪。不断向前,不断创新。

华人首富李嘉诚拥有一个巨大的工商业王国,有位记者曾问李嘉诚:"今

---

① 张自慧:《论君子之道及其现代价值——对大学生道德理想与人格追求的思考》,《黑龙江高教研究》,2008年第2期。

天你拥有如此巨大的商业王国，靠的是什么？"李嘉诚回答说："依靠知识。"有位外商也曾经问过李嘉诚："李先生，您成功靠什么？"李嘉诚毫不犹豫地回答："靠学习，不断地学习。"不断地学习知识，是李嘉诚成功的奥秘！李嘉诚勤于自学，在任何情况下都不忘记读书。青年时打工期间，他坚持"抢学"，创业期间坚持"抢学"，经营自己的"商业王国"期间，仍孜孜不倦地学习。李嘉诚晚上睡觉前是铁定的看书时间，他喜欢看人物传记，无论在医疗、政治、教育、福利哪一方面，对全人类有所帮助的人他都很佩服，都心存景仰。李嘉诚一天工作十多个小时，仍然坚持学英语。早年专门聘请一位私人教师每天早晨7点30分上课，上完课再去上班，天天如此。

这种对探索知识的坚持与勇敢，是荀子所说的"士君子之勇"。《礼记》中记载"故所贵於勇敢者，贵其能以立义也；所贵於立义者，贵其有行也；所贵於有行者，贵其行礼也。故所贵於勇敢者，贵其敢行礼义也"（《礼记·聘义》）。意思是能树立道义的人才是勇敢之人。只有学习了，累积了，开阔眼界了，才能帮助我们树立道义勇往直前。孟子说过："吾善养浩然之气。其为气，至大至刚，以直养而无害，则塞于天地间"（《孟子·尽心上》）。本书认为这里所说的不仅是浩然之气，更有勇气，人应该不断加强自己的修为、修养，扩充自己的勇气。只有这样才能勇敢并且正确地做出每一个决策。只有这样，企业管理者才勇于战胜自我，敢于创新。

不仅是这样，管理者还应该把学习的精神传播给企业的每一个人，把学习实践真知不断传授给员工，肩负起"诲人不倦"的责任。"智"与"勇"息息相关，相辅相成，缺一不可。员工素质提高了，企业核心竞争力也就提高了。

五、勇却"无为"

其实，"无为"观并非仅仅是道家的主张。相反，"无为而治"是中国古代管理哲学各家各派的共同理想，从管理的角度讲，与道家一样，儒家所追求的终极目标也是"无为而治"。这种无为而治的内涵是"不为而后有为"和"君无为而臣有为"。从创业决策管理的视角看，"不为而后有为"体现在四个方面。第一，"无为"表现为"南面而治"，即创业管理者不提出具体的管理要求，而被管理者在创业管理者的道德威望下自然地达到这一要求。第二，"无为"表现为顺其自然，即创业管理者"行道"时既不要随心所欲地去做（"无为"），也不要脱离客观实际勉强地去做（"无强"），而顺其自然，因势利导，就能成就事业。第三，"无为"表现为"不为而后有为"。创业管理者要在"小事"上有所不为，然后才能在大事上有所作为。第四，"无为"表现为"从心所欲,不逾矩"。"从心所欲,不逾矩"是孔子所追求的管理境界的极致,也就是老子的"无为而无不为"。孔子所刻画的管理境界和现代管理方式之一的"象征性管理"所营造的氛围以及由此带来的效应颇为相像。美国管理学家笛尔和肯尼迪认为,在文化强有力的公司里,是由管理人员来引导员工支持和塑造企业文化的。这些管理人员常常花费很多时间来思考企业的价值观念、英雄榜样和行为仪式,他们的工作重点主要是放在由于日常工作的起伏引起的价值观念冲突上,他们无时无刻不对周围发生的文化事件给予象征性的影响,因此,这些管理人员可称为"象征性管理者",儒家所提倡的"无为而治"的领导者,也正是这样一类"象征性管理者"。

对于"君无为而臣有为",创业决策管理需实行"君无为而臣有为"的方法。古代尧舜,被一般儒者尊为"无为而治"的典范。那么尧舜何以能"无为而治"呢?《大戴礼记·王言》曰:"昔者尧左禹而右皋陶,不下席而天下治。"《新序·杂事三》云:"王者劳于求人,佚于得贤。尧举众贤在位,重衣裳慕己无为而治。"在儒家看来,尧舜的"无为而治"主要归因于"任官而得其人",也即思贤若渴,用人得当。"君无为而臣有为"与"分级管理"有很大的相似性。日本士光敏夫在《经营管理之道》一书中主张"分级管理",他指出,"一般说来,首脑只提出'目的',各级主要负责人将它转为方针(达到目的的方法),一般工作人员将它转为工作步骤"。"分级管理"有利于创业管理者摆脱烦琐事务,集中精力抓创业全局性的"大事",这与"君无为而臣有为"出发点和本质都是一致的。

实质上,"无为而治"创业决策,是以最小的领导行为取得最大的管理效果,即所谓"最小—最大原则"。在实际的管理行为中,它表现出内在的超越性和象征性,表现为创业管理者"抽身谋大计",着眼于全局,进行宏观控制,整体把握勇于放权,善于任人,用人不疑,使下属"有为"而己"无为",从而达到无为而治的管理极致。

本章小结

古典经济学认为,经济主体对整个经济的运行是有完全信息的,并且也具备准确的计算能力,可以通过比较和计算,达到经济资源的最优配置。西蒙的"有限理性"认为,现实的人不是一台精密的计算机器,决策者由于受到所掌握信息、知识、认知范围的内在约束以及制度、伦理、规范和外部环境复杂性、不确定的限制,使得理性不是完全的,理性只在心理环境的限度之内起作用。① 人类判断与决策有准理性特征,准理性判断与决策的特征是不进行充分计算,而是粗略估算(如拇指规则)。行为经济学家们将个人决策行为放在更加贴近现实环境中进行分析。Tversky 和 Kahneman(1986)认为,一些对偏好有争议的理论中的选择逻辑并没有为决策描述性理论提供足够的基础。② 实际行为与标准理论的偏离被广泛忽视,这种偏离具有系统性而不能作为随机变量忽视,且不能通过放松标准理论体系来解决偏离的根本原因。对于创业决策,非理性的决策往往占有相当大的比重,直觉、经验等感性因素在其中起着重要作用。换言之,在不确定的环境条件下,创业决策往往存在直观推断与偏见。遵循西蒙的有限理性说,通过对判断的研究发现,人们在充满不确定性的世界中往往依赖直观推断的决策方式。比较重要的直观推断方式包括:代表性直观推断、可得性直观推断以及锚定和调整直观推断。③ 而对于偏见,主要体现在:相信小数定律、过分自信、后悔理论和构架依赖偏见。

很早之前就有西方哲学家对"勇"的探讨。如希腊晚期的斯多亚学派就把德行区分为两大层次,即首要的和从属的。"首要的德行有明智、勇敢、公正、节制……德行是互相联系的,它们有共同的原则,所以,拥有其中一个就等于拥有了全部"。"勇敢"作为一种美德在西方存在着,也指导着现代西方企业管理。"以儒术饰贾事",早在以前,就有一大批儒商依靠儒家思想来进行创业。陈德智借鉴儒家提出,创业决策过程中必须具备的"智、信、仁、勇、言"五德,仁、义、知与儒家思想中的"勇"结合起来才算是真正的"勇为观"。创业本身就是一场冒险,创业过程中必然碰到一个良机,风险也必然随之而来,敢于冒险才能抓住机遇,在这种情况下,必须要胆魄,即有勇气承担风险。但需要谨慎的冒险,这才符合儒家的"勇为"。根据 Wells(1974)的研究,创业者本人的能力及创业者团队的能力在创业决策制定过程中起到决定性的作用。在创业决策管理中,"勇"是创业者或者企业家必不可少的个人特质,勇于去估计、勇于想象、勇于学习、勇于行动、勇于坚持等都是创业须具备的基本素质。"勇为观"在儒家思想中占有重要地位,它为创业实践打下道德基础。不仅如此,"勇为观"还是儒家伟大人格的一个重要方

---

① 王渐勤、蔡根女、宋金刚:《创业决策的理性选择过程观察——基于对 604 名农村微型企业创业者的调查》,《农村经济》,2010 年第 7 期。

② Tversky, Amos, Daniel Kahneman. Rational Choice and the Framing of Decisions [J]. The Journal of Business, 1986, 10 (59).

③ Kahneman, D., A. Tversky. Judgment under Uncertainty: Heuristics and Biases [J]. Science, 1974 (18).

面。"勇为观"包含勇于进取之意,有利于指导创业者培养、提升创业素质,为创业实践做好准备。儒家"勇为观"的生命力远远超过了其内在的人文价值。从创业的角度看,并不赞赏匹夫之勇、蛮横之勇和鲁莽之勇,而是推崇智、仁、勇相结合的勇。大智大勇、大仁大德,才是新一代儒商应有的品格和气质。

创业决策贯穿创业的始终。[①] 想创业并且付诸行动的人,本身就已经是一个十足的"勇者"。勇敢产生于创业实践之中,勇气是在每天面对创业困难或挫折,并进行的顽强抵抗而养成的。创业箴言与创业信念就是勇敢、顽强、奋斗、坚定,就是排除一切障碍,去不断创造新的成功。决策不单单是要在创业中做出,创业前的决策也有很多,一个正确的决策可能会让创业企业有一个好的发展前景,而错误的决策则会让我们付出惨痛的代价。同样,创业决策之后的创业管理也需要儒家勇为思想的指导。

基于此,本章从创业决策前、中、后三个阶段阐述了儒家勇为观。需指出的是,创业者所处的环境是在不断变化的,创业者不会也不可能固定不变的采用一种创业决策行为。环境由不确定转向模糊,由模糊转向风险;或者环境不确定性程度逐渐变低,伴随着市场的竞争程度更为激烈,要求采取不同的决策方法去认知及捕获新的市场机会,来实现创业企业不断成长。

// 延伸阅读 //

白圭,战国时期人,名丹,字圭。有"商祖"之誉。在魏惠王属下为大臣,善于修筑堤坝,兴修水利。《汉书》中说他是经营贸易发展生产的理论鼻祖。他主张减轻田税,征收产物的1/20。他提出了贸易致富的理论,并主张根据丰收歉收的具体情况来实行"人弃我取,人取我与"的方法经商。谷物成熟时,进收粮食;蚕茧出产时收进絮帛,出售粮食。白圭提出了农业经济循环说,认为农业的一个周期为12年。

《史记·货殖列传》一文较为详细地描述了白圭的经商致富之道。原文如下:白圭,周人也。当魏文侯时,李悝务尽地力,而白圭乐观时变,故人弃我取,人取我与。夫岁孰取谷,予之丝漆;茧出取帛絮,予之食。太阴在卯,穰;明岁衰恶。至午,旱;明岁美。至酉,穰;明岁衰恶。至子,大旱;明岁美,有水。至卯,积著率岁倍。欲长钱,取下谷;长石斗,取上种。能薄饮食,忍嗜欲,节衣服,与用事僮仆同苦乐,趋时若猛兽挚鸟之发。故曰:

[①] Cunha, M. P. E. Improvisational Entrepreneurshipas Decision Making: Rational, Intuitive and Approaches [J]. Journal of Enterprising Culture, 2007, 15 (1).

"吾治生产，犹伊尹、吕尚之谋，孙吴用兵，商鞅行法是也。是故其智不足与权变，勇不足以决断，仁不能以取予，强不能有所守，虽欲学吾术，终不告之矣。"盖天下言治生祖白圭。白圭其有所试矣，能试有所长，非苟而已也。其意为，白圭是周地人。正当魏文侯时，李悝致力于最大限度地利用土地的潜力，而白圭却喜欢观测时运的变化，因而做到别人抛售就自己收取，别人正需要取用时自己就售给他们。当年收成好收取粮食，卖给农夫丝漆，蚕茧出来了收取帛絮，卖给养蚕人粮食。木星在卯宫方位，年成丰收；明年会收成很坏。到了木星在午宫方位，会发生旱灾；明年会年成好。木星到了酉宫方位，年成丰收；明年会收成很坏。木星到了子宫方位，会发生大旱灾；明年会收成好，有雨水。木星又到了卯宫方位，经过十二年，平均每年积存货物的财富增长比率是一倍。想增加钱币收入，就收售价格低廉的粮食；想使农夫增加产量，就收售良种。他能够不讲究饮食，强忍嗜好欲望，节俭衣服开支，和雇用的奴仆同甘共苦，但捕捉时机就像猛兽凶鸟勃发迅疾地扑食一样。所以他说："我从事商业经营，就像伊尹、吕尚筹划谋略，孙武、吴起作战用兵，商鞅施行改革是一样的。因而如果一个人的智慧够不上权宜变化，勇敢够不上对事决断，仁德不能正确取舍，强毅不能有所坚守，即使想学我这套办法。最终是不会告诉他的。"大概天下谈论经营致富的是以白圭做典范。

资料来源：http://baike.baidu.com/link?url=724Q6bs0Lr2ZIXHjFF2kk_JWyC3r-UzAQy90h5H7GpHu0MbHjdvLb8hzxoDaaybAndEHeldVdUgQXvYAajTD9a.

第四章 儒家的品质观与创业者素质管理

第一节
儒家品质观

一、品质价值

(一)"德"缘

《郭店楚墓竹简》中有《六德》一篇。文中提出君、臣、父、子、夫、妇"六位",而以圣、智、仁、义、忠、信"六德"配"六位",因而认为"义"为君德,"忠"为臣德,"智"为夫德,"信"为妇德,"圣"为父德,"仁"为子德。又以父、子、夫为内,以君、臣、妇为外,从而提出"为父绝君,不为君绝父;为昆弟绝妻,不为妻绝昆弟;为宗族杀(意谓'降低一等')朋友,不为朋友杀宗族"的主张。

在不同场合,孔子都曾表达人们修德的重要性,他说:"君子怀德,小人怀土;君子怀刑,小人怀惠。"①"德不孤,必有邻"。②对于执政者来说更是如此:"为政以德,譬如北辰,居其所而众星共之。""道之以政,齐之以刑,民免而无耻;道之以德,齐之以礼,有耻且格"。③"德之不修,学之不讲,闻义不能徙,不善不能改,是吾忧也"。④ 在孔子看来,道德价值绝不是独立存在的,必然有其成长的社会基础。若真是道德君子,那么即便在短时间内或许没有互相呼应的伙伴,但是时间长了就总会有同样性情和抱负的人过来与他亲近。"德不孤,必有邻"不仅是一种人生经验,更是一种社会生活的规律。自己有道德的涵养,能体用兼备,自然会影响近身的人。执政者的道德修养如

---

① ② ③ 来可泓:《论语直解》,复旦大学出版社,1996年。
④ 刘祎:《试论儒家德育过程论思想》,《新疆社会科学》,2006年第2期。

何,直接关系到国治、天下平的道德理想的最终实现。因而执政者必须严于律己,做到以德感人、以德教人、以德正人。如果真为道德而活,绝对不会孤苦伶仃,一定有与你同行的人,有朋友。

(二)人兽有别

孟子继承并发展了孔子的德行思想,在人性本善的立论基础上,他提出了个体品德修养的内在依据。他认为:"恻隐之心,人皆有之;羞恶之心,人皆有之;恭敬之心,人皆有之;是非之心,人皆有之。恻隐之心,仁也;羞恶之心,义也;恭敬之心,礼也;是非之心,智也。仁义礼智,非由外铄我也,我固有之也,弗思耳矣。"① "无恻隐之心,非人也;无羞恶之心,非人也;无辞让之心;非人也;无是非之心,非人也。恻隐之心,仁之端也;羞恶之心,义之端也;辞让之心,礼之端也;是非之心,智之端也。人之有是四端也,犹其有四体也"。②在孟子看来,"仁义礼智"作为人的一种天赋属性是人与动物的根本区别所在。然而,对于普通人来说,这些美德又极其容易丧失。据此,他认为人们自我修身的关键就在于把原有的优良品德寻找回来,用他的话来说即是"学问之道无他,求其放心而已矣"。③ "存其心,养其性,所以事天也。夭寿不贰,修身以俟之,所以立命也"。④

(三)人性转移

荀子在人性论主张上与孟子恰好相反,他明确认为,人性本恶。其具体表现是,"人生性生而有好利焉","生而有疾恶焉","生而有耳目之欲(有)好声色焉"。如果让上述恶的本性不加制约,任其发展,必将导致"争夺生而辞让亡焉","残贼生而忠信亡焉","淫乱生而礼义文理亡焉"。⑤ 因此,荀子认为必须对人性中的恶性加以改造。他提出"化性起伪"这一命题,认为后天教育的作用就在于"化性起伪",使"涂之人皆可为禹"。他认为,对于社会中的人,若能用礼义"教诲之,调一之",则"赏不用而民劝,罚不用而威行","夫是之谓道德之威"。⑥虽然与孟子的人性主张相反,荀子在品德之于个体的意义上却有着惊人的相似:"水火有气而无生,草木有生而无知,禽兽有知而无义,人有气、有生、有知,亦且有义,故最为天下贵。"⑦又说:"凡得人者,必与道也。道也者,何也?曰:礼义辞让忠信是也。"⑧显然,与孟子主张"人之所以异于禽兽者几希。庶民去之,君子存之"⑨一样,荀子认为人之所以为人,就在于有道德生活。离开了道德生活,人与禽兽就没有什么区别。值得一提的是,荀子还著有专门的《修身》篇,用来教导人们"注错习

---

①②③④⑨ 徐洪兴:《孟子直解》,复旦大学出版社,2004年。
⑤⑥⑦⑧ 章诗同:《荀子简注》,上海人民出版社,1974年。

俗"、"积善成德"。

二、品质特性

(一)"仁"性

孔子以"仁"为最高的道德原则,以孝悌为基础,以智、仁、勇三者并举,以"圣"为最高人格,提出了义、礼、忠、恕、孝、悌、慈、爱、温、良、俭、让以及恭、宽、信、敏、惠等具体德目。这些具体德目散见于《论语》的各篇目之中,"主忠信"。① "弟子入则孝,出则悌,谨而信,泛爱众,而亲仁。行有余力,则以学文"。② "人而无信,不知其可也"。③ "君使臣以礼,臣使君以忠"。④ "知者不惑,仁者不忧,勇者不惧"。⑤ "樊迟问仁,子曰:居处恭,执事敬,与人忠。虽之狄夷,不可弃也"。⑥ "子路问君子,子曰:修己以敬。曰:如斯而已乎?曰:修己以安人。曰:如斯而已乎?曰:修己以安百姓。修己以安百姓,尧舜其犹病"。

(二)"礼"性

在具体德目排序上,荀子不同意孟子的见解,他特别强调礼的重要,并以礼为"道德之极",将礼与仁、义并举。在《荀子·大略》、《荀子·礼论》中,他指出:"礼之于正国家也,如权衡之于轻重也,如绳墨之于曲直也。故人无礼不生,事无礼不成,国家无礼不宁。君臣不得不尊,父子不得不亲,兄弟不得不顺,夫妇不得不欢。少者以长,老者以养。故天地生之,圣人成之。"⑦ "礼者,人道之极也"。⑧ 类似这些论述,都鲜明地突出了"礼"对于人们立身做人、对于国家稳定发展的重要作用。除"礼"之外,荀子比较注重"诚"德的坚守(所谓"致诚"),在《荀子·不苟》中,他说道:"君子养心莫善于诚,至诚则无它事矣。唯仁之为守,唯义之为行。诚心守仁则形,形则神,神则能化矣。诚心行义则理,理则明,明则能变矣。……夫此有常,以至其诚者也。"⑨ 把"致诚"作为修身的原则,这对于启迪人们在修身中坚持"慎独",严于律己,无疑具有其特殊意义。总的而言,荀子所倡扬的德目虽有所侧重,但其提出的个人品德修养内容并未出孟子左右。至汉朝董仲舒,"三纲五常"成为统治阶级道德的基本公式,个人品德的修养亦在此范围内进行,所谓"三纲"即"君为臣纲、父为子纲、夫为妻纲"。所谓"五常"即"仁、义、礼、智、信"。后来韩愈、程颐、朱熹等都从不同程度上肯定并认

---

①④⑤⑥ 来可泓:《论语直解》,复旦大学出版社,1996年。
②③ 徐洪兴:《孟子直解》,复旦大学出版社,2004年。
⑦⑧⑨ 章诗同:《荀子简注》,上海人民出版社,1974年。

可了"仁、义、礼、智、信"作为社会的基本道德原则,这些道德规范流传至今,对中国人的社会生活和思想行为产生了极为深远的影响。

(三)"序"性

孟子继承孔子,在《孟子·梁惠王上》、《孟子·滕文公上》、《孟子·告子上》等著作中,首次明确提出道德的序列。他分别说道:"王如施仁政于民,省刑罚,薄赋税,深耕易耨。壮者以暇日修其孝悌忠信,入以事其父兄,出以事其长上,可使制梃以挞秦楚之坚甲利兵矣。"① "人之有道也,饱食暖衣,逸居而无教,则近于禽兽。圣人有忧之,使契为司徒,教以人伦:父子有亲,君臣有义,夫妇有别,长幼有序,朋友有信。"② "恻隐之心,人皆有之;羞恶之心,人皆有之;恭敬之心,人皆有之;是非之心,人皆有之。恻隐之心,仁也;羞恶之心,义也;恭敬之心,礼也;是非之心,智也。仁义礼智,非由外铄我也,我固有之也,弗思耳矣。"③张岱年先生曾将此概括为三个序列:"一、孝悌忠信;二、五伦;三、仁义礼智。""孝悌忠信"是初步的道德;"仁义礼智"是主要道德原则;五伦则是就人与人之间的关系来讲的。④

三、品质构成

(一)"知"品

"知",即道德知识的学习。孔子认为,道德品质的形成首先在于道德知识和道德规范的学习。在《论语》开篇《学而》中,他就鲜明提出"弗学何以行","盖有不知而作者,我无是也"。⑤ 显然,与同时代的亚里士多德注重"知识即美德"一样,孔子也十分强调道德知识的重要性,他将"学"作为做"君子"和自立的先决条件和个人得以立身社会的基础。他认为离开了基础的道德认识,是不可能形成优良的个人品德的。在这个意义上他曾说过"笃信好学,死守善道"。⑥而"学"什么呢?孔子认为要学"道"、知"道"、适"道"。他说:"君子学以致其道",⑦ "君子谋道不谋食","君子忧道不忧贫",⑧ "朝闻道,夕死可矣"。⑨这里的"道"就是对道德知识、道德规范的学习,只有学"道"、适"道",才能做到"知者不困"。孟子也十分重视道德知识和规范的学习,他说"学则三代共之,皆所以明人伦也"。⑩明确指出学习的目的就在于明人伦、通礼义。荀子专门作《劝学篇》,在开篇首句便点名了道德学习的重要性和持续性:"学不可以已。"⑪

---

①②③⑩ 徐洪兴:《孟子直解》,复旦大学出版社,2004年。
④ 张岱年:《中国伦理思想研究》,江苏教育出版社,2005年。
⑤⑥⑦⑧⑨ 来可泓:《论语直解》,复旦大学出版社,1996年。
⑪ 章诗同:《荀子简注》,上海人民出版社,1974年。

(二)"情"品

"情",即道德情感的培养。"道德情感是人们按照一定社会的道德原则、规范去理解、评价周围人和事时产生的一种情绪体验,它对个人品德的形成、发展起催化、强化的作用,是加强道德认识、坚定道德信念、锤炼道德意志的催化剂,是道德行为的推动力"。① 孔子十分重视道德情感及其教育培养,在《论语·泰伯》中,他说道:"兴于诗,立于礼,成于乐。"② "兴于诗"意思是说诗可以激发道德情感,"成于乐"是说音乐可以陶冶道德情操。同样,荀子也特别重视音乐教育对于个人品德培养的作用,他认为音乐不仅可以抒发人的感情,陶冶情操,而且可以改善人际关系,纯化社会风气。

(三)"意"品

"意",即道德意志的锻炼。一般而言,道德意志是人们在践履道德原则和规范的过程中表现出的自觉克服一切困难和障碍的毅力。道德意志是促使个体品德行为反复出现并能持之以恒的精神力量。孔子在《论语·卫灵公》中曾提到,"知及之,仁不能守之,虽得之,必失之"③,其意是说即便认识了"仁"这一道德规范,如果不能守住并保持它,即使认识了也会丧失。换句话说,道德规范只有由道德认识转化为道德信念,才能对道德行为发生指导和约束作用。因此,必须注重道德意志的锻炼,这一点孟子亦有着十分深刻的认识,"天将降大任于斯人也,必先苦其心志,劳其筋骨,饿其体肤,空乏其身,行拂乱其所为,所以动心忍性,曾益其所不能"。④ 只有加强道德意志的锻炼,才有可能把人培养成为"富贵不能淫,贫贱不能移,威武不能屈"的人。⑤ 荀子也指出,个人在修身过程中,不应因外在环境的变化而改变自身持守的道德意志。

(四)"行"品

"行",即道德行为的践履。道德行为是人们在一定的道德认识、情感和意志的支配下,在实践活动中履行一定的道德原则、规范的实际行动。道德行为的形成和长期履行是个人品德形成的关键阶段和重要标志,道德知识学习、道德情感培养、道德意志锻炼只有转化为个人长期自觉的道德行为和道德习惯,个人品德才得以真正实现。孔子十分注重"行"。在《论语·学而》中,他说:"弟子入则孝,出则悌,谨而信,泛爱众,而亲仁。行有余力,则以学文。"⑥ 又说"君子耻其言而过其行","君子欲讷于言而敏于行","古者言之

---

① 刘祎:《试论儒家德育过程论思想》,《新疆社会科学》,2006年第2期。
②③⑥ 来可泓:《论语直解》,复旦大学出版社,1996年。
④⑤ 徐洪兴:《孟子直解》,复旦大学出版社,2004年。

不出，耻躬之不逮也"。① 在他看来，道德并非空谈虚言，它首先是实际行动。孝敬父母、尊敬兄长、谨慎守信、爱人亲仁，这些实际行为就是道德的具体体现。他认为一个人要言行一致，这是个人品德的基本要求，"始吾于人也，听其言而信其行；今吾于人也，听其言而观其行"。② 之后，《荀子·儒效》作了进一步发挥，"不闻不若闻之，闻之不若见之，见之不若知之，知之不若行之"。③

在古代，遵循道德原则而行动，谓之"身体力行"，谓之"躬行实践"。"身体力行"意谓在个体身上体现道德原则，"躬行实践"意谓将道德原则在生活中实现出来。

四、品质养成

（一）学与思

个人品德的培养首先离不开道德规范的学习。不学习，便不懂得为人的规矩（"道"），也就不懂得善恶是非。因而道德学习构成了修身的基础。孔子非常强调道德学习的重要性，在《论语·阳货》中，他提出："好仁不好学，起蔽也愚；好知不好学，其蔽也荡；好信不好学，其蔽也贼；好直不好学，其蔽也绞；好勇不好学，其蔽也乱；好刚不好学，其蔽也狂。"④ 显然，在他看来，一个人如果爱好仁义却不好好学习，那么他会容易被人愚弄；如果爱耍点小聪明却不知道好好学习，那么他会轻浮而无根基；如果讲信用却不好好学习，那么他会容易被人利用反而伤害自己；如果性格耿直而不好好学习，那么他说话会尖刻而刺痛别人；如果性子勇猛却不知好好学习，那么他容易作乱闯祸；同样，如果性格刚烈而不善于学习，那么这种人就容易莽撞妄为。孔子所指的"学"，一则是要学文，即学习书本知识和古代典籍，包括诗、书、礼、乐、春秋。六经是孔子培养学生的主要教材。二则是要向别人学习。他的弟子子贡说，孔子没有固定的老师，凡是有一技之长的人，无论长幼，都可以做他的老师。孔子说："多闻，择其善者而从之，多见而识之"（《论语·述而》）。孔子认为，在他的周围，没有生而知之的"上智"，包括他本人也不是，都必须通过学习方可获得知识。关于学而不厌，孔子认为应有坚强的意志，持之以恒，不能半途而废，见异思迁，要有长远及宏大的目标，以维持学习的热情。另外，还要有健康的体魄，不断调节情绪，连接或更新对学习的兴趣。朱熹一生饱览群书，他认为学习要专，兼取从善，不贪多，虚心平气，不可有先入之

---

①②④　来可泓：《论语直解》，复旦大学出版社，1996年。
③　章诗同：《荀子简注》，上海人民出版社，1974年。

第四章 儒家的品质观与创业者素质管理

见,要熟读精思,耐烦辛苦,循序渐进。①

在学习道德知识基础上,孔子指出个体需要慎思,才能达到"极高明而道中庸"的君子境界。因而他说:"君子有九思:视思明,听思聪,色思温,貌思恭,言思忠,事思敬,疑思问,忿思难,见得思义。"② 其意为,君子有九种要思考的事:看的时候,要思考看清与否;听的时候,要思考是否听清楚;自己的脸色,要思考是否温和;容貌要思考是否谦恭;言谈的时候,要思考是否忠诚;办事要思考是否谨慎严肃;遇到疑问,要思考是否应该向别人询问;愤怒时,要思考是否有后患;获取财利时,要思考是否合乎道义准则。

(二)自省

在个人品德的形成上,儒家不但强调博学,由于担心博而杂,所以还强调自省,以防读书太多而消化不良。所以"子曰:'君子博学于文,约之以礼,亦可以弗畔夫?'"意思是,孔子说:"君子广泛地学习文化知识,并且用礼来约束自己,也就可以不离经叛道了啊!"就是博学要有所约束而不是漫无目的,否则会茫然而不知所措,甚至走向邪路。《荀子劝学》也说:"木直中绳,以为轮,其曲中规,虽有槁暴,不复挺者,使之然也。故木受绳则直,金就砺则利,君子博学而日参省乎己,则知明而无过矣。"可见在学习过程中要注意对所学知识进行有效的整理与领悟,要经常对所学进行自省,去其粗而取其精,使之融入自己的知识框架之内,能为我所用。

自省是指从思想意识、情感态度、言论行动等各个方面去深刻认识自己、剖析自己。从而及时发现和改正自己的缺点、错误,提高自己遵守道德准则和规范的自觉性。《论语·学而》中有:"吾日三省吾身:为人谋而不忠乎?与朋友交而不信乎?传不习乎?"③《论语·里仁》有:"见贤而思齐焉,见不贤而内自省也"。④在孔子看来,自省就是反观自身的精神性反思活动。倘若只有学习,而没有联系自身品行的反省,这样无助于个人品德的提升。对此,孟子也说:"万物皆备于我矣,反身而诚,乐莫大焉。"⑤ 这里的"诚"也就是反省自责而达到为己之善。子曰:"学而不思则罔,思而不学则殆。"这是孔子对"学"与"思"关系的最好写照。

"自省"的最高境界可视为"慎独"。"慎独"是中国伦理思想史上一个古老的、特有的修养方法,是儒家对个人内心深处比较隐蔽的意识、情绪进行管理和自律的一种修养方式。最早见于《礼记·中庸》:"道也者,不可须臾

---

① 陈国庆:《中华儒家精神》,西北大学出版社,1999年。
②③④ 来可泓:《论语直解》,复旦大学出版社,1996年。
⑤ 徐洪兴:《孟子直解》,复旦大学出版社,2004年。

离也，可离非道也。是故君子戒慎乎其所不睹，恐惧乎其所不闻。莫见乎隐，莫显乎微，故君子慎其独也。"① 其意为，"道"是不可以片刻离开，那就不是"道"了。因此，有德行的人就是在别人眼睛看不到的地方，也是谨慎检点，就是在别人耳朵听不到的地方，也是怀着恐惧心理而加以注意。没有比处在幽暗之中更为显著的，没有比置于细微之处更为明显。所以君子在一个人独处的时候要十分谨慎。"慎独"，就是指在独处无人注意的情况下，自觉按一定的政治、道德准则思考行动而不做坏事，在无人监督时切不可放松道德要求。在此，"慎独"强调的是道德主体内心信念的作用，体现了严格要求自己的道德自律的精神，指出了一个人自觉实践道德行为的意义。② 如果说，自省还是通过外在规范来约束个体行为，那么慎独则是依靠主体的道德自觉性来达到"随心所欲不逾矩"的目的。

　　自省能够认识自己的无知。对于创业者，可能会陶醉于自我的成功及独特之处，因而不会有真正的反省。"希腊哲学之父"苏格拉底是个人格极其高迈的人。公元前399年，他被雅典人以渎神和危害青年等罪名判处死刑。在判决前的法庭申辩中，他当着许多听众讲述了这样一个故事：有一次苏格拉底的朋友凯勒丰来到了雅典的德尔斐神庙，这是一个雅典人供奉太阳神阿波罗的地方，凯勒丰问神一个问题："世界上有没有比苏格拉底更有智慧的人？"神庙里的女祭司告诉他：没有。他把这个答复告诉了苏格拉底，苏格拉底百思不得其解，因为他明明知道自己并不是什么最有智慧的人啊！他也知道，在很多领域都有人超过了他。那么，究竟为什么神会说苏格拉底是最有智慧的人呢？为了得到这个问题的答案，苏格拉底遍地寻访，求教于那些被公认为很有智慧的名流。结果却令苏格拉底大失所望，因为他发现这些人虽然一方面确实在一些重要领域超过了苏格拉底，但是另一方面却多半认识不到自己的局限性，他们往往会因为自己某个方面的成就而误以为自己无所不通、无所不能。最后，经过多番思考，苏格拉底很沮丧地得出：如果"苏格拉底最有智慧"的神谕正确的话，那么只有一种可能，那就是：在神面前，苏格拉底与那些名流贤达同样的无知，区别仅在于：苏格拉底承认自己无知，而后者却不承认。所以苏格拉底强调，真正的神谕应该是，"人们啦……发现自己的智慧真正说来毫无价值，那就是你们中间最智慧的了"。"认识你自己"，早已成为苏格拉底的一句名言。甚至到临死前，苏格拉底也不忘利用一次机会教育人们，不要妄自尊大，要学会认识自己的无知。苏格拉底自己说，他的母亲是个助产婆，他就是一个精神

---

①　朱熹：《四书》，中华书局，1983年。
②　王易、刘致丞：《试析儒家的个人品德养成论》，《道德与文明》，2009年第5期。

上的助产士，帮助别人产生他们的思想。能够大胆承认自己的无知，有时确实非常艰难。特别是日常生活中，有时候，我们不知不觉中已经习惯于认为自己是世界上最独特的，自己就是比别人强。尽管身边的人未必都承认自己，但是我们内心里并不服气。有些人以一技之长而傲视他人，有些人因容貌姣好而小看同侪；有些人以家庭背景自我标榜，有些人自认为潜力巨大而过于自信；有些人靠耍小聪明而自以为是，有些人因小有成就而刚愎自用……

《后汉书·杨震传》记载了一则"暮夜无知"的故事：杨震被任命为东莱太守，赴任时途经昌邑，他曾经举荐王密为昌邑县令，王密感激杨震过去举荐之恩，晚上拜谒时送他十斤黄金，说"黑夜无人知道"。杨震严词拒绝，可算是"慎独"的范例。吕坤从这则故事引出一条人生教训："'暮夜无知'，此四字百恶之总根了。大奸大盗，皆自无知之念充之。"

下面是奥古斯丁在《忏悔录》中的自省文字："我愿回忆我过去的污秽和我灵魂的纵情肉欲，并非因为我流连以往，而是为了爱你，我的天父。因为我喜爱你的爱，才这样做：怀着满腔辛酸，追溯我最险恶的经历，为了享受你的甘饴，这甘饴不是欺人的甘饴，而是幸福可靠的甘饴；为了请你收束这支放矢的我、因背弃了独一无二的你而散失于许多事物中的我。我青年时一度狂热地渴求以地狱的快乐为满足，滋长着各式各样的黑暗恋爱，我的美丽凋谢了，我在你面前不过是腐臭，而我却沾沾自喜，并力求取悦于人。"

（三）知与行

在中国哲学中，认识和实践的关系表述为知与行的关系。其主要观点有：行先于知，由行致知；知之明也，因知进行；以行验知，以行证知；知行并进，相资为用。中国传统哲学中的知行观由于受当时的社会条件的限制，难免带有历史的局限性。知行观是中国古代哲学史上别具特色的问题之一。宋明以来，它以个人为主体，主要围绕着知行的先后、分合、轻重、难易展开讨论，这可以看作中国古代知行观的范式。王夫之穷尽了这一范式的发展余地，成为中国古代知行观的集大成者，在王夫之知行观的抽象理论中包含着封建主义的思想内容。知行观是宋明理学的一个重要内容。朱熹知行观强调知难行易、知先行后，与传统知行观形成鲜明对比。明代王守仁首先在理论上反对传统知行观中对知行分先后轻重，而提出了知行合一的理论。

伟大革命的先行者孙中山结合自己的革命实践，从时代要求出发，独树一帜提出了"知难易行"说。孙中山的知行学说首先应当从他对知与行的界定入手，他对知识的来源、人类认识发展过程等一系列问题的合理见解，其基本倾向是唯物主义的。把知行难易之序倒转过来，把他的知难行易建立在行先后知的基础上。明确地以行先后知论证知难易行，把科学的观察、实验和资产阶级的革命实践当作人事论的基础，指出人类的认识是在"以行二求知，因知以进行"、"行其所不知以至其知"的过程中不断前进。这个命题的提出说明他在知识的来源问题上，不仅认识到"先有事实，后与言论"，主观认识和言论是对客观事实的反应，而且认识到主体是通过行，即通过自身作用于客体的活动去反映客体的。在他看来只有通过行的检验，才能知道知是否正确。这说明孙中山已经初步认识到行是检验真理的标准，行是认识的目的。他十分重视直接经验，强调间接经验，承认知对行的反作用。这就使他的知行观具有能动的反应的某些特点。

知与行是儒家个人品德培养的重要特征。《论语》开宗明义第一句话就是："子曰：学而时习之，不亦说（悦）乎？"① "时习"即经常练习、经常实践的意思。"子曰：'君子耻其言而过其行'"（《论语·宪问》）。其意为，孔子说："君子已说过的话却不能做到——言过其行为耻。"《中庸》有"力行近乎仁"，同样也是强调道德实践的重要性，强调道德学问不是外在的知识，道德学问必须与道德实践相结合，与自身为人处世相结合，才是真学问。孔子讲求知行相符，反对言过其行。类似的还有"其言之不怍，则为之也难"，认为行动比说要难得多。《论语·里仁》："古者言之不出，耻躬之不逮也，"认为做不到的事情要慎言。《礼记·杂记》："有其言，无其行，君子耻之。"孔子一贯重"行"，他明确主张对人的道德评价必须兼顾"言"和"行"两方面并更注重后者："始吾于人也，听其言而信其行；今吾于人也，听其言而观其行。"②

"行"比"知"往往更难，做到知行合一并非易事。《中庸》记载孔子所说："君子之道四，丘未能一焉；所求乎子以事父，未能也；所求乎臣以事君，未能也；所求乎弟以事兄，未能也；所求乎朋友先施之，未能也。庸德之行，庸言之谨，有所不足，不敢不勉，有余不敢尽。言顾行，行顾言，君子胡不慥慥尔！"陆游在《冬夜读书示子聿》这首诗中写道："古人学问无遗力，少壮工夫老始成。纸上得来终觉浅，绝知此事要躬行。"因此，儒家对"行"更为关注。孔子教人注重实践。子曰："文，莫吾犹人也。躬行君子，则吾未之有得。"可见孔子十分重视学问的躬行。孟子继承和发扬孔子的"力行"思想，强调要想获得卓越的才能，形成完善的人格，必须自觉地接受各种严酷环境的磨炼和艰难挫折的考验。同时他认为理想人格的造就全在将自己的天赋善性推己及人。同样，荀子提出了"学至于行之而止矣"的重要命题，认为"学"的最终目的在于"行"。同时，荀子在《儒效篇》中说："不闻不若闻

---

①② 来可泓：《论语直解》，复旦大学出版社，1996年。

之,闻之不若见之,见之不若知之,知之不若行之。学至于行之而止矣。行之,明也。"

"知行合一"这个理念是由明代王阳明首先明确提出的。"知行合一"也是孔子教学的首要标准,孔子一再教导弟子们说:明白了道理而且能够做到,那才是满心喜悦的事情。"知行合一"中的"知"不是知识与智慧之意,而是指良知,或引申为反思。良知指引行为,在行动中反思,在反思中行动。对于创业而言,"知行合一"面临两种情形与两种进展方法,其一为创业目标明确;其二为创业方向不明晰。如果创业方向明晰且创业目标明确,那么就该挑战创业目标。如果创业方向不明晰,那么应该在创业学习过程中求进展,也就是在创业行动中反思,在创业反思中行动。哥伦布是知行合一的典范。当时,地圆说已经很盛行,哥伦布也深信不疑。他先后向葡萄牙、西班牙、英国、法国等国国王请求资助,以实现他向西航行到达东方国家的计划,都遭拒绝。一方面,地圆说的理论尚不十分完备,许多人不相信,把哥伦布看成江湖骗子。另一方面,西方国家对东方物质财富需求有传统的丝绸、瓷器、茶叶。这些商品主要经传统的海、陆联运商路运输。经营这些商品的既得利益集团也极力反对哥伦布开辟新航路的计划。哥伦布为实现自己的计划,到处游说了十几年。直到1492年,西班牙王后慧眼识英雄,她说服了国王,甚至要拿出自己的私房钱资助哥伦布,使哥伦布的计划才得以实施。1492年8月3日,哥伦布受西班牙国王派遣,带着给印度君主和中国皇帝的国书,率领三艘百十来吨的帆船,从西班牙巴罗斯港扬帆出大西洋,直向正西航去。经七十昼夜的艰苦航行,1492年10月12日凌晨终于发现了陆地,但哥伦布以为到达了印度。1493年3月15日,哥伦布回到西班牙,又登上了美洲的许多海岸。直到1506年逝世,他还一直认为他到达的是印度。后来,一个叫亚美利哥的意大利学者,经过更多的考察,才知道哥伦布到达的这些地方不是印度,而是一个原来不为人知的新的大陆。哥伦布说过:即使是简单的事也需要有人去发现,去证实。站在后面指手画脚是无用的,关键在于创新。

(四)由己推人

正己正人,是指端正自己的思想品德,才能端正别人的思想品德。推己及人,是由自己想到别人。孔子说:"躬自厚而薄责于人,""其身正,不令而行,其身不正,虽令不从。"孟子也说:"行有不得者反求诸己,""其身正而天下归之。"这些话都表明要严于律己、宽以待人,端正自己的思想品德。

儒家的个人品德修养学说显然没有停留于内省慎独道德修养的基础层面,它进一步要求"推己及人",在社会关系中通过人际互动形成个人品德。孔子曾说:"鸟兽不可与同群,吾非斯人之徒与?而谁与?"① 在《论语·宪问》中,他明确表达了修身并非洁身自好和独善其身这一形式,而是"修己以敬"、"修己以安人"、"修己以安百姓"。② 而道德德目,如孝、悌、慈、忠、信、义、亲等,都要在君臣、父子、夫妻、朋友等关系中才能体现。这便也是孔子"仁者爱人"的精髓。为贯彻"仁者爱人",儒家有两大修养方法:"忠恕之道"的推己及人法和"中庸之道"的贵中尚和法。

  儒家提倡"忠恕之道"的推己及人法,以此在社会活动中以"忠恕之道"去实现"爱人"。所谓忠,就是"己欲立而立人,己欲达而达人"。这表现为尽己、尽力而为,一个人做事,要有认真负责的态度,尽职尽责、尽心尽力。生活中常说"受人之托,忠人之事",即别人托你办的事,你要尽力去办。所谓恕,就是"己所不欲,勿施于人"。实行"忠恕之道"要求人们必须具有仁爱和奉献之心,是由自己想到别人,自己不愿做的事不要强加于别人。如果一个人没有一点仁爱、奉献之心,那他就不会去"立人"、"达人";而"立人"、"达人"的过程,又是强化仁爱与奉献之心的过程。同时,实行"忠恕之道",必须将心比心,推己及人,善于体验自己的情感和需要,并在此基础上去理解他人的情感和需要,以免做出有损他人之举。孟子的"举斯心加诸彼"和"老吾老以及人之老,幼吾幼以及人之幼"就是实行"忠恕之道"的心理换位法的典例。

  "中庸之道"是儒家的重要道德原则,也是个人品德培养的重要方法。《中庸》载:"喜怒哀乐之未发,谓之中;发而皆中节,谓之和。中也者,天下之大本也;和也者,天下之达道也。致中和,天地位焉,万物育焉。"③ 它的基本要求是人们的道德行为必须保持在一定的范围内,要适度,恰到好处,使各方面能各得其所,不能片面,走极端,否则,善意也会成恶果,有损仁德的实现。

第二节

创业者素质

一、创业者

  在美国传统词典里,创业者被定义为组织"管理一个生意或企业并承担其风险的人",其有两个基本含义,一是指企业家;二是指创始人。在欧美国

---

①② 来可泓:《论语直解》,复旦大学出版社,1996年。
③ 朱熹:《四书》,中华书局,1983年。

第四章 儒家的品质观与创业者素质管理

家,一些学者把创业者定义为组织和管理一家企业并承担企业风险责任的人。创业者一词最初是法国经济学家 Cantillon 第一次引入经济学。1800 年,法国经济学家萨伊将创业者描述为将经济资源从生产率较低的区域转移到生产率较高区域的人,并认为创业者是经济活动过程中的代理人。著名经济学家熊彼特却认为创业者应该是创新者。① Knight 赋予创业者不确定性决策者的角色,认为创业者要承担由于创业的不确定性所带来的风险;② 近年来,专家学者对创业者素质特征有了更进一步的认识,Deakins 和 Freel 认为创业者是企业资源和生产要素的组织者,他们是经济产生变革的催化剂;③ 德鲁克所关注的创业者是那些具有决策能力和创业精神的人,并指出这种能力和精神是可以学习和培养的。在随后的研究中,Westhead 和 Wright 把创业者分为初级创业者、连续创业者和高级创业者,并对他们的特征进行比较研究。结果表明,连续创业者和高级创业者在初次创业的年龄、个人背景和工作经历上都有明显不同。同时,不同类型的创业者在创业的原因、创业动机和态度,以及融资资源上也有很大区别。

Markman 和 Robert 认为,自我感知能力、识别机会能力、坚定不移的意志、丰富的人力和社会资本以及出众的社会技能是影响创业者的关键因素。④ 此外,还有学者探讨了创业者的胜任力,如 Chandler 首次提出了"创业胜任力"的概念,并把它看作创业的核心能力。⑤

总的来看,国内外学者对创业者的界定各异,如表 4-1 所示。

表 4-1 创业者概念界定

概念名称	代表人物	定义描述
创业者	Cantillon	按照固定价格购买和按照不确定价格出售的风险承担者
	Knight	赋予了创业者不确定性决策者的角色,认为创业者要承担由于创业的不确定性所带来的风险
	Schumpeter	创业者(企业家)是创新者、经济变革和发展的行动者
	Kirzner	具有一般人所不具有的、能够敏锐地发现市场获利机会的有洞察力的人
	Karson	专门就稀缺资源的配置做出判断性决策的人

---

① 约瑟夫·熊彼特:《经济发展理论》(中译本),商务印书馆,1990 年。
② Knight, F. Risk, Uncertainty and Profit [M]. Cambridge: Houghton College, 1921.
③ Deakins, D., M. Freel. Entrepreneurship and Small Firms [M]. CA: McGraw Hill, 2009.
④ Markman, Gideon D., A. Robert. Baron1 Person-entrepr Eneurship Fit: Why Some People Are More Successful as Entrepreneurs than others [J]. Human Resource Management Review, 2003 (13).
⑤ Chandler, G. N., S. H. Hanks. Founder Competence, the Environment, and Venture Performance [J]. Entrepreneurship Theory and Practic, 1994, 18 (3).

管理学主要从职能角度分析创业者的素质,如 Adam 和 Chell 认为创业者应具备在商业战略、营销战略、财务战略以及人力资源等职能领域的管理能力,且每个领域内由个人特质、知识和技能所构成的能力各不相同。Hunter 运用行为事件访谈法和扎根理论,识别并归纳了家族企业创业者必需的六种行为能力。心理学则主要从创业者的个性特征和心理特征来研究创业现象。McClelland 从成就动机理论出发,认为成就需要是创业者的关键心理特征。Kirzner 提出创业者具有一般人所不具有的,能够敏锐发现市场获得机会的"敏感"。Chen 等以潜在创业者(Would-be Entrepreneur)为对象,构建了创业自我效能结构,认为创业自我效能体现在五个维度:市场、创新、管理、风险承受、财务控制。

通常,创业者是指某个人发现某种信息、资源、机会或掌握某种技术,利用或借用相应的平台或载体,将其发现的信息、资源、机会或掌握的技术,以一定的方式,转化并创造出更多的财富以及价值,从而实现某种追求或目标的过程的人。创业者是一种主导劳动方式的领导人。

当前,国内外的学者将创业者的定义分为狭义和广义两种。狭义的创业者是指参与创业活动的核心人员。广义的创业者是指参与创业活动的全部人员。在创业过程中,狭义的创业者将比广义的创业者承担更多的风险,同时也会获得更多的收益。创业者的创业活动主要包括以下五种形式:个体创业、公司(企业)创业、管理层收购或换购、特许经营和家族企业继承。

创业是指发现、创造和利用适当的创业机会,借助有效的商业模式组合生产要素,创立新的事业,以获得新的商业成功的过程或活动。创业有广义和狭义之分。狭义的创业是指创业者的生产经营活动,主要是开创个体和家庭的小业。广义的创业是指创业者的各项创业实践活动。因此看来,创业者不仅仅涉及商业领域,相反,人们从事的各项事业都有创业者。家业、职业、商业等各个领域,企业、机关、团体等各个组织,都有形式各异的创业者。

二、创业者素质

舒尔茨的人力资本理论认为在影响经济发展诸因素中,人的因素是最关键的,经济发展主要取决于人的质量的提高,而不是自然资源的丰瘠或资本的多寡。创业是创业者以其自身独特的素质感知创业机会后的资源整合行为,进而通过创造新颖的产品或服务实现其价值的过程。人是创业成功的第一要素,创业者在创业过程中发挥核心作用,但其本身却是一个素质集合的概念。创业素质作为一种关键竞争力,可以通过后天的学习来培养和塑造,因而,创业者要获得成功，必须具有较高的素质。创业者的行为取决于个人素质特征。① 创业者是创业企业的灵魂，创业者的素质决定着创业企业的生存和成长。

素质是人完成一定活动与任务所具备的基本条件和特点，是行为的基础和根本因素，一般包括生理素质和心理素质两方面。素质这一概念最早出现在1973年美国著名心理学家McClelland的文章 Testing Competence rather than Intelligence 中，他认为传统的性向测验和知识测验并不能预测一个人在工作中一定会取得成功，为此，他试图研究哪些因素能够预测员工素质，从而提高员工的工作绩效。创业者素质是成功创业重要的个性化特征，不具备一定素质就盲目创业，往往可能导致很高的失败率。

McClelland指出，创业者素质是指"能够将某一工作中表现优秀者与表现一般者区分开来的个体潜在的深层次特征"。②

全球创业管理教育和研究最著名的商学院——美国百森学院企业管理研究中心主任、著名管理学专家威廉·拜格雷夫认为优秀创业者的基本素质应包括十个"D"：梦想（Dream）、果断（Decisiveness）、实干（Doers）、决心（Determination）、奉献（Dedication）、热爱（Devotion）、周详（Details）、命运（Destiny）、金钱（Dollar）和分享（Distribute）。③ 曾获年度"美国俄亥俄州青年企业家"称号和"全美青年企业家奖"的美国创业家马丁·格伦德认为，成功创业者应该具备的素质是：选择一个爱好、制订一个目标、拿着薪水学习、与成功者为伍、相信自己、以己之长发财致富、敢于提问、不循规蹈矩、不墨守成规和努力工作等。④ 中外创业者素质之间存在着一定的差异，究其缘由，主要由中西方社会文化、价值观、教育理念等方面造成。⑤

我国学者对于创业者素质的研究还比较少。张鑫华在《创业第一步——超越北大清华》一书中对十三位创业者的创业过程进行了描述，他认为"自信、毅力、胆识和远见卓识是创业成功的最基本素质"。"这些创业家并非天才，他们也是普通的凡人，如果说他们与一般人有何显著不同的话，自信、恒心、远见就是核心所在"。我国《科学投资》（2003）在研究了国内上千例创业者案例后提出了"中国成功创业者十大素质"，它们分别是欲望、忍耐、眼

---

① Minittti, M., M. Levesque. Entrepreneurial Types and Economic Growth [J]. Journal of Business Venturing, 2010, 14 (3).

② Mcclelland, D. Testing for Competence rather than Intelligence [J]. American Psychologist, 1973 (5).

③ 文岗：《创业管理人》，石油工业出版社，2000年。

④ [美] 马丁·J. 格伦德：《成功企业家的9大素质》，中信出版社，2004年。

⑤ David, H. A Comparative Study of Values among Chinese and U. S. Entrepreneurs: Pragmatic Convergence between Contrasting Cultures [J]. Journal of BusinessVenturing, 1997, 11 (12).

界、明势、敏感、人脉、谋略、胆量、与他人分享的愿望、自我反省的能力。陈冠任、肖万华提出创业者应该具有以下素质：①时时刻刻在寻找机会，机会只留给有准备的人，时时刻刻准备自己，从而不断进取；②不安于现状，常常试图靠自己的努力来塑造将来；③不强调自己的偏好，常想市场所想，急顾客所急；④通晓人情，善于团结；⑤耐烦、执着，不轻言放弃。拥有良好的创业者素质是创业者成功的前提条件。还有的专家认为具备创业素质的人才应具有以下能力：创造力、学习能力、技术能力、解决问题能力、信息收集能力、敏锐的洞察力、研究和完成项目的能力、环境适应能力、献身精神。

郑美群和吴秀娟构建了创业者素质模型，如表4-2所示。

表4-2 创业者素质模型

特质	事业心		具有强烈自我实现的愿望、明确的生活目标和人生理想
	风险意识		具有冒险精神，敢于承担风险
	情绪稳定		在面对压力与挫折情境下保持情绪稳定，保持注意力和效率的能力
	自信		在面对面的情境下占据主动权的能力并且机智与老练
	诚信		忠诚正直，责任心强
知识	技术知识		行业发展技术知识和现代科技知识，特别是对现代计算机网络技术知识的掌握
	管理知识		企业战略、市场营销、人力资源管理、财务管理和生产运营等方面的知识
	其他知识		交叉学科知识等
能力	特殊能力	识别市场需求的能力	识别市场机会，发现市场需求
		整合组织资源的能力	构建人际网络或社会网络，获取和组织各种所需资源的能力
		迅速反应决策能力	对商业机会的快速反应，及时做出准确的决策能力
		业务扩展能力	发展业务、拓展经营、吸引投资的能力
	一般能力	团队合作能力	作为群体中的一名成员，与群体中的其他人一起协作完成任务，而不是单独地或采取竞争的方式从事工作
		学习能力	在工作过程中积极地获取与工作有关的信息和知识，并对获取的信息进行加工和理解，从而不断地更新自己的知识结构，提高自己的工作技能
		战略规划能力	对整个行业市场发展的宏观把握，为企业发展做出明确的、具有前瞻性规划的能力

能力	一般能力	人际沟通能力	了解他人的态度、兴趣、情绪、感觉、需求和观点,能够解释他人的非语言行为,了解他人行为的原因,知道如何鼓励他人等能力
		观察判断能力	个人对于问题的分析归纳、推理和判断等一系列认知能力
		影响能力	在与他人的交往中,影响和改变他人心理和行为的能力

综合看,创业者素质可概括为四个维度:①心理素质特征,主要包括坚持不懈的意志、富有责任心、独立自主、思维敏捷、自信以及冒险精神。②能力素质特征,主要包括创新能力、分析决策能力、预见机会的能力、管理能力、社交能力。③知识素质特征,包括国家法律关于创业的政策要求、科学的经营管理知识、本行业相关的科学技术知识、市场经济方面的知识。④身体素质特征,主要包括身体健康、体力充沛及精力旺盛等。①

第三节

儒家创业者道德素质管理

儒家认为,人的行为表现和社会风气可称为美。试看:"君子成人之美,不成为之恶;小人反是。"(《颜渊》)这里以美通于善,见人行善,则促成之。"尊五美,屏四恶"(《尧曰》),五美是指"惠而不费、劳而不怨、欲而不贪、泰而不骄、威而不猛"。这里的美指为政者的个人品德。孔子说:"礼之用,和为贵,先王之道斯为美。"(《学而》)"里仁为美"(《里仁》)这四个字更明显地把美等同于善,或者"以美为善之表现形式"。

一、仁礼合一

孟子曰:"仁者爱人,有礼者敬人。爱人者,人恒爱之。"(《孟子·离娄下》)"仁"是一个人的美德,是一个人的价值追求和道德追求,也是维持人类群体生存和发展的伦理准则。"仁则荣,不仁则辱,今恶辱而居不仁,是犹恶湿而居下也"(《孟子·公孙丑上》)。朱熹对于仁的解释为"人君为政在于得人,而取人之则又在修身。能修其身,则有君有臣,而政无不举矣"(朱熹《四书章句集注》)。唐朝著名儒学大师韩愈说:"将大其声,疾呼而望其仁之

---

① 白凯、李建玲:《国外关于创业者素质特征研究现状述评》,《中国青年研究》,2012年第4期。

也。"(《后十九日复上书》)仁作为儒家思想的最高准则,是孔子思想体系的理论核心。"礼"作为儒家品质观中另一个非常重要的品质,同样对于创业者来说是不可缺少的。儒家品质观中的"礼"不仅指礼貌、礼仪,也包含社会典章制度、社会秩序和人的行为规范的含义。孔子主张所有的人都要按照礼所制定的制度和规范行事,提出"非礼勿视,非礼勿听,非礼勿言,非礼勿动"(《论语·颜渊》)。荀子主张"礼法"兼用,但认为礼是根本,要先教化,后刑罚。他说:"礼者,治辨之极也,强国之本也"(《荀子·议兵》)。仁和礼是密不可分的,仁是人的内在修养,礼是仁的外在表现,仁与礼一内一外,相辅相成,共同促进创业者情感素质的发展,"一个人即使具有种种内在的美德,如果不用礼来调节和规范自己的行为,也会走向反面,甚至出现不文明的行为"。① 孔子强调仁礼合一,克己复礼为仁,就是说要克制自己的私欲,按照礼的规范行事,就符合仁的要求。

为何要讲"仁礼"?在孟子的思想体系中,修身被归为纯粹的精神体验,忽视了知性的重要性。孟子认为"仁义礼智,非由外铄我也,我固有之也,弗思耳矣"(《孟子·告子上》)。这当然与孟子"性善论"有关,但是孟子学说过于强调"求仁得仁"的心灵超越,忽视了孔子"学而时习之"的知识渴求,遂导致儒家修身之学与王道政治一并陷入神秘主义,故时时感叹"若夫成功,则天也"(《孟子·梁惠王下》)。荀子有鉴于此,一方面继承了儒家重人情的传统;另一方面大力宣扬学习的重要性,使修身之学更趋完善,而礼于其中发挥了巨大的作用。首先,荀子认为"礼以顺人心为本"(《大略》),而"顺人心"就是指礼应当是人的感情的表现。荀子论丧祭礼就主张:"礼者,谨于治生死者也。生,人之始也;死,人之终也。终始俱善,人道毕矣"(《礼论》)。礼是情感的寄托,是发自于内心的仁、义等情感的流露。但是孔子曾云:"质胜文则野,文胜质则史。文质彬彬,然后君子"(《论语·雍也》)。人的感情流露不当,容易表现为虚伪或粗野。荀子继承了孔子的理论,认为"两情者,人生而固有端焉。若夫断之续之,博之浅之,益之损之,类之尽之,盛之美之,使本末终始莫不顺比,足以为万世则,则是礼也"(《礼论》)。"礼者,以财物为用,以贵贱为文,以多少为异,以隆杀为要"(《礼论》),礼的作用在于对情感有所节制,使情感的流露或道德的表现趋于中庸,既不过于强烈又不落于消极,所谓"礼,节也,故成"(《大略》)。其次,荀子认为礼是学习得来的,所谓"君子生非异也,善假于物也"(《劝学》),"不闻先王之遗言,不知学问之大也"(《劝学》)。在一个礼治社会里,个体不明礼义

---

① 周立升、颜炳罡:《儒家文化与当代社会》,山东大学出版社,2002年。

第四章 儒家的品质观与创业者素质管理

将成为异类，与禽兽无异："为之，人也；舍之，禽兽也。"（《劝学》）礼不仅仅是某种仪式或规则，而且更进一步成为人禽之防。本就"性恶"的普通人只有学习礼义才能正身，才有向圣人迈进的可能，如果任性而为则必为社会所不容，也就成了刑法惩罚的对象。

乾隆年间，有一位比较出名的徽商名叫鲍志道，由于家道中落而转学会计，经过多年的打拼，最终成为一代富商，"他提倡的一舟溺，众舟助正是体现了仁的思想"，① 一方有难，八方支援，他虽然生活勤俭节约，但是乐于助人，修建公路，捐赠学校，他的这种行为也被世人称道。遥想当年，鲍志道怀揣一文钱出门经商，可以说一路备尝艰辛；在商场几十年摸爬滚打，辛酸的故事必不会少；徽商虽说荣耀，但夹缝中做人，岂能是容易的事？问题在于，不论处在何种情况，他始终能立于不败之地。这对于当代的创业者有很好的学习和借鉴意义。创业者在伦理道德素质管理当中不仅要有仁爱的思想，而且在社会上要乐于助人，建立良好的社会形象，无形中为企业增加财富。儒家的"仁者爱人"思想对于创业者来说就是要加强个人道德和情感修养，需要以"仁"作为标准检验、衡量自己的行为。不断地提升自己的情感素质，才能保证创业活动的顺利进行。创业者要仁礼之方来提高素质，就必须做到尊重他人以及以礼待人。

事实上，中国传统商业文明也把"仁"、"善"的要领贯彻到经商实践中，认为必须坚持方法与手段的合理性与合德行，才能使经商达到"至善"的目的。传统商业文明遵循儒学"仁者爱人"的理念，提倡商人致富之后，修桥、筑路、办学堂、建会馆，扶贫济困，热心社会公益事业。徽商的"贾而好儒"精神就是"仁爱"商业文明的体现之一。历史上很多徽商"雅好诗书"，而且还花费巨资"振兴文教"：或者兴建书屋，购买书籍，以重金延师课子；或者亲自督促子弟读书；或者兴办义学，教育本族子弟；更有甚者则兴建书院或捐资书院；也有资助本地本族子弟参加科考。重教兴学是徽商的一种风尚，这种风尚历经几百年，代代相传，经久不衰。

如今，人们常常提及"企业公民"，其内核实际上与传统商业文明"仁者爱人"相一致。因此，在现代商业社会，对于创业组织，一方面最大限度地提倡和保护企业的市场主体性、创造能力和创新精神；另一方面要提倡和促进追求利益最大化的市场主体与其他社会成员之间形成一个合理合法、和谐相处的共同体，把传统的商业文明发扬光大。

---

① 刘淼：《徽商鲍志道及其家室考述》，《江淮论坛》，1983年第4期。

二、义利合一

孔子曰："天下之于天下也，无适也，无莫也，义之与比。"（《论语·里仁》）"义"是儒家重要的道德规范之一，指人的思想和行为要符合一定的标准。"国不以利为利，以义为利也"（《大学》）。许多人认为儒家重义轻利，将义和利完全对立起来，只讲义不讲利。其实这种观点是非常笼统和片面的。孔子在论义时是与利相对应的，把义和利作为两种不同道德人格的追求。孔子曰"君子喻于义，小人喻于利"（《论语·里仁》）。他并不完全否定利，而是强调"取财有道"，在义的指导下求利"居利思义，在约思纯"（《左传·昭公二十八年》）。孟子则认为"苟为后义而先利，不夺不餍"（《孟子·梁惠王上》）。一方面，儒家十分注重和强调"义"，义主要强调人做事要讲究一个合理性；另一方面，儒家又十分重视和肯定"利"对人民生活的重要作用和意义，在思想体系上，儒家思想并不排斥人对自身利益的追逐，但强调自身利益要以"义"为前提。如时下国内乳制品行业对乳制品中掺进三聚氰胺，饲料中掺进三聚氰胺等事件就是不道德，不符合义的思想，此为见利忘义。其实现代社会的发展越来越注重民生、民权，所有的团体都要在义的基础上来实现利，否则，利必不能长久，反受其害。誉为日本"现代管理之父"的著名实业家涩泽荣一曾提出义利合一的经营理念。按照他的思想，义利合一就是"既承认谋利活动的正当性，又强调用儒家伦理来规范谋利的行为，实际上是以道德来确立商品经济的价值存在"。① 这种观点实质上与儒家的义利观是一脉相承的。

对于义利合一，商务印书馆的开创者张元济有很好地理解，张元济创办商务印书馆，不是单纯地为了出书，而是旨在创办一个能够提高全民族素质的"大学校"。他更多地注重商务的社会效益，而对其商业利益往往略而不谈。商务印书馆走着振兴中华、服务社会的路线，得到了社会大众的认可，从而使其在百年的激烈竞争中屹立不倒。"这种文化与商业并重的经营模式，不仅兼顾社会效益，而且追求经济利润，实现了义利合一"。② 凡是功勋卓著、业绩辉煌的创业者，都非常注重"义"在创业行为中的作用和效果。创业者在义和利中合理取舍，显示出一个创业者的法律意识素质。创业者为了生存，非有利润不可。但是，太偏执于财利，到头来心智被蒙蔽，终至被社会、大众抛弃，可见"义"对规范创业者行为，提高创业者形象攸关重要。义重在分予，利重在取得。

---

① 涩泽荣一著：《论语与算盘》，九州出版社，1994年。
② 赵建国、义利合一：《商务印书馆的出版理念和实践》，《五邑大学学报》（社会科学版），2010年第1期。

毋庸置疑，创业以盈利为目的，并争取利润最大化。因为只有如此，才能激发创业者开拓进取、承担风险、推陈出新，努力创造出更多的财富。这里的问题是如何赚钱？孔子说："富与贵是人之所欲也，不以其道得之不处也；贫与贱，是人之所恶也，不以其道得之不去也"（《论语·里仁》）。这就是说，必须用正当的手段，取得正当的利润，或者必须是"义利并重"、"合义取利"，通过勤俭致富、智慧致富、信誉致富、互利致富等。在"义"和"利"不可兼得时，要舍"利"而取"义"。

儒家不仅提倡以正当的手段赚钱，还倡导有了钱要"经世济民"、"乐善好施"、"为富而仁"。中国战国时期的儒商范蠡"十九年中，三致千金"。屡聚屡散，散给了贫穷者，送给了国家。司马迁称赞他"富好行其德者也"。为商人树立了一个"为富而仁"的榜样，人们尊称他为"陶朱公"。中国近代和现代，侨商陈嘉庚、胡文虎将经商所赚之钱用于办教育和社会福利，堪称典范。新儒商应既有赚钱的目标，更有实现自我人生价值的目标，正如南京一位"下海"的教授所说："做人要顶天立地，济世当富国强民。"他们把自己的命运和社会的发展进步，国家、人民的富强紧紧连在一起，他们认为"取之社会、用之社会"是顺理成章，他们真正是中华民族的脊梁！

利润不是衡量一个成功的创业者成功与否的惟一指标，儒家思想在个人修养上强调修身、齐家、治国、平天下，创业者要具备良好义利观。创业者在创业过程中一定要坚持把国家富强、民族振兴、人民幸福作为自己的义利观，自觉按党的路线、方针、政策办事，自觉地遵守国家的相关法律政策来开展创业活动。创业者与员工的义利关系。创业者应当用正确的物质激励和精神激励来调动员工的积极性，不能一味地剥削、榨取员工的利益。

三、诚实守信

子曰："人而无信，不知其可也，大车无輗，小车无軏，其何以行之哉？"（《论语·为政》）诚信在《论语》解释道："自古皆有死，人无信不立"（《论语·颜渊》）。中华民族不但以诚信著称于古代，而且同样以诚信闻名于今世，诚信是儒家伦理规范中最重要的范畴，也是我们祖先遗留下来的优良传统美德。"诚者，物之始终，不诚无物，是故君子诚之为贵"（《中庸》）。"述而不作，信而好古，窃比于我老彭"（《论语·述而》）。以诚与信互训，诚与信实际上是一个问题的两面。诚就是真心诚意，诚实无妄，不弄虚作假，而如何落实到具体的行为上呢，那就是信，信就是信守诺言，讲究信用，"言必信，行必果"（《论语·子路》）。在中国古代，最早将"诚"与"信"连用的是春秋时期齐国名相管仲。他提出：中情信诚则名誉美矣。守信用、讲信义是中华民族共认的价值标准和基本美德。"言从而行之，则言不可饰也，行从而言之，则行不可饰也。故君子寡言而行，以成其信，则民不得大其美而小其恶也"（《礼记·缁衣》）。企业诚信是企业在市场经济中取得成功的基础，企业诚信是指企业在市场经济的一切活动中要遵纪守法、诚实守信，并以此赢得消费者的信任，是企业确立价值观必须纳入的内容。在儒家看来，诚信是修身、齐家、治国、平天下最基本的前提，是为人处世最起码的条件，对创业者来说，诚信是一种社会道德素质，是个人自我修养的基本准则。

信是指待人处事诚实无欺，言行一致。诚信是现代文明的重要标志，也是科学发展观的必然要求。对于创业者，应遵循"言必行，行必果"的原则，对所有人和团体承诺的事情一定要办到，否则，不要承诺。就算对员工，不仅要识才、惜才、广揽人才，而且要信才、容才、适才而用。当前，诚信的缺失是我们面临的严重困境，构筑诚信社会是我们十分紧迫的重任，而诚信正是儒教伦理道德的主要内容，也是儒家做人、处事、为政的行为准则。孔夫子说过："人而无信，不知其可也，大车无輗，小车无軏，其何以行之哉？"儒教把诚信的民风、诚信的社会、诚信的政府看成社会稳定的基础。而根据我国传统道德中"仁、义、礼、智、信"等儒家文化核心的思想本源，我国传统商业文明的精髓也始终凸显出"诚信真善、义利并举"的文化内涵。

自古以来，我国商帮及商人一向崇尚"诚信之德"、"真善为本"、"以德治商"等富含儒韵的商道思想。在他们的经商实践中，"诚信"就具体表现为"以诚待人，以信待物"、"童叟无欺，信誉至上"、"以质取胜，货真价实"、"勤俭敬业，吃苦耐劳"等经商理念，这对维护当时极度缺乏法制支持的封建商业经营秩序发挥了非常重要的作用，成为商人之间相互实现各自经济利益的基本保障和传统商业文明的核心思想。翻开历史长卷，"诚信"精准地道破了徽商创造商业奇迹的奥秘。时至今日，当人们走进杭州胡雪岩故居地，可以清楚地看到写有"戒欺"两个字的牌匾。

商以诚为本，人无信不立。对于当今活跃在中国商海的生意人而言，"诚信"二字显得尤其重要。以温商为例，多年来，社会上对温州的种种非议中，很大的原因是过去的一段时间温州产品在质量上缺乏信用。在这方面，温州吃的亏太大了。现在的温州是从抓"质量立市"站起来的，之后的"名牌兴业"使得温州拿到了"中国鞋都"、"中国电器之都"等一系列国家级名片，"温州制造"更开始成了响当当的区域品牌。而在进行这一系列努力的过程中，温州人的信用意识也得到了很大的发展。温州逐步形成"重守信、轻失信"的社会氛围。据人民银行总行最新统计，在温州所有银行贷款中，温州不良贷款比率仅为5.9%，而全国平均数为26%。一代晋商乔致庸，因其诚信经营而闻名于世。"人弃我取,薄利广销,维护信誉,不弄虚伪",乔致庸以儒家品质观中的信指导商业经营,有一次,乔家复字号名下通顺店卖的胡麻油掺假,乔致庸得知后非常愤怒,当即命令通顺店掌柜辞职,而为了挽回商誉,他又命其他店里掌柜写出通告,说明通顺号掺假事情,贴在城墙上,以示百姓,并将掺假的胡麻油以每斤一文的价格作为灯油便宜卖出,同时,凡是最近到通顺店买过胡麻油的顾客,都可以退还银子。正是乔致庸这种诚信经营之道,使他在百姓中赢得了声誉,事业突飞猛进,家资千万,财势跻身全省富户前列。

现代市场经济是一种信用经济,它不仅表现在信用交易应成为市场的基础,社会征信体系将有效地发挥作用,而且表现为诚实守信、诚信经营的理念深入人心,成为全社会的自觉行动。君子爱财,取之有道。今天"信用温州"的理念,就是给传统的商业文明赋予新的内容。

对创业者而言,"诚信是企业的生命,没有信用的企业是不可能持续发展的"。不讲信用,也许可以为创业者在短时间内带来高额利润,但一切都是短暂的,失去的信用是很难再次建立起来的。诚信是创业家的经商为人之魂,诚信也是市场经济正常运转之范。守信用、讲信誉、重信义不仅是企业应该坚守的社会道德规范,更是对生命的敬畏。企业竞争,要以技术进步、科学管理、努力工作、诚信经营来取胜。也只有这样,创业活动才会得到社会认可、创业者本身才会赢得社会尊敬。

四、以德服人

德治渊源可以追溯到上古。尧舜禹是部落首领,更是道德楷模,他们和睦群体,禅让而治。家天下开始后,夏商周三代统治集团很快认识到要"敬德、保民、配天"。在春秋争霸的战火中,思想家疾呼德治。一方面是道家消极的德治,另一方面是儒家积极的德治。老子提倡统治者"见素抱朴,少私而寡欲",施行无为而治、薄税敛、轻刑罚、慎用兵、尚节俭,"遵道而行"。孔子反对暴虐政治和不义之战,明确提出了"为政以德"的主张。他说:"为政以德,譬如北辰,居其所而众星共之。"如何为政以德?孔子认为包括仁政与礼治两个方面,其中前者为本,后者为辅。仁是出发点,即律己宽人的"忠恕"之道,"己欲立而立人,己欲达而达人","己所不欲,勿施于人"。治是归宿,就是要"敬事而信,节用而爱人,使民以时","博施于民而能济众"。

儒家重视个人的品德修养。儒家教育是由其特定的历史条件所决定的,知识的传授或者说智育是与德育融为一体的,智育就是德育,德育就是智育,不分彼此,更没有今天的对立状况。如《大学》的总目标与实现总目标的措施。总目标即"三纲领",实现总目标的措施即"八条目"。"八条目"中的"格物"、"致知"正是典型的智育内容,同时也是"诚意"、"正心"、"修身"的基础,通过"格物"、"致知"达到"诚意"、"正心"、"修身"的目的,最终实现"明明德"这一德育目标。

《大学》的教育目标,即"大学之道,在明明德,在亲民,在止于至善"。即所谓的"三纲领"。三纲领代表了典型的古人德治理念:由统治者个人的道德完善来带动整个社会的道德完善。由成熟的个人来组成成熟的社会。统治者个人修其德行,率先垂范,教化万民,最后达到普天之人无不善,也就是"止于至善"。对于"止于至善"之"止",《大学》从人的内心深处进行了详细的分析。"知止而后有定,定而后能静,静而后能安,安而后能虑,虑而后能得"。知道了我们所应该努力追求的目标,那我们就可以定向;内心有了定向,内心就不会妄动;心不会妄动,就能够安于所处;安于所处,就能够周密思虑;周密思虑,就会有所收获。这样才能审慎地处理政务,平治天下。《大学》又设计了八个具体的步骤来实现"大学"教育的纲领,"古之欲明明德于天下者,先治其国。欲治其国者,先齐其家。欲齐其家者,先诚其意。欲诚其意者,先致其知。致知在格物"。这八个步骤,习惯上被称作"八条目"。八条目的顺序,从正面来说,便是"物格而后知至,知至而后意诚,意诚而后心正,心正而后身修,身修而后家齐,家齐而后国治,国治而后天下平"。①可以看出,《大学》重视对礼仪规范、典章制度的学习。若要一个治国者成为有道德的人,那么首先要让他明白什么是道德。若要一个治国者做正确的事,那么首先要他明白正确的标准是什么。所以《大学》认为教育应该从"格物致知"开始。一个人有了关于伦理规范的知识,并不意味着一个人当然就有道德。"德"字,通"得",乃有得于道。伦理规范作为外在的社会法则,还需内化为个人的内心法则,因此需要"诚意正心"的步骤。在中国思想史上,从"格物"到"修身"五个条目,被称作"内圣"功夫,而"齐家"、"治国"、"平天下"三个条目,被称作"外王"事业。由"内圣"到"外王",便是儒家政治学的基本思路,也是儒家培养统治者接班人的基本思路。显然,儒家教育思想中的教育对象是统治者及统治者接班人,目标是修其德行,促使其个人的道德趋于完善,以便能够较好地为政治国。儒家德育教育对于创业组织管理具有重要的启发。此外,"立己立人、修己安人、里仁尊贤"、"保民而王"、以德服人等原则,这些都反映了儒家立人重德的原则。

孟子的仁政说继承了孔子德治观。孟子把伦理与政治紧密结合起来,强调道德修养是搞好政治的根本,"乐以天下,忧以天下,然而不王者,未之有

---

① 邓球柏:《中国传统文化与思想政治教育》,首都师范大学出版社,1999年。

也",因此,要顺民意、体民情、殖民产。荀子要求以政惠民、以德导民、以礼齐民,尤其要讲究礼乐法度,"人君者隆礼尊贤而王,重法爱民而霸,好利多诈而危,权谋倾覆幽险而亡"。孟子认为治理天下的根本途径是要使人民心服,"以力服人者,非心服也,力不赡也;以德服人者,中心悦而诚服也"。①凭借武力使民众低头,只是一种不稳固的假象,因为服输者服输的唯一原因仅仅是"力不赡",一旦"力赡",变乱自然丛生;而以德服人,民众心悦诚服,统治者号令所至,朝野响应,上下景从,这才是真正太平之道。孟子的"民贵君轻、施行仁政、恻隐之心、与民同乐"等观点与孔子的德治思想有异曲同工之妙。

20世纪80年代,关祥乾曾是自贡(微博)某国企的工人,不安于现状的他在1990年开始第一次创业,自己开公司做销售,为了一张单子,可以在条件艰苦的新疆待上一年,就凭着一股做大事的执着,关祥乾的初次创业就获得了巨大的盈利,用下属的话说"什么都不做,吃几代都够了"。2010年,"不安分"的关祥乾再次创业,而这次挑战的则是他完全未知的领域——生物科技。说起这一次的创业,他的助手刘程程感触比关祥乾本人更深。刘程程,公司人事行政总监,关祥乾的左右手。以前曾是成都某制药公司HR,年薪40万元,两年前被关祥乾用5000元的月薪给挖了过来。"第一次与关总见面,我发现他对这个行业完全不懂,当时我心里压根儿没想过会与他合作。"但之后的每次见面,都让刘程程对关祥乾的认识更深一步。"学习能力相当强,每见一次他就懂这行更多,我愿意来帮他,完全因为他的个人魅力"。就这样,公司在这位"门外汉"关总的带领下,不到三年的时间,已经拥有国际先进水平的专利产品。公司主打的原创专利产品研发队伍在美国,其专利成果在全世界都属于技术领先地位。如今,关祥乾对于他公司的产品已经可以侃侃而谈,涉及的很多专业比不少学医的人还精通。他计划在未来5年内,开发上市10~20个国际首创的具有自主知识产权、具备核心竞争力的新产品。届时,产品辐射全球,销售收入过亿元,公司将具备创业板或主板上市条件。刘程程说,公司近3年来一直保持着人员只进不出的纪录。在员工心中,关总又是个什么样的人?外表时尚,内心却是个"大家长"。虽然关祥乾看起来玩世不恭,但员工们对他却自有一股敬畏。下班时,他会拉着大家去KTV大唱一场,高兴了还会跳上桌子给大家跳一段舞;上班时,他则坚持"大事不用骂,小事不必骂"的原则,用员工的话来说,就是有种以德服人的"雷老虎"的感觉。

---

① 张以文:《四书五经(译注)》,湖南大学出版社,1989年。

第四节

儒家创业者美德素质管理

一、温良恭人

温良是形容一个人温良、和蔼以及恭敬的美德,指的是儒家接人待物的准则。孔子说:"夫子温良恭俭让以得之,夫子之求之也,其诸异乎人之求与?"(《论语·学而》)意思是一个人只有温良恭敬才有资格得到别人的尊重。"温,谓颜色和也"(《贾子·道术篇》)。也就是指对人的态度温和。赞扬"温"这种品德的成语有很多,如"和颜悦色"、"和气致祥"、"和蔼可亲"、"温柔敦厚"、"温文尔雅"、"温和善良"等。春秋时期,子禹问孔子的学生子贡,为什么孔子每到一个国家都能听到该国的政事,子贡回答:他老人家温和、善良、恭敬、俭朴、谦让,他用这样的态度去对待别人,别人自然会把政事告诉他,这是他与众不同的品德,也是与别人听到政事方式不同的原因。

古人对"良"的理解是侧重于思想品质方面的,认为"良"是善良、美好、高尚、仁义、忠诚等的标志。随着人们对社会认识的深化,今天所说的"良"应该演变为存在于内心的衡量是非善恶的标准。"安柔不苟谓之良。良谓心之善也"(《尔雅·释诂》)。"恭"在古代汉语中,本义指"严肃",包括容貌的端庄,对别人的谦和以及做事认真不苟等。孔子主张对人要端庄诚恳,表里一致,那种以花言巧语,装出伪善面孔的虚伪态度是"可耻"的,正所谓"在貌为恭,在心为敬"(《礼记·曲礼》)。"恭"是表象,"敬"是本质。"密人不恭,敢距大邦"《师·大雅》。孔子对于恭的理解是"君子敬而无失,与人恭而有礼"《论语·颜渊》。作为一名创业者,温良恭敬的态度可以使创业者形象加分,给别人一个好的印象,温良恭谦是创业者一种重要的素质。

明朝徽商汪平山,自幼饱读经书,深受儒家"温良恭人"的影响,认为君子就应像孔子那样,讲究温和善良,因而汪平山自小就待人谦和,善于与人交往。他刚开始创业的时候,遇到了别人的阻挠,但是他从来都不和别人计较,反而帮助别人,从而赢得了别人的赏识,最终成就他的事业,汪平山在他经商的过程中始终秉承着温良恭人的优良美德,从他的事迹中我们可以看出,要做大事,首先要学会做人,一个人的品行好坏决定着事业的成败。温良恭人是中国文化的智慧,创业者无论是在人际交往中还是市场竞争中,要待人和善,既坚持原则,又和谐相处,既要学会做人,又要学会做事,这样才能广结人缘,成就自己的创业理想。

二、勤俭节约

中国古代是一个小农经济为基础的国家,勤于治业是最基本的品德要求,所谓"处其位而不履其事,则乱也"。官吏为民师表,应该是勤政的模范。舜曾教导禹要"克勤于邦,克俭于家"。伯益也告诫禹"儆戒无虞,罔失法度,罔游于逸,罔淫于乐"。周公旦也曾训诫成王"君子所其无逸",执政不能贪图享乐,而要"徽柔懿恭,怀保小民,惠鲜鳏寡。自朝至于日中昃,不遑暇食,用咸和万民"。"沉于乐者洽于忧,厚于味者薄于行,慢于朝者缓于政,害于国家者危于社稷"。春秋战国时期,一些思想家、政治家从社会主体论的层面深刻提出要勤政为民、忠于职守。勤政由此被赋予民本的终极关怀,也成为官员应该养成的道德操守。当时随国的季梁指出,"夫民,神之主也",君主和官员不可以荒废民利而"逞欲",要虔诚地履行"忠于民而信于神"的治道。孔子论治国,把敬业惠民列入首要。所谓"道千乘之国,敬事而信,节用而爱人,使民以时",为此应该"居之无倦,行之以忠"。勤奋治业是秦国灭六国、一统天下的重要因素。秦穆公时期,招贤纳士、开疆拓土,发展农业,君臣上下励精图治,夙夜匪懈,遂成为春秋五霸,打下秦崛起的根基。后来,秦孝公重用商鞅变法图强,奠定了统一中国的基础。《过秦论》:"自穆公以来,至于秦王,二十余君,常为诸侯雄。"秦始皇统一中国后,勤勉理政,"天下之事无小大皆决于上,上至以衡石量书,日夜有呈,不中呈不得休息"。所谓"朝夕不懈"、"莫敢怠荒"。秦国官吏历来有勤政之风,荀子就曾称赞秦官吏的勤政传统,"及(秦)都邑官府,其百吏肃然,莫不恭俭敦敬,忠信而不楛,古之吏也"。"官怠于有成,病加于小愈,祸生于懈惰。"诸葛亮考课官吏,"五事五苦",迁善黜恶,以资勤政。诸葛亮本身也是勤政的典型。"受命以来,夙夜忧叹","敢竭股肱之力,效忠贞之节,继之以死!"唐之时,魏征与李世民有段对话。魏征说:"自古帝王初即位者,皆欲励精为政,比迹於尧、舜;后及追求安乐也,则骄奢放逸,莫能终其善。人臣初见任用者,皆欲匡主济时,追纵於稷、契;及其富贵也,则思苟全官爵,莫能尽其忠节。若使君臣常无懈怠,各保其终,则天下无忧不理,自可超越前古也。"太宗曰:"诚如卿言。"唐玄宗李隆基恰验证了魏征这番话深意。玄宗初登帝位时,励精求治,创造了"开元盛世"。但是,玄宗后来自以为天下太平,变得骄傲怠惰,沉溺享乐,结果酿成"安史之乱",盛唐转入衰世。宋代吕本中做过中书舍人兼权直学士院,主编《官箴》一部,首页言:"当官之法,唯有三事,日清、曰慎、曰勤。知此三者，可以保禄位，可以远耻辱，可以得上之知。可以得下之援。"康熙对此箴赞赏有加，从中录出"清、慎、勤"三字，欣然御书，然后下发各州县，刻于匾额，高悬大堂之上，诫勉官吏恪尽职守。南宋理学家真德秀曾官至户部尚书，以四事自勉，律己以廉、抚民以仁、存心以公、莅事以勤。他尤以"莅事以勤"警诫自己。他在《渝州县官僚》中说："业精于勤，荒于嬉。为士者不可以不勤，况为命吏，所受者朝廷爵位，所享者下民之脂膏。一或不勤，则职业隳弛，岂不上辜朝寄，而下负民望乎。"元朝徐元瑞编著《吏学指南》，提出为官三尚"廉"、"勤"、"能"。所谓尚勤，"谓早入晏出，奉公忘私，虽休勿休，恪谨匪懈；呈押文字，发遣公事，务为敏速，耻犯稽迟；躬操笔砚，不仰小吏，手阅簿书，不辞劳役"。明朝留有一部佚名编著的《初仕要览》，其中说："初仕以勤政为首务，政不勤则百事殆。"何谓勤，清朝刚毅解释说："黾勉从公，夙夜匪懈，谓之勤。"清朝名臣曾国藩说得更具体："勤之道有五：一曰身勤。险远之境，屈身经验之；艰苦之境，身亲尝之。二曰眼勤。遇一人必详细察看，接一文必反复审阅。三曰手勤。易弃之物，随号收拾；易忘之事，随笔记载。四曰口勤。待同僚，则互相规劝；待下属，则再三训导。五曰心勤。精诚所至，金石亦开；苦累所积，鬼神亦通。五者皆到，无不尽之职。"曾国藩是对勤政论述最多、践行最好的政治家，他把勤上升为历史政治经验加以论说，并以此告诫后代子孙。"开国之际，若汉唐之初，异才畸士、丰功伟烈，飙举云兴，盖全系夫天运，而人事不得与其间。至中叶以后，君子欲有所建树，以济世而康屯，则天事居其半，人事居其半。以人事与天争衡，莫大乎忠勤二字。乱世多尚巧伪，惟忠者可以革其习；末欲多趋偷惰，惟勤者可以遏其流。忠不必有过人之才智，尽吾心而已矣；勤不必有过人之精神，竭吾力而已矣。能剖心肝以奉至尊，忠至而智亦生焉；能苦筋骸以捍大患，勤至而勇亦出焉。余观近世贤哲，得力于此二字者，颇不乏人，余亦忝附诸贤之后，谬窃虚声，而于忠勤二字，自愧十不逮一。吾家子姓，倘将来有出任艰巨者，当励忠勤以补吾之阙憾。忠之积于平日者，则自不妄语始；勤之积于平日者，则自不晏起始"。

"好廉自克曰节"，经济与消费上的节俭与人格修养方面的节制，是中国古代政治和社会生活的一条法则，古人多有论及。相传虞舜曾告诫夏禹："克勤于邦，克俭于家。"素有"中华第一相"之称的管仲崇尚简朴治国，他说："明君制宗庙，足以设宾祀，不求其美；为宫室台榭，足以避燥湿寒暑，不求其大；为雕文刻镂，足以辨贵贱，不求其观。故农夫不失其时，百工不失其功，商无废利，民无游日，财无砥墆。故曰：俭其道乎！"老子说："圣人去甚，去奢，去泰。"他认为，节俭自持，是富裕安康的前提条件之一。"我有三宝。持而保之：一曰慈，二曰俭，三曰不敢为天下先。"孔子讲究礼仪，但是强调以节俭为本，"礼，与其奢也，宁俭"；"奢则不孙，俭则固。与其不孙，宁固"。荀子主张礼治，但是认为"节用以礼，裕民以政"。墨家更进一步地提出为人为政都要节用。"圣人之所俭节也，小人之所淫佚也。俭节则昌，淫佚则亡"。节俭是圣王治理天下的方式，"去无用之费，圣王之道，天下之大利也"。墨子还提出了适度消费的理念，倡导在衣食住行中加以贯彻。"是故古者圣王制为节用之法，曰：凡天下群百工，轮车鞼匏，陶冶梓匠，使各从事其所能，曰：凡足以奉给民用，则止。诸加费不加于民利者，圣王弗为"。墨子尚节制，对后世有着不可忽视的影响。庄子称墨子"不侈于后世，不靡于万物，不晖于数度，以绳墨自矫而备世之急"。近人梁启超说："墨学精神，深入人心，至今不坠，因以形成吾民族特性之一者，盖有之矣。"诸葛亮留下《诫子书》，勉人自修："夫君子之行，静以修身，俭以养德，非淡泊无以明志，非宁静无以致远。夫学须静也，才须学也，非学无以广才，非志无以成学。淫慢则不能励精，险躁则不能冶性。年与时驰，意与日去，遂成枯落，多不接世，悲守穷庐，将复何及！"傅玄著《曲制》篇，醒人图治："天下之福，莫大于无欲，天下之祸，莫大于不知足。无欲则无求，无求者，所以成其俭也。不知足，则物莫能盈其欲矣。莫能盈其欲，则虽有天下，所求无已，所欲无极矣。海内之物不益，万民之力有尽；纵无已之求，以灭不益之物；逞无极之欲，而役有尽之力；此殷士所以倒戈于牧野，秦民所以不期而周叛，曲论之好奢而不足者，岂非天下之大祸邪？""忧劳可以兴国，逸豫可以亡身"。司马光作《训俭示康》，论及节俭的廉政意义。他说："御孙曰：'俭，德之共也；侈，恶之大也。'共，同也；言有德者皆由俭来也。夫俭则寡欲，君子寡欲，则不役于物，可以直道而行；小人寡欲，则能谨身节用，远罪丰家。故曰：'俭，德之共也。'侈则多欲；君子多欲则贪慕富贵，枉道速祸；小人多欲则多求妄用，败家丧身；是以居官必贿，居乡必盗。故曰：'侈，恶之大也。'"俭在说文里面解释道"俭，约也"（《说文解字》）。勤俭节约是中华民族的传统美德，几千年来，勤劳纯朴的中国人民不仅以刻苦耐劳著称于世，而且以勤俭持家誉满世界民族之林。纵观历史，大凡有识之士，清廉官吏，皆"性不喜华糜"，而"以俭素为美"。"俭，德之共也；侈，恶之大也"（《左传·庄公二十四年》）。"民生在勤，勤则不匮"（《左传·宣公十二年》）。俭，作为一种美德，只属于情操高尚、纯洁无邪的人，它与那些整天追求纸醉金迷、荒淫糜荡生活的人是毫无缘分的，因为一个人如果一味追求奢侈，便欲壑难平。司马光说："侈则多欲，君子多欲则贪慕富贵，枉道速祸"（《训俭示康》）。司马光的话千真万确。现实中，有很多利令智昏、不择手段、贪赃枉法而最后身败名裂堕落成人民罪人的例子。

儒家倡导勤俭的美德，提倡艰苦奋斗。勤以生产，俭以生活，勤、俭是儒家倡导的生产劳动与生活消费的基本原则。"慎乃俭德，惟怀永图"。勤俭是据天道天德应具有的人之美德，也是崇本逐末、致富生财的正道。正所谓"君子以俭德避难"（《易经》），作为当代的创业者，要时刻注意勤俭节约不可太过奢华，铺张浪费。过之则为奢；不及则为吝。为人不可太过奢华但是也不可太过吝啬。

林一泓，安徽人，大学毕业后就跟着父亲学做生意，如今他的企业在合肥已经小有名气。虽然他现在非常富有，但却一直很崇尚节俭，处处精打细算。在生活中，林一泓奉行徽商虽富犹朴的节俭精神，从不浪费。肥皂用到最后从不随便丢掉，从来不住总统套房等。除了自己节俭，他也要求家人花钱不要大手大脚。让孩子们挤公交去上学，从小培养他们的勤奋节俭的习惯。林一泓认为，当今社会，节约就是利润，作为徽商，更要厉行节约，节约才是盈利的关键。一个创业者是否有成就，并不是以他的生活方式是否穷奢极侈来衡量的。节俭对于创业者的要求主要就是要学会自制，自制就是要克服自己的欲望。节约可以给企业的发展赢得更多的资本，注重细节处的节约，积累资金，才能创造更大的成功。创业者在与钱打交道时，更要与欲望战斗，与各种利益纷争相伴。戒奢从俭，去华存朴，才能保证创业活动的顺利进行。

三、谦虚礼让

"让"字含有退让、谦让、辞让的意思，古人对于让的理解为："厚人自薄谓之让"（《贾子·道术》）。让是礼的发端，礼让是谦恭的外部表现。谦而有让，恭而有礼，谦虚礼让是实现群体和谐的道德规范。孟子说："辞让之心，礼之端也。"一切礼数都是从辞让之心萌发而来的，没有让的德行，就没有礼的风度，同时，让也是礼的实际内容，《左传》说："让，礼之主也。"朱熹认为"让者，礼之实也"。一个人不懂得谦，就不可能做到让；一个人做不到让，也就难以与人和睦相处，无法立足于人际社会。真正谦恭礼让的人，一定是不急不躁、不骄不傲，通情达理、善待他人的人；一定是不亢不卑、不曲不弯，崇尚正直、诚实守信的人；一定是不争名夺利、不斤斤计较，淡泊明志、宁静致远的人。古语有云："忍一时风平浪静，退一步海阔天空。"创业者需要这种谦虚礼让的素质。

清朝康熙年间的儒商胡煦在京从商时，收到家信，获悉老家与邻居为房屋地界发生纠纷，以致中间巷道狭窄几乎不能走人。胡煦当即写下"千里捎书只为墙，让他三尺又何妨。万里长城今犹在，不见当年秦始皇"。托人带回家中。于是胡家在原来的基础上朝里让了三尺,邻居非常感动,也朝里让了三尺,过道多了六尺,为此陡然开阔,行人不再感到狭窄,于是时人称此巷为"仁义巷"。此故事在光山县几乎家喻户晓,已被载入《光山县志》。胡煦大度待人,宽厚允和,得理却饶人,宽恕了有过错的邻里,要求家人主动退让,那种包容万物、兼收并蓄、淳厚中允的博大精神,体现了一代儒商的风范,同时也为胡煦在社会上赢得了声誉。作为当代的创业者,谦让素质是一种良好的心理品质,是对别人的释怀,也是对自己的善待,是对生命的洞见,更是一种人生的境界。它不仅包括理解和原谅,更显示着气度和胸襟、坚强和智慧。一个人懂得谦让,才能成就美德,学会宽容才会成就一番事业。心胸宽广、恭谦礼让的人,无论在何时都是受人尊敬的。在物欲横流、钱权当头的今天,提倡这种美德,更为必要。宽容了别人就等于宽容了自己,宽容的同时,也创造了生命的美丽。

第五节 儒家创业者品格素质管理

一、尽忠尽孝

忠是中国古代道德规范之一。原指为人诚恳厚道、尽心尽力,后有忠于他人、忠于君主及国家等多种含义,如"君使臣以礼,臣事君以忠"。"忠之属也"(《左传》)。忠就是尽量做好本分的事情。诚如《大学》所言:"革除私欲之后,一切事物的道理无不清楚明白。对于创业者,需要具有对社会、民族与国家事业发展的'忠'。"意思是,革除私欲之后,一切事物的道理无不清楚明白。因此无论我们是做大事业的,还是在平凡职位上,要想真正做好,须臾都不能离开忠字。忠的具体表现为忠心、忠诚、忠良等意思。所谓"天下兴亡,匹夫有责"。创业者需要尽到社会责任,为国家利益着想。在殷周传统政治中,君主享有特权和例外法权,君与臣的关系是一种绝对的统治与被统治的关系。"普天之下,莫非王土,率土之滨,莫非王臣"(《诗经·小雅·北山》)。君主可以任意宰割臣民,而臣民只是君主的奴仆。"犯王命必诛,故出不可不顺也"。要求臣下绝对服从王命,要绝对地"忠"。儒家却提出与此相反的主张,认为君臣关系是一种互为义务的双向关系。孔子明确提出:"君使臣以礼,臣事君以忠。"这里虽然道出君臣的不平等关系,但孔子的"臣事君以忠"显然是以"君使臣以礼"为前提的。也就是说君臣之间彼此都承担相应的道德责任和义务,并不是臣民单方面的绝对顺从。孟子更是将孔子的这一思想推向极致,提出了"君之视臣如手足,臣视君如腹心;君之视臣如犬马,则臣视君如国人;君之视臣如草芥,则臣视君如寇仇"(《孟子·离娄下》)。荀子也主张:"从道不从君"(《荀子·臣道》),肯定汤武革命,并提出"君者舟也,庶人者水也。水则载舟,水则覆舟"(《荀子·王制》)的著名论断。

  孔子曰:"君子务本,本立而道生。孝弟也者,其为人之本与?"(《论语·学而》)孟子曰:"仁之实,事亲是也;义之实,从兄是也;智之实,知斯二者弗去是也;礼之实,节文斯二者是也;乐之实,乐斯二者……"(《孟子·离娄上》)"君子不以天下俭其亲。"(《孟子·公孙丑下》)"尧舜之道,孝弟而已矣"(《孟子·告子下》)孝原本指孝顺父母,孝悌兄长的意思。《说文解字》解释篆体孝字云:"善事父母者。从老省,从子,子承老也。"孝字写的就是老人与子女的关系。《诗经》中有这么一段话:"父兮生我,母兮鞠我,拊我蓄我,长我育我,顾我复我,出入腹我。欲报之德,昊天罔极。"所谓百善孝为先,反映中华民族极为重视孝的观念。正像 Waley 所指出的那样:"'孝'……最早……意指对祖先和已逝父母的神灵的虔敬,在《论语》中还经常保留这个意思。但它也被应用于对在生父母的爱的行为,而这正是其现有的中文之意。"[①] 我们可以为他的观点找到的有力佐证是,孝属于"礼"的范畴。在《左传·文公二年》中有这样的记载:"孝者,礼之始也,"而"礼"最初是与祭祀仪式联系在一起的。[②]《论语·为政》篇中的一段话或许最能概括孔子关于"孝"的思想:"生,事之以礼;死,葬之以礼,祭之以礼。"当然,孝可以表现在很多方面,不仅包括在经济上支持和赡养父母,还包括知道"父母之年"以及"游必有方"等细节。孔子认为,最重要的是必须以正确的内在态度来服侍父母。孔子对"孝"的讨论,有时不很直接。如在《论语·乡党》篇中,孔子把闵子骞归为有德者之列,而在该篇的后两段,孔子接着赞扬闵子骞"孝哉"。很显然,孔子将孝看作是人的优秀品质的展现。"孝"的合理性之一在于,它是作为道德发展的最具内在喜好(Inclinational)倾向的基础而存在的。换言之,在儒家伦理学当中,"孝"是人们完成漫长的道德人格之旅的起点。可能正是在这个意义上,孟子说:"于不可已而已者,无所不已"(《孟子·尽心上》),也是在这个意义上,孟子不曾区分"仁人"与"孝子"(《孟子·滕文公上》)。

---

  ① 阿瑟·威利译:《孔子的论语》(*The Analects of Confucius*), London: George Allen & Unwin Ltd., 1938。
  ② 刘翔:《中国传统价值观诠释学》,三联书店出版社,1996年。

第四章 儒家的品质观与创业者素质管理

引申下来，作为创业者，对国家尽忠，对家人尽孝也是一种必不可少的素质。子曰："教民亲爱，莫善于孝；孝民礼顺，莫善于悌；移风易俗，莫善于乐；安上治民，莫善于礼。礼者，敬而已矣。"其意为，孔子说："教育人民相亲相爱，再没有比孝道更好的了；教育人民讲礼貌，知顺从，再没有比悌更好的了；要改变旧习俗，树立新风尚，再没有比音乐更好的了；使国家安定，人民顺服，再没有比礼教更好的了。所谓礼教，归根结底就是一个'敬'字而已。"

子曰："君子之教以孝也，非家至而日见之也。教以孝，所以敬天下之为人父者也；教以悌，所以敬天下之为人兄者也；教以臣，所以敬天下之为人君者也。"其意为，孔子说："君子以孝道教化人民，并不是要挨家挨户都走到，天天当面去教人行孝。以孝道教育人民，使得天下做父亲的都能受到尊敬；以悌道教育人民，使得天下做兄长的都能受到尊敬；以臣道教育人民，使得天下做君王的都能受到尊敬。"可见，孝道对于治理国家，对于促进社会发展有很大作用。

子曰："君子之事亲孝，故忠可移于君；事兄悌，故顺可移于长；居家理，故治可移于官。"其意为，孔子说："君子奉事父母能尽孝道，因此能够将对父母的邦心，移作奉事君王的忠心；奉事兄长知道服从，因此能够将对兄长的服从，移作奉事官长的顺从；管理家政有条有理，因此能够把理家的经验移于做官，用于办理公务。"可见，儒家孝道对于处理事业，乃至对于创办的企业而言都是大有裨益的。

新时代徽商王传福是安徽省无为县人，他创办的比亚迪公司，在短短几年的时间里就成为中国第一的充电电池制造商，创下了不菲的成绩。王传福认为，企业一定要将自己的能力和社会责任结合起来，当今全球化的温室效应、能源紧缺、城市污染等环境问题都对国家和社会造成了巨大的威胁，因此汽车产业未来的发展必定要进行汽车动力的革新。王传福亲自建立了研发小组，研发了铁电池技术，还提出了造福全社会的"三大绿色梦想"：电动汽车、储蓄电站和太阳能电站。从王传福的绿色梦想中，我们就能够知道徽商的名号屹立不倒的原因所在，无论为官为商，就要有一种社会责任感，既要为自己的利益着想，更要为天下百姓着想。徽商经商的一生都与国家分不开，他们始终为国家尽忠。在这个物欲横流的社会，创业者应该学习徽商的那种为国家尽忠尽孝的精神，先国家利益，再个人利益，永远把社会责任放在首位，绝不做危害国家和人民利益的事情。

李嘉诚自幼丧父，家中的日子穷困潦倒，贫苦不堪。虽然有时候舅舅接济，但是少年的李嘉诚还是经历了辍学、寄人篱下的日子。在这段最艰难的岁月里,母亲起早贪黑,含辛茹苦地操持家务,抚养家中幼儿。母亲在昏暗的灯光下为孩子们缝缝补补,苦口婆心教导他们:要学会做人,培养自己艰苦奋斗、自强不息、百折不挠的品质,即使在窘迫的困境面前,也绝不低头。所以,在遇到困难的时候,李嘉诚总是会想到当年母亲是如何以积极奋进的态度面对残酷的生活。母亲笃信佛教,经历了苦难人生的母亲却依然保持一颗宽大的心,经常教导孩子,要宽以待人。李嘉诚虽然终日为商务操劳,却无时无刻不缅怀母恩。他耗费巨资购买了一座花园别墅,为的是让母亲安度晚年。每天忙碌于商务的他,也总要定期参拜高堂,聆听教诲。只要有母亲中意的美食,或喜欢的家乡土特产,李嘉诚一定要毕恭毕敬地先让母亲品尝。母亲生病住院时,李嘉诚小心翼翼地亲自抱母亲上下救护车,希望能减轻母亲的痛苦。他还日夜守护在床前,服侍母亲。李嘉诚力尽孝道,让母亲度过了幸福的晚年生活。

二、清正廉洁

从演变历史的角度看,"廉",最初指官员应具有的品德之一。舜时期提出从政者要有九种品德:"宽而栗,柔而立,愿而恭,乱而敬,扰而毅,直而温,简而廉,刚而塞,强而义。""简而廉",意思是"性简大而有廉隅",即性格豁达又行为端方。到西周时,"廉"作为官员一种必备的品质纳入考察考核。"以听官府之六计,弊群吏之治。一曰廉善,二曰廉能,三曰廉敬,四曰廉正,五曰廉法,六曰廉辨","廉"在此当为坚持原则的意思。后来唐朝的贾公彦注释这里的"廉"字说:"廉者,洁不滥浊也。"不过,"廉"狭义固定为"廉洁"之意是在春秋时期。管仲提出"国有四维……何谓四维?一曰礼,二曰义,三曰廉,四曰耻。礼不逾节,义不自进,廉不蔽恶,耻不从枉"。这四维,都是指遵守法度、不逾规矩。晏婴曾提出"廉者,政之本也","廉之谓公正","故圣人伏匿隐处,不干长上,洁身守道,不与世陷乎邪,是以卑而不失义,瘁而不失廉",凝而聚之,"行廉而不为苟得"作为一种品德内涵趋于固定,廉洁而不贪的意义明晰而特指了。战国时,廉洁与不贪的意义固定下来。屈原说:"朕幼清以廉洁兮。"东汉人王逸注释说:"不受曰廉,不污曰洁。"这应该符合屈子的本义。韩非子讲:"百官之吏,亦知为奸利之不可以得安也,必曰:'我不以清廉方正奉法,乃以贪污之心枉法以取私利,是犹上高陵之巅,堕峻溪之下而求生,必不几矣。'安危之道若此其明也,左右安能以虚言惑主,而百官安敢以贪渔下?是以臣得陈其忠而不弊,下得守其职而不怨。此管仲之所以治齐,而商君之所以强秦也。"韩非子明确提出国家强盛的一个重要原因,就是臣僚清廉方正,而不是放纵贪污之心以徇私枉法。因此，廉政的内涵在廉正与廉洁之间。廉政，在国家层面，是一种政治文明形态；对官员个人则是一种从政品质和风范。廉政的思想观念，伴随公权的产生而产生；其相对固定和系统化，是在王朝建立之后。在五千年的中国政治思想史上，廉政思想集中表现为八个理念：民本、德治、任贤、治吏、明法、勤政、节用、教化。

"廉"是中华传统伦理的重要范畴，也是儒家政治伦理思想的重要内容，廉就是廉洁、清廉、廉正、廉明的意思。"廉，仄也"（《说文》）。

孔子对于廉的解释是"古之矜也廉"（《论语·阳货》）。孟子说："取伤廉章指。廉，人之高行也"（《孟子》）。廉就是去除私欲，不贪钱。不为己谋私利，能做到廉字就是人的最高境界。廉具有特别重要的现实意义和历史意义，洁身自好，不苟且不贪污成为人们向往的理想。儒家倡"廉"，主要基于内圣与外王的需要。从内圣来看，"廉"是个人修身、成就完美品格的必然要求。无论是孔子心中的圣人、君子，还是孟子心中的大丈夫，都内蕴着"廉"这一基本道德操守。从外王来看，"廉"是为政之本，能"廉"则政兴。奉公亦为廉。"大义灭亲"（《左传·隐公四年》）。"公家之利，知无不为，忠也"（《左传·僖公九年》）。"其身正，不令而行；其身不正，虽令不从"（《论语·子路》）。"上有好者，下必有甚焉者矣"（《孟子·滕文公上》）。"公生明，偏生暗"（《荀子·不苟》）。"大道之行也，天下为公"（《礼记·礼运》）。这些对于创业者而言，都是值得借鉴的创业格言。

中国优秀企业家，中航工业沈阳飞机工业有限公司董事长罗阳，投身航空事业30多年来，一直秉持着清正廉洁的价值观。他一身正气，一生为公，清正廉洁。卓越功勋的背后，他为人纯朴，严谨自律，清正廉洁的作风让我们更加崇敬。他从不大张旗鼓的表态，唱高调，只看到他从一点一滴做起，在每件小事上都严格要求自己。与罗阳相识的人都见过他的手表。那是一块很多年前较为流行的黑色塑料电子表，塑料的表带磨坏了，他就换了一个金属的表带接着戴。罗阳经常加班，每次都让秘书给他到职工食堂打份盒饭在办公室吃，虽然宾馆离厂区近，但他从不搞特殊化到宾馆打饭。他的生日与沈飞公司厂庆是同一天，始终坚决不准身边工作人员为自己过生日。严于律己的同时，他对身边工作人员严格管理，提出了三方面要求：一是钱财方面要公私分明、账物清楚；二是不能做越权的事，打着领导名义办个人的事；三是要加强个人修养，不能影响公司形象。他对亲属严格要求，从未在每年都有巨额投资的工程中利用职务便利为家人和亲属谋取过私利。对罗阳来说，他压根就没有想利用手中的权力为自己谋取私利的想法。对基建工程，他不直接管理，也不插手。罗阳就是这样一个"干干净净"的人。作为一名创业者，做到清正廉洁是一个正确的价值取向，也是创业者所必须具备的一种素质。创业者要坚持从自身做起，从小事做起，从细节做起，坚持"勿以官小而不廉，不以事小而不勤"的信念，以勤奋的精神，以务实的态度、廉洁的作风，积极投身到创业的浪潮中，在平凡的工作上清正廉洁。

第六节　儒家创业者能力素质管理

一、有勇有谋

勇是儒家的伦理范畴，指果断、勇敢的意思。孔子把"勇"作为施"仁"的条件之一。"勇"必须符合"仁、义、礼、智"，而且不能"疾贫"，才能成其为勇。"仁者必有勇"（《论语·宪问》）。"君子有勇而无义为乱"（《论语·阳货》）。"知者不惑，仁者不忧，勇者不惧"（《论语·子罕》）。孟子对于"勇"的理解为"勇德最贵，勇气次之，勇力为轻"（《孟子》）。那么最主要的勇德是指什么？《说文》："勇，气也。""勇"是在某种信念驱动下，所体现出的一种无所畏惧的行为及精神，真正的勇可冠之为"精神"二字。只是有勇力与勇气，明显不足以为勇的。勇的可取，正是因为勇是在仁爱信念的驱使下，所体现出的一种无所畏惧的行为及精神。勇本身所应具有的是仁爱这一道德思想，并符合仁爱的外在表现"礼"，再由人类社会活动和人际关系中应当遵循之最高原则的"义"来加以节制，那么这勇便成为大勇，成为士君子之勇。"勇"是一种优秀的品质。不够"勇"则不能成大事。勇敢、勇决、勇力、勇略、勇猛等都是成功者的品质。遇事怵头、后退、畏缩、畏首畏尾常常一事无成，常常丧失机会，最多减少风险，也可能导致祸害。

著名徽商胡雪岩在经营粮食行业的时候，需要一笔资金作为周转，而就在这个时候遇上了同行的隆昌米行和自己抢生意。当时山东米商要在上海收购一批大米。双方都想拿下这个大订单。眼看着这笔订单就要落入别人之手，胡雪岩并没有放弃，而是利用自己的聪明才智，找到对方的弱点，最终获得了这个订单。胡雪岩说："凡事有勇有谋才可以成就大事。"一个人无论他多有才干，可是他每做一件事都不坚持到最后，这样再有才干也难成大事。真正的创业者应该是，在任何情况下都能够明确自己的立场和目标，勇敢地做自己认为可行的决定，勇敢地把自己的决定付诸行动。有勇有谋体现了创业者的一种魄力，而成功做到这点，创业者首先要具备的就是谋略意识。任何人想要成就一番大事，就必须具备谋略意识。在创业的过程中，无论面对怎样的挑战，都不应该有丝毫的犹豫，要不相信失败，只相信成功。对于创业者来说，竞争是斗智斗勇，拥有了这种谋略意识，才能在激烈的竞争中找到自己的立足之地。有了谋略意识之后，还要有能够把握创造财富机遇的能力。创业活动不能局限于一时一地，要充满信心，看得更长远，善于观察，积极思考，总结经验。

二、勤学深究

孔子治学的态度十分严谨，他指出："知之为知之，不知为不知，是知也"（《颜渊》）；为学要虚怀若谷，永不自满。他常对自己说："吾有知乎哉？无知也。有匹夫（群众）问于我，空空如也。"亦提出"三人行，必有我师焉"（《学而》）。"学而不思则罔，思而不学则殆"（《论语·为政》），"学而不厌，诲人不倦"（《论语·述而》），"敏而好学，不耻下问"（《论语·公冶长》）。"学然后知不足，知不足，然后能自反也"（《礼记·学记》）。欲成大事者，必须具有不断学习的心态。要做到"博学之，审问之，慎思之，明辨之，笃行之"（《中庸》）。所谓"智者不惑，仁者不忧，勇者不惧"（《论语·子罕》）。这里的"智"就是知道的意思。智作为一种道德、一种智慧，是儒家品质观中一种很重要的品质，这意味着创业者需要一定的知识储备。

如果创业者对创业过程中出现的问题不能够很好地解决，那么与创业者的个人知识以及能力方面有必然的联系。学无止境意味着创业者必须博学多才，才能够洞悉市场上以及企业内部发生的种种事情，才能够做到运筹帷幄。创业者具有学习素质，就会带领团队不断地学习，丰富企业文化，使企业变得越来越强大。

徽商是我国历史上一类重要的商人，曾在我国古代有着非常重要的意义。他们以儒家文化来指导商业，最终取得了很大的成就。徽商之所以"贾而好儒"，一方面是为了商业自身发展的需要，因为在激烈的市场竞争中，要随时把握市场的千变万化，作为商品经营者就必须掌握相关的商业知识以及社会知识，才能正确地做出决策。另一方面，徽商也为了完善自我的需要，许多徽商自小就接受儒学教育，儒家的一些品质观念自然而然就成为他们立身行事的指南。著名徽商江遂志行贾四方的时候，"虽舟车道路，恒一卷自随，以周览古今贤不肖治理乱兴亡之迹"。正是这种孜孜向学的学习精神，使得江遂志在经商的过程中取得了成功，同时也促进了徽商文化的发展。作为当代的创业者，对社会以及市场上的方方面面还不是很懂，就要多学习。学习书上的理论知识，学习别人的成功抑或失败经验，并在实践中不断地学习，扬长避短，才能减少创业过程遇到的困难问题，带领企业少走弯路。

三、笃行致远

"学而时习之,不亦说乎"(《论语·学而》),意为学习知识的同时还要经常练习,经常用,落实在实践中,做到知行统一。关于力行,孔子还提出,"君子欲讷于言而敏于行"(《论语·里仁》)。"言必行,行必果"(《礼记·中庸》)。"君子耻其言过其行"(《论语·宪问》)。孔子之后,历代的儒家学派同样强调力行,把实践效果作为追求目标。

朱熹指出,"知行常相须"(《朱子语类》),"方其知之,而行未及之,则知之尚浅。既亲历其域,则知之益明,非前日之意味"(《朱子语类》)。在朱熹看来,已经掌握的理论知识,还没有去行,那么掌握的知识就还没有到达一定的深度,等到真正去行了,身临其境,才能真正体会其中的意义和奥秘,知行合一才能真正地学到东西。"如目无足不行,足无目不见"(《朱子语类》),知与行紧密联系,缺一不可,二者相辅相成,知行合一则作为一个重要原则存在于朱熹德育理论体系之中。只有重视力行所思、践行所学,才不至于使自己的所学成为空谈。所谓"行之笃而凡所学问思辨而得者,又皆必践于实而不空言矣"(《四书章句集注》)。另外,他还提到"知而不行,而前所穷之理,无所安顿,徒费讲学之功,为学之实,固在践履。苟徒知而不行,诚与不学无异"(《白鹿洞书院教条》)。不力行那么所学道理便无处安放,根本还在于践行,单单知道了还不去践行,则与没有学过没什么差别,徒费功夫而已。而在中国古代的童蒙养正教材《弟子规》中也提到"不力行,但学文,长浮华,成何人"。

明朝大儒王阳明提出"知行原是两个字一说的功夫"(《传习录》),"知是行的主意,行是知的功夫;知是行之始,行是知之成"(《传习录》)。在王阳明看来知行本是一体,二者是一不是二,"一念发动处,便是行了"(《传习录》)。王阳明还提出"知之真切笃实处即是行,行之明觉精察处即是知"(《传习录》)。

儒家重视力行,重视行为实践,对于当今的创业者具有重要借鉴意义。

2010年11月15日,全球第八大会计公司BAKER(博太国际)在中国惟一成员所——天职国际会计师事务所(特殊普通合伙)正式着陆济南,设立了天职国际会计师事务所山东分所。2011年2月1日,天职(北京)国际工程项目管理有限公司山东分公司也相继成立。从此,天职人励精图治、专注进取、天道酬勤、职守笃行,开始在山东这片美丽丰饶的土地上开创属于自己的一片天地。天职工程山东分公司则致力于为客户提供建设项目全过程、全方位咨询的综合性服务,业务涵盖工程造价咨询、工程咨询、工程财务咨询、工程项目管理等多个领域。依托天职总部在人事、财务、业务、执业标准、内部控制、风险管理、技术运用、信息系统等方面的统一管理和技术支持,秉承"开诚立信、务实求真、廉洁协作、勤奋严谨"这一共同的核心理念,天职国际山东分所与天职工程山东分公司携手共进,在"满足客户需求、体现服务价值"的道路上不断实践与探索,追求卓越。近年来,天职国际山东分所和山东分公司从零起步,实现了"从无到有、从有到优"的进步和飞跃,拥有了"三优竞争力",即优雅的办公环境、优秀的员工队伍、优质的客户群体。如在员工队伍建设方面,天职国际山东分所与天职工程山东分公司采取先进的人才发展战略,广纳业内精英,着力培养员工的综合业务能力与团队意识。成立之初,山东分所的员工主要来自天职大家庭的北京总所、上海分所、安徽分所。立足济南后,山东分所通过"校园招聘、社会招聘、定向引进",逐步实现了人才本地化。"校园招聘"主要是与山东大学、山东财经大学合作,每年举办专场招聘,引进优秀毕业生。"定向引进"则主要是面向国际"四大"会计师事务所展开,引进各种高端人才。山东分所目前的员工中有来自安永、德勤、毕马威等各级次的高层次人才,具备独立从事"H股"业务的能力,多次单独及支援天职其他分所出色完成了多项"H股"业务,并有员工获得了山东省行业"国际业务岗位能手"称号。目前,天职国际山东分所和天职工程山东分公司共拥有员工80多名,注册会计师30余名,注册造价师6名,平均年龄不到30岁,是一支"年轻化"、"专业化"、"国际化"的优秀专业团队。天职国际山东分所正在积极开拓新三板及债券市场,为企业获得更好的融资渠道提供专业服务。"诚信、专业、服务"是天职国际一贯秉承的核心价值及原则。在资本市场高度发达的今天,天职国际山东分所将在总所提供的强有力支持下,进一步开拓周边资本市场业务。同时,天职国际山东分所人将恪守职业道德,勤勉尽责,坚持执业质量,保护公众利益,承担社会责任,不断为委托人提供高品质、高附加值的专业服务。眼下正值"十二五"规划的重要实施阶段,山东地区各行业的蓬勃发展必将为天职带来更多发展机遇,而天职人也将一如既往地坚持以"求公道、尽天职"为己任,不断提升执业水平,以一流的团队和服务赢得社会尊敬,为客户带来更为细致、科学的专业化服务,共创卓越。

四、因时而变

"变"的基本意思为"变更"、"变易"、"变通"。"变,更也"(《说文·支部》),"变,易也"(《小尔雅》);"善言而不知变,未可谓能说也"(《盐铁论》)。"变"与"常"相对,"变者,非常也"(《白虎通·灾变》)。"常"

之意为常规、准则，如"天行有常"（《荀子·天论》）。

儒家认为，天地万物不断变化。"一阖一辟谓之变，往来不究谓之通。化而裁之谓之变，推而行之谓之通"（《周易·系辞上》），"子在川上曰：逝者如斯夫！不舍昼夜"（《论语·子罕》）。变化催生了天地、日月与寒暑等。"在天成象，在地成形，变化见矣"（《周易·系辞上》），"日往则月来，月往则日来，日月相推而明生焉。寒往则暑来，暑往则寒来，寒暑相推而岁成焉。往者屈也，来者信也，屈信相感而利生焉"（《周易·系辞下》）。这种变化是普遍恒常的，"天地合而生万物，阴阳接而变化起"（《荀子·礼论》）。人类社会也不断变化。"齐一变，至于鲁；鲁一变，至于道"（《论语·雍也》）。"夫道者，体常而尽变，一隅不足以举之。曲知之人，观于道之一隅，而未之能识也。故以为足而饰之，内以自乱，外以惑人，上以蔽下，下以蔽上，此蔽塞之祸也"（《荀子·解蔽》）。

为何要变？环境之变所致。孔子提出"性相近、习相远"的命题，说明人们与生俱来的天性本来是相近的，但因为后天环境习染的不同，人与人之间的差距越来越大。对此，孔子举例说道："与善人居，如入芝兰之室，久而不闻其香；与不善人居，如入鲍鱼之肆，久而不闻其臭，亦与之化矣。"[①] 此外，孔子提倡择友、择处，也是其环境对人的品德形成作用思想体现。关于择友，孔子说："益者三友，损者三友。友直、友谅、友多闻，益矣；友便辟、友善柔、友便佞，损矣。"[②] 关于择处，孔子曰："里仁为美，择不处仁，焉得知？"[③] 毋庸置疑，孔子择友、择处的目的就在于创造一个有益于道德修养的环境，以便"就有道而正焉"。此外，儒家认为变化的根源还在于对立的两方面互助作用，"刚柔相推，变在其中矣"（《周易·系辞下》），"刚柔相推而生变化"（《周易·系辞上》）。

孟子、荀子所持"性善"、"性恶"论虽然在道德起源问题上认识不同，但均强调后天生活中环境和教育对人的道德发展的重要影响。在孟子看来，由于不良环境的"陷溺"，人们固有的仁、义、礼、智、信等道德观念会逐渐丧失。他认为教育的重要作用就在于"存养"、"扩充"和发展先天的"善端"，如果没有教育，先天固有的"善端"被不良环境"陷溺"而丧失了，人就会变成禽兽。[④] 因此他说："设为庠、序、学、校以教之。庠者养也，校者教也，序者射也。夏曰校，殷曰序，周曰庠，学则三代共之，所以明人伦也。"[⑤] 在

[①②③] 来可泓：《论语直解》，复旦大学出版社，1996年。
[④] 王易、刘致丞：《试析儒家的个人品德养成论》，《道德与文明》，2009年第5期。
[⑤] 徐洪兴：《孟子直解》，复旦大学出版社，2004年。

第四章 儒家的品质观与创业者素质管理

此,孟子第一次明确提出了道德教育是学校教育的首要任务,学校在道德教育上发挥着直接而重要的作用。在此也彰显出孟子"性善"论的可贵之处:孟子并未肯定人"性善"的永久性,要"扩充"、"存养"和发展"善端",既离不开自身的修养努力,也必须创造良好的环境进行熏陶和教育。

此外,孟子还多次提出通权达变的思想。《孟子·万章上》有云:"故说诗者,不以文害辞,不以辞害志。以意逆志,是为得之。"其意为,所以解说诗的人,不要拘泥于文字而误解,也不要拘泥于词句而误解诗人的本意。要通过自己读作品的感受去推测诗人的本意,这样才能真正地读懂诗。《孟子·离娄上》云:"嫂溺不援,是豺狼也。男女授受不亲,礼也;嫂溺,援之以手者,权也。"其意为,嫂嫂掉进水里而不拉,就是豺狼,男女之间不亲手传递东西,这是礼的规矩。嫂嫂掉进水里,小叔子用手去拉她,这是通权达变。《孟子·万章上》云:"可以久则久,可以速则速。"其意为,在不同的条件下,要审时度势,该长则长,该快就快。《孟子·公孙丑下》云:"彼一时,此一时也"。其意为,那是一个时期,现在又是一个时候,不同的环境、不同的时间有不同的想法。人不能一成不变,时代在发展,科技在进步,要学会创新。《孟子·梁惠王下》云:"取之而燕民悦,则取之。古之有行之者,武王是也。取之而燕民不悦,则勿取,古之人有行之者,文王是也。以万乘之国伐万乘之国,箪食壶浆以迎王师,岂有它哉?避水火也。如水益深,如火益热,亦运而已矣。"其意为,占领它而使燕国的老百姓高兴的话,那就占领它,古人有这样做的,周武王就是。占领它而使燕国的老百姓不高兴的话,那就别占领它,古人有这样做的,周文王就是。以齐国这样一个拥有万辆兵车的大国去攻打燕国同样拥有万辆兵车的大国家,老百姓却用饭筐装着饭,用酒壶装着酒来欢迎大王您的军队,难道有别的原因吗?不过想摆脱那水深火热的日子罢了。如果您让他们的水更深、火更热,那他们也就会转而寻求其他的出路了。

"易穷则变,变则通,通则久。是以自天佑之,吉无不利"(《周易·系辞下》)。其意为,易学的道理是穷极则变化,变化则能通达,能通达,则能恒久。能循此变通的原则,何事不成?所以有如天助一般,当然万事吉祥而无往不利。有位企业家认为:"企业要发展,必须要求变,只有冲破旧的外壳,才能开拓新的价值。不变是暂时的,变化是永恒的。变革是通往光辉未来的必由之路。"

李·艾柯卡受命于克莱斯勒后,加强市场调研,在推陈出新变换品种上同样表现得先声夺人。生产的最终目的是销售,只有在产品的使用价值让渡之后,才有机会说"我们成功了"!根据市场需求来确定产品发展方向,这是一条经营定律。过去由于市场信息严重失误而失败的教训使李·艾柯卡展开了大力加强市场调研工作,于1982年11月组建了一个由60多人组成的市场调查小组,针对汽车市场动向、消费趋向、顾客特点偏好、燃料价格波动等与汽车销售有关的大量问题,进行广泛深入的调查分析,为生产决策提供信息和依据。结果证明:这支市场调查小组后来为公司生产方向的重新确定提供了可靠的市场依据,功不可没。李·艾柯卡熟知重视售后服务意义之所在,作为卖家,绝不能搞"过河拆桥"这种自绝后路的销售方式,公司不仅要保证自己的产品质量、使用寿命,而且还要提供各类保修服务,才能赢得客户的信任。精心搞好售后服务,也是他刺激销售的有力手段。他们推出一系列售后服务政策:小汽车的保修期为5年,行程5万英里;小吨位运货车的保修期亦为5年,行程则更长,为10万英里。这类免费的售后服务,在底特律的汽车生产商中绝无仅有、独此一家。"有事实,方胜于雄辩!"李·艾柯卡利用广告,大力扩大公司影响。他认为新闻媒体是商业界灵敏的触角,也同样发挥着优胜劣汰的神奇功用。为了彻底地摆脱克莱斯勒汽车公司以往的臭名声,艾柯卡不惜重金请美国广告行里的佼佼者凯尼恩—埃克哈特公司充当克莱斯勒汽车公司的广告代理人。新颖出奇的广告为克莱斯勒汽车公司赢得了顾客,扩大了销售。李·艾柯卡实行了优质高价、劣质低价,视行情变化有升有降、灵活变通的价格战略。创新让他挽救了克莱斯勒。

  荀子认为人性本恶,故而人的善德是后天通过教育学习所得的,因此他认为教育可使"博学,积善而化性"。① 荀子与孔子一样,同样强调良师益友的榜样作用。他说"得贤师而事之,则所闻者尧、舜、禹、汤之道也;得良友而友之,则所见者忠信敬让之行也。身日进于仁义而不自知者,靡使然也"。② 在他看来,不同的环境铸造出不同品格的人。他说:"蓬生麻中,不扶自直;白沙在涅,与之俱黑。"又说:"居楚而楚,居越而越,居夏而夏,是非天性也,积靡使然也。"③《淮南子·氾论训》:"器械者,因时变而制宜适也。"其意为,根据不同时期的具体情况,采取适当的措施,形容准确地把握时机。由此可见,虽然个人品德形成与诸如环境、教育的外部影响不容忽视。一方面,"一名创业者拥有良好的素质是创业者在激烈的竞争中制胜的法宝"。④ 对于儒家传统的品质观,不断地取其精华,弃其糟粕,并且把它融入创业者素质管理的每个领域。如果缺乏对传统民族文化遗产中素质管理思想和提升方法的进一步挖掘和研究,不仅是创业者管理的缺憾,也不利于创业者素质管理的提升和

---

  ①②③ 章诗同:《荀子简注》,上海人民出版社,1974年。
  ④ 蒋灵达:《试论中国企业文化对儒家思想的承接》,华东师范大学博士论文,2007年。

完善。另一方面,创业者的品质素质应顺应变化而不断充实、完善。符合具体环境的品质才是有价值的品质。

刘伟投资了某燃气热水器厂,有媒体称,市场风向将发生转变,该项目将变得不合时宜。刘伟十分矛盾,但想到已投入的近 10 万元,他决心赌一把,结果他血本无归。创业者应时刻注意市场趋势的变化,原有决策已不合理时就应壮士断腕,当断不断,反受其乱。

因时而变要求做好市场调查。一位朋友向小刘竭力鼓吹××项目的美好前景,"只要你投资 5 万元,其他一切事情全部由我来做,咱们俩五五分成"。结果小刘拿出钱后,没多久就将项目做垮了。通常,创业者对他人尤其是亲密朋友的意见都容易过度信任,认为朋友的话即代表了市场的真相,自己无须再对市场进行调查,从而导致投资失败。毛主席说:要想知道梨子的滋味,就要亲自尝一尝。这是万古不渝的真理,投资者更要牢记在心。

本章小结

品质指的是人的行为和作风所显示的思想、品性、认识等实质。而儒家的品质观主要指儒家思想当中那些优良的美德。我国学者陈德智(2001)认为,儒家的优良品质为"智、信、仁、勇、严"。[①] 儒家品质观的核心是:"仁义礼智信,温良恭俭让和忠孝勇恭廉。""仁义礼智信"的意思是仁爱、忠义、礼和、睿智、诚信。"五常"是做人的起码道德准则,此为伦理原则,用以处理与和谐作为个体存在的人与人之间的关系,组建社会。"温良恭俭让"是传统美德的重要内容,即处处与人为善。温者貌和,良者心善,恭者内肃,俭乃节约,让即谦逊。这是儒家提倡待人接物的准则。"忠孝勇恭廉"的意思是忠心、孝悌、勇敢、谦恭、廉洁。指的是人应信守、践行的五种高尚品格。品德之于品性,侧重的是德行,更多的是对人的为人处世原则的界定;品性之于品格,侧重的是性情,更多的是对人的自我性情秉持的界定;品格之于品德,侧重的是风格、人格,更多的是对人的持家理政风格、人格的界定。

儒家品质观作为中华上下五千年以来遗留下的精髓,影响着社会上各种不同身份的人们,包括统治者、政治家、学者和平民百姓,也包括世世代代的商人。古代有儒商,他们亦儒亦商,如徽商、晋商、郴商等。现代有邵逸夫等具有现代儒化的商人。儒家品质观不仅表现在他们的经商之道,同时也表现在他

---

① 陈德智:《创业管理》,清华大学出版社,2001 年。

们自身的修养以及为人处世之道。儒家的一些品质观念与当代创业者所要学的一些素质在一定程度上是不谋而合的,有着千丝万缕的关联。

儒家个人品质理论本身体现了传统中国对道德价值的重视和个体修身的青睐,这既是传统社会政治伦理建构和宗法社会秩序维护的必然要求,也反映了道德作为"人兽之别"的重要标准,它本身所蕴含的伦理精神在任何时代都值得坚守:道德是每一个历史时代人与自然、人与自身、人与人、人与社会、人与国家之间的联结方式,道德关系到每一个生活在社会中的人的根本利益和幸福。认识到了这一点,我们才有可能树立正确的道德意识,自觉遵守社会的道德规范,并坚定有力地拒绝道德虚无主义。同时,儒家个人品德内容中的"仁爱"精神、诚信品格、重义情结、勤俭意识等在功利主义价值观大行其道的消费社会中无疑面临着被瓦解的风险,但恰恰这些伦理品格积淀和形塑了中华民族传统中最富价值的精神财富。在新时代的今天,这些道德品格又以新的形式展现在社会生活中,并构成了当代中国社会主义核心价值体系的重要内容(社会主义荣辱观),这充分反映了儒家个人品德理论强大的理论生命力。最后,传统儒家主张个体通过格物致知、诚意正心、修身慎独等内在休养方式和推己及人、躬行实践的外在方式(即"内圣外王")达致理想人格的方法路径即便对于当代社会的道德建设和学校道德教育的开展仍然颇具参考价值,对于现代公民文明修身和实现自身全面发展亦有着重要意义。

在伦理道德方面,孔子提倡温、良、恭、俭、让的基本情操。他主张谦虚谨慎、艰苦朴素、态度温和、心地善良、友好地处理人与人之间的关系。此外,孔子教育内容中还十分重视体育锻炼和美育陶冶。孔子提倡礼、乐、射、御、书、数"六艺"。孔子本人就十分重视体育锻炼,他经常带弟子们到泗河边郊游,他喜欢爬山,"登泰山而小天下"。孔子对射箭和驾驭马车也是非常内行的。孔子主张美育,主张"君子成人之美"标准是"博学于文,约之以礼"。他提出的"智、仁、勇"是结合心灵美的,他提出的"席不正不坐"是结合环境美的。

"大学之道,在明明德,在亲民,在止于至善"。① "明明德"、"亲民"、"至善"分别指出了个人品德的社会地位、养成方式和价值旨向。怎样实现创业者的价值理想,促使创业者素养的形成与打造?儒家亦做出了清晰的回答:"古之欲明明德于天下者,先治其国;欲治其国者,先齐其家;欲齐其家者,先修其身;欲修其身者,先正其心;欲正其心者,先诚其意;欲诚其意者,先致其知。致知在格物。物格而后知至,知至而后意诚,意诚而后心正,心正而

---

① 朱熹:《四书》,中华书局,1983年。

第四章 儒家的品质观与创业者素质管理

后身修,身修而后家齐,家齐而后国治,国治而后天下平。自天子以至庶人,壹是以修身为本。"① 显然,在儒家看来,人必须提高道德的自觉性("修身"、"养心"),这是体现人的价值自觉和尊严的活动。创业者扮演多种角色,既属员工,又属领导者;既要代表劳方,又要代表资方。创业者活动及创业绩效与创业者的自身修养密不可分。儒家的道德人格修习观为创业者素质管理提供了清晰的思路和指向。

本章主要从儒家道德素质观、美德素质观、品格素质观以及能力素质四个方面来探析创业者素质管理。作为创业者,不但要对中国传统文化,包括儒家品质观有一个深刻认识,更重要的是在创业的过程中,充分挖掘、发挥儒家品质观中的积极因素,同时,要从观念、思想、制度、政策、行为等方面,自觉克服、去除儒家品质观中的消极因素,做到扬长避短,因此,我们在把儒家品质观与创业者素质管理相结合时,不仅要注意对儒家品质观的承优剔劣,更加需要借鉴其他国家将传统儒家品质观与创业者素质管理相结合的方法,而不是去盲目复制别人的经验。同时还要坚持社会主义特色,不断地发扬儒家品质观等传统文化的精华,并且使它与创业者素质管理相结合。从而使中国的创业者素质管理能够更加进步。随着传统社会向现代社会的变迁,儒家个人品德理论必然面临着被解构和重构的任务,这既是儒家个人品德理论自身局限的结果,也是它走向现代性社会并重获新生的机会。在挑战和机遇并存的双重创业境遇中,经过时代化改造后的儒家个人品德在焕发出传统伦理精神风采的同时也会对当代创业伦理生态的改善做出一定的理论贡献。

// 延伸阅读 //

晋商是中国最早的商人,其历史可远溯到春秋战国时期。明清两代是晋商的鼎盛时期,晋商成为中国十大商帮之首。在中国商界称雄达500年之久。晋商家族不同于一般官绅家族,它是具有商业烙印特征的中国传统文化家族。

晋商是指山西商人,山西简称为"晋"。晋商首创了中国历史上的票号。"票号"是当时商人通商的一种方式,商路遥远,汇通天下,曾在中国历史上显赫一时。直至如今还传颂着"山西人善于经商、善于理财"的说法。

晋商中的一位重要代表人物王现曾经说过:"夫商与士,异术而同心。故善商者,处财货之场,而修高洁之行,是故虽利而不污;善士者,引先王之经,而绝货利之径,是故必名而有成。故利以义制,名以清修,恪守其业,

---

① 朱熹:《四书》,中华书局,1983年。

天之鉴也。"这段话出自一个距今已有400多年的山西商人口中，着实令人惊叹。这番论述不仅点明了经商的不二法则，也道出了为官与为人的基本遵循。在王现等晋商看来，不论在什么时候、在什么情况下，只要按照这一法则为人处世、入仕经商，必定会做出一番不平凡的事业。

晋商文明可以从其商业遗址上得以实证。在山西省内有晋商大院，在山西省外则有山西会馆。了解晋商文化，家族文化看晋商大院，商帮文化则要去看山西会馆（山陕会馆）等。

山西商人的活跃，古代文献多有记载，到明朝（1368~1644年）已在全国享有盛誉。清朝（1644~1840年）初期，山西商人的货币经营资本逐步形成，不仅垄断了中国北方贸易和资金调度，而且插足于整个亚洲地区，甚至把触角伸向欧洲市场，从南自香港、加尔各答，北到伊尔库茨克、西伯利亚、莫斯科、彼得堡，东起大阪、神户、长崎、仁川，西到塔尔巴哈台、伊犁、喀什噶尔，都留下了山西商人的足迹。

当时中国从陆路对俄贸易最早最多的是山西人，在莫斯科、彼得堡等十多个俄国城市，都有过山西人开办的商号或分号。在朝鲜、日本，山西商人的贸易也很活跃。

旧时曾有人说："凡是有麻雀的地方，就有山西商人。"他们的足迹遍布大江南北，他们在商界以群体的形式活跃5个多世纪，经营范围十分广泛，上至绸缎，下至葱蒜，他们在清初即创建中国最早的银行——票号，执中国金融界之牛耳。今天，我们将他们统称为"晋商"。

山西晋商有着官商的特点，而皇商盛行也是在那一时期、那一地区得以发展起来的。山西离北京地理位置很近，当时进关出关都很方便，茶、私、盐、粮有着得天独厚的交易便利。也就是当时在山西得以实现便利的"物流"。山西商人也很有特点，就算再有钱、再惊天动地，他们也是这块泥土地上的人，他们诚信待人，有很多纯朴的特色。《乔家大院》主要人物身上有很多山西商人代表性的东西，如再有钱他们也很土，很简朴。他们遵循儒教精神，用以德服人的方式去处理经商的关系、家族内外部的关系。

晋商文化有许多值得表现的地方。晋商成功的根本在于儒商精神。当时受儒家文化影响很深的晋商，有着很进步的经商理念。儒商精神的根本在"诚信"二字，这可能也是社会上比较缺失的一种价值观念。

对于儒和贾，明清社会上的一般看法是"儒为名高，贾为厚利"，认为儒、贾追求目标不一。但一些山西商人却提出了儒贾相通观，他们认为行贾也可习儒，儒可贾，贾可仕，仕可不失贾业。如明朝蒲州商人王瑶，就是

第四章　儒家的品质观与创业者素质管理

"行货而教义，转输积而手不离简册"。山西商人还在河东盐池为其子弟设立了运学，在两淮盐区其子弟独有商籍，而徽商无。

晋商有以下经营特征：

（1）义利相通观。义，是中国传统文化中所讲的一种道德规范，也是禁约人们行为的准则。在义利相通观的影响下，诚信戒欺，重视商誉，则成为山西商人的商业道德观。义利思想最直接的表现就是"诚"与"不欺"，尽管"不务仁义之行，而徒以机利相高"的商人大有人在，但奉行诚信不欺的商人仍为主流。如清朝著名的山西介休商人范永斗，就是由于"与辽左通货财，久著信义"而受到清政府的垂青，后来当上皇商，并由此获得厚利。诚信不欺，以诚信重义作为商人处世立业之道。"诚召天下客，义纳八方财"，可谓山西商人精神价值观的体现。

（2）谋略竞争观。义利思想是明清山西商人的精神价值观，也是经营管理哲学。但商品市场存在着激烈的竞争，"与人相对而争利，天下之至难也"。深谋略，通权变，作为商场上的竞争之道，体现出明清山西商人文化观的又一个特色。明人张四维说："蒲俗，善贾者必相时度地居物而擅其盈，故其业有不终身（生）变老，有不终岁变者，其有一业不变而世守之者。"如前述山西蒲州商人王海峰，"始亦以居货走四方，而中负隐隐与众不类。青沧者故太公管仲之盐荚之区，陶朱公据以累致千金者也。国家亦有榷务存焉，法弊利壅。诸贾过，不以正目视之。公独曰：此可居也。遂相地制宜，审时观变，究览醝政……人所弃我则取之，人所去我则就之，而公之业益饶"。

（3）修身正己观。中国古代思想家认为培养人才之道是"修身、正己、齐家、治国、平天下"，以自我修养为前提。"知所以修身，则知所以治人，知所以治人，则知所以治天下国家矣"。这就是说，修身正己，是使人具备担当治国、安天下重任的基本素质要求。关于这些基本素质的标准，孟子主张"仁义礼智信"，兵家对为将者的要求是"智信仁勇严"，《三略》概括为"道、德、义、仁、礼"。因而晋商用人唯贤是举，勤俭经商也是晋商修身正己的一个重要内容。

（4）科技应用观。数学、地理、交通与商人的经商活动有着密切关系，明清山西商人很注意对数学、地理、交通等科技的实际应用。明朝蒲州大商张四教，16岁服贾远游，"所经纪废居，咸出人意"。其兄张四维说他"尤精《九章算术》，凡方田粟布勾股商分等法厘中白首不得肯綮者，弟皆按籍妙解，不由师授"。

晋商还在清朝江苏王氏所著《生意世事初阶》的基础上，编著了《贸易须知》，总结了培养学徒和坐贾经商等经验，是一部内容十分丰富的经商著作。由以上之例不难看出，明清山西商人在经商活动中十分重视科技的应用，并通过科技的应用推动其商业活动。

总之，明清晋商精神表现了山西人经商的思想品质、经营谋略、经营作风、文化观念等，这是晋商取得商业成功的宝贵的精神财富。

资料来源：http://baike.baidu.com/link?url=d6pB-OCpP43s2kW_GMHRU90eZkHSDmjQl6INA5EOFxLz2Lzusu8e3KKK8lYIXvXF.

第五章　儒家人治与创业员工管理

第一节

儒家人治思想

一、人治思想嬗变

从先秦时期一直到明清时期，随着儒家思想一步步地成为中国社会的统治思想，人治社会也在逐渐形成。在孔孟时期，儒家的主要目的是实现国家的统一，解救生活在困苦之中的贫苦百姓，所以此时儒家思想更多的是一种救国之策，提倡人治社会也是孔孟相信君主能将国家统一，能把国家治理好，救人民于水火。而西汉之后的儒家思想最主要的目的是维护封建地主的地位，维护皇家和统治阶级的绝对权威，其出发点只是统治阶级，帮助统治阶级欺压蒙骗普通百姓，只有实行人治社会，使统治阶级直接管理社会才能巩固统治阶级的地位，维护封建王权。

（一）早期人治思想的形成

先秦早期在政治思想领域中神权法思想基本上占据着统治地位，君王们把自己之所以为王的根因归结于自己的祖先与上天存在着密切的联系，"有娀方将，帝立子生商"，特别是到了商朝时期神权法思想达致完备。虽然神权法思想不能等同于人治思想，但是从其思想内容来看却处处渗透着人治思想的内容，即把国家的治理归结为一人的统治，神权法思想实质上是给君王统治地位的巩固提供一种理论上的支撑。由这些神权法思想可以看出，这只不过是人治思想理论的一种异化。

在西周取代商朝后，周人开始对一系列的问题进行思考，吸取了商朝覆亡的经验与教训。即使是受命于天，但若荒淫无度，不理政事，像商末的昏君那样，也会失去天命，失去君权。而即使没有获得天命，但是勤勉于政事，惠保小民像商初的明君圣主那样，也能够更改天命，执政天下。所以"天命"、"天意"取决于君王自身。由此周人更多地意识到在政治统治过程中人的作用。周人之所以得天下，就在于周朝的人君修德，以此来总结殷商灭亡的历史教训，突出了政治生活中人的因素的重要性，否定了单纯的由神主导人事的观点。为此周人提出了"以德配天"和"唯德是辅"的政治主张，从而引起了政治观念的变化，即政治单纯地由神主宰向人治的转变。"君子所其无逸，先知稼穑之艰难，乃逸则知小人之依"，"作其即位，奚知小人之依，能保惠于庶民，不敢侮鳏寡"这一系列的论述充分体现了君主在统治过程中应该体贴民情，不能过分贪图享乐，要知道人民的疾苦，只有如此才能确保社会秩序的稳定。

先秦早期儒家思想虽刚脱离神权法思想的束缚，但已形成基本的人治思维模式。这种模式仅局限于一人统治，仅仅重视君王一人的作用，过分地看重君主的统治能力，这与后来的儒家人治思想还是存在差别的。

（二）人治思想的完备

春秋后期西周的礼乐全面崩溃，神权思想也失去往日的威严。孔子对人治思想进行了完善，开始把重心从鬼神转移到注重人事的角度，"未能事人，焉能事鬼"，在孔子看来无论是统治者或者被统治者，都是作为实在的人而存在，整个社会的运转就是来自二者的调适。所以，孔子回到现实中来"敬鬼神而远之"，进而对西周的贤人政治理论进行了补充。作为推崇贵族政体的孔子，其必然会把重心放在统治阶层的一面，注重人的作用，整个国家的昌盛得有一个开明的君主来加以治理。在当时政治混乱的情况下，孔子主张统一的政治局面，且得有一个贤明的君主来执掌最高的统治权，"礼乐征伐自天子出"，只有这样，才能使得天下安定，人民得以安居乐业。孔子提出了"德政"这一治国思想，主张以教化为主、以政令刑罚为辅的治国方针。孔子充分认识到社会秩序的稳定必须得到人民的支持，认为统治者要实行"宽"、"惠"的统治政策，减轻对人民的剥削。另外还提出对人民要取之有度，"节用而爱人，使民以时"。从孔子的这些主张可以看出，虽然看似把重心放在人民的身上，但是这些无非是为统治者提出了一系列的治国方针，以维护封建贵族政体，使得君王们的天下太平，能永保其最高统治者的地位不动摇。但不同于商周时期的人治思想理论，孔子不仅认为治理国家应该有一位贤明的君主，而且必须有贤能的人来参政，"先有司，赦小过，举贤才"，这种突破宗法血缘关系举贤才的思想对人治思想进行了重新地诠释。

孟子在孔子的思想基础上创立了自己的"仁政"学说，在他的仁政思想中，认为君王在统治的过程中应该把人民放在首要的位置，"民为贵，社稷次之，君为轻"。孟子以重民思想为核心的仁政学说在本质上亦是一种人治思想。同时孟子还认为："不仁而得国者，有之矣；不仁而得天下者，未之有也。"施暴政可以取得政权，但是无法维持政权；要使政权牢固，天下稳定，最根本的还是要靠仁政。只有具备了仁德的人才能治理国家，因此选拔人才是一个国家政治生活领域中的一项重要内容，"仁则荣，不仁则辱；今恶辱而居不仁，是犹恶湿而居下也，如恶之，莫如贵德而尊士，贤者在位，能者在职。"孟子在此认为要使国家尊荣而避耻辱，就必须崇尚仁德，就必须任用贤能的人。

荀子则提出了"有治人，无治法"的思想。在荀子看来，只有完美的人存在，而不存在至善至美的法律，他的人治思想限定于法律领域，且把人治之中的"人"定位在法律的执行者，也就是法官的身上，"法者治之端也，君子者，法之原也"，再完善的法律也得靠人来执行，人执行法律的好坏程度决定着法的好坏，荀子充分认识到法仅是人的意志的体现，是由人创制并由人来实施，是依附于人的，而且社会生活复杂，处于不断的变化当中，法律不能包揽无遗，也不能随时应变。所以，荀子认为"有良法而乱者，有之矣；有君子而乱者，自古及今未尝闻也"。荀子在孔孟的思想理论基础上把人治思想渗透到法律领域，为儒家的人治思想做了最后的补充。从"为政在人"到"有治人，无治法"。

二、人治思想的前提假设

儒家人治理念是从其德治理念中引申出来的，其"人治"理念赖以形成的价值预设主要有人性假设、能力假设和道德假设。[①]

（一）人性善

儒家思想家对人性的预设主要有二：其一，人性本善。对人性善的理论论证最系统完整的莫过于孟子。孟子以心言性，以"心善"论"性善"，将人之异于禽兽的本质或本性归结为道德善性。他不仅认为人性本善，而且认为此善性是人所固有的，此所谓"恻隐之心，人皆有之；羞恶之心，人皆有之；恭敬之心，人皆有之；是非之心，人皆有之……仁义礼智，非由外铄我也，我固有之也，弗思耳矣"（《孟子·告子上》）。其二，人性本恶，但可以改造为善。在儒家思想家中，人性恶理念预设的典型代表是荀子。荀子并非像孟子那样，从先验或理想层面把握人性，而是将人性理解为现实的人的自然本性。他明确指出："凡人有所一同：饥而欲食，寒而欲暖，劳而欲休，好利而恶害，是人

---

① 丁士松：《儒家人治理念的价值预设及其现实困境》，《武汉大学学报》（哲学社会科学版），2007年第60期。

之所生而有也，是无待而然者也，是禹桀之所同也。"(《荀子·荣辱》)"好荣恶辱，好利恶害，是君子小人之所同也。"(《荀子·荣辱》)荀子对"性"与"伪"进行了明确的区分。荀子认为，人生而有情欲，若顺其发展而不加以引导与节制，必然产生恶行。但人性的恶并非不可改变，人性若受"师法之化、礼仪之导"，即能"化性起伪"、"化性向善"。

（二）无限能力

在儒家看来，人具有认识善性、扩充善端以成就理想道德人格的无限能力。孟子明确提出："是非之心，人皆有之"、"无是非之心、非人也"，(《孟子·公孙丑章句上》)而且荀子也公开表明："人，生而有知……心，生而有知。"(《荀子·解蔽》)那么，人为何天生具有此分辨是非的理性能力呢？其根源即在于"心"。正如荀子所言："人何以知道？曰：'心'。"(《荀子·解蔽》)王阳明说得更明白，"知是心之本体，心自然会知，见父自然知孝，见兄自然知悌，见孺子入井，自然知恻隐，此便是良知，不暇外求。"(《答顾东桥书·传习录（中）》)可见，在儒家思想家心目中，人心的力量是无所不克的。只要人们"反诸于己"、"诉诸于心"，不断致良知、去私欲，彰显与扩充其内心所固有的善端（就人性本善而言）或不断化性起伪、去恶从善（就人性本恶而言），那么，"人皆可以为尧舜"，人人均可达到天人合一、物我两忘、"万物皆备于我、我也归于万物"的至善至美的心灵境界即"圣人"境界(《孟子·告子下》)。

（三）道德性

儒家思想家认为，人是天生的道德动物，人与动物的本质区别即是人能知礼义廉耻，能尊君、敬父，能结成道德社会。因此，人要称其为人，要体现人生的价值与意义，就必须过社会道德生活。人一旦脱离由君臣、父子、夫妇、兄弟、朋友五伦构成的社会道德关系网络，人的生存将失去意义，人即降为禽兽。人应积极投身于正心、修身、践仁、践义的道德实践。唯有通过这种道德实践，人们方能不断"致良知"、"明明德"，不断提升人生境界。

三、人治思想的特征

（一）主事在人

儒家学派的学说是以人为中心的，在它的政治哲学中，核心也是人。也就是说，在儒家学者看来，国家的兴亡成败，政治的昌明黑暗，是直接取决于为政者的，即所谓"为政在人"。在《中庸》和《孔子家语》里都有这样一段类似的记载：哀公问政，子曰："文武之政，布在方策。其人存，则其政举；其人亡，则其政息。人道敏政，地道敏树。夫政也者，蒲卢也。故为政在人，取人以身，修身以道，修道以仁。"孔子把"知（智）、仁、勇"称为"三达德"。他据此又说："知斯三者，则知所以修身。知所以修身，则知所以治人。知所以治人，则知所以治于天下国家矣。"①

朱熹对孔子的这几句话，做过如下的注释："有是君，有是臣，则有是政矣。""以人立政，以地种树，其成速矣，而蒲苇又易生之物，其成尤速也。言人存政举，其易如此。""为政在人"，《孔子家语》作"为政在于得人，语意尤备。人，谓贤臣，身，指君身。道者，天下之达道。仁者，天地生物之心，而人得以生者，所谓元者，善之长也，言人君为政在于得人，而取人之则又在修身。能仁其身，则有君有臣，而政无不举矣"。②

孔子"为政在人"的思想，主要是说一个国家政治的善恶关键在人（即君臣），有什么样的人，就会有什么样的政治。所以，为政好坏，在于君臣道德修养的好坏。君臣只要注意修养而具备了好的品德，就会有好的政治；否则，好的政治局面就不会存在。

这里的"人"有两重含义。首先，"人"指的是统治者。儒家认为政治的好坏取决于统治者的好坏。孔子说："其人存则政举，其人亡则政息。故为政在人。"③儒家怀着美好的愿望，提出"人治"的理想模式，即"内圣外王"者当政。意指人（主要指精通儒学者）经过"格物"、"致知"、"正心"、"诚意"、"修身"、"齐家"等一系列的修炼阶段，达到"内圣"境界，再加上特殊的机遇和条件，获得"外王"地位，然后施行统治，从而实现"治国"、"平天下"的理想。无独有偶，儒家在西方也能找到知音。古希腊的著名思想家柏拉图就是西方人治的倡导者，其勇气甚至超过了先秦儒家——他在《理想国》中公开主张由哲学家担任国王。当然，这种理想模式从一开始就因其过于脱离现实而注定是不可能实现的，儒家代表们失望地发现，"内圣外王"永远只是一个梦，尽管儒家杰出者们为实现平治天下的"外王"之路而对"内圣"孜孜以求，但没有一个人有幸登上君王宝座，"内圣"者不"外王"，"外王"者不"内圣"，除非天降奇迹，否则这个矛盾无法解决。现实当前，追求"内圣外王"的孔孟之徒终于醒悟过来，彻底明白自己的"外王"之梦是不可能实现了，便降格以求次，而谋求把自己之所学货卖帝王家。因此，他们改为希望统治者能成为他们所理想的"外王"，于是主张"贤人政治"，希望能使统治者达到"内圣"的境界。孔子强调贤人治国的头等重要性，主张"举贤才"，"善（资）人为（治）邦"。他说："善人为邦百年，亦可以胜残去

---

①② 朱熹：《四书章句集注》，中华书局，1983年。
③ 吴树平、赖长扬：《白话四书五经》，国际文化出版社，1992年。

杀矣。"为达到目标，儒家极力塑造了一批道德完美的"先王"，并通过赞颂他们来劝导时君世主通过修身养性成为圣人，推行德治。其次，"人"也指执法的官员。孔子提出了"举贤才"的主张：一是"举直错诸枉"，二是不拘一格，不论门第出身。哀公问曰："何为则民服？"孔子对曰："举直错诸枉，则民服；举枉错诸直，则民不服。"① 而要做到这点，就势必突破周礼世卿世禄的"亲亲"原则。因此，孔子说："先进于礼乐，野人也；后进于礼乐，君子也。如用之，则吾从先进。"② 孟子比孔子更加强调贤人治国的必要性。他认为唯有"仁（大贤）者"宜在"上位"。这是由于战国时"士"的力量空前壮大、社会地位与作用大为提高的反映。孟子出行，"后车数十乘，从者数百人"，趾高气扬，视为当然。这与孔夫子在陈蔡之间被困饿扁了肚皮的日子，有天渊之别。

（二）人治与法治

"人治"与"法治"是我国春秋战国之际、从封建领主制向封建地主制社会转变时期出现的两种政治观，它反映着两种不同侧重面与特色的治国方法。"人治"是儒家的政治观，主要依靠贤人的贤能来治理国家，它侧重"任人（贤人）"，以仁政（王道）惠民为特征；"法治"是法家的政治观，主要依靠法律的威权来治理国家，它侧重"任法"、"任罚"，以霸道苛民为特征。

荀况是把儒家的"人治"观推向新水平的大儒。当时，正值封建兼并战争大局将定而未定之际，一方面是贤人，"士"在社会上继续保持其显要地位，而作为大儒的荀子，亦自有发扬重贤人之治和行仁人之政的儒家"人治"观之传统，另一方面，法家的"法治"在"壹民"、"并力"、"攻取"方面，收到了显著效果，这就为吸取法家的合理因素提供了可能。与此同时，法家的"法治"之弊亦随之充分暴露。这些现实条件使荀子有可能对儒法两家之说进行对比，舍短取长，互相发明。荀况认为，在治理国家方面关键是人，而不是法，提出了"有治人，无治法"的论断。理由有三：第一，法对于治理国家虽然重要，"法者，治之端也"，但毕竟是人制定的——"君子者，法之原也。"第二，即使有了良法，也得靠人来贯彻执行，无人执行，再好的法也不起作用。第三，国家大事复杂多变，法不能概括无遗或随机应变，这就完全仰仗人的灵活运用。

《荀子·君道》对于儒家的"人治"作了极精辟的论述："有乱君，无乱国；有治人，无治法，故法不能独立，类不能自行。得其人则存，失其人则亡。法者，治之端也；君子者，法之原也。故有君子，则法虽省，足以遍矣。

---

①② 张以文：《四书五经（译注）》，湖南大学出版社，1989年。

无君子,则法虽具,失先后之施,不能应事之变,足以乱矣。"人与法的关系在这里得到了精辟透彻的阐述。

儒家主张人治,并未忽视法治。孔子即主张"道之以政,齐之以礼,有耻且格",明确宣扬德礼为主、法刑为辅的治理方式的优越性。孟子也认为"徒善不足以为政,徒法不能以自行"①,既反对"上无道揆",也反对"下无法守",主张"国家闲暇,及其时,明其政刑"②。到了荀子,则发展成为一套完整的体系,他把礼义、法正和刑罚相提并论,既"隆礼",又"重法",多管齐下,把礼的基本原则法律化,认为"治之经,礼与刑"。荀子肯定了"法"对治国的作用,如说"其法治,其佐贤,其民愿,其俗美,四者齐"则可以"王"(《荀子·君道》)。在此基础上,他针对法家的"法治"之弊,十分强调"知法之义"(通晓"法"之致治原理)的大前提,突出"治人"(致治之人——贤人、君子)是治国的关键,提出"有治人,无治法","法不独立,类不自行","有良法而乱者有之"等命题,提倡以"治人"为主、"治法"为辅的"人治"观。

(三)修身乐群

孔子重视执政者的楷模"风化"作用。他认为所谓"政治",不外乎是执政者本身起模范带头作用,率民以"正",能做到这一点,执政治国就不难了,如果执政者本身行为不正,自己都管不了,怎能管别人?孔子说:"政者,正也。子帅以正,孰敢不正?"③旗帜鲜明地指出,"其身正,不令而行;其身不正,虽令不行。"孔子认为,只有先"修身"才能"齐家",再"治国"、"平天下",批评那些自身都不遵纪守法的司法官吏,认为这些人不能有效地管治民众:"不能正其身,如正人何?"④孔子强调榜样的作用,认为潜移的"风化",其威力更在强制的法令之上。

孟子也说:"仁者如射,射者正己而后发。"⑤尤其强调统治者以身作则的重大意义:"一正君而国定矣。"⑥这种认识到司法官员作为一个特殊群体遵纪守法的重要性从而要求其带头守法、以身作则的观点是正确且科学的,是符合时代要求的。

荀子提出君之为君,国之为治的本质规定——"能群"。他认为"人"之所以能"裁万物"、"制天命而用之",成为万物之灵,在于人的社会性"能群"。由于"群"才有国家的组织。国家是整个社会的代表,君则是国家的代表,其作用在于"群"民、使民安定而成群,不致动乱而鸟兽散。所以荀子称"君者何也?曰:能群,也"(《荀子·君道》)。"能群"有四个条件:①"善

---

①②③④⑤⑥ 张以文:《四书五经(译注)》,湖南大学出版社,1989年。

生养人者"，即"省工贾，众农夫，禁盗贼，除奸邪"，合理安排经济比例，保障人民生活安定和良好的社会秩序。②"善班治人者"，即设官分职，奉公职守，"莫不法度而公"。③"善显设人者"，即"量能授官"，使人才"各得其宜"。④"善藩饰人者"，即使各级官吏按其"等差"给予优厚的经济和政治待遇。如是，则社会各等级自天子至庶人，皆以其"分"而"各得所宜"，自然"天下归之"。这是一条团结本阶级并安定广大被统治阶级的治国方针，这与法家主张君主"贵独"并与臣民处于对立之道，判若两途。荀子还提出，"为民"即要"能群"，不但君要"能群"，"官"也要"能群"。他说："古之所谓仕昔，厚敦者，合群者也。"（《荀子·非十二子》）自君王至各级官吏都必须以和合群众作为其最高职责。

（四）君与民

孔子提倡"君"与"民"之"和"，君的基础在于民，认为只要百姓富足了，君怎会不富足？如百姓不富足，君怎能富足？提出施政必须以民的利益为出发点，"因民之利而利之"。要薄赋敛、轻劳役，并在人民生活富裕的基础上施予教育，把"修己（克己）以安百姓"作为治国的最高准则。孟子更把孔子的"惠民"之政，发扬光大为"仁政"学说。他针对当时的土地疯狂兼并，农民大量破产，"壮者散之四方"的现状，认为仁政的关键在于"正经界"，保证农民的小土地所有，使农民有"五亩之宅（树桑的宅旁之地）"、"百亩之田"的"恒产"，这是使农民"仰足以事父母，俯足以畜妻子；乐岁终身饱，凶年免于死亡"的物质基础，它可以避免农民犯罪，促使社会安定。与此同时，他认为还必须"薄赋敛"、"省力役"，并在人民生活温饱安定的基础上，"谨序序之教，申之以孝悌之义"，直至"老吾老，以及人之老，幼吾幼，以及人之幼"（《孟子·梁惠王上》）。

孟子进一步把"人治"观建立在"性善论"的理论基础上。他认为人的本性是"善"的，"人皆有不忍人之心"，所谓"仁政"，就是"以不忍人之心，行不忍人之政"。如是，则可以"王"，"治天下可运之掌"。他认为恻隐之心的仁、羞恶之心的义、恭敬之心的礼、是非之心的智，这"四端"是"人生而具之"、本性固有的。人必与外界接触，被外物所"引"，而使固有的善端，"放"而"失"之。正邪，忠奸，善恶，贤愚及不肖，乃人间大判，在于"求"而"存"之间，只要善于"求放心"、"存仁心"，则"人人可以为尧舜"。这是把"人"当作"人"看待，肯定人们可以教化，可以为善。

荀子认为贤人（君子）是治之"源"、"本"和"总要"，是致治之各因素中的第一位决定性因素，"治法"（致治之法）是治之"流"、"具"和"端"，是致治的第二位辅助性因素。他说："土之与人也，道（政治）之与法也，国家之本作（基本条件）也，君子也者，道法之总要也，不可少顷旷也。得之则治，失之则乱……故有良法而乱者有之矣，有君子而乱者，自古及今，未尝闻也。"作为君子之首的"君"无疑更是治之"源"，荀子把"君"与"民"之治乱的关系比喻为"源"与"流"。他说，"君者民之源也，源清则流清，源浊则流浊"。又说"君者仪也，民者影也，仪正则影正，君者盘也，民者水也，盘圆则水圆"（《荀子·致士》）。这是儒家的传统说法，强调执政者作为"民"的仪表风范的极端重要性。荀子则发扬了这个传统，并进而提出，国不自乱，唯乱君百之乱而已，做出"有乱君，无乱国"的论断。荀子还主张应以顺人心为本。荀子认为"顺人心"最重要的是"养人之欲，给人之求"，使欲与物"相持而长"，即在一定的生产力水平所许可的范围内，使人民的物质与精神生活得到一定的满足。"顺人心"也就是"为民"。

■ 第二节

创业员工管理

一、员工管理

（一）员工管理的内涵

人力资源一词是由著名的管理学家彼得·德鲁克提出。德鲁克认为，人力资源拥有当前其他资源所没有的素质，即"协调能力、融合能力、判断力和想象力"。[①] 实质上，创业员工是创业企业的人力资源。

加里·德斯勒认为，人力资源管理是只为了完成管理工作中涉及人或人事方面的任务所需要掌握的各种概念和技术。它包括工作分析，制订人力需求计划并开展人员招募工作，对求职者进行甄选，引导并培训新雇员，工资及薪酬管理，奖金和福利的提供，工作绩效的评定，沟通，培训和开发，培养雇员的献身精神。[②] 通常，人力资源管理，是指在经济学与人本思想指导下，通过招聘、甄选、培训、报酬等管理形式对组织内外相关人力资源进行有效运用，满足组织当前及未来发展的需要，保证组织目标实现与成员发展最大化的一系列活动的总称。

1981年，Devanna、Fombrum和Tichy在《人力资源管理：一个战略观》一

[①] 彼得·德鲁克：《管理的实践》（中译本），机械工业出版社，2006年。
[②] 加里·德斯勒：《人力资源管理》（中译本），中国人民大学出版社，1999年。

文中提出并深刻分析了企业战略和人力资源的关系。标志着战略人力资源管理的产生。1984年Beer等人的《管理人力资本》一书的出版标志着人力资源管理向战略人力资源管理的飞跃。战略人力资源管理就是系统地将人与企业联系起来。它将人力资源视为一种获取竞争优势的首要资源，强调通过人力资源规划、政策及具体实践，获取能与企业战略垂直匹配并能在企业内部活动间水平匹配的具有竞争优势的人力资源配置，并强调所有的人力资源活动都是为了达到企业目标。员工管理就是让员工从内心认同企业，与企业真正融为一体，激发员工主人翁意识，参与企业日常管理工作，达到自我管理的境界。这种境界能让员工形成一种自律意识，通过员工的内在控制来激发其工作热情，使其发挥出最大能量，维护企业利益，保持企业运作的高度和谐，使得企业成为像人一样的灵活、敏捷、高效、智能的生命体。如果将员工管理概括为一句话，就是员工自己管理自己。员工管理的范畴包括但不限于以下几方面的内容：员工对企业组织"引导方式"的认同程度，自我约束力以及自我激励能力，工作的主动性和能动性，对所承担工作和达到组织所设定目标的自信心，克服困难和战胜挫折的勇气，对同事的尊敬和在工作中体现出的协作精神等。在推行员工管理的企业实践中，肇庆移动公司提炼出以下六个关键要素：员工关怀、平行沟通、岗位锻炼、激励机制、培训学习和决策参与。

（二）员工管理的演化

员工管理是伴随企业组织出现而产生的。在泰勒提出科学管理以前，企业管理员工的最有效方式就是不断地监督员工并以辞退手段来进行威胁，使员工的生产率达到相同的标准。这一方法是企业基于所有员工的生产率相同的认识。员工管理在19世纪末到20世纪初奠定了基本职能，如员工招聘、工资和福利等事务性管理。

科学管理之父泰勒首次采取科学和客观的方法进行工作设计，在此基础上提出管理员工以金钱为主要激励手段，同时在员工聘用中注重员工体力、脑力和工作相匹配，开始进行生理、心理测试。这一时期员工管理主要是激励、控制和提高员工的劳动生产率水平。实施科学管理成为员工管理的主要工作。

20世纪30年代梅奥著名的霍桑实验研究结果使员工管理从科学管理转向了对人际关系的注意。霍桑实验表明，企业员工的生产率不仅受到工作方式设计和员工报酬的影响，而且受到一定社会和心理因素的影响。梅奥等人把心理学运用到员工管理的研究中，发现工作环境对员工的感情、情绪和态度具有强烈的影响作用，而工作环境包括群体环境、领导风格和管理者的支持等，这些情感对员工的绩效产生重要影响。很多员工管理的新方法被开发出来，如设置培训主管、强调关心和支持员工、加强员工和管理者的沟通等。梅奥等人的研究导致了心理行为科学在员工管理中的广泛应用。

20世纪50~70年代行为科学的进一步研究发现,组织中员工的行为是多样变化的,不仅仅是单一的人际关系行为方式,形成个体、群体行为的动机和原因对员工工作激励产生重要影响。员工激励理论的完善和应用都在不同程度上影响了员工管理的理论和实践。其中著名的理论是马斯洛的需要层次理论、麦格雷戈的X、Y理论以及赫茨伯格的激励—保健双因素理论。

20世纪70年代以后,心理学理论在人的行为规律研究中得到了更深入的应用,麦克里兰提出了成就动机理论和认知评价理论、布罗德沃特提出目标设置理论和强化理论、亚当斯提出公平理论和弗罗姆提出期望理论,这些理论对员工管理的影响是多方面的,并且已被广泛应用到员工管理实践中。

20世纪50年代开始,员工管理进入了人力资源管理时代,员工成为一种企业需要开发的特殊资源——人力资源。著名管理学家彼得·德鲁克在其《管理的实践》一书中提出了"人力资源"一词。他指出:"和其他所有资源相比较而言,惟一的区别就是它是人。"德鲁克认为人力资源拥有当前其他资源所没有的素质,即协调能力、融合能力、判断力和想象力。德鲁克要求管理人员在设计工作时要考虑到人的精神和社会需求,要采取积极的行动来增进员工激励,为员工创造具有挑战性的工作以及对员工进行开发。1958年,研究培训和跨学科工业关系的社会学家怀特·巴克,发表了《人力资源功能》一书,详细阐述了有关管理人力资源的问题,认为人力资源职能包括人事行政管理、劳工关系、人际关系以及行政人员的开发等各个方面。彼得·德鲁克和巴克的人力资源理论都非常强调企业中每一个个体都是有价值的资源这一理念,必须对员工进行全面的管理,管理人员要关心员工的福利和幸福,通过沟通,使员工确信他们对组织来说是非常重要的。

20世纪七八十年代,员工管理从人力资源视角进一步深入与系统化。1972年,美国管理协会出版了《改革人力资源管理》一书,强调员工的需求、兴趣、期望与组织目标之间的一致性,以及"在组织中,人是最重要的资源"的观点。1979年彼得森和翠西出版的《人力资源系统管理》一书主张人力资源管理在一个确定的企业包含以下活动:招聘、甄选、绩效评估、薪酬和员工开发以及劳资谈判。

20世纪八九十年代及以后,员工管理与组织战略紧密联系起来。1982年瓦纳、贝尔德,1983年戴尔等人提出把人力资源管理和组织的战略计划作为一个整体来看待。1992年斯托瑞区分了人事管理和人力资源管理之间27个方面的不同点,并把27个不同点归为三大类:信念和假设、战略领域以及重要程度。他认为人力资源管理的活动中心更多地涉及组织的全球化、外部化和战略化，应重视包括生态环境在内的人力资源管理的环境，以及人力资源的健康保护和受教育程度，更多地参与组织战略发展规划的制定与实施活动。

（三）员工管理的模式

不同的人性假设，存在着不同的员工管理模式。

"经济人"假设观认为，人的行为动机源于经济利益的考虑，总是追求自身的最大利益。创办企业是为了赚取商业利润，到创业企业务工是为了获得劳动报酬。基于这种人性看法，工厂与企业组织应推行"胡萝卜加大棒"型的人员管理模式：第一，管理就是制定和实施严格的工作计划、工作制度和工作规范，其重心在于提高生产效率、完成生产任务，对人的情感和道义责任可不予考虑（这种管理被称为任务管理）。第二，管理工作是管理者的事情，无须工人参与，工人的职责就是服从命令、听从指挥，接受管理、拼命干活，两者间界限分明、不可跨越。第三，用金钱和经济利益作为诱因，刺激工人的生产积极性，对不听指挥、消极怠工者严惩不贷。作为科学管理的灵魂和代表，20世纪初开始广泛流行于欧美的"泰勒制"便是建筑在"经济人"假设基础上的。

"社会人"观点认为，社会人最为看重的不是金钱和物质利益，而是与周围同伴的友好相处，所以也被称为"社交人"。基于这种人性认识，新型的人际关系管理主张：第一，影响企业工人劳动积极性和生产率的因素主要是工人的士气，经济利益和物质环境是次要因素，所以，管理者不能只关心生产任务的完成，应更多地关心员工和满足工人的交往、归属和友谊等心理需要；第二，工人的士气取决于企业内部的人际关系和工作态度，所以，一线监工要主动听取工人意见，了解他们的需要和感情，和谐彼此关系，并及时向上级汇报和呼吁，成为上级和下级之间的联络员（而非简单的监控者）、双向沟通的桥梁（而非传声筒）；第三，重视团体奖励，以培养工人的归属感和团体精神；第四，吸引工人参与组织管理（如建立合理化建议制度和劳资联合委员会等），改善对他们的外部控制，更好地满足他们的社会性需要。"社会人"的观点和新型的人际和谐管理主张首先被美国的帕帕恩梯钢铁公司所接受，该公司实施了以此为理论基础的"斯凯伦计划"（Scanlon Plan），成效显著。

马斯洛提出的需要层次理论和自我实现理论指出，人人天生具有"越变越完美的欲望"，可称之为"自我实现的需要"，这是个人需要结构中最高层次的需要，其满足会给个人带来最大的满足感。"自我实现人"意指每个人都希望不断发展自我，充分施展自己的才能，彻底挖掘自己的潜力，成就理想自我。用马斯洛的话表述就是："每个人必须成为自己所希望的那种人。"基于这些认识，Y理论给出了人本管理建议：第一，管理的重心不是指挥和监督，也不是关心人和管理人际关系,而是创造适宜的工作环境,提供员工所需的条件和服务,使员工能充分地挖掘自身潜力、发挥自己才华以及自我实现。正如麦格雷戈所说:"管理的任务只是在于创造一个适当的环境——一个可以允许和鼓励每一位员工都能从工作中得到'内在奖励'的环境。"第二,管理者的角色要由生产的指挥者、监督者以及人际关系协调员转变为员工的采访者、员工发展障碍清除者,为员工创设最适宜的环境条件。第三,对人的奖励可分为外在奖励(工资、奖金、晋职、人际关系等)和内在奖励(获得知识、增长才干、自我实现、自我满足等),只有内在奖赏才能最充分地满足员工自尊和自我实现的需要,给予员工最大的快乐与满足,所以,要变外在激励为主的传统激励方式为内在激励为主的方式,以充分地调动员工的积极性。第四,管理上要下放管理权限,建立健全决策参与、合理化建议提案、劳资合作会议等各项制度,积极采取工作丰富化、工作扩大化、目标管理、工作自主管理小组等先进的管理举措,最大限度地保证员工表露个人才华、放飞个人理想以及收获个人成就。

"复杂人"(Complex Man)概念意指人是多面的、变化的、存在明显个体差异的,而不是单纯的经济人、社会人,更不是纯粹的自我实现人。根据超Y理论,复杂人观点的具体内容有:第一,人的需要的类型和层次多种多样,随着人的生活和发展的条件的变化而变化。第二,人在同一时间可并存若干不同的需要和动机,形成复杂的心理动力系统。第三,人们怀着多样的需要和目的加入工作组织,每个人的需要结构各不相同。第四,人的需要和动机随工作条件和个人条件的变化而变化;在不同的组织、不同的部门和不同的工作岗位上,人有着不同的需要和动机。第五,尽管人的需要和工作动机不同,但都有可能工作效率很高以及尽心尽责。第六,人的能力各异。基于这种观点,超Y理论主张,由于人的复杂性,不同个体对同一种管理会发生不同反应,所以,没有一种管理方法适合任何人、任何条件和任何时代。管理应是机动灵活、因对象和条件的不同而不同,即为权变的。管理不可因循守旧、受制于某种设想的束缚,而要打破条条框框、灵活运用不同的人性观和相应的管理理论与方法。在具体的管理过程中,管理者要敏感于员工的个别差异和环境变化,根据不同的情况,因人、因事、因形势采取灵活机智的管理。

"文化人"是指每一个组织成员,其思想和行为都会受到组织文化的塑造与熏染。"文化人"观点大致如下:第一,任何工作者总是隶属于拥有特定组织文化的某一组织。第二,任何组织在其历史进程中总会形成有自我特色的思想观念和行为方式,即组织文化。组织文化是组织内外环境多种因素的合成,其中,组织的创建人和现在的组织领导者最为关键。第三,组织文化为多数组织成员认同和遵循,渗透于他们的思想和行动,从而一方面成为组织各项工作开展的操作平台和隐性根基;另一方面则形成了一种社会环境和氛围。前者使得组织文化成为组织经营绩效的决定性力量,后者则使组织无形中多了一个法力无边的管理员工的工具。身处组织的文化氛围中,任何人都会在不知不觉中深受熏染和塑造,多数人最终成为真正的组织人,可谓没有管理却产生了管理的果实。第四,不是所有的员工都会认同所在组织的文化,总有人不适应这种环境,他(她)会倍感折磨,最终的出路有二:一是屈服,一是离开。第五,组织文化有优劣高下之分,无论是对组织还是对员工,其影响都有积极和消极之分。现代组织要根据内外环境条件,大力培育适宜的优秀组织文化,努力铲除落后的腐朽的组织文化,才能获得生存的权利和发展的机会。与上述观点相应的管理主张是:第一,组织文化是组织的根基,组织的长期业绩取决于组织文化。任何组织都需要实施组织文化战略,推行文化管理,全面提高自己和员工的素质,推动组织的变革与发展。第二,文化管理是系统、长期的工程,涉及精神文化、行为文化、制度文化、物质文化和组织形象建设。其目标是创建有利于组织发展和员工成长的优良组织文化,同时,消除组织内广泛存在的不良文化。其关键是培育和弘扬适宜的核心价值观,发展组织上上下下的良好思想认识和行为习惯,消除人们坏的以及落伍的观念和习惯,使组织成员能够正确地做事或做正确的事。这无疑需要组织的长期努力。第三,组织要主动吸引员工参与组织文化的建设,并运用合理化建议、组织行为矫正技术等方法改良所有人的思想观念、态度和行为习惯。第四,选用适合组织文化的人来组织工作,做好新成员的组织社会化工作。

二、创业员工管理

学术界认为,创业员工管理通常包括创业员工规划、创业员工选聘、创业员工培训、创业员工激励、创业员工绩效管理与创业员工薪酬管理六大模块。

(一)创业员工规划

创业员工规划是创业企业建立战略型员工管理体系的前瞻性保障。通过对创业企业员工的供需分析,预见员工需求的数量、结构及质量要求,以此确定创业员工规划方案。

(二)创业员工选聘

创业员工选拔与聘用是为了保证创业企业对员工的需求,为空缺的职位配备最合适的相对稳定的人才的过程。它需要经历确定创业员工选聘依据、选聘队伍组织、创业员工招聘、创业员工甄选、创业员工配置五个环节。创业企业经营战略的调整,实施继任人的计划以及内部员工的调配、晋升、离职、退休，以及在每年的绩效考核之后，都有可能会出现员工的流失，这会产生选拔与聘用的需要。创业员工选拔与聘用是实现创业企业战略持续发展的关键环节，是创业员工管理工作的起点。

（三）创业员工培训

创业员工培训是指创业企业为更好地开展并完成业务，以此培育创业企业人才的需要，采用不同的方式对员工进行有针对性的、有计划的培训的一系列管理活动。其目的是让创业员工实现价值增长，不断地获取新知识，提高技能，使员工的动机、态度和行为与创业企业达成高度统一，使员工更好地胜任当前职务或接手更高级别的职位，从而促进创业组织更有效地达成目标。

金无足赤，人无完人。凡人都有所长，又有其短。用人之道，在于慧眼识人，扬长避短。清人顾嗣协在一首诗中将此意诠释得更加透彻："骏马能历险，犁田不如牛；坚车能载重，渡河不如舟；舍才以避短，资高难为谋；生材贵适用，勿复多苛求。"其关键就是说：要有"任人唯贤"的胸怀，要用人之长，容人之短，以达到合理使用人才的目的和效果。

（四）创业员工激励

激励是激发员工的工作动机，调动其工作积极性，促使个体发挥潜在能力和创造性，从而高效地完成组织目标。好的创业企业必有一整套行之有效的激励模式，以达到不断成功和持续发展。创业员工激励来自创业员工需求，要产生对创业员工的激励，首先必须了解创业员工的需求，知道他的期望，方能据此制定和实施满足创业员工需求的措施和行为，从而产生激励的效果。创业员工的需求包括以下方面：金钱上的回报；工作保障；晋升的空间；个人的发展机会；良好的工作环境；工作的意义；创业企业对员工的承诺；创业企业对员工的肯定和赏识；受到尊重；良好的人际关系。另外，创业组织激励员工的目的是为了达成组织对创业员工的期望。创业组织对创业员工的期望，通常有以下方面：创业员工素质好，具有相应的技能、知识和能力，并能按标准完成工作；创业员工的工作态度好，其态度应该是积极、主动、认同的；创业员工承担的工作量应充足饱满；创业员工的工作效率高；创业员工的行为应能为组织创造价值。激励理论指出，通过满足创业员工的需求，可激发创业员工产生相应的行为动机，从而引致最终的行动。创业员工的工作核心，就是要考虑如何激励创业员工个体的行动，使之与创业组织的目标有效结合起来。

（五）创业员工绩效管理

创业员工绩效管理，是指各级管理者和员工为了达到创业组织目标共同参与的绩效计划制订、绩效辅导沟通、绩效考核评价、绩效结果应用、绩效目标提升的持续循环的过程。其目的是持续提升个人、部门和组织的绩效。创业员工绩效管理是创业企业战略实施的载体，是建立和强化创业企业文化的工具，能够督促创业员工进步以及能力提升。

（六）创业员工薪酬管理

创业员工的薪酬是构成创业员工管理的重要因素。这种薪酬多由两部分组成：直接报酬（劳动投资报酬）和间接报酬（养老金、假期、健康保险和失业保险等福利）。一个有效的薪酬制度是吸引和稳定创业员工的重要条件。工资制度是薪酬制度中最为重要的一部分。根据创业企业的实际情况、社会环境情况、行业特征制定自己的工资制度和薪金结构，能够发挥创业员工的创造力。福利报酬也是创业企业员工报酬的重要组成部分，它已成为直接报酬的重要补充。

海底捞在创业员工管理方面有自身的亮点与特色。提到海底捞火锅，大家对这个在餐饮业美誉度位居榜首的饭店最深的印象就是"服务好"。具体好在哪里呢？消费者都会说，服务无微不至，堪称"只有你想不到的，没有做不到的"。我们在极度推崇海底捞式全方位服务的理念时，不应该忽略的一个重要因素就是，服务终归是由人来提供的，服务人员的方式以及个人情绪状态都可以对消费者印象产生影响。所以，海底捞的巨大成功归因根本是：对员工管理的成功。海底捞对员工的管理如果用一个词来概括，那就是人性化。海底捞关注员工的情绪想法、生活条件，乃至子女教育等各方面因素，较好地满足了员工的需求，从而激发了员工的工作积极性和责任感。

海底捞在满足创业员工需求上做得较好。海底捞为员工租宿舍，像在北京这样的大城市，海底捞也为员工租正规小区的宿舍，并且配套一切生活设施，有专人打扫卫生洗衣服，确保员工住得舒服。良好的住宿环境和生活条件更好地满足了员工心里的安定感及归属感。海底捞营造了一种"家"的氛围，海底捞创始人张勇说过："人心是肉长的，你对人家好，人家也就对你好，只要想办法让员工把公司当成家，员工就会把心放在顾客身上。"海底捞在四川简阳建了一座寄宿学校，海底捞员工的孩子可以在那里读书。海底捞鼓励夫妻在同一家公司工作并提供补贴房，欢迎员工推荐老乡加入团体，进而增强了群体之间的融洽关系，满足了员工的社会需要。从更高的层次来讲，海底捞对员工尊重和满足员工自我实现的需要是其突出的优势。服务员多是农村长大背井离乡的人，他们家境不好，读书不多，见识不广，被人歧视，但是海底捞注意到，真正想要他们被尊重，必须让他们发自内心地愿意做这份工作，他们提供最优质的服务，与公司的价值观相契合的时候，顾客自然会喜欢他们，并由衷地尊重他们。员工对店长和领班以"哥"、"姐"相称，老板从不把自己当老板，融洽的家庭般的气氛，处处都显示出对人的尊重，让那些农村出身、处在

第五章　儒家人治与创业员工管理

社会底层的员工得到了尊严。① 体面的住房、优质的福利、无微不至的照顾、对员工情绪的照顾充分满足了这些员工被尊重乃至能给别人带来快乐的自我实现的需要，这也是为何我们每次看到海底捞的员工状态都是那么积极，海底捞为员工的个人生活、工作环境以及人际关系都做出了很多的努力。相比餐饮业大多数员工，海底捞员工有非常优越的管理层规定：所有员工必须住在有空调的两居室、三居室，不能是地下室，距离店铺的路程步行不得超过 20 分钟。员工宿舍有专门的家政服务人员，负责日常清扫以及员工衣褥的清洗等。每天饭桌上基本都会有一两道可口的荤菜，周末供应水果，并在晚上 9 点提供面包和酸奶作为夜宵。以"家"的理念经营一个群体，是海底捞在保健因素上做的成功突破。

同时在激励因素上，海底捞也做得相当成功。首先，海底捞提供高薪酬。2008 年国家统计局发布的餐饮业工资水平表明，本年平均工资最低的住宿和餐饮业只有 13587 元，而在海底捞，服务员的月工资平均 1300 元，再加上其他的福利，高达 2000 元，这在餐饮行业是相当有竞争力的。除了关怀员工外，海底捞还会给每个店长父母发工资，其子女在海底捞做得越好他们父母拿的工资会越多。② 从 2003 年 7 月起，海底捞实行了"员工奖励计划"，给优秀员工配股，以西安东五路作为第一个试点分店，规定一年以上员工享受 3.5% 的红利。2005 年 3 月，又推出第二期"员工奖励计划"，以郑州三店作为员工奖励计划店给优秀员工配股，并且经公司董事会全体一致同意，从郑州三店开始计算，公司每开办的第三家分店均作为员工奖励计划店。③

其次，提供独特的晋升模式。它采取内部晋升制，并积极鼓励每一位员工，因此，每一位员工都全心投入，为企业的发展献计献策。④ 员工只要在一个岗位上连续工作时间内表现优秀即可实习高一级的职务，实习合格后可正式上任。任何一个海底捞员工如果连续三个月被评为"先进"就可以自动晋升为"标兵"；连续四个月被评为"标兵"就可以自动晋升为"劳模"；连续六个月被评为"劳模"就可以自动晋升为"功勋"。正是在这样的接近"必升"的环境下，大部分员工才愿意坚持下来。

除此之外，工作的本身以及服务员们与之契合的公司价值观——服务至上、顾客至上，让员工的优秀服务得到肯定，满足了个人的成就感，他们获得了赞赏，都发自内心地热爱这份工作。从成就激励理论的角度来看，海底捞很

---

①②④　孔令富：《企业组织领导力培育途径探析——以海底捞为例》，《河南财政税务高等专科学校学报》，2012 年第 8 期。

③　姬娇娇、乔志杰：《谈员工满意度对企业发展的重要性》，《商业经济》，2012 年第 4 期。

好地满足了员工的成就需要、权力需要和亲和需要。成就和权力的需要主要体现在公司的创新制度上。正如海底捞的内刊上的一句话：倡双手改变命运之理，树公司公平公正之风。海底捞鼓励创新，那些被人们广为称道的细节服务其实都是员工的建议。创意一旦被采纳，就会以员工的名义来命名。如"包丹袋"是一个防止顾客手机被溅湿的塑封袋子，是由一名叫包丹的员工提出而得名。当包丹袋在其他店也开始使用时，这些店会给这位员工交纳一定的费用。如此一来，对于海底捞的员工来说不但得到了尊重，还获得了空前的成就感和权力感。海底捞公司的首要目标是，创造一个公平公正的工作环境。公司鼓励员工像大家庭一样工作、生活，上文提到的亲属举荐制度、员工称呼等都满足了员工希望与他人建立亲近和睦关系的需要。可以看出，海底捞是把员工利益放在首位的，为员工树立良好的愿景，在此基础上规划员工和企业的未来。实际上，员工在实现自己价值的同时，企业的目标也在实现。① 海底捞领导方式最突出的地方就是——授权。海底捞的授权方式可以用几个字概括：大权独揽，小权分散。企业战略、文化层面的决策由高层执行，但是同时赋予了员工很多的权力。只要是为了满足顾客的要求，员工可以要求打折、换菜甚至有权力为客户免单，这一切权力只需事后口头说明。30万元以下的开支，店长就可以做主，普通员工都可以决定赠送水果盘，有权力去超市买冰激凌送给顾客，对他们而言，工作带给他们积极的情感体验，工作是一个自我展示的机会，工作带来的是快乐和希望，他们从中感受到的是十足的幸福。②

第三节

儒家人治与创业员工职能管理

一、员工引进：唯才是举

唯才是举的近义词为任人唯贤、举贤任能、知人善任。其意为，只要是有才能的人就荐举。推举人才的时候，根据人是否有才能来推举。只有有才能的人，才任用、推举。三国的曹操有《求贤令》云："二三子其佐我仄陋，唯才是举，吾得而用之。"

举贤才是推行人治学说的重要方式。孔子弟子仲弓曾问孔子如何管理政

---

① 姬娇娇、乔志杰：《谈员工满意度对企业发展的重要性》，《商业经济》，2012年第4期。
② 徐斌、辛愿：《海底捞的心智管理模式创新》，《中国人力资源开发》，2012年第5期。

事，孔子说："先有司，赦小过，举贤才。"（《论语·子路》）可见，孔子重视对官吏的选拔，主张"举贤才"，这一思想突破了当时宗法血缘制度下任人唯亲的用人原则。

鲁哀公曾请教孔子，怎样做才能让百姓心悦诚服？孔子回答说："举直错诸枉，则民服；举枉错诸直，则民不服。"（《论语·为政》）这种认识是深刻的，选用官吏得当与否不仅是君主价值取向在选官用人问题上的反映，也是百姓衡量政治好坏、决定自己政治态度的重要依据。孟子更是把"贤者在位，能者使职"作为实现王道政治的基础和前提。他说："尊贤使能，俊杰在位，则天下之士皆悦，而愿立于其朝矣。"荀子认为"能当一人而天下取，失当一人而社稷危"（《荀子·为霸》），更是把选用人才得当与否作为天下是否得治的重要条件。

齐桓公能够"九合诸侯，一匡天下"，管仲起到了极其重要的作用。齐桓公能用管仲，也是因为鲍叔牙的举荐。春秋时期，人才的流动是十分频繁的，能够得到贤才的佐助，是国家兴盛的关键。郑国的罕虎到齐国去娶妻，晏婴多次与他会见，人们问晏婴为什么这样，晏婴回答说："能用善人，民之主也。"①这里的善人指的是子产，罕虎时为郑国的上卿，子产是他一力举荐的，子产在郑国这段时间，是郑国最安定的时期。罕虎可谓举一人而定一国，这也难怪晏婴会称他为"民之主"了。臣在举贤的时候要一心为公，不能掺杂任何的私人感情。《左传·襄公三年》，祁奚退休的时候，向晋侯推荐了他的仇人解狐代替他的位置，晋侯打算任命解狐，解狐恰好死了，祁奚就推荐了他自己的儿子。当时的副职羊舌职死了，祁奚又推荐了羊舌职的儿子羊舌赤接替他父亲的职位。当时的君子评论祁奚"于是乎能举善也，称其仇，不为谄；立其子，不为比；举其偏，不为党。《商书》曰：'无偏无党，王道荡荡。'其祁奚之谓矣。解狐得举，祁午得位，伯华得官，建一官而三物成，能举善也。夫唯善，故能举其类"。②祁奚向国君推荐人，本于公心，远不避仇，近不失亲，可以说深得举人之道。

孔子通常把人分为五等，分别是庸才、士、君子、贤才、大圣。庸才就是口不出善言，心不解愁闷，生活毫无目标，甚至不能用自己的思维来控制自己的人；士是自己能够遵守一定的道德底线，谨言慎行，富贵不能淫贫贱不能移的人；君子就是遵守忠信之道，不自以为德，重视仁义而不矜伐，思虑缜密且不会与他人争执的人；贤才的行为基本符合规矩，说出的话使天下人无异议，使天下人富裕而不蓄私财，是以天下为己任的人；大圣是了解天下事物的根本

---

①② 杨伯峻：《春秋左传注》，中华书局，1990年。

源，上知天文下知地理，能够随机应对突发事件的人。《己亥杂诗》中有一句话，"我劝天公重抖擞，不拘一格降人才"。该诗的作者对清朝末年扼杀生机、窒息思想，导致万马齐喑的局面十分痛惜；进而提出要振兴国家，挽救大局，就必须重用坚持改革的仁人志士。"人主欲强固安乐，则莫若反之民；欲附下一民，则莫若反之政，欲修政美俗，则莫若求其人。"（《荀子·君道》）一个国家的君主要想强大稳固安乐，那就不如反过来靠百姓；要想使臣下归附、使百姓一条心，那就不如反过来处理政事；要治理好国家大事、使民风淳美，那就不如寻求有德才兼备的治国之人。从这里可以看出荀子对人才重视的程度，治理好一个国家和治理好一家企业道理其实是大同小异。目的都是一样的——强大、富有、民才安。创业组织管理者要做大就要根据创业组织的实际情况求得适合创业组织发展的相应人才。才德兼备的人是任何创业组织需要的人才。"不知言，无以知人也。"（《论语·尧曰》）一个人的言谈举止，常常可以体现出他的人格和知识水平。"君子一言以为知，一言以为不知"（《论语·子张》）。君子会由一句话表现他的智能，也会因为一句话表现出他的弱点。

孔子亦曾举例说："其言之不怍，则为之也难。"（《论语·宪问》）说大话而不觉得惭愧的人，他要做成一件事是困难的。"巧言令色，鲜矣仁。"即一个喜欢花言巧语的人，做人不真诚，是很少有仁德的。所以"君子不以言举人"（《论语·卫灵公》）。因此，在选拔创业员工的时候，不能完全相信应聘者所言，而应该"听其言而观其行"（《论语·公冶长》）。对于如何"观其行"，孔子提出了"视其所以，观其所由，察其所安"（《论语·为政》）的要求，孔子的意思是要从人的所作所为中去了解他。"视其所以"是考察行为的动机；"观其所由"是考察行为的途径；"察其所安"则是观察其平时的所作所为。只三步便可以对人进行全面和完整的考察。荀子提出应"其取人有道，其用人有法。取人之道，参之以礼；用人之法，禁之以等"（《荀子·君道》）。即选取人要有一定的原则，任用人要有一定的法度。选取人的正确方法是用礼制来试探他们。可是怎样用礼制来考察他们呢？荀子告诉我们"行义动静，度之以礼；知虑取舍，稽之以成；日月积久，校之以功"（《荀子·君道》）。他们的品行举止可以用礼制来衡量；他们的智慧以及判断取舍的能力可以用业绩来考察；对他们长期的工作可以用功绩来验证。

创业员工的整体质量关系到创业组织能否实现长期战略目标，而创业员工的质量很大程度上又取决于其来源。科学的标准、合理的方法是做好创业员工获取的前提。

"唯才是举"是我国的传统，它要求创业管理者要不拘一格用人才。秦孝公在秦国举步维艰的时候发出了求贤令得—商鞅使秦国有了翻天覆地的变化，为统一中国奠定了坚实的基础。武则天爱才于是广开科举，提倡官民举荐，依然担心贤能的人被遗漏，于是派出巡抚使亲至全国各地考察政治，选拔人才。一代女皇武则天开启了贞观盛世就是因为她爱才并且惜才。常言道："英雄不问出处。"在用人时，学历、资历、名气是具有一定的参考意义的，但是这些都是静态的，完全按照一种模式只会作茧自缚。创业者拥有正确的人才观，才能做到知人善任，其企业才能立于不败之地。创业者如果能做到"任人唯贤，不拘一格降人才，俊杰在位"，则"天下之士皆悦，而愿立于其朝矣"（《孟子·公孙丑上》）。这样，就会治企有方，企业就会日益强盛、安定，无敌于天下。

清朝儒商乔致庸，人称"亮财主"。他坚持"人弃我取，薄利广销，维护信誉，不弄虚伪"的经商原则。他从儒术中寻找商业经营的要义，接手家业之后，事业突飞猛进，家产千万。乔致庸在商场上取得巨大成功的一个重要原因就是他善于识才、求才。乔致庸发现阎维藩是个罕见的商业奇才于是礼遇聘请。阎维藩在乔致庸盛情款待下被感动，表示知遇之恩愿殚精竭虑效犬马之劳，最终为乔家的商业发展立下了不可磨灭的卓越功劳。

二、员工培训：学不可以已

一家独立的企业就像一个单独的人，时刻要面临来自内、外部环境发生的变化，创业企业只有适应了市场的变化才能更长远地发展。创业员工的整体素质的高低关系到创业企业对市场变化带来的危险的抵抗力。培训是提高创业员工素质的主要途径和手段。企业招聘人才的时候是针对岗位匹配的原则，如果一家企业想不断地强大，那企业的员工也就必须自强，员工如何做到自强？就是要全面发展。古代的科举考试规定《易官义》、《诗经》、《书经》、《周礼》、《礼记》称为大经，《论语》、《孟子》称为兼经，都是应考士子的必读书。《诗》可以道志，《书》可以道事，《礼》可以道行，《乐》可以道和，《易》可以道阴阳，《春秋》可以道名分。君子曰："学不可以已。青，取之于蓝，而青于蓝；冰，水为之，而寒于水。木直中绳，𫐓以为轮，其曲中规，虽有槁暴，不复挺者，𫐓使之然也。故木受绳则直，金就砺则利，君子博学而日参省乎己，则知明而行无过矣。"（《荀子·劝学》）荀子说：学习要一如既往，君子如果能广泛地学习知识又每天自我检查和反省思想就会有所提升，而且其行为也会有礼貌。当前许多人抱怨因为工作忙而没有时间学习，早出晚归却不见得效率多高。孔子说得好，"学而不思则罔，思而不学则殆"（《论语·为政》）。只读书而不花时间深刻地思考问题，就会茫然而不知所措；只空想而不读书，疑惑就会随之而来。同样的道理，只工作不学习就会在工作上遇到问题不能解决，只工作不学习，就会停滞不前。朱子认为"为学须觉今是而昨非，日改月化，便是长进"(《朱子》)。他的意思是说要超凡圣人，就得不断地痛改前非。古人做学问如此总结反思，现今创业组织人力资源管理者育才应需给员工灌输类似的思想，在工作当中要时刻怀着一颗学习的心不断地更新自己的知识储备，才能真正成为促进企业发展所需的必备人才。朱子亦曰："读书固不可废，然亦须以主敬立志为先，方可就此田地上推寻义理，见诸行事。若平居泛然，略无存养之功，又无实践之志，而但欲晓解文义，说得分明，则虽尽通诸经，不错一字，亦何所益，况又未必能通而不误乎！"(《答孟良夫》)在这里朱子把学习上升到一个高尚的境界，人首先要立志，立正义之志，学习才有它的意义之所在。创业组织人力资源管理者要育才，育把企业及社会利益放在第一位之才，而不是育为一己私利不顾企业不顾社会之才。"川渊深而鱼鳖归之，山林茂而禽兽归之，刑政平而百姓归之，礼义备而君子归之。"(《荀子·致士》)荀子说：江湖水深的地方就有鱼鳖归聚来，山林树木茂密的地方就有禽兽归聚来，政令能公平百姓就会归聚来，礼仪完备君子就会归聚来。笔者认为创业组织能给员工提供一个好的培养机制，好的人才也会归聚到这个创业组织。

儒家正面提出了人才的教育培养的问题，并积极付诸实践。孟子说："君子有三乐……得天下英才而教育之，三乐也。"(《孟子·尽心上》)"设为庠序学校以教之。"(《孟子·滕文公上》)荀子则说："故人无师无法而知，则必为盗；勇，则必为贼；云能，则必乱；察，则必为怪；辩，则必为诞。""故有师法者，人之大宝也；无师法者，人之大殃也。"(《荀子·儒效》)这些都是先儒对人才教育培养的基本态度。虽然，儒家假设世上有所谓"不虑而知的良知"和"不学而能的良能"，但并没有否定后天成才。于汉武帝以后，各朝多规定非读书受教育的人不能做官，有效强化了育才观念。事实上，孔子弟子三千而贤人七十二、荀子授业于稷下学宫、董仲舒为汉武帝之师、朱熹讲学于岳麓书院，都是培养人才的典范，而历代儒家饱学之士莫不以兴学育才为己任。

培训不仅是对创业员工的工作内容、工作技巧进行培训，更重要的一点是让创业员工融入创业组织的企业文化中，让员工保持思想统一。儒家的"大和"是一种"与天地合其德，与日月合其明，与四时合其序"的崇高境界。它不会局限于利益的均衡，也不仅是小团体的和谐，而是一种至高的境界。这种境界体现在行为上就是使命感。强烈的使命感成就卓越的团队，任何企业都需要这种团队去开拓市场。"越王勾践反国，乃苦身焦思，置胆于坐，坐卧即仰胆，饮食亦尝胆也。"(《史记·越王勾践世家》)越王勾践曾经是吴王夫差的手下败将，被迫投降，并且带着自己的王后跟随夫差到吴国，臣事吴王。勾践

第五章 儒家人治与创业员工管理

深陷为奴,若不是范蠡、文种和勾践强烈的使命感必不能走出困境,一雪前耻。

"有教无类"的员工教育是最有价值的投资。子曰:"有教无类。"(《论语·卫灵公篇》)其意为,孔子说:"人人我都教育,没有(贫富、地域等)区别。"有教无类是孔子首先提出的教育主张。孔子的三千弟子和七十二贤人就来自不同阶级、不同地域,并且愚智纷杂、爱好繁多、性格各异。对于创业团队的管理者,对创业员工教育也要体现"有教无类"的原则,把教育培训作为全员的一种福利,并不苛求员工会马上将培训成果回报给创业团队,更不要因为害怕某些员工学习之后离开创业队伍而放弃对他们的培养教育。

当然,这并非反对"因材施教"。因为儒家主张因材施教。《论语·先进篇第十一》第二十二章:子路问:"闻斯行诸?"子曰:"有父兄在,如之何其闻斯行之?"冉有问:"闻斯行诸?"子曰:"闻斯行之。"公西华曰:"由也问闻斯行诸,子曰'有父兄在';求也问闻斯行诸,子曰'闻斯行之'。赤也惑,敢问。"子曰:"求也退,故进之;由也兼人,故退之。"其意为,子路问老师:"听说了就实行吗?"孔子说:"有父亲及长兄在世,怎么能听说了就实行呢?"冉有问老师:"听说了就实行吗?"孔子说:"对,听说了就马上去实行。"公西华说:"冒昧地请问老师,子路问的是'听说了就行动吗',您说有父兄在,冉有同样问'听说了就实行吗',您却说听说了就去实行。您的回答有点把我搞糊涂了。"孔子说:"冉有呢,相对懦弱些,所以应该激励他;子路呢,好勇过人较为鲁莽,所以应该抑制他。"创业团队成员的因材施教,其一,应从创业员工的个性出发,将统一要求和个性化要求相结合,重在有针对性地实施以培养员工创新精神、创新意识、创新技能为核心的个性差异培训。其二,管理者应充分了解创业员工的知识水平、接受能力、学习态度、个人兴趣、爱好、知识储备、智力水平和体质等方面的情况,然后根据员工各自的特点,从工作需要出发,有针对性地培训。其三,应"分层培养"。美国教育家布鲁姆认为,受教育者是具有独立人格、巨大潜能和个体差异的人,这为分层培养提供了理论依据。分层培养就是管理者根据员工的知识基础、学习方法和能力等方面的实际情况,把创业员工分成若干层次,有针对性地提出要求和给予帮助,使他们能在"跳一跳"的情况下"摘到桃子"。

儒家主张个人的全面发展。"达巷党人曰:'大哉孔子!博学而无所成名。'子闻之,谓门弟子曰:'吾何执?执御乎?执射乎?吾执御矣。'"(《论语·子罕》)其意为,达街的一个人说:"孔子真伟大啊!他学问渊博,可惜没有足以树立名声的专长。"孔子听了,对他的学生说:"我的专长在于哪个方面呢?驾车呢?还是射箭呢?我还是驾车。"儒家教育的目标就是培养上通天文、下知地理、样样精通的全才。儒家文化的经典教学内容包括四书、五经、六艺，涵盖了仁义礼智信的德育、射箭、驾车（体育）、乐理（音乐）、诗书（语文）、术数（数学）、春秋（历史）等。孔子本身"学无常师"，博学多才，相传学礼于老聃，学乐于苌弘，学琴于师襄。他教的学生中身通六艺的就有72人。孔子教育的目标就是培养德才兼备、人格完全、品德高尚的人才来担当爱人济世、治国平天下的使命。此点对于创业员工的培训有很大的启发。在经济全球化条件下，企业内外环境激烈动荡，对于创业员工而言，只有掌握多门技能才能以不变应万变，从而在岗位竞争中脱颖而出，为创业组织带来更大的价值。

儒商张近东一手创立的苏宁坚持"自主培养、内部提拔"的人力资源战略。张近东认为人才资本是比货币资本更重要的资本，他坚持相互认同、共同成长、共创价值、共享价值的育才观。敢用年轻人，"自主培养，内部提拔"的人才策略使得苏宁电器员工升职速度很快。秉承如此人才观，苏宁在公司营造了家庭式的工作氛围，员工都怀着一腔热情，奋发向上，苏宁被誉为"中国的沃尔玛"。"不学习，就死亡"，这是新希望集团总裁刘永好的一个观点。刘永好把学习视为日常必修课，他随身都携带一支笔和一个本子，把学习到的东西都记在上面，并且每年花1/3的时间用在与国际优秀人士的交流上。世界最大的微波炉生产企业格兰仕总裁梁庆德42岁才开始创业，只有小学文化，但27年来，梁庆德无论在飞机、火车还是汽车上都始终坚持学习，可谓手不离书，正是有了这种坚持不懈的学习精神，带动了整个企业的学习热情，才使格兰仕一步步走向强大。作为一名儒商，俞敏洪非常注重对员工的培训。在新东方，新老师开课前必须无一例外地经过30次培训，上30次同一内容的课才能走上讲台，即使这样，学生若不满意，仍可以喝倒彩，把老师轰下台。但即便如此，技术资历也并不是俞敏洪考核老师的唯一标准，他还要求合格的老师必须有崇高的人生境界，不但可以吸引学生打开英语之门，而且能够引导学生打开社会之门，帮助学生克服绝望失意、迷茫退缩等不良情绪，勇敢面对人生，以自身不断传发的自信奋发信息来感召学生，达到教和学两个方面的共振。在新东方培训学校每年至少有三次，每次至少有两天老师都要开交流会，各自表达对新东方教学理念的体悟和看法。平时，则给老师们发放励志读物，看后还要写读后感。通过这些培训，目的就在于使教员们保持朝气蓬勃、幽默而又有深度、自信而有魅力的授课风格，从而影响学生的学习和工作心理。诚然，这样的工作方式使受聘教师们承受了极大的压力，让学生在提高英语水平的同时提高激情与自信，这就是新东方理念化教学的内容，也是作为一所民间教育培训机构的魅力源泉。

三、员工使用：知人善任

创业是以盈利为目的的，这是毫无疑问的。如何从有限的资源里通过正当的形式获取更大的利润是每个企业的追求。绩效管理关键在于如何有效地激发员工的积极性，激发出他们的创造潜力，不断地提高他们的绩效水平。管理者如何用最低的人力资源成本获更高的业绩回报。当今有些企业的绩效管理工作都是止于表面，大家互相照顾，机械地填写表格，应付上面的任务。员工都是机械地等待考核后的结果，人人想的是怎样投机取巧地得到好评，而不是脚踏实地地落实好每天的工作。可悲的是这种考评总是存在一个上限，大多数员工认为考评的时候能得到优就可以了，而且只是在考评的那几天稍努力做做样子，其他的时间便得过且过。一个优秀的员工应该努力地做到100分以上，一个优秀的领导者应该学会如何让自己的员工与企业合为一体。《佛说十善业道经》中说"人生为己，天经地义，人不为己，天诛地灭。""扬子取为我，拔一毛而利天下，不为也。"（《孟子·尽心上》）意思是，扬子采纳为我的主张，就算只需要拔去自己的一根毫毛却能使天下得力，都不愿意干。如果扬子把孟子的主张当成自己身上的一根毫毛，那他大概就愿意去干了。

如何知人？儒家认为首先要观言行。言行关系是儒家认识人的重要内容。在儒家哲学中，"言行"往往是同"知行"相互联系而又相互启发的。"言"的本义即为说话。《说文》："直言曰言，论难曰语。"所谓"言"即为直截了当地表达个人内心的想法。扬雄《法言·问神》："言，心声也"，这大概就是汉语成语"言为心声"的出处。"言"是思维认识器官"心"的声音，这样，"言"就与"知"发生了联系。荀子说："言而当，知也。"如此看来，言行关系实质上也就等于知行关系。孟子的"知言"，有一个颇具独创性的做法，那就是在听话时要注意观察对方的眼睛。他说："存乎人者，莫良于眸子，眸子不能掩其恶。胸中正，则眸子眊焉，胸中不正，则眸子眊焉。听其言也，观其眸子，人焉廋哉。"（《孟子·离娄上》）

儒家"知人"的另一个方法是"观行"。孔子有过一段十分著名的话，他说："始吾于人也，听其言而信其行，今吾于人也，听其言而观其行。于予与改是。"（《论语·公冶长》）这段话是针对"宰予昼夜"而言的，但对于一般的"知人"的方法却有普遍意义。宰予是孔子的一个学生，人很聪明，口齿伶俐，但就是不爱学习，有一次竟然在课堂上呼呼睡大觉。于是，这才引出孔老夫子的一段感慨。又据《史记·仲尼弟子列传》记载，孔子说过："否以言取人，失之宰予，以貌取人，失之子羽。"子羽即澹台灭明，也是孔子的一个学生。其人相貌生得相当丑陋，他本来打算师从孔子，孔子却认为他素质不行，恐怕成不了什么气候。勉强受业以后，子羽离开孔子独自修行，到长江一带讲学，随从的弟子有300人，在各诸侯国都颇有名气。孔子对子羽这么一个长相不好却颇有内秀的学生，开始还不想当他的教师，这是以貌取人所造成的失误。而对宰予这个说的是一套而做的又是一套的学生，孔子开始却颇为信任，这是以言取人所造成的失误。这两方面的教训，使孔子认识到，既不能以貌取人，也不能以言取人，而要看对方的实际行为，"听其言而观其行"，才是正确的知人之道，那么，具体来说，如何"观其行"呢？孔子提出了三条原则："视其所以，观其所由，察其所安，人焉廋哉？人焉廋哉？"（《论语·为政》）考察一个人的行为，考察他这样做的方法，了解他这样做的动机，就可以知道对方是什么样的人了。行为比言论更重要，方法比行为更重要，动机又比方法更重要。孔子举例："论其是与，君子者乎？色庄者乎？"（《论语·先进》）意思是说：人们如果是推许言行笃实的人，但这种人究竟是真正的君子呢，还是只在神情上伪装庄重的人呢？这就要全面考察其言论、行为、方法和动机。这里有一个案例，正是孔子"观其行"原则在管理活动中的具体运用。法家的创始人之一李克，另名李悝，本来是子夏的学生，也就是孔子的再传弟子。据《礼记·魏世家》记载，魏文侯准备任命相国，当时有两个人选，一个是魏成子，一个是翟璜。两人各有千秋，不相上下。究竟选拔谁好呢？文侯举棋不定，便请教李克。李克并不正面回答，只是提出了选拔人才的五条基本原则："居视其所亲，富视共所与，达视其所举，穷视其所不为，贫视其所不取，五者是以定之矣。"文侯据此确定了以魏成子为相。李克这里所提出的五条原则，其实正是孔子上述三条原则的继承和发展。所谓"居视其所亲"，就是观察一个人在无官无职的时候都亲近些什么人。"富视其所与"，就是观察一个人在富裕时都施予什么人。"达视其所举"，就是观察一个人处于高位时都推举些什么人。"穷视其所不为"，就是观察一个人在不发达的时候是否不做不正确的行为。"贫视其所不取"，就是观察一个人在贫困的时候是否不贪心索取。借用孔子和哀公对话的形式，把"知"、"言"、"行"三者合而论之，指出："是故知不务多，务审其所知；言不务多，务审其所谓；行不务多，务审其所由。"（《荀子·哀公》）孔子说："古者言之不出，耻躬之不逮也。"（《论语·里仁》）孟子说："故声闻过情，君子耻之。"（《孟子·离娄下》）《七记·杂记下》也指出："居其位，无其言，君子耻之；有其言，无其行，君子耻之。"这里说的都是同一意思，即管理者必须做到言行一致。儒家对于管理者之"言"的重视，特别反映在《礼记·缁衣》这段话中："王言如丝，其出如纶；王言如纶，其出如綍，故大人不倡游言，可言也不可行，君子弗言也，可行也不可言，君子弗行也。"总之，"视"就是"视其所以"，即看他经常与谁在一起;"观"就是"观其所由",即观察他处理问题的方式和方法;"察"就是"察其所安",即考察他心里的想法,到底安的什么心。

深谙"用人之道"是人类历史上诸多英明领袖获取贤才的方法。曹操能够最终消灭群雄,统一北方就得益于他的用人之道。他用人唯才,打破传统的家族门第的旧思想,重用地主阶级中下层人物,压制豪强,加强集权。曹操用人的五个原则:①名至实归,更重实际;②德才兼备,唯才是举;③重用清官,不避小贪;④招降纳叛,尽释前嫌;⑤抓大放小,不拘小节。刘邦是汉朝的开国皇帝,也是个重用儒士的皇帝,从而为汉朝及后世以儒家文化为主体思想治国奠定了基础。刘邦建立汉朝之后重视以文治理天下,广泛地征用儒生,昭告天下,广泛求才。刘邦在洛阳的南宫开庆功宴的时候,在宴席上,他总结了自己能够战胜项羽的原因:"论运筹于帷幄之中我不如张良;论宽慰百姓提供粮草,我又不如萧何;论领兵打仗我不如韩信。但是我能做到知人善用,让他们发挥自己的才干,此乃我们取胜的真正原因之所在。而项羽只有范增一人能用,但又不信任范增,这是他走向失败的原因。"从而我们可以看出战争的成败,人的因素总是最重要的。刘邦的用人之道:知人善任;不拘一格;不计前嫌;用人不疑;论功行赏。针对当时任人唯亲的社会现象,"举贤才"是孔子提出的主张。他说:"善人为邦百年,亦可以胜残去杀矣。诚哉,是言也。"(《论语·子路》)意思是说倘若贤德的人长期当政,残暴和凶杀就会渐渐被消除。孔子还说:"举直错诸枉,则民服;举枉错诸直,则民不服。"(《论语·为政》)选拔正直的人来管理不正直的人,人民就信服了;用不正直的人来管理正直的人,人民就会有怨言。《大学》重视进贤而退不肖,认为"见贤而不能举,举而不能先,命也。见不善而不能退,退而不能速,过也"。《中庸》认为,要想用好贤才,执政者必须杜绝谗佞,远离美色,轻视一己私欲,行忠义诚信之道,还要给予人才优厚的待遇,"去谗远色,贱货而贵德,所以劝贤也","忠信重禄,所以劝士也。"孟子认为"不用贤则亡"(《孟子·告子上》),"不信仁贤则国空虚"(《孟子·尽心下》),主张"贵德而尊士","贤者在位,能者在职","尊贤使能,俊杰在位,则天下之士,皆悦而愿立于其朝矣"(《孟子·公孙丑上》)。要求君主要像商汤对伊尹、齐桓公对管仲一样,拜贤者为师:"汤之于伊尹,学焉而臣之,故不劳而王。桓公之于管仲,学焉而后臣之,故不劳而霸。"(《孟子·公孙丑下》)荀子特别强调为政需要"尚贤使能",认为选人用人是关系到事业盛衰兴亡的大事;"尊圣王,归贤者霸,敬贤者存,慢贤者亡,古今一也"(《荀子·君子》)。"君人者,爱民而安,好士而荣,两者无一而亡"。因此,英明的君主首当其冲的事情是总揽人才:"明主急得其人。"(《荀子·君子》)晏子非常重视人才。晏子说:"有善不用，出政不行，贤人使远，谗人反昌"，"有贤不用，安得不亡"（《晏子春秋·内篇谏上》）。《左传》对选贤任能非常重视。"使能，国之利器也。"（《左传·文公六年》）"官人，国之急也。"（《左传·襄公九年》）"善人在上，则国无幸民。"（《左传·宣公十六年》）贤能的人居于上位，朝廷里就不会有心存侥幸、投机取巧的人。所以领道者要"类能而使之，举不失选，官不易方"（《左传·襄公九年》）以正确的原则和方法把人用好。

春秋时期，晋平公问大夫祁黄羊谁担任南阳县令合适，祁黄羊推荐解狐，晋平公问他怎么推荐仇人，他说任人唯贤，解狐不负众望。朝廷缺一个军中尉，祁黄羊推荐儿子祁午，祁午也干得相当出色。孔子说祁黄羊推荐人才真是大公无私。一个越国人为了捕鼠，特地弄回一只擅于捕老鼠的猫，这只猫擅于捕鼠，也喜欢吃鸡，结果越国人家中的老鼠被捕光了，但鸡也所剩无几，他的儿子想把吃鸡的猫弄走，做父亲的却说："祸害我们家中的是老鼠不是鸡，老鼠偷我们的食物咬坏我们的衣物，挖穿我们的墙壁损害我们的家具，不除掉它们我们必将挨饿受冻，所以必须除掉它们！没有鸡大不了不吃罢了，离挨饿受冻还远着哩！"金无足赤，领导者对人才不可苛求完美，任何人都难免有些小毛病，只要无伤大雅，何必过分计较呢？最重要的是发现他最大的优点，能够为企业带来怎样的利益。美国有个著名的发明家洛特纳，虽然酗酒成性，但是福特公司还是诚恳邀约其去福特公司工作。最后，此人为福特公司的发展立下了汗马功劳。现代管理学主张对人实行功能分析："能"，是指一个人能力的强弱、优缺点的综合；"功"，是指这些能力是否转化为工作成果。结果表明：宁可使用有缺点的能人，也不用没有缺点的平庸的"完人"。儒商李嘉诚创建塑胶厂，一开始生意火爆，之后出现了产品供不应足，为了完成订单出现了降低产品质量的问题，引起客户的不满纷纷要求退货，塑胶厂陷入了濒临破产的困境。之后，李嘉诚将"诚信当头"奉为做生意的首要原则，慢慢地在商界站稳了脚跟。李嘉诚总结用人心得时说："大部分人都有长处和短处，需各尽所能、各得所需，以量才而用为原则。"

四、员工激励：多管齐下

物质激励是指管理者根据员工所做贡献给予一定的物质上的奖励，从而调动员工的积极主动性。物质激励通常分资金、奖品两种形式，管理者通过满足员工提出的合理要求，调动员工努力生产、努力工作的积极性。物质激励的出发点是关心员工的切身利益，不断向员工日益增长的物质需要靠近。儒家人治思想对人的基本物质需求强调"富与贵，是人之所欲也……贫与贱，是人之所恶也"（《论语·里仁》）。孟子说："若民无恒产，因无恒心。"（《孟子·梁惠王上》)他主张要制民恒产,保证老百姓丰年能吃饱穿暖,凶年不致饿死,然后才能进行礼乐教化,劝民向善,此乃实行仁政的起码条件和基础。孔子提出为政者"重民食、丧、祭",主张对老百姓要"富而教之"。儒家思想启迪我们:如果企业不能满足员工所做贡献相匹配的基本物质需求,那么员工也不会去尽全力完成企业的任务与使命。有吸引力的薪酬才能刺激员工努力工作,提升绩效。因为职位不同对企业的贡献不同,企业内部员工的薪酬与个人对企业的贡献之间应该匹配,而不是平均主义分配,要对关键人才提供更高的薪酬与福利。带动企业发展的发动机就是能为企业做出贡献的优秀员工,尤其是在新创立的企业当中,因此,在员工的激励中,物质激励是必不可少的。

根据马斯洛的需求原理,精神需求高于物质需求,对于在物质上优越的员工来说已经不能发挥十分大的作用了。现在是个文明的时代,物质激励用多了,员工会变得没有激情,会埋怨企业不够人性化,把人当机器使用,员工的积极性降低,必然导致企业利益受损。管理者的人文关怀也是员工激励的一种重要手段。日本企业家常讲:"爱你的员工吧,他们会更加爱你的企业。"任何管理者都希望拥有一支忠诚的员工团队,但是拥有这样一支团队需要管理者对员工有足够的人文关怀,要善待员工。儒家思想中有很多关于管理者要对员工人文关怀的语句。孔子说:"己欲立而立人,己欲达而达人。"(《论语·雍也》)自己要想获得成功,有所发展,也要帮助他人先发展、进步。凡事要推己及人,"我不欲人之加诸我也,吾也欲无加诸人。"(《论语·公冶长》)自己都做不到的事情,也就不要对别人要求过高。孟子也说:"爱人者,人恒爱之;敬人之,人恒敬之。"(《孟子·离娄下》)孔子说:"君子喻于义,小人喻于利。""放于利而行多怨。"(《论语·里仁》)提倡"利",必然会危及"义",从而导致霍乱天下的后果。在激励员工方面,不要过分相信"重赏之下必有勇夫"的作用,一味实行物质激励员工的工作热情,提高工作效率。还需要以感情作为辅助,对员工适当的人文关怀,留住人才。人文关怀的一个重要表现是对员工宽容。"宽者得众",管理者要对员工有善心、说善言、行善事,宽厚善待员工。有容人之量的领导,员工才会死心塌地地追随其后。《礼记·中庸》提出一个重要的原则"隐恶而扬善",放在激励方面就是要对员工少批评多表扬、少处罚多鼓励、少看缺陷多看优点。

员工的心理和情绪因素也是激励的关键点。员工的心理问题往往来自职业压力、工作倦怠、人际关系紧张、个人生活危机、裁员破产等心理冲击等方面,这些因素会影响员工的工作心情。医学研究表明,身与心是密切相关的,有心理问题常常会从身体表现出来。《素问·举痛论》说:喜则气缓、悲则气消、恐则气下、惊则气乱、思则气结;怒伤肝、喜伤心、思伤脾、忧伤肺、恐伤肾。七情（喜、怒、忧、思、悲、恐、惊）失调便可使阴阳失调、气血不和、经络阻塞、脏腑紊乱。为此，应在员工的情绪管理中着重做好构建开放沟通的企业文化，提高领导与员工对心理健康的关注，引入 EAP 员工辅助计划等方法。

所以说，在员工的激励方面，要将物质激励放在基础位置，关心员工的切身利益，同时要增加对员工的感情投资，注重员工的情绪等心理因素，创造轻松的工作环境，员工才会"虽劳不怨"。孔子认为，所谓的创业，本质上是一种读懂人的心理、利用人心的过程。所以创业管理者对被管理者"动之以情，晓之以理"，常会收到更好的管理效果，毕竟被管理者也是有感情的人，也会对自己服务的公司倾注感情，希望得到领导的尊重和认可。

在新加坡起步、马来西亚发迹的南洋华裔商人李光前的南益集团，控制着全世界 1/4 的橡胶资产，被认为是十大华裔富商之一。其成功源于他归结的"诚实、信用、严明、谨慎"八字治商箴言。由于他对职工讲"诚信"，不仅赢得了大家的尊重和信任，同时引出了比金钱更重要的东西——诚信，激励出员工的工作积极性和创造力。以诚信凝聚人，以激励调动人。在孔孟的"仁义礼智信"为人之道的直接影响下，逐步形成了"诚信为本"的中国商业伦理。过去和现今我们常看到一些商人供奉关羽，这除了尊崇之意外，主要寓意是要像关公那样"忠诚"、讲"信义"。"诚信"不只是对外的承诺，也是对内部组织的行为准则，还是一种激励的方式。

儒商张瑞敏认为企业缺的不是人才而是培养人才的机制。张瑞敏认为把人放对了位置，每个人都是人才，赛马不相马，管理者要提供"赛马场"为每个员工提供创新的空间。海尔的赛马机制包含三条原则：公平竞争，任人唯贤；职适其能，人尽其才；合理流动，动态管理。海尔的人力资源管理要义是让每个员工时刻感受到来自企业内、外部的压力，压力转化为竞争的动力，这就是海尔能持续发展的秘诀。海尔认为每个人都希望得到尊重，都希望自己的价值被领导承认。员工为客户创造一定意义的价值，就肯定他的价值的存在，这就是管理的核心。海尔就是以这样的激励机制激励着它的员工为其创造财富和价值。海尔集团发展史展厅里面陈列着晓玲扳手、启明焊枪等员工自主发明的成果，海尔集团一直把激发和保持员工创造性作为企业发展的关键。从创立初期开始，海尔就提出自主经营、自主管理，是中国第一个以员工名字命名创新成果的企业。启明焊枪、晓玲扳手正是第一批以员工名字命名的工具，开创了员工自主创新的先河。"让每个人成为自己的 CEO"、"听历史诉说变中求胜，让基因传承自主创新"……这些随处可见的标语让人感受到海尔集团浓郁的创新氛围。仅仅用了 30 年，海尔便跻身全球家电顶级品牌，海尔的成功，与激励员工创新密不可分。

五、员工挽留：惠则以使人

人才是第一生产要素，在任何年代一个国家的强大必须靠有能力的贤才来支撑。刘备留住了诸葛亮成就了自己的一方霸业，秦孝公留住了商鞅拯救了被欺压百年的秦国，武则天重用狄仁杰对她开启开元盛世做出了卓越的贡献。历史告诉我们人才对于一个国家的强大、一个企业的成长是至关重要的。企业越来越多，有能力的员工选择的机会也越来越多，猎头公司也越来越多，一个企业的领导者能不能留住人才对公司未来的发展是非常关键的。

首先，企业要树立以员工为本的人力资源管理制度；其次，要在日常人力资源管理工作中实践以员工为本的原则。要求员工做什么时，首先要想到自己本身愿不愿意这样做。许多管理者自恃能力很强，对员工完成的任务不满意的时候会随意地呵斥，甚至出言羞辱员工无能。这样做只会适得其反，一个优秀的领导者应该是能够把员工的潜在能力进行开发。孔子认为我们帮助别人就是帮助自己，帮助别人取得成功，就是帮助自己取得成功，更何况是帮自己的员工为自己的企业创造价值。"君者，舟也；庶人者，水也。水则载舟，水则覆舟。"(《荀子·王制》)水能载舟亦能覆舟，当员工对管理者产生了怨恨，最终产生的后果不仅仅是人才的流失，甚至会导致公司的机密被泄露，最终导致破产。晏婴也非常重视民众的地位与作用，他把是否"以民为本"作为衡量国家的根本标准之一。晏婴认为，有国者应该"以民为本也。苟持民矣，安有遗道？苟遗民矣，安有正行焉？"(《晏子春秋·内篇谏上》)强调保护和拥有百姓是治国之道的根本所在，所以留住员工的心是一个企业能否强大之根本。

孔子曰："惠则足以使人。"(《论语·阳货》)慈惠才能使唤别人。管理就是让你能支配的人按照你的意愿完成组织的目标。如何能让自己之外的人按照自己的意愿并且忠于自己。孔子说得好啊，"惠则足以使人"。贞观二十三年李世民病入膏肓，对太子李治说："你对李勣无所恩惠，我将贬他为外官。我死后，你把他召回朝堂，他便受了你的恩惠，他必誓死为你效力。"李勣后来确实为李治誓死效力。由此我们可以看出对于现代企业来说薪酬并不是能留住员工最重要的因素，要让员工感谢管理者，有恩于心，其人必会为你效长久之力。

迈普集团董事长花欣是科技儒商之一，迈普坚持以宏大事业，优厚待遇，优秀文化，公平竞争，发展机会，使员工始终处于激活状态留住了人才。迈普建立以劳动契约与心理契约为双重纽带，企业与员工长期合作的利益共体关系模式。劳动模式是迈普留住人才的基础，文化管理是迈普留住人才的最高境界。

第四节

儒家人治对创业员工管理的要求

一、创业员工管理的氛围:"和为贵"

儒家的核心价值观念"己所不欲,勿施于人"和"仁、义、礼、智、信、忠、孝、诚、恕",是中华文明赖以生续的社会基础、道德支柱和精神动力。这种植根于人内在的道德自觉,凸显出人的主体性和道德自主性。其显著特征是不与自然对立、不与宗教对立、也不与科学对立,倡导"和谐"。

孟子曰:"天时不如地利,地利不如人和。三里之城,七里之郭,环而攻之而不胜。夫环而攻之,必有得天时者矣,然而不胜者,是天时不如地利也。城非不高也,池非不深也,兵革非不坚利也,米粟非不多也,委而去之,是地利不如人和也。"(《孟子·公孙丑下》)由此看来,在战争中,天时、地利、人和这些因素都会影响到战争的胜利与失败,但起决定作用的因素既不是天时也不是地利而是人和。创业虽然不能说是一场战争,但是商场如战场,每一个创业者都在市场这个环境中进行没有硝烟的战斗。创业的成败很大程度上取决于创业团队成员是不是都各司其职、互相配合、和谐运转。"乾道变化,各正性命,保太和,乃利贞。"(《周易·乾彖》)万物受天道支配形成了各种有机的联系,形成了统一的整体,由此保持了宇宙间最高的和谐。创业组织管理者应做到让自己带领的团队成员之间保持和谐的状态。"致中和,天地位焉,万物育焉。"(《中庸》)刘备三顾茅庐请诸葛亮,望其能出山辅佐。诸葛亮在隆中分析天下形势,指出人和是成大事的重要条件。格兰仕在1992年企业转产,原服装厂、毛纺厂的员工对微波炉一窍不通,可是儒商梁庆德却做到了让这些没多少文化的老员工,以惊人的速度生产出早期的微波炉。他正是做到了让他的团队达到了一个"和"的状态,员工在一个同心协力的工作氛围中努力学习掌握了关键的生产技术。

"爱人、教人、富人"是儒家实现和谐社会的主要手段。要创业员工和谐,必须先培养其"仁爱"的意识,而这种意识形成的物质基础应是人的各项基本需求——从生存需求到发展需求,在创业不同时期相对完善和满足。一次,孔子去卫国,与驾车的冉有对话。子曰:"庶矣哉!"冉有曰:"既庶矣,又何加焉?"曰:"富之。"意即人口增长了,就要考虑如何使他们富裕起来。孔子曾在《论语·子路》篇中坦言:"苟有用我者,期月而已可也,三年有成。"孟子"凡治国之道,必先富民"的主张,也是一脉相承的。由此看来,实现创业员工和谐的先决条件是满足其基本需求。按照马斯洛的需求层次理论，应先保障创业员工的生理需求和安全需求，而后再逐步满足其社会需求、自尊的需求和自我实现的需求。员工"富足"了，整个创业组织和谐稳定了，事业繁荣则指日可待。

和谐要求用对待家庭成员间的友善态度来对待创业员工。具体表现就是要设身处地为创业员工着想，对创业员工有理解、宽容的态度和心理，"己所不欲，勿施于人"，"推己及人"；如果有能力应该帮助创业员工，"己欲立而立人，己欲达而达人"。"仁者爱人"，表现在创业者身上就是要有庇爱创业员工之心，实施仁政和德政，为创业员工谋利益，使他们能够安居乐业。这些归纳和概括起来就是人们要有友善、宽容、助人之心，设身处地为创业员工着想，它是儒家思想家所倡导的一种价值原则或价值取向。如何像对待家人一样对待员工？那就是心诚。"诚者，天之道也，诚之者，人之道也。"（《中庸》）"诚"是天地的本质，管理者具有了"诚"的品质，对于承诺员工的各种事情就必须一一实现。

和谐要求尊重和保障员工的基本权利。儒家所主张的"推己及人"，"己欲立而立人，己欲达而达人"，包含着承认和肯定创业员工基本权利的思想。"推己及人"，就是要设身处地为创业员工着想。"立"就是要立身于世，要生存；"达"就是要成就事业，要发展。创业者要生存，有生存的权利，创业员工也要生存，也有生存的权利；创业者要发展，有发展的权利，创业员工也要发展，有发展的权利。"无所安息"，"不得衣食"，必然会遭到创业员工的反对和反抗。在《庄子·秋水》中有这样一个故事：古代有一种虫子，它有很多脚。有一天虫子看见蛇没有一只脚，可是比自己爬得还快，于是忍不住就问蛇："我脚这么多，还不如你走得快，那是为什么呢？"蛇说："我顺应天机而行，不需要脚。"可是蛇觉得自己不如风，对风说："脊背和两肋帮助我走路，你什么都没有怎么还比我快？"风回答："不错，我是快，可是比不上人，人用手指头指到哪里，我便吹不过它所指的方向。"人的视力走得比风更快，而人的心思能够在瞬间穿越时间和空间，速度比视力还快。这个故事告诉我们最难管理的就是人心。人心是最难以掌控、难以猜透的，是易变的。一个管理者必须要抓住员工的心，但是如何做到呢？许多公司都只能在设备上控制员工不把公司机密外盗，却不知道安住员工的心才是根本。

二、创业员工管理的核心：民本与人本

（一）民本

民本思想是我国传统的民本观念，是相对于国君（国本）、官员而言的，

其原意是指中国古代的明君、贤臣为了维护和巩固其对国家的统治而提出的一种统治观念,其思想主要体现在重民、贵民、安民、恤民、爱民等。

民本观念是中国古代倡导的从政价值理念。夏启废禅让建立家天下,宣扬"有夏服天命"的天命观。但是,夏启的儿子太康即位后就沉迷游乐,不理朝政,结果被放逐。是时,《五子之歌》讽之曰:"皇祖有训,民可近,不可下,民惟邦本,本固邦宁。"这是关于民本思想的第一次呐喊。夏商继亡,西周吸取前两朝政治教训,提出"敬德保民"、"以德配天",所谓"聿修厥德,永言配命,自求多福"。其中"德"包括敬天、敬宗、保民三方面,尤其要"怀保小民",舍此难保天祚。春秋战国的动荡,彰显了民心向背的力量。"贵以贱为本,高以下为基","唯人是保,而利于主,国之宝也"。于是,孔子提出了庶民富民教民的仁政思想。孟子继而提出了"民为贵,社稷次之,君为轻"的政治秩序理论,要求统治者要有"忧民之忧"及"与民同乐"的思想境界,要有解民于"倒悬"的政治作为,要建立"恒产"的产权制度保障民生。荀子则更进一步提出"天之生民,非为君也;天之立君,以为民也"的立君为民权力观,先秦民本思想基本形成。

"以民为本"是中国传统文化的特征之一,也是儒家坚持的行为管理原则之一。所谓以民为本,即不仅把民众看成是事业成功最基本、最主要的因素,而且民众是目的的本身,民众是管理的出发点和归宿。孔子讲仁政,要富民教民,归根到底是为了"使民"。孔子说:"百姓足,君孰与不足?百姓不足,君孰与足?"民众是国家的经济基础。孔子又说:"善人教民七年,亦可以即戎矣。"把民众看作国家的军事基础。孔子还说:"君子学道则爱人,小人学道则易使。"认为民众是国家的政治基础。儒家讲教化,但是它极其明确的立场却在于,"民可使由之,不可使知之"。"劳心者治人,劳力者治于人;治于人者食人,治人者食于人","君者,舟也,庶人者,水也。水则载舟,水则覆舟。故君人者,欲安,则莫若平政爱民矣",这都是讲君主是为治主体,民众是治理客体,客体是基础,搞得不好客体就要颠覆主体。董仲舒指出"惟天子受命于天,天下受命于天子,一国受命于君","君者,民之心也;民者,君之体也"。在《孟子·梁惠王下》中,孟子告诫梁惠王"与民同乐","推好乐之心以行仁政,使民各得其所也"。朱熹对此也明确指出:"学者亦有当务。如孟子论今乐古乐,则与民同乐,乃乐之本,学者所当知也。若欲明其声音节奏,特乐之一事耳。又如修缉礼书亦是学者之一事。学者须要穷其源本,放得大水下来,则如海潮之至,大船小船莫不浮泛。若上面无水来,则大船小船都动不得。如讲学既能得其大者,则小小文义自是该通。若只于浅处用功,则必不免沉滞之患矣。"在他看来,从政治的意义上说,"与民同乐"方为乐之根本，乃君主以礼乐治政的应有表现。

创业企业的管理就如同一个国家的管理，以民为本的治国思想转化到创业企业的管理就是要以员工为本。我们不能把员工仅仅当作公司盈利的工具。21世纪的企业员工，社会生活条件优越，金钱已不是对员工最好的诱因，人都有自尊心，需要被理解、被尊重、被看得起，因此员工管理者要看得起他，给足其面子，他便会心甘情愿地为你卖命，为你贡献自己最大的能力。子曰："道千乘之国，敬事而信，节用而爱人，使民以时。"（《论语·学而篇》）一个企业的领导者应该量才分配员工的工作，不能把超过员工能力之外的任务交给他，否则只会事倍功半。孟子提出："民为贵，社稷次之，君为轻。是故得乎丘而为天子。"（《孟子·尽心下》）人民是国家之本，员工即企业之本。"以不忍人之心，行不忍人之政，治天下可运之掌上。"（《孟子·公孙丑上》）管理者如能真正地体现出尊重员工、爱护员工和同情员工的精神就能够取得管理工作的成功。秦孝公对商鞅极其尊重与爱护，商鞅不负其信任鞠躬尽瘁，将自己的生死置之度外，最后变法成功。使得民富国强，百姓乐用，诸侯亲附。秦孝公成就了商鞅，商鞅也成就了秦国。联想集团十分重视"以人为本"的理念，把为员工"创造升职空间、提升员工知识水平、改善工作环境"作为企业的使命，引导员工将个人追求融入企业的长远发展之中。

（二）人本

现代科学管理最突出的一个特点就是强调人本化，把企业的成长与员工的成长看得同样重要，把员工个人的充分发展作为企业追求卓越目标的极为重要的一项内容。而儒家主张"天生万物，唯人为贵"，"民为贵，社稷次之，君为轻"，治理国家应"以富民为本"，"民为邦本，本固邦宁"。其意思同样是指人民百姓才是国家的根本，只有根本稳固了，国家才能安宁。这一点对于我们来说是很好理解的，但我们还需要理解的深层问题是以什么人为本和以人的什么方面为本。

以什么人为本的问题。从企业领导到企业员工，从个人到集体，都是一般意义上的人。那么，在一定时空中主要以哪些人为本或者说以人为本的重点对象是谁？如果以人为本中的人泛指企业中的所有成员，即把所有成员作为以人为本的客体，那么谁又是以人为本的主体，也就是说，在人与人之间的关系中怎样体现以人为本？儒家是怎么看待这个问题的？孔子在解答鲁定公关于治国安邦之道时说："君使臣以礼，臣事君以忠。"意思是说，一个领导人要求部下能尽忠，首先要从自己衷心体谅部下的礼敬做起，也就是说上面对下面的人如果尽心，那么下面对上面的人也自然忠心。以笔者的理解，其思想内涵是现在我们经常说的"换位思考"，其体现形式是现代科学管理所追求的"交互式管理模式"，其核心是使管理者和执行者互为彼此，在工作中不断转换一种职能的两种角色，而其实质是在最大限度地倡导以人为本，通过建设一种环境，以最大限度地调动人的积极性，激发所有参与者的潜能，把以人为本的功能放大。儒家的这种"相互为本"的思想对于建立和谐友善的人际关系，增进员工之间、员工与企业之间的感情，建设企业文化，具有重要的现实意义。这种在整个管理过程中，强调对人的关心、爱护和尊重，讲究富有人情味的管理，也正是东方式管理的一大特色。在美国，曾轰动一时的一本书《掌握人性的管理》，提出激发员工的不二法则是，你希望别人如何看待你，你就该如何待人。这一被誉为管理的黄金准则，恰恰是孔子在两千多年前就已提出的"己所不欲，勿施于人"的思想。

以人的什么方面为本的问题。人是一个具有多重属性的物质和精神的统一体。人有七情六欲，也有理想信念；有价值观，也有人生观；有经济利益，也有精神利益；有自然属性，也有社会属性。当我们在企业管理中实施以人为本时，到底应该以人的什么方面或者说以人的什么属性为本呢？孔子说"君子务本"，其意思是指文学好、知识渊博，那是枝节的，学问之道在自己做人的根本上，人生的建立，内心的修养。所以"本立而道生"，学问的根本，在培养人性光辉的爱，"至爱"、"至情"的这一面，所谓"孝悌也者，其为仁之本与"，就是孔子对以人的什么方面为本的认识。

在现代创业管理中，以人为本应该主要以人的社会属性为本，而在人的社会属性中，又要以人的理想信念为本。这主要是由理想信念在人的生存发展中的重要地位所决定的。理想信念属于世界观、人生观、价值观的范畴，与人的思想观念、本质、需要和人的发展密切相关，它在支配人的行为方面能起到积极的作用。只有解决了关乎员工的愿望和动机的理想信念问题，才能使员工产生工作动力和劳动积极性。因此在贯彻以人为本方针的过程中，突出人的理想信念，关注人的理想信念，即把以人为本的重点放在人的理想信念方面，就能抓住人的灵魂。也只有关注并指导员工树立正确的理想信念，将企业目标与个人理想有机地结合起来，才能充分激发出员工的创造力和聪明才智。

福特对员工的尊重、让员工参与公司管理是其员工管理走向成功的法宝。过去，福特的劳资关系一度十分紧张，员工曾以对管理层强硬而闻名，对管理层极为不信任。而管理层对员工的各种要求也很少关注，双方关系可以用"水火不容"来形容，由此导致生产效率低下，并产生巨额亏损。鉴于福特员工一向与管理层处于对立状态，对管理层极为不信任，因而公司管理层把努力团结工会作为主要目标。经过数年努力，将工会由对立面转为联手人，化敌为友，终于使福特有了大转机。福特公司贝克总经理在谈到自己对于职工的态度时说:"当我每次看到某个人的时候,我都要一丝不苟地对待他们,使他们认识到自己的重要性。心不在焉只会给他们带来伤害。"所以他在与工人相处时,都以友好、平等的态度来倾听他们的谈话,帮助他们解决各种困难。这样一来,职工们会以更加高昂的士气去进行工作。福特公司曾经向职工公开账目,这一做法使职工大为感动。实际上这种做法对职工来说无疑产生了一种强大的凝聚力,它使职工从内心感到公司的盈亏与自身利益息息相关,公司繁荣昌盛就是自己的荣誉,分享成功使他们士气更旺盛,而且也会激起他们奋起直追的感情。这就是坦诚关系的妙用。贝克总经理和工会主席一起制定了《雇员参与计划》,在各车间成立了由工人组成的"解决问题"小组。工人们有了发言权,不但解决了他们生活方面的问题,更重要的是对工厂的整个生产工作起到了积极的推动作用。除了具体的生产之外,福特公司还赋予了职工参与决策的权力。在福特公司经常可以看到,在员工要求下召开越级会议,员工可以直接与高于自己几个级别的管理者进行会谈,表达自己的意见,而管理者会尽快给予解决方案。这缩短了职工与管理者的距离,职工的独立性和自主性得到了尊重和发挥,积极性也随之高涨。"全员参与制度"的实施激发了职工潜力,为企业带来了巨大效益。

富士康的"十二跳"事件就是以人为本的反面教材。富士康的员工说:"整天不停地重复着流水线上单调的工作,工作时我们就像一个机器。"富士康的人力资源流失率非常大,人员常常不足,进而导致加班,员工工作强度增大。富士康的大多数员工在公司找不到归属感,整个人力资源缺乏凝聚力。造成这种现象的原因是富士康过分注重效率,对人性漠视,没有给予员工相对的关心和尊重,员工感受不到丝毫以人为本的企业管理理念,这无疑是富士康的一个特大失误。

本章小结

孟子认为,得天下的关键,在于得民心。他指出:"桀纣之失天下也,失其民也;失其民者,失其心也。得其天下有道:得其民,斯得天下矣;得其民有道:得其心,斯得民矣;得其心有道:所欲与之聚之,所恶勿施尔也。"(《孟子·离娄上》)孟子在这里说得很清楚,思想表达得也很深刻:得天下还是失天下的秘密在于得民心还是失民心。

"为政在人"作为儒家政治哲学的核心是"得人"、"得人心",这都为的是治人,而治人的道理也就在人本身。所以,儒家很重视对人的认识、对人性的了解。这也是"为政在人"这一思想所包含的内容之一。即要按"人之道"（人之为人的道理）来治人，不要离开人本身去寻求治人的道理。对此，孔子说："道不远人，人之为道而远人，不可以为道。"《诗》云："伐柯伐柯，其则不远。执柯以伐柯，睨而视之，犹以为远。故君子以人治人，改而止。"

对孔子的这一思想，朱熹曾经做了发挥。他说："若以人治人，则所以为人之道，各在当人之身，初无彼此之别。故君子之治人也，即以其人之道，还治其人之身。其人能改，即止不治。"联系前引朱熹注中说的"以人立政，犹以地种树"，可以明白，朱熹的意思是应当像种树要遵循树的生长规律一样，治人（"以人立政"）也要遵循人的生活规律（"人之道"）。这就是说，要用人本身的"道"，去治人本身，不能脱离"人之道"去治人。否则，是无法很好地治人的。

对于零基础的创业者来说，一个创业组织都需要高效、精干的人力资源储备，这些人力资源储备成员应该能够适应组织的整体战略目标，实现组织任务与员工之间达到完美匹配的状态。如何用人，用什么样的人，如何留下最适合组织发展的人是创业组织能否持续发展的重要因素之一。

本章主要从创业员工引进、培训、激励、留住等方面阐述了儒家人治思想。儒家文化是中国传统文化的主流，人治主义是其三大思想之一。

创业组织中人力资源的管理是一个组织成功的关键所在，管理说到底是做人的工作。中国人骨子里流着"中庸"的血液。美国人的讲理性，日本人的讲执行，我们讲合情合理及人情世故。我们做不到美国人的讲理性，也做不到日本人的讲执行，因为民族文化对人的影响深刻而久远。找到本土化的人力资源管理模式是当务之急。

儒家人治思想为发现、培养、激励、留住创业组织的人才提供了深厚的文化基础。儒家人治主义是中国传统文化的主流，在先秦时期就被应用于商业，故有"儒商"的提法。早期儒商主要是指商人诚实经营，不把获得利益作为唯一出发点，把"济世救民，普度众生"放在商人的利益之前。新时代的儒商则把儒家文化以及传统"儒商"思想创造性地运用于当今的市场经济，成为社会营销的经营理念。

儒家理念中的人治内含的价值预设主要有三：一是人性本善或可善；二是人具有通过内在修炼成就圣贤人格的无限能力；三是"人是天生的道德动物"，必须过社会道德生活。由于儒家思想家未能对人能否成圣、如何判别圣人、圣人何以为王、圣人为王后如何治国、如何确保圣王永远为圣（绝不滥用权力）五大关涉其理念生命力的关键问题做出令人信服的圆满解答，以致其人治理念不仅内含一系列逻辑矛盾，如果付诸实施，可能将陷入理念与现实相背离的困境之中。① 为此，一方面，人治思想作为应该继承和发展的古代政治文明的产物，应该以扬弃的精神，有辨别地用于创业员工管理。另一方面，创业理论源自西方，西方组织管理重制度、重法律，而儒家重人治。因而，对于创业组织管理，在强调人治的同时，不是对制度、规章的否定。相反，应把二者有机结合与统一起来，形成互补效应，推进创业绩效的提升。

延伸阅读

徽商，即徽州商人，古徽州府籍的商人或商人集团的总称，而不等同于安徽商人（现今徽商概念多被误解，并用来泛化指所有安徽籍商人，而历史上旧指的十大商帮中的徽商仅指徽州商人）。徽商又称"新安商人"，俗称"徽帮"。徽商萌生于东晋，成长于唐宋，盛于明。徽州，今安徽省黄山市、宣城市绩溪县及江西婺源县。徽商是中国十大商帮之一，鼎盛时期徽商曾经占有全国总资产的4/7，亦儒亦商，辛勤力耕，赢得了"徽骆驼"的美称。徽商的活动范围遍及城乡，东抵淮南，西达滇、黔、关、陇，北至幽燕、辽东，南到闽、粤。徽商的足迹还远至日本、暹罗、东南亚各国以及葡萄牙等地。清朝后期，随着封建经济的瓦解，徽商逐渐衰亡。

徽商经营行业以盐、典当、茶木为最著，其次为米、谷、棉布、丝绸、纸、墨、瓷器等。其中婺源人多茶、木商，歙县人多盐商，绩溪人多菜馆业，休宁人多典当商，祁门、黟县人以经营布匹、杂货为多。

徽商除了从事多种商业和贩运行业外，还直接办产业。休宁商人朱云沾在福建开采铁矿，歙县商人阮弼在芜湖开设染纸厂，他们边生产边贩卖，合工商于一身。徽商经营多取批发和长途贩运。休宁人汪福光在江淮之间从事贩盐，拥有船只千艘。一些富商巨贾，还委有代理人和副手。徽商还使用奴仆营商，休宁人程延灏曾驱僮奴数十人，行贾四方。徽商在经营中注重人才，做到知人善任，注重市场行情，实行灵活经营。有一业为主兼营他业的；有根据不同行情、季节变换经营项目的。

徽商讲究商业道德，提倡以诚待人，以信接物，义利兼顾。以勤奋和吃苦耐劳而著称，在外经营，三年一归，新婚离别，习以为常。徽商商而兼士，贾而好儒，与封建官僚混为一体，或相互接托。他们除以"急公议叙"、"捐纳"和"读书登第"作为获取官位的途径外，还以重资结纳，求得部曹守令乃至太监、天子的庇护，享有官爵的特权。一些徽商本人不能跻身官僚行业，

---

① 丁士松：《儒家人治理念的价值预设及其现实困境》，《武汉大学学报》（哲学社会科学版），2007年第60期。

就督促子弟应试为官,自己也就成为官商。

徽州商训是:"斯商:不以见利为利,以诚为利;斯业:不以富贵为贵,以和为贵;斯买:不以压价为价,以衡为价;斯卖:不以赚赢为赢,以信为赢;斯货:不以奇货为货,以需为货;斯财:不以敛财为财,以均为财;斯诺:不以应答为答,以真为答。"

徽商具有以下精神:①爱国精神。从早期徽商不辞劳苦,运粮输边,到明中后期徽商积极参与抵抗倭寇侵略的斗争,乃至近代徽商为了抵御外国入侵,踊跃捐资捐物,处处时时体现了他们的爱国精神。因为他们深知,没有国家的安定与统一,就不会有个人事业的兴旺和发达。"国家兴亡,匹夫有责",这是我国历史上商人的爱国主义传统。②进取精神。穷困的生存环境迫使徽商走出家门,他们一般以小本起家,闯荡商海。商海浪涛汹涌,凶险异常,一不小心就会搁浅甚至是沉没。然而徽商的可贵之处在于,他们受到挫折之后,并非一蹶不振,从此便销声匿迹,而是义无反顾、百折不挠,不成功绝不罢休。许多徽州大商人都是经历了无数次失败,最后终于成功走上致富的道路。③竞争精神。市场风云变幻莫测,活跃于市场的徽商必须时时细心预测市场,观察市场动向,分析市场行情,审时度势,根据市场商品种类的盈虚和供求情况,对目标市场进行细分,去选择所经销的商品,并且能够使经营时间、地点随供求关系的变化而灵活应变。他们所从事的五大行业即食盐、粮食、木材、茶叶、典当无不是根据市场行情的变化而随机经营的。正是由于他们能够随时观察市场,根据市场变化审时度势,因此面对同行业的竞争,他们时时能走在同行业的前面,能够出奇制胜。④勤俭精神。大多数徽商是从小本起家,不畏艰难,克服了种种不利因素,经过了一番奋斗拼搏,最后才建立了自己的基业,成为富商大贾的。"致富思源",他们大多数人特别珍惜得来不易的财富。因此,他们虽然富了,但日常生活仍旧保持在家时的艰苦朴素的作风。不仅如此,他们还以艰苦朴素的勤俭精神教育子孙。⑤奉献精神。这突出表现在大量徽商发财致富后,以种种"义行"、"义举"来奉献社会。徽商由于"贾而好儒",因而绝大多数人在经商活动中比较重视人文精神、讲求理性追求。虽然致富,但他们依然自奉俭约,克勤克俭。不过一旦当他们面对国难民困或旱荒水灾时,却又会慷慨解囊,将财富奉献给社会。⑥团队精神。徽商是以血缘和地缘为纽带结成的商帮团体。遍布各地的徽州会馆、同业公所的建立,就突出体现了这种精神,从而大大地强化了徽州商帮内部的凝聚力,提高了市场竞争力。"美不美,家乡水;亲不亲,故乡人。"有着共同血缘或者地缘关系的徽商,具有很强的亲缘和地缘认同意识。在人生地不熟的异乡外地,不期然碰见了同族人或者家乡人,徽商往往会兴奋得忘乎所以。这种固有的"乡谊观念"和"宗族意识",形成了徽商以众帮众、相互提携的传统。在徽商的乡族观念中包含着约定俗成的道德观念和带有强制性的宗族族规,这些使徽商彼此之间有着很强烈的患难与共意识。这种意识客观上成为徽商之间信息传递的动力源泉。一首绩溪民谣这样唱道:有生意,就停留,没生意,去苏州。跑来拐去到上海,托亲求友寻码头。同乡肯顾爱,答应给收留。有位徽商叫许孟洁,这个人亲族观念极强,他在外生意做得非常红火,于是亲戚朋友纷纷去投靠他。凡来投靠者,他都加以提携,于是他的亲戚朋友也就个个致富。从这里我们可以看出徽商宗族之间是何等的休戚与共!千人同心,则得千人之力;万人异心,则无一人之用。相互提携自然也就形成了一种团队精神,在商场竞争中造成了一个集体优势。近代徽州人胡适早就认识到徽商宗族团体的优势,他听说家乡绩溪准备编纂县志时,就说:"县志应该注重县里人移动转徙经商的分布与历史,县志不能够只见小绩溪,而不见那更重要的'大绩溪',若无那大绩溪,小绩溪早已不成个局面。"胡适所说的"大绩溪"实际上就是靠宗族纽带联系的散落于各地经商的绩溪人团体。宗族意识隐含的强制性在这里起着关键性的作用。正是由于徽商具有强大的团队精神,他们在挫败竞争对手后,凭自身实力往往进一步变一般经营为垄断经营,谋取高额利润。如两淮的盐业、北京的茶业、松江的布业等,差不多都是由徽商垄断的。此外,明清商人毕竟处在封建时期,由于封建意识的狭隘性,商业经营者之间往往对经验和技术相互加以保密。但是,在具有"以众帮众"团队精神的徽商内部,这种情况却很少存在。虽然商人深知商业经验的价值,一般不会轻易传人,但是徽商是通过血缘和地缘关系建立起来的商帮集团,经验的传授也就顺理成章了。再加上徽商的行业宗族化和行业地缘化的特点,商业的成败、兴衰直接与本族、本地利益息息相关,所以前人也就乐于向后人传授经验。这种以乡族亲缘为纽带的关系网络,使徽商具有同时期其他商帮所没有的信息交流优势。

⑦执着精神。敬业精神是从业者对所从事职业具有的一种执着的信念和深深投入的意识。明清徽州地区从事商业活动的人口很多,几乎超过全地区人口的一大半。明清笔记体小说《豆棚闲话》说:徽州风俗惯例,一般人一到16岁左右就要出门学做生意。徽州还有一则民谚说:前世不修,生在徽州;十三四岁,往外一丢。一般人家生活贫困,小孩长到十五六岁,就要随乡族长辈出外学做生意,寻觅谋生之路。一开始他们多半是在自己的长辈或亲戚的店铺里当学徒。学徒一般历时三年,三年的学徒生活是相当辛苦的。吃苦倒是小事,关键要能圆满结束学业,否则就要被人嘲笑。在外学徒以及日后独自做生意,最忌讳被人称作"茴香萝卜干"。因为"茴香"谐音为"回乡",

"萝卜"谐音为"落泊",意为在外学无所成或者经营不善落泊回乡。所以徽商无论拜师学徒还是日后独自闯荡商海,他们都会兢兢业业、勤勤恳恳,一旦生意不成功,他们宁愿客死他乡,也不愿轻易回家。徽商对商业的执着和专注,在中国商业史上可以说是相当罕见的。许多人离家别妻,一年到头奔波于外。明万历《休宁县志》说:休宁县百姓往往身揣资本,外出四处经商谋生。他们做生意一般讲究公平,往往以物美价廉取胜。他们在商海经营往往一直到老才罢休。经商期间,按照徽州的风俗,经营者一般每年回家探亲一次,然而那些离家远的三四年才能够回家与父母妻儿团聚一次。探视之后又要出门继续经营生意。虽然如此年复一年地在外操劳,黑发出门白发回,但他们依然无怨无悔。甚至有的徽商外出,数十年而不归。"健妇持家身做客,黑头直到白头回。儿孙长大不相识,反问老翁何处来。"上面这首新安竹枝词就是徽人经商的真实写照。出门时孩儿还在襁褓中,回来时孩子都已长大成人,他们脑中的父亲往往只是个概念而已,如今父亲回来了,他们自然不认识。民国《歙县志》说:"我县习俗重经商。经商必然远离家门。每每离开家门,往往几年才回来一次,有时甚至长年在外不回家的。刚刚结婚,丈夫就离家经商的情况,在这里比比皆是,都习以为常了。"清朝婺源县有一位商人姓詹,他在儿子出生几个月后就离家出外经商,结果一别就是17年。儿子长大后决心追寻当年父亲的踪迹,把父亲给找回来。于是儿子深入四川、云南等山区,又遍寻湖北、四川成都等地,最终把父亲给找到,父子相携而归。还有一位歙县商人程世铎,六岁便随父亲出外经商,直到27岁才辗转回家。所以有人说,新安商人"出至10年、20年、30年不归,归则孙娶媳妇而子或不识其父"。徽州商人一生无怨无悔投身于商业经营的行为,充分体现了他们的敬业精神。徽商的敬业精神,不仅表现在徽商个人的一生无悔投入商业的行为方面,更体现在商人家族对商业世代不懈、前赴后继的执着和追求。徽州居民有一个很大的特点,就是聚族而居,举族经商的结果,是在徽州形成了一些著名的商人家族,譬如歙县的汪氏家族、鲍氏家族,休宁的吴氏家族,婺源的朱氏家族等。这种家族上下成百上千人对商业的投入和专心,在明清时期的其他商帮中是不多见的。其中许多家庭都是几代人前赴后继,勤恳敬业,潜心经商。

资料来源:http://baike.baidu.com/link?url=2QA3BO8faZzFO_Tj18mwEqDW08_xkwRvkklTz-iFNgs0IGe3jgBcNe_ahx8PlALrjpelVkmVXQrLA72AOnHwLva。

第六章 儒家礼治与创业团队管理

■ 第一节

儒家礼治思想

一、礼治思想的源起与发展

（一）活动论

关于"礼"的起源，荀子在"礼论"中最早进行了探索。荀子曰："人生而有欲，欲而不得，则不能无求，求而无度量分界，则不能不争。争则乱，乱则穷。先王恶其乱也，故制礼仪以分之，以养人之欲，给人之求，使欲必不穷乎物，物必不屈于欲，两者相持而长，是礼之所起也。"按照荀子的看法，"礼"起源于调节人们的欲望，不能因为欲求过剩而物质匮乏而得不到满足，也不能因为物质匮乏而使欲望受到压制，所以需要制定"礼"来规定一种分配的原则，使"欲"和"物"之间相持而长，达到一种相对的平衡。

第二种说法，"礼"起源于原始社会的祭祀典仪。《说文解字》云："礼，覆也。所以事神致福也，从而从澧。"可见，"礼"的本意与祭祀有着密切的联系，"礼"起源于祭祀是不言而喻的。原始人类的意识形态发展，经历了自然崇拜、图腾崇拜和祖先崇拜，称为"自发的宗教"，这是"礼"的孕育时期。原始社会由母系氏族社会进化到父系氏族社会，一夫一妻制个体家庭的确立，产生并形成了祖先崇拜，实现了从自发宗教向人为宗教的转化，礼仪制度正式形成了。

第三种说法是"礼"起源于原始的交易。著名历史学家杨尚奎教授对《礼记·曲礼》中的"礼尚往来，往而不来非礼也"这句话做出了全新的诠释，并且考察了郭沫若、唐兰、杨树达等有关原始社会物物交换以及土地买卖的研究成果，得出结论说：原始社会的"礼尚往来"，实际上是货物交易。在封建社会的初期，货物的交易还带有深厚的礼仪性质，自周公、孔子开始，

"礼"的含义才完全摆脱了原始的意义,去掉了"礼仪"中的商业性质。

以上三种关于"礼"的起源的观点中,"礼"起源于祭祀的说法更具有说服力。"礼"的繁体字形,就具有深厚的祭祀色彩。"礼"起源于祭祀,有极为丰富的资料和史实作为支撑。但是,"礼"是不断发展变化的。在《周礼》、《礼记》、《仪礼》等儒家经典之中,从中可以看出周朝礼治的内容、范围和性质。"礼治"思想主要概括为"富而好礼"、"和为贵"、"克己复礼,正心修身"和"以人为本"思想等,其根本目的是维护封建宗法等级制度。

(二) 分期论

"礼"起源于祭祀仪式。西周时期,由于需要一种思想体系来调节社会法律体系,"礼"和"刑"就为人们所创造,共同构成了当时社会法律体系的基础。"礼"的功能主要是教化和协调,"刑"的功能是制裁和处罚。"礼"在社会中扮演的角色是约束性,所有各阶层的人都要按照"礼"所规定的范围来做事,具有指导作用;而"刑"则是对人们违反了"礼"的行为进行惩治。

中国文明史经历了夏、商、周近1700年之后,儒家思想是春秋时期有名的思想家孔子创立的,在总结、概括和继承了夏、商、周三代传统文化的基础上形成的一个完整的思想体系。东周时期,中国社会处于历史经历着划时代的变革,当时的统治者周王室衰微,诸侯壮大,维护封建宗法等级制度的"周礼"遭到极大破坏,社会处于动荡之中。这时候各阶层的知识分子代表蜂拥而出纷纷登上历史舞台,著书立说,提出解决社会现实问题的办法,这就形成了诸子百家争鸣的繁荣局面。

儒家提倡礼治,强调道德感化。到了汉武帝时期,董仲舒以儒家路线为基础,以法家路线为辅助,兼采道家的合理思想,奠定了中国封建社会统治思想的基本格局。

为了奠定儒家以礼治为中心的传统思想的基础,孔子用仁来解释礼,从而给礼以新的思想内涵。孔子通过以仁释礼,重新定义了"礼",充分挖掘了"礼"的内在属性,将"礼"从外在的形式要求解说成人的内心诉求,提升为生活的自觉性,把宗教的教化思想变成与人的日常生活息息相关的东西,把伦理道德与内心诉求很好地融为一体,使个体的自我修养和行为规范成为孔子礼治思想的根基。在此之前,秦汉已经出现关于"三礼"著述作为教育的立足点,而后儒家学说方面又明确提出了"正心修身、齐家治国平天下"的道德实践步骤,将道德规范系统化、理论化,到宋朝明清时期还在进一步强化。"礼"经过历代的发扬和重新再创造,使之更适合于世,构成了中华民族的礼治意识的社会形态。

(三) 人物论

儒家是在春秋战国时期影响最大的学派之一，其代表人物孔子、孟子和荀子都提倡"礼治"。为了维护礼治，孔子在"礼崩乐坏"的春秋末期仍坚持"为国以礼"，建立了以"仁"为核心、以"复礼"为目的的思想体系，作为整个儒家的理论基础。荀子反对礼所规定的贵族世袭制，但却特别推崇礼所维护的等级制，指出："礼者，法之大分，类之纲纪也。"要求以维护等级制的"礼"作为指导立法和审判的根本原则。

值得一提的儒家礼治思想的代表人物还有朱熹。朱熹将"天理"和"人事"作为"礼"内涵的双重规定，全面提升儒家的礼学思想，奠定了"礼理合一"的理论基础。儒学复兴时期，范仲淹、欧阳修、孙复、胡瑗又再一步通过"说经"的方式解释了"礼"。儒学义理过渡中，李觏、王安石重在"礼"与人性关系的探讨。而理学家周敦颐、张载融"礼"入"理"的礼论推进，对于朱熹尤具启发意义。

(四) 著作论

儒家思想的代表作品和流派甚多，作为礼治思想来研究的主要有几个经典的代表作品。

首先是《周礼》。《周礼》原名《周官》，与《仪礼》、《礼记》合称《三礼》，为西周时期的著名政治家、思想家周公旦所著，是儒家的重要经典。《周礼》是一部详尽地讲述政治、经济制度的书，原书有六个部分，现留存五个部分，末篇《冬官》已佚，由《考工记》填补之。

其次是《仪礼》。《仪礼》有17篇，全是仪礼的详细记录，是儒家传习的最早的一部书。其中包含有国家政治生活、国与国之间和人与人之间以及婚丧嫁娶、民间习俗等诸多方面的规定。《仪礼》还被后代称为《礼经》，因为它作为历届意识的基本规定，各个朝代根据当时社会生活的实际需要不断地加以升华，这种升华必须以《仪礼》为基础。

除此之外，还有《礼记》。《礼记》又叫《小戴礼记》，其内容十分庞杂，有专记丧服丧事的，有记述各种礼制的，有侧重日常礼节的，有孔子的言论，有完整的论文，有记授时颁证的，等等。《礼记》包含有儒家丰富的思想资料，特别是含有极为详尽的礼治主义的内容。儒家在《礼记》中强调"礼"是人区别于禽兽的标志，更是人的文明水平的标志。

二、礼治的内涵

(一) 礼

"礼"的论述，最早见于《尚书·皋陶谟》："天叙有典，天秩有礼。""礼者，天地之序也"，可以理解为"礼制"的意思。

何谓"礼"？《说文解字》云："礼，履也。所以事神致福也。从而从豊。"而"豊"，《说文解字》又训为"行礼之器也。从豆，象形"。王国维《观堂集林·释礼》考证，"禮"的上半部是二玉在器之形；郭沫若在《卜辞通纂》中亦指出"禮"的下半部是"鼓"的初文。葛兆光据此断言，"礼"本来就是祭祀乐舞。① 其本义接近于西方所说的神圣的礼仪或神圣化的仪式②，其后扩展为对人，再后来扩展为吉、凶、军、宾、嘉的各种仪制。③ 并逐步演变为一整套治国之道。

广义讲，礼指一个时代的政治、经济、社会制度及人们应遵守的约定俗成的行为规范，礼可以说是大地万物、人伦秩序的根本法则；狭义讲，礼就是指人们日常的行为规范，如揖让进退的礼仪、礼节。

儒家给予"礼"很高的地位，孔子说："克己复礼为仁。一日克己复礼，天下归仁焉。"④ 复礼是行仁的最终目的，而克己则是复礼的必由之途，要达到仁的境界，就必须按照礼的规定行事。古代的"礼"具有道德行为规范与社会政治制度的双重内容。孔子充分肯定制度化的礼制在社会管理中的作用，把它作为区分地位高低、亲疏远近的规范，明确社会分层和分工，划定各自的权、责、利，从而建立有序的、和谐的社会管理系统。

礼最重要的特点就是等级性，也就是所谓的"君君、臣臣、父父、子子"。柳冶微曾说："吾国一切典礼，兼依此伦理为之节度而文饰之。故欲知道吾民族立国数千年，能由部落酋长达此大一统之国家，广宇长宙，雄长东亚，其根本何在，即在循此人类群居之条理，以为立国之本。简言之，即以礼为立国根本。"⑤ 柳冶微说的伦理，也就是孟子说的"父子有亲，君臣有义，夫妇有别，长幼有序，朋友有信"的伦理关系。这种伦理关系就是所谓的礼，是立国的根本，不论家庭关系、君臣关系、朋友关系，甚而治理国家，都以礼为根本，可见礼的内涵是十分丰富的。《礼记·曲礼上》说："礼不下庶人，邢不上大夫。"⑥ 礼区别了统治阶级与被统治阶级的等级关系。庶人就是一般老百姓，大夫指处于统治地位的贵族，礼只对当时的统治阶级起作用。

---

① 葛兆光：《中国思想史》（第一卷），复旦大学出版社，1998 年。
② [美]赫伯特·芬格莱特：《孔子——即凡而圣》，彭国翔、张华译，江苏人民出版社，2002 年。
③ 郭沫若：《十批判书》，人民出版社，1954 年。
④ 杨伯峻译注：《论语译注》，中华书局，1980 年。
⑤ 柳冶徵：《柳冶徵说文化》，上海古籍出版社，1999 年。
⑥ 许嘉璐：《文白对照十三经》（上），广东教育出版社，2005 年。

第六章 儒家礼治与创业团队管理

仁重自律，礼重他律，儒家管理思想强调道德的内驱力，道德的自律与自觉，但也不忽视管理的约束机制。"道之以德，齐之以礼"中的"齐"就是约束，即用"礼"来约束人的行为使之齐一，"礼"是人的行为指导，具有约束的功能。因此，孔子两次说到"不知礼，无以立也"[①]，他认为只有社会中每个阶层、各阶层中的每个社会成员都按照"礼"来规范自己的行为举止，才能形成稳定的社会秩序。"礼"的约束性是通过正身和自律来实现的。荀子说："礼者，所以正身也。"[②]荀子主张性本恶，并认为能够矫正人之性情的莫过于礼。他提出"隆礼"的管理原则，并指出："礼者，治辨之权也，强国之本也，威行之道也，功名之总也。"[③]荀子认为，礼可以确立人与人之间的社会关系，是人们社会生活的规范，是治理国家的根本，故"人无礼则不生，事无礼则不成，国无礼则不宁"。[④]荀子不仅继承了孔子思想中的礼治观，而且在"隆礼"的同时还强调用"法"来加强约束性管理，荀子首次把强制性的外在规范——法，提升到与礼同等的地位："治之经，礼与刑，君子以修百姓宁。"[⑤]荀子认为要以礼教为主，以法治为辅，法必须在礼的基础上产生，法是礼的补充。"明礼仪以化之，起法正以治之，重刑罚以禁之，使天下皆出于治，合于善也。"[⑥]必须通过礼仪的教化和法律强制的约束，"化性起伪"，才能合于善，达到对社会的有效治理。在儒家看来，"礼"不仅是一种制度和风俗，它象征的是一种社会秩序，保证这一社会秩序的有效运转，取决于人们对"礼"的敬畏和尊重，依托于人们的道德自觉，没有外在形式的"礼"，个体道德无从寄寓和表现，社会秩序也无从确立和遵守。人一旦能循礼而行，做到"非礼勿视，非礼勿听，非礼勿言，非礼勿动"，[⑦]"礼"就不再是一种外在于人的行为规范而是自我行为准则，就能做到"克己复礼为仁"，[⑧]实现规范有序的社会管理。

（二）礼治

礼治，指以礼为准则，统治人民，处理国事的政治思想，它是儒家最重要的政治主张。《礼记·礼运》中说："是故礼者，君之大柄也。所以别嫌明微，傧鬼神、考制度、别仁义。故政不正则君位危，君位危则大臣倍、小臣窃。"[⑨]礼是国君治理国家最重要的工具，用来辨别疑虑，显明幽微，敬鬼神，考制度，别仁义，其目的就是治政安君。要是治国非礼的话，就会君危臣窃，国将不国。《礼记·效特牲》也说："礼之所尊，尊其义也。失其义，陈其数，祝

---

①⑦⑧　杨伯峻译注：《论语译注》，中华书局，1980年。
②③⑤⑥　章诗同注：《荀子简注》，上海人民出版社，1974年。
⑨　许嘉璐：《文白对照十三经》（上），广东教育出版社，2005年。

史之事也。故其数可陈也,其义难知也;知其义而敬守之,天天之所以治天下也。"① 这里区分了礼之义与礼之数,礼之义指的就是礼的义理,礼之数指的是礼的外在规范。以礼治国就是指以礼的精神治国。"礼义者,治之始也。"(《荀子·王制》)"国之命在礼。"(《荀子·天论》)礼义是治国的根本。"礼者,治辨之权也,强国之本也,威行之道也,功名之总也。王公由之,所以得天下也;不由,所以陨社稷也。故坚甲利兵不足以为胜,高城深池不足以为固,严令繁型不足以为威,由其道则行,不由其道则废。"(《荀子·议兵》)这里,荀子把礼作为治国的最高标准,其所谓"隆礼贵义者其国治,简礼贱义者其国乱。"(《荀子·议兵》)"礼者,政之挽也。为政不以礼,政不行矣"(《荀子·大略》)。礼是政事的指导,不以礼而治,绝难治理好。礼因舍能治国?荀子认为:"国无礼则不正。礼之所以正国也,譬之犹衡之于轻重也,犹绳墨之于曲直也,犹规矩之于方圆也。"(《荀子·王霸》)

  费孝通认为:"所谓礼治就是对传统规则的服膺。生活各方面,人和人的关系,都有一定的规则。行为者对这些规则从小就熟习,不问理由而认为是当然的。长期的教育已把外在的规则化成了内在的习惯。维持礼俗的力量不在身外的权力,而是身内的良心。"② 费孝通指的礼治是从中国乡土社会与西方的法治社会这两种不同的社会形态来论说的,这种礼治是政教合一的,其结果就是需要统治者采取强制手段,被统治者从内心认同这样的教化,并且以此作为自己一切行为的准绳。

  儒家"礼治"亦指以"仁、义"为核心、以"忠、孝"为上位价值的一整套等级制度。其所形成的礼治秩序强调人情为法律的核心,道德为法律的基础,但并不排斥法律的作用,只是认为礼治的作用更根本,能够使之对社会成员的控制由肉体转为精神而显得更为有利。出于此,儒家对"礼治"的维护是不遗余力的,即使是处于春秋末期这种"礼崩乐坏"、诸侯相残、民不聊生的时期,孔子仍提出"为国以礼",并建立了以"仁"为核心,以"复礼"为目的的思想体系。指出:"礼乐不兴,则刑罚不中;刑罚不中,则民无所措手足。"坚持认为刑罚只有在"礼乐"的指导下才能运用得当。孟轲也认为"无礼义,则上下乱。"③ 韩德民将荀子的礼分为三种,其一是"指人之为人的道德伦常……体现出荀子对三代社会文化传统的继承,是他与孔孟礼论的相通之处";其二是指作为人伦感情的外在体现的礼节仪式;其三是指"'礼'之

---

① 许嘉璐:《文白对照十三经》(上),广东教育出版社,2005年。
② 费孝通:《乡土中国》,上海人民出版社,2006年。
③ 张以文:《四书五经(译注)》,湖南大学出版社,1989年。

实际上作为政治性国家的法定制度"。①

　　礼治并不拘泥于常礼。相反，儒家主张办事情要从实际出发，不能拘泥不化，要做到通达权变。《晏子春秋杂上·二十一》有这样一段记载：晏子有一次出使鲁国，孔子让弟子前去观看。子贡回来说："孰谓晏子习于礼乎？夫礼曰：'登阶不历，堂上不趋，授玉不跪。'今晏子皆反此，孰谓晏子习于礼者？"对一向以礼闻名的晏子嗤之以鼻。此后晏子前去拜见孔子时，孔子便进行责问："夫礼，登阶不历，堂上不趋，授玉不跪。夫子反此乎？"晏子回答道："婴闻两楹之间，君臣有位焉，君行其一，臣行其二。君之来速，是以登阶历堂上趋以及位也。君授玉卑故跪以下之。且吾闻之，大者不逾闲，小者出入可也。"对晏子的这一变通见解，孔子禁不住赞叹道："不计之义，维晏子为能行之。"这一段孔子由质问晏子不知礼到称赞晏子知礼用礼的转变，表现了孔子对晏子不拘常礼的认同。《晏子春秋谏下·二十》中的一则故事更能体现晏子"不拘常礼"的礼治特点：逢于何的母亲死了，可他家的坟地却被齐景公占为修筑宫室的地基。于是他苦苦哀求晏子，希望能挖开地基，把母亲与早已葬在那里的父亲合葬。晏子十分同情逢于何，最终说服了齐景公，答应了他的请求。正如齐景公和梁丘据所说的那样，在人主宫室旁埋葬死人，"自古及今"从未有过，可以说是关于礼的大事了。而晏子自有他的理解，他说宫室"不侵生民之居，台榭俭，不残死人之墓"。礼是否有此规定已无从考察，但他说如不答应逢于何的要求，"生者不得安"，"死者不得葬"，便会招致人们的怨恨，则完全不合乎人情事理。

三、礼治的性质

　　礼治思想是儒家思想的核心之一，它深刻地阐明了其本质和价值，并且将礼仪制度和规范纳入儒学经典中作为重要的组织成分的思想。②

　　"礼治"即用礼的方法进行管理，是儒家的制度管理，是统治者依照社会的等级关系的清晰界定来规范治理国家。它起到了与宗教同样的作用，但又不同于宗教的形式。它主要是伦理学或道德哲学，但又不同于纯哲学。它把伦理、政治二者密切结合在一起，而不是将伦理与政治分开。中国礼教经历先秦儒家以礼教代宗教、汉朝礼教的天神化和宋元明清礼教的天理化，最终形成宗教。人的一切行为都离不开"礼"，离开了"礼"制约，人的行为就会异化。儒家在《仪礼》、《礼记》中规定了繁多的仪式来规范、制约和强化人的行为，

---

① 韩德民：《荀子与儒家的社会理想》，齐鲁书社，2001年。
② 王云云：《朱熹礼学思想渊源研究》，西北大学博士论文，2013年。

使人与人之间，父子、夫妇、兄弟、朋友、君臣、同僚之间都调节到社会许可的范围之内，力图实现社会的平衡与和谐，达到天下安宁的管理目标。

礼是指人的行为伦理，表现在现在是人们普遍认可的社会法律规范和人们普遍信仰的道德规范。儒家思想的突出特征之一，是以"礼仪"而非"法规"来建构社会秩序，认为以"礼仪"为最高准则建构的社会优于以"法规"建构的社会。孔子说"道之以政，齐之以刑，民免而无耻；道之以德，齐之以礼，有耻且格"，明确地区分了二者的优劣，表明了儒者的社会理想和社会取向。"礼"主要针对社会规范的层面，其核心是对社会地位的象征性表达和展示，目的在于通过种种仪式化的象征性表达和展示，明确界定人们在社会中的地位和身份，使社会各阶层的人各安本分，维护社会的稳定。在孔子对管仲的评价中，很突出地表现出了这种观念。子曰："管仲之器小哉。"或曰："管仲俭乎？"曰："管仲有三归，官事不摄，焉得俭？""然则管仲知礼乎？"曰："邦君树塞门，管氏亦树塞门；邦君为两君之好，有反坫，管氏亦有反坫。管仲而知礼，孰不知礼？"在这一段评论中，得出管仲"不知礼"的结论的理由，是管仲立了塞门，修了坫台，而这二者，本都是"邦君"才应享用的，带有象征意义。孔子以极其强烈的语气抨击这种行为，"管仲而知礼，孰不知礼？"（《论语·八佾篇》）这种观念，对后代中国产生了极深刻的影响，以后的历朝历代，这种行为可以严重到定为谋反罪，犯者被处以极刑。

四、礼治的内容

"礼治"的具体内容主要有三点：①以"五伦"为中心，强调"正名分"，要求严格遵守等级秩序。儒家认为，"君仁、臣忠、父慈、子孝、兄友、弟悌、夫义、妇听"这种体现尊卑贵贱的"五伦"是礼的核心，是天道之理，不容冒犯。因此，孔子首倡"正名"，认为春秋末期以来等级名分混乱的现象必须得到纠正。孟轲也宣称"内则父子，外则君臣，人之大伦也"，不容背离。荀况则把确立"贵贱有等，长幼有差"的"礼"上升到是"与万世同久"的"大本"。②以家族为本位，坚决维护宗法血缘关系的神圣性。儒家认为，宗法血缘高于一切，因而坚决主张"亲亲为大"、"父为子隐，子为父隐"。③抬高礼的地位，赋予礼以"天道之理"的身份，以便治理民众。儒家对"礼治"维护备至，主要表现在他们提出一系列理论来为"礼治"辩护，突出的就是鼓吹礼乃"承天之道"，以此"治人之情"。《礼记》即明确宣扬，天道体现的是上下尊卑的等级原则，而"礼"是顺应此等级原则的，是合乎天道的"天理"，必须以此作为立法之指导。因而礼被概括为"礼者，天地之序也"，"礼也者，理之不可易者也"。

第六章 儒家礼治与创业团队管理

晏子发展了礼的内容,突破了"礼不下庶人"传统原则的藩篱。认为"礼者,所以御民也"(《晏子春秋谏下·二十五》),强调"夫礼者,民之纪,纪乱则民失,乱纪失民,危道也"(《晏子春秋谏下·十二》),认为礼同样适用于平民百姓,是治理人民的一种良策。对于大臣,晏子则界定了这样的礼仪行为准则:"衣冠不中,不敢以入朝;所言不义,不敢以要君;行己不顺,治事不公,不敢以莅众。"(《晏子春秋问上·十六》)即衣服不端正,不敢进入朝廷;说话不符合道理,不敢来匡扶国君;行为不遵循礼仪规范,办事不公正,不敢在官署治理百姓。

第二节 创业团队管理

一、创业团队

(一)创业团队的内涵

创业团队被认为是新创企业的主要催化剂,也是任何新创企业运转的核心。创业团队的重要性在于创业团队的普遍性及其对公司创业绩效的影响,无论地理区位、产业性质和创业者性别如何,新创企业大多由创业团队来创立,并且团队创业显示出比个人创业更高的成功性。创业团队可以被定义为由两个或两个以上的人组成的团队,他们共同建立一项事业,并拥有其财务权益。[①] 由团队创立的企业比由单独创业者成立的公司更有可能存活并且走得更远。[②] 没有创业团队的新创企业不一定注定失败,但是,没有一个创业团队而建立一个高成长潜力的企业是极其困难的。拥有高素质创业团队的新创企业,不仅可以相互取长补短,拥有更多的资源、更开阔的视野和更强的能力,而且有更强的吸引私人资本和风险投资的能力,因而具有更大的增长潜力,不仅拥有创业团队是重要的,而且创业团队的素质也同样重要。

关于创业团队的概念定义主要有以下几个视角:

1. 所有权视角

Kamm 等认为,创业团队是由两个或两个以上的个体组成的,每个个体都

[①] Kamm, J. B., J. C. Shuman, J. A. Seeger, A. J. Nurick. Entrepreneurial Teams in New Venture Creation: A Aesearch Agenda [J]. Entrepreneurship Theory and Practice, 1990, 14 (4).

[②] Ensley, M. D. Exploring the Existence of Entrepreneurial Teams [J]. International Journal of Management, 1999, 16 (2).

投入相等比例的资金用以创建企业。Gartner 等对此定义进行了拓展,他们认为创业团队中除了包括投入资金参与创建企业的成员外,还必须包括直接影响战略选择的成员。但是,Kamm 和 Gartner 等人关于创业团队的概念界定都太过于强调创业过程中"个体以相等比例投入资金",这显然不适合社会现实及时代的发展。

汪良军(2007)指出,创业团队指的是两个或两个以上的具有共同的创业意愿的个体联合起来一起创建新企业,这些个体在新创企业中均拥有各自的股份,团队成员对新创企业拥有所有权这一观点得到了许多学者的认可。① 张振华(2009)认为,创业团队是由两个或两个以上的个体组成的团体,这些个体参与企业的创建,一起制定企业的发展战略,并共同从事企业的管理,同时,他们之间具有技能互补性,为了创业目标的实现各自承担相应的责任,并为获得创业的成功而共同努力,一般情况下,他们都占有公司的股份,或在某种程度上享有企业的所有权。②

2. 责任论视角

在学者们关注新创企业的所有权问题的同时,一部分学者也从责任论视角对创业团队进行了界定。Cohen 和 Bailey 认为创业团队是一个群体,该群体中的每一个成员都共同承担相关的任务,并对这些任务的结果负责,并且成员之间彼此认同。Handdberg 等人则更进一步强调创业团队的每个成员都为他们共同创建的事业担负创建及管理责任。Schjoedt 和 Kraus(2009)则认为创业团队的成员应该包括企业创建初期能够执行任务、履行相关职责的所有成员。③ Schjoedt 提出了一个相对比较全面的创业团队的定义,他指出创业团队由两个或两个以上的人组成,他们共同对企业的创建及未来负责,拥有共同的财务、管理或其他方面的义务及责任,他们在实现共同目标的过程中相互依赖,共同对创业团队和所创企业负责,在创业的初期阶段(包括企业成立前和成立之初)处于执行层的位置。

3. 资源论视角

随着信息技术的高速发展以及知识经济的到来,资金不再是创业过程中唯一重要的资源,信息、技术、网络都成为了重要的创业资源。Vyakamam 等超越"资金作为唯一重要的创业资源"的理念,指出创业团队由两个或两人以上的人组成,在新创企业的启动阶段,每个成员均投入个人各种资源以达到共

---

① 汪良军:《创业团队理论研究》,《管理视角》,2007 年第 7 期。
② 张振华:《创业团队胜任力结构与创业绩效关系的机理研究》,吉林大学博士论文,2009 年。
③ Schjoedt, L., S. Kraus. Entrepreneurial Teams: Definition and Performance Factors [J]. Management Research News, 2009, 32 (6).

同的目标，并共同对企业的创立和管理负责。台湾学者郭挑村也指出，创业团队由两个或两个以上的人组成，其成员均参与企业创立的过程并投入一定的资金。Vyakamam、郭挑村等人对创业团队的界定扩充了创业资源理念，使关于创业团队的理解更加切合实际了。

4. 要素论

Chandler 和 Lyon（2001）从创业过程的范围角度进行了探讨，他们认为相关的创业过程不应仅仅包括新创企业成立之前的阶段，企业成立之后的早期发展阶段也应该包括在内。因此，他们认为创业团队的成员也不应仅仅包括创业起步阶段的关键成员，还应当把企业创立起来之后前两年掌管公司内部职能的人包括在内。[①] Forties 等（2006）则提出了一个相对来说更宽泛的有关创业团队的定义，其将创业团队定义为"共同致力于创建和管理一个新创企业的一群人"。[②] Ensley 等（2002）指出构成创业团队的成员需要具备以下三大特征：共同创建企业；共同拥有财务权益；团队成员对企业战略决策选择具有直接影响。[③] Katzenbaeh 和 Smith 的《团队的智慧》（*The Wisdom of Teams*）一书中对团队进行了定义：共同的奋斗目标，团队成员的个人成功要依靠团队其他成员一致认可的行动策略；团队成员的知识与技能互为补充，人数较少，通常少于 20 人。荷兰学者霍夫斯坦特从管理心理学的角度给创业团体管理下的定义是：创业团队管理文化是创业团队的人群在领导管理下精神气质方面的集体性特征，这种特征使之与其他组织或者团队的人群区别开来。

（二）创业团队的构成

创业团队的构成不仅包括团队的成员，还包括成员的特征以及成员之间的互动等。在国外学者中，Lechler（2001）在对创业团队中的人际社会互动过程进行研究的过程中指出，创业团队的构成包括了三方面内容：一是团队的结构特性，包括团队的层级、规模以及领导风格等；二是团队成员的特征，包括成员的人口统计学特征以及个性特征；三是团队成员之间的人际互动，包括协调、沟通、凝聚力以及冲突解决等，团队的结构特征以及成员特征将会对团

[①] Chandler, G. N., D. W. Lyon. Entrepreneurial Teams in New Ventures: Composition, Turnover and Performance [A]. Academy of Management Conference Proceedings, Washington D. C., August 2001.

[②] Forties, D. P., et al. Entrepreneurial Team Formation: An Exploration of New Member Addition [J]. Entrepreneurship Theory and Practice, 2006, 30 (2).

[③] Ensley, M. D., A. W. Pearson, A. C. Amason. Understanding the Dynamics of New Venture Top Management Teams: Cohesion, Conflict, and New Venture Performance [J]. Journal of Business Venturing, 2002, 17 (4).

成员的人际互动产生重要影响。① Deniz 等则从创业团队成员的加入这一视角，指出在以创业企业的行业、规模以及外部环境为控制变量的条件下，创业团队的平均年龄、规模、功能以及异质性将会对成员的加入与退出产生巨大影响。在我国学者中，杨俊辉等（2009）将创业团队的结构分为四个组成部分，分别是团队的规模角色、团队成员的关系结构、团队成员的能力结构以及权力结构，并指出不同的领导风格以及不同的文化背景等情景因素对创业团队的结构以及团队成员的行为特征等也有重要影响。② 张振华（2009）则基于胜任力的概念，提出了创业团队的胜任力结构模型，主要包括创业导向、关系协作能力、承诺能力、机会能力、知识共享组织能力、学习能力以及创新能力，并指出创业团队的胜任力及其各个维度将会对创业绩效产生积极影响。③ 谢科范等（2010）则通过相关的理论分析及实证研究，提出了创业团队结构的三维模型，即角色结构、技能结构以及权力结构。④

（三）创业团队的特征

1. 异质性

异质性是创业团队的本质特性，是指团队的不同成员在性别、种族、年龄、学历、专业知识以及价值观等方面的个人特征的分布以及差异化程度。对于创业团队而言，其成员均处于不同的年龄段、具有不同的学历及经验，并来自不同的家庭、不同的地区甚至不同的国度，因此，不可避免的，创业团队的成员在性格、价值观等方面肯定存在差异，差异程度的大小则视成员年龄、学历、经验、成长及生活环境等的差异化程度而定。同时，团队成员的异质性也是非常复杂的，其对企业绩效的影响将会受到环境的影响，当环境比较稳定时，团队成员的价值得不到最大程度的发挥，团队成员之间的异质性将可能致使成员之间产生冲突，降低团队凝聚力，从而影响团队的整体合作。而在一个比较动态的环境中，团队成员都在共同努力以处理、解决团队面临的困难及问题，在这种情况下，团队成员之间的异质性一般不会导致冲突的产生，就算产生了冲突，成员也会同心协力地解决。Hironori 等（2009）指出以环境为情景变量，当团队成员之间的异质性导致的主要是认知冲突时，团队的异质性对创业是有利的，而当团队成员之间的异质性导致的主要是关系冲突时，团队的异

---

① Lechler, T. Social Interaction: A Determinant of Entrepreneurial Team Venture [J]. Small Business Economics, 2001, 16 (4).
② 杨俊辉、宋合义、李亮宋：《国外创业团队研究综述》，《科技管理研究》，2009 年第 4 期。
③ 张振华：《创业团队胜任力结构与创业绩效关系的机理研究》，吉林大学博士论文，2009 年。
④ 谢科范、陈刚、郭伟：《创业团队结构的三维模型及其实证分析》，《软科学》，2010 年第 3 期。

质性对创业是不利的。①

2. 开放性

开放性是影响创业团队的另一个重要特征。创业团队的开放性主要体现在以下两点：一是创业团队在创建初期一般主要是以情感为纽带组建起来的，但随着创业活动的开展，资金、知识、技能以及物质资源等方面的缺乏将会不断地暴露出来，为了填补这些资源缺口，团队成员一方面需要通过向外学习，另一方面也需要不断地招募新成员加入到团队中来，这一过程就属于一个开放的过程。二是创业团队不是完全封闭的，而是处于一个开放的系统中，创业团队的成员需要不断与外界交换信息以及资源等，对于一个创业团队而言，其开放程度取决于团队成员与外界进行物质、技能以及信息交换的意愿。

3. 完整性

完整性是影响创业绩效的一个重要因素，因此，也是创业团队的重要特征之一。团队创业与个体创业相比更能获得成功的一个重要原因就在于，与创业个体相比，创业团队是一个完整的团队，创业团队的完整性主要体现在以下几方面：一是知识与技能的完整性，即成员在知识与技能方面存在的差异性使得团队能够获得创业实施所需的多种知识与技能，主要涉及成员之间知识与技能的互补性及相互融合性；二是职能的完整性，即团队成员全部承担了创业实施所涉及的所有职责及责任，主要涉及成员所承担的职责、责任与其能力的相互匹配性；三是资源的完整性，即创业团队拥有充足的实施创业所需的各种资源，主要涉及团队成员为团队贡献资源的渠道与意愿以及团队成员之间的资源共享程度。

4. 适应性

面对充满复杂性及动态性的内外部环境，适应性对创业团队而言是非常重要的。在内部环境方面，创业团队的异质性增加了团队结构以及团队成员协调沟通的复杂程度，随着创业活动的逐步开展，有部分成员可能将会选择退出，同时，团队也将会不断地从外部引进新的成员。在外部环境方面，目前国内以及国际的创业环境都处于一个动荡不安的形势下，因此，为了适应外部环境的不断变化及挑战，创业团队要不断地调整、提升自身以适应环境。因此，创业过程实质上也是一个创业团队不断调整自身的过程，随着创业活动的逐步开展，创业团队也需不断地调整自身的结构及成员组成。

---

① Hironori, Higashide, Sue Birley. The Consequences of Conflict Between the Venture Capitalis and the Entrepreneurial Team in the United Kingdom from the Perspective of the Venture Capitalist [J]. Journal of Business Venturing, 2009, 17 (1).

二、创业团队管理

(一) 创业团队管理的内涵

良好的创业团队是创建新企业的前提，创业活动的复杂性决定了所有的事务不可能由创业者个人包揽，要通过组建分工明确的创业团队来完成。创业团队的优劣，基本决定了创业是否成功。因此必须考虑到创业团队管理的问题：创业团队成员在企业中是否有适当的角色定位，是否有基本素质和专业技能；创业团队是否能团结合作，优势互补，取决于团队成员之间是否有一个统一的核心价值观，是否做到了责任和利益的合理分配。随时调整和制定新的管理规范，这对于新创企业的生存发展和成功来说是至关重要的。如果创业团队能够把卓越的远景理念、高效学习的文化、精湛的教育技能、高标准的道德观念、共享成功的果实以及不断改进这些因素融入创业实践中，这样的创业团队就能够勇往直前、所向披靡。

创业团队是各个因素作用下完整运行的管理系统。通过将上下级责任界定、沟通管理、文化建设和加强领导管理牢牢把握，这样才能持续地创业成功。创业团队的管理根本在于人员的控制和适度的管理以及将创业者的精神文化共同承载，需要有一套完整规范化的制度措施，合理把握各阶层员工的绩效。

(二) 创业团队管理的核心要素

1. 尊重他人与责任界定

有些创立时间并不是很长的企业，其中有不少从创业之日起就在公司工作的老员工及技术骨干，这些人一方面几年来与公司同甘共苦、风雨与共，为公司的发展做出了非常大的贡献；但是另一方面，这些员工由于资格老、工作阅历比较丰富，因此也存在着他们对待公司的各项管理规章制度态度不认真、漠视公司管理的倾向；对待工作不负责任，积极性差，创业团队凝聚力差等问题。

责任界定的本质就是组织分工的问题，作为一个创业团队，其运作效率的高低与否在很大程度上取决于创业团队的各成员之间是否清晰地了解创业团队的运作方式，是否明白各自的分工职责，是否懂得如何进行员工之间的协作互助，并且在工作的过程中相互尊重，不因对工作持不同的意见而产生矛盾。因此，在创业团队管理上特别进行深入的思考，拟通过采用合乎公司实际情况的组织形式，以及实施科学的岗位设计并详细规定各个岗位职能的方法来明确创业团队成员的责任。

2. 沟通管理

在创业团队管理过程中，为了保证沟通目标的实现，前提是沟通双方都能准确地了解沟通的内容。沟通有四种主要功能：控制、激励、情绪表达和信息。为了保证沟通的有效性，就必须设计有效沟通的方式。群体成员之间相互沟通有三种基本方法：口头沟通、书面沟通和非语言沟通。但是在日常工作实践中，尽管采用了适当的沟通方式，运用了有效的沟通技巧，也并不一定就能得到准确、有效的回应。因此，管理者还应当对信息反馈引起特别的重视，除了要在建立起的沟通渠道中尽量使用双向沟通的方式，还要注意重大问题的沟通或者多人间的沟通与确认信息。沟通管理是加强创业团队建设的一条重要渠道，为了使项目内各部门项目成员明确各自的职责，就必须在项目部门内、项目与外界部门以及部门之间建立沟通渠道，实现快速、准确地传递和沟通信息，以便了解创业团队成员的工作对实现整个项目目标所做的贡献，同时还需要通过大量的信息沟通，找出团队管理中存在的问题以及解决问题的大量信息。另外必须定期检查项目沟通情况，不断加以调整，确保有效沟通的顺畅进行。

3. 文化建设

创业团队文化是组织文化的一个重要组成部分，是创业团队在建设发展过程中形成的，为创业团队成员所共有的工作态度、价值观念和行为规范，它是一种具有创业团队个性的信念和行为方式。一个创业团队文化的状况，对创业团队工作的效能有着重大的影响。创业团队文化作用的大小与创业团队文化是否强烈浓郁、创业团队的共同愿望是否明确、创业团队成员是否具有进取心和合作性相关。一个具有鲜明的集团意识和明确的共同愿景而团结向上的创业团队，具有适应外部环境变化及处理内部冲突和竞争的能力，良好的创业团队文化可使得创业团队成员明确理解创业团队的目标，认可和接受创业团队的共同价值观，并在实践中维护和发展创业团队的价值观。在企业管理理论中，对于创业团队文化的作用也给予了相当的重视，创业团队文化的作用主要表现在如下几个方面：①导向作用：它指明了创业团队的努力发展方向，把创业团队成员引导到创业团队所确定的创业团队目标上来。②凝聚作用：被创业团队成员认同的创业团队文化，会使创业团队成员在其氛围中自觉沉浸，同时也会对创业团队合作伙伴和服务对象产生磁石效应。③激励作用：有效的企业创业团队文化会产生一种巨大的推力，鼓舞创业团队成员进行努力，并让创业团队外部的合作者产生合作欲望，激发出其信心。④稳定作用：正确的文化存在着一种同化力量，削弱消极因素的影响，从而使正确理念得以在企业中贯彻，这就使创业团队处于有序状态，以利平稳而有力地运行。⑤提升功能：先进的文化理念可提高创业团队形象的美感度，增加创业团队品牌的附加值。

4. 加强领导

日本学者三隅的 PM 理论认为领导者的作用就在于执行两种团体机能，一种功能是绩效 P（Performance），另一种功能是改善群体自身的正常运转，即维持 M（Mflintain）。而领导权变理论则认为：有效的领导受不同情境的影响，权变理论在研究领导与绩效的关系时则把情境因素考虑在内。领导风格理论认为魅力型领导有三个特点：提供愿景、鼓励和注重行动，提供愿景就是向创业团队成员展示创造未来的前景，描绘人们所认同和能激发人们热情的未来状况、创造愿景的作用，就是加强创业团队成员责任感，提供共同目标，并为创业团队成员设定成功的途径，直接为组织的员工提供动力，激励他们行动。注重行动就是创业团队领导主要从心理层面帮助成员行动，面对挑战。由于创业团队成员有了愿景并受到激励，在完成任务时需要精神上的支持，因此创业团队领导必须能够分享组织成员的情感。

第三节

儒家礼治与创业团队成员

新企业团队（New Venture Team）是指一小群具有所需领域专业知识、管理才能和领导能力的个体的集合。因此，这个团队包括在财务管理、市场营销、产品开发、生产和人力资源管理方面具有专业技能的知识的人们。这些人构成了创业团队成员。成员们的共处与关联决定着创业团队运作的效益。儒家礼治为他们的人际相处提供了一定的启发。

一、以礼相交

孔子主张人们的一切行为都应置于礼的规矩和约束之下，要求人们"非礼勿视，非礼勿听，非礼勿言，非礼勿动"（《论语·颜渊》）。可见，礼是人类社会生活中各种行为规范的总和。

荀子云："人无礼则不生，事无礼则不成，国无礼则不宁。"意思是说，做人没有礼节就不能生活，做事没有礼节就不能成功，治国没有礼节国家就不能安宁。

礼又有外在的表现形式和内在的精神实质之分。形式化的礼称为"仪"。鲁昭公来到晋国，表现得彬彬有礼，晋侯称他知礼，女叔齐却说："是仪也，不可谓礼。"（《左传·昭公二年》）赵简子问"揖让周旋之礼"，子大叔对曰："是仪也，非礼也。"（《左传·昭公二十五年》）由于人们惯于做表面文章，所以孔子才发出"礼云礼云，玉帛云乎哉"（《论语·阳货》）的感叹。《中庸》所说的"礼仪三百，威仪三千"，就是指的礼的外在形式。外在的形式是为了表现内在的精神实质，礼的精神实质称为礼之"义"。孔子曰："君子义以为质，礼以行之。"（《论语·卫灵公》）《左传》曰"义以出礼"（《左传·桓公二年》），"礼以行义"（《左传·僖公二十八年》）。这几处的"礼"指的是与义相表里的礼仪，礼仪不过是"行义"而已，义才是制定礼仪的根据和原则，才是礼仪的实质所在。诚如冯友兰所说："礼之'义'即礼之普通原理。"[①] 外在的礼仪与其所依据的原则——义的统一，便构成了完整意义的礼。义者宜也，合理之谓也，那么，在儒家心目中什么才是合理的呢？也就是说儒家的礼所要标示、所要体现、所要维护的又是什么呢？那就是"分"，即等级秩序。

儒家认为，人类社会的等级分野是天经地义的。就全社会的范围来说，人们之间天然地存在着智愚、贤与不肖之分，由此而有贵贱上下的等级分野，它决定着人们在社会上的地位和行为。在儒家的观念中，一个人的社会地位与他的才智和德行是一致的、成正比例的，有才有德者理应拥有较高的社会地位，并享有较高的物质待遇，才德越高地位和享受就应越高。换句话说，一个人的社会地位和物质享受如何，正标志着他的才智和德行的程度如何，社会地位和相应的物质享受乃是社会对才智德行的回报。如荀子曰："德必称位，位必称禄，禄必称用。"（《荀子·富国》）又曰："论德而定次，量能而授官，皆使人载其事而各得其所宜。上贤使之为三公，次贤使之为诸侯，下贤使之为士大夫。"（《荀子·君道》）汉儒徐干说得更明白："功大者禄厚，德远者爵尊，功小者其禄薄，德近者其爵卑。是故观其爵则知其人之功也，不待问之。"（《中论·爵禄》）这当然只是儒家的一种理想化了的假定，但它却是儒家坚定不移的信念，也是儒家孜孜以求的目标。在儒家看来，只有这种差异鲜明、等级确定的社会才是公平合理的，贵贱上下、长幼亲疏各有分寸而不淆乱，就是儒家理想的社会秩序，礼正是维护这种等级秩序的手段。

在儒家看来，礼就好比车的牵引。儒家礼治对于规范创业团队成员之间的交往行为，具有重要的启示作用。

随着社会压力的增加，人际交往日趋复杂。美国成功学之父奥利森·马登将这复杂的社会关系比作一台机器，他认为彬彬有礼的态度就是这部机器中的"润滑剂"。职场中，作为交往"润滑剂"的礼仪也愈加显得重要，知礼懂礼成为每个创业团队管理中的基本要求。

一天，一位穿着朴素的老妇人进一家百货商店避雨。对于这位老妇人的到来，店里许多店员都视而不见，只有一位叫菲力的年轻人过来礼貌地向老妇人问好并给她搬来了一张凳子休息。不久，雨停了，老妇人向年轻人告辞，在向

[①] 冯友兰：《中国哲学史》，中华书局，1961年。

这位年轻人道谢的同时,并向他要了一张名片。几个月后,这家百货公司收到一张大的订单,令人奇怪的是,他们在订单中特别要求由菲力去负责这项业务,并去承包他们所属的几家大公司下一季度的办公用品供给。原来,这位老妇人是美国亿万富翁、"钢铁大王"卡内基的母亲,菲力的举动给她留下了深刻的印象,她觉得这个年轻人是一个知礼懂礼的人,值得信赖。于是回去后,作为回报,她建议儿子把公司的一些采购业务交给这个年轻人来做。因为这次订单,菲力得到了百货商店董事会的赏识,不久就成了这家公司的股东,后来的几年中,菲力更得到了卡内基的大力扶持,事业扶摇直上,成为美国钢铁行业仅次于卡内基的重量级人物。

礼仪是一种社会积累,礼仪并不能依靠一声简短的"谢谢"、一个深深的鞠躬而一蹴而就。知礼懂礼需要靠持续不断地学习,更需要靠每个员工在日常点滴中以礼律己,对创业团队的快速发展更有益处。

二、以礼达和

"夫和实生物,同则不继。以它平它谓之和,故能丰丈而物归之。"(《国语·郑语》)"和",来源于作物生长所需要的阴阳调和,和谐就能生长万物。用别的事物去协调另外的事物,叫作和谐,所以能丰厚增长并吸引万物。"和"由原来阴阳调和之意,引申为指人际关系及不同事物之间的和睦、和谐、融洽。在孔子那里,"和"即"中和",是处理人与人之间关系的一个基本准则。孔子解决社会问题的着眼点旨在调整人与人、人与社会各方面的关系,改变不良的社会风气,营造和谐的人际关系,维护社会稳定。

礼治解决社会问题方法论的逻辑起点是个体修养,逻辑终点(最后的目标和归宿)是个体与社会群体的和谐。在个体修养问题上,强调的是自我对道德规范和社会准则的遵从。孔子以君子的道德人格为和谐的典范,以"智"、"勇"、"信"、"义"、"忠"等作为君子的基本人格要求。个人要恪守礼法,自我控制,不得妄为,与社会的发展形成有机的协调。在个体与社会群体的关系上,孔子认为,"仁者爱人",人与人要互相爱护,强调的是人与人之间关系的道德准则。这就要求人们在社会生活中做到上下有义、父子有亲、夫妇有爱、兄弟有悌、朋友有信,以仁爱之心对待一切人,在人际交往中注重人的价值,把别人也当作与自己同类的人看待,以人为人,建立人与人之间的相亲相爱的和谐人际关系。这样由内而外、由点及面,家庭和顺,国家有序,天下就会进入和谐状态。

孔子的学生有子曾说:"礼之用,和为贵。先王之道,斯为美。小大由之,有所不行。知和而和,不以礼节之。"(《论语·学而》)这句话的意思是:礼的

第六章 儒家礼治与创业团队管理

作用,以遇事都讲究和谐为可贵。古代君主的治国方法,宝贵的地方就在这里。他们小事大事都讲究和谐。(但是如果都死板地按照和谐来做)有的时候就行不通。(这是因为)为和谐而和谐,不以礼来节制和谐,也是不可行的。虹晟物业公司董事长牛宏生本着和为贵的理念,本着以人为本的精神发展企业,以德服人,使每一位员工愿意为企业真诚付出。创建公司以来,逐步将儒家文化中的"礼治"带到企业中来,严格要求自己,率先垂范,在员工中时刻强调人与人之间的和谐与和合等思想,用这样的一个思想导论培养出一支稳定的优秀员工队伍,事业不断发展扩大,为社会做出了一定的贡献。作为企业老板,关心体察每一位员工的精神状态、工作情况和未来发展,让企业员工将他们个人本身融入进企业的发展中,与企业同呼吸共命运,创造和谐、平等、相互尊重、快乐工作的企业发展环境。在各部门的建设上,牛宏生下了很多功夫,他将每个月的最后一个周六定为交流日,每次他都会选择一个部门参与会议,和员工交流并让秘书将问题记下来在周一及时解决。他与员工们真诚地交流沟通,及时帮助员工,解决工作生活中的各种困难,使每一位员工感受到"高高在上"的管理者给他们带来的温暖,增加员工们的主人翁意识。在企业外部与其他企业关系上,既讲竞争,又要形成一种平等的和谐氛围,保持一种儒家的"和为贵"的道德思想。正所谓得民心者得天下,当所有员工为了企业的发展心往一处想、劲往一处使时,在以"礼"精神为核心理念的儒商文化滋养下,企业更加发展、更加壮大。现在,牛宏生的公司拥有 2000 多名员工,在他的带领下,公司成为了山西省儒学研究会常务理事单位。他本人也是山西国际儒商联盟的秘书长和北京儒学书院的特聘研究员。

儒家礼治思想中提到:"调人掌司万民之难,而谐和之。"[①]《周礼》还说:"难,相与为仇雠;谐犹调也。"[②] 在这里,调人是一官职,通过调解民众之间的大小纠纷,以化解矛盾,达到社会和谐。

即使是经验、知识很丰富,组织决策能力很强的创业团队,冲突也是普遍现象,冲突由于弱化了个体之间共事的能力而损害决策质量。[③] 礼治思想对于避免、缓和创业团队的冲突,将起到不可低估的作用。

1987 年,曹明拓毕业于淮阴工专企业管理专业,进入淮阴医疗器械厂工作。在学校里就一直当班长的曹明拓依靠自身扎实的专业知识和过人的企业管理才能,在企业中得到了很好的发展。正当他踌躇满志的时候,2002 年企业

[①][②] 钱玄等编注:《周礼·地官·司徒》,岳麓书社,2001 年。
[③] Cheng, Kim, Patrick Low. Cultural Obstacles in Growing Entrepreneurship: A Study in Singapore [J]. Journal of Management Development, 2006, 25 (2).

| 儒家创业管理 |

改制。怎么办？曹明拓遇到了人生的抉择。一番激烈的思想斗争后，极富冒险精神的曹明拓选择了自主创业之路。2002年9月，曹明拓筹措资金50万元，注册成立了淮安市安洁医疗用品有限公司。企业成立之初条件简陋，厂房是租的，工人也只有30多人，主产品为医用缝合针线、手术刀片和医用塑制品。2003年底，企业销售收入不足300万元。由于资金不足，员工们议论纷纷，觉得曹明拓一定会裁人来维持资金的正常运作，厂里一时笼罩着紧张的气氛，来上班的职工们工作起来也没有精神，还在互相猜忌。可是曹明拓并没有这么做。他及时调整经营策略，还邀请主要员工来自己家里吃饭谈心，稳定大家的"军心"。经过一番推心置腹的讲话，曹明拓又凭借着丰富的管理学经验，发挥产品竞争优势抢占国际市场。在他的努力下，"安洁"从2004年开始年销售额以100%的惊人速度递增。初战告捷的曹明拓并没有沉浸在胜利的喜悦中。"谦虚谨慎、不骄不躁……"曹明拓不仅将毛泽东的讲话制成牌匾挂在墙上，还落实到自己的行动上。为了实现企业又快又好地发展，曹明拓又大胆提出"多条腿"走路的经营策略。随后的2005年，"安洁"投资兴建了服装厂；2006年，创立了影视文化公司；2007年，开办了旅游公司……曹明拓多渠道经营的发展思路，赋予了"安洁"强大的生命力和创造力。至2007年底，"安洁"已发展成为涉足多个行业，拥有资产近亿元，职工近千名的巨型"航母"企业。火车跑得快，全靠车头带。从事经济和思想政治工作多年的曹明拓深知企业带头人的作用。走进"安洁"，所有人都能感受到浓烈的一派和谐的工作氛围。"安洁"掌门人曹明拓营造的这种文化氛围，对于有效提高团队的聚集力，起到了事半功倍的效果。在创业遇到困难的时期，要处理好团队各个人的关系，遇到有影响团队正常运作的情况要及时遏制，加强和员工的交流，不让他们出现"以讹传讹"的现象。这就要求管理者加强团队的沟通，要在团队里营造和谐良好的工作氛围。正是因为曹明拓这种优秀的管理理念，短短6年时间，将一个投资只有50万元的30人小厂滚雪球似地扩张到涉及医疗、服装、旅游、影视传媒等诸多领域，成为拥有近亿元资产的"航母"型企业。

如何和谐？孟子曰："君子以仁存心，以礼存心，仁者爱人，有礼者敬人，爱人者，人恒爱之。"（《孟子·离娄下》）这句话的意思是：君子内心所怀的念头是仁，是礼。仁爱的人爱别人，礼让的人尊敬别人。爱别人的人，别人也一直爱着他。"人心齐，泰山移"，全体员工的同心协力、一致努力是企业能获得最终成功的有力保证。而要做到这一点，管理者就要多关心员工的生活，对他们事业上的挫折、感情波折、病痛烦恼等"疑难杂症"给予及时疏导和沟通，建立起良好、正常、健康、和谐的人际关系和工作氛围，从而赢得员工对公司的忠诚，增强员工对公司的归属感，使整个企业成为一个凝聚力强的团体。联想集团在成立之初，CEO 杨元庆也很注重和员工的沟通，为公司营造一种和谐团结的工作氛围付出了辛勤的努力，是一位爱员工的好儒商。他珍视并忠诚于同事间的关系，也因此，许多极具才华的人对他怀着深厚的感情，愿意追随他的左右。他曾亲自干预员工的酗酒问题。他打电话把酗酒人召唤来，和他谈话，试图说服他接受适当治疗，以摆脱酗酒的恶习。一次，当员工们都反映有一个人经常宿醉后上班工作不认真，并且还影响别人工作，管理人员建议把一个不可救药的员工开除时，杨元庆要求先和这个人谈话。经过真诚沟通后那位员工表示再给他一次机会，杨元庆同意了。10 年后，这位员工仍被雇用，而且成了管理人员。

孔子强调了"和"与"同"的区别："君子和而不同，小人同而不和"（《论语·子路》）。"和"有和谐、合作的意思。按哲学的辩证法解释："和"指宇宙中不同事物、不同要素、不同因素之间相互作用而达到的和谐和统一，即是矛盾的同一。"同"更多代表是没有感情的、机械式的一个组合。"和为贵"是非常辩证的思考，它承认矛盾的存在，而不是否认矛盾。太原虹晟科贸有限公司董事长牛宏生正是利用这一"和而不同"的理念把组织内部的各种矛盾、各种不同的价值取向和利益追求都协调统一起来，认真倾听员工的意见和建议，真正做到了有效的沟通，尽量减少员工的矛盾，让大家都为了同一个共同的目标，为了企业的集体利益，都和谐一致地努力工作。

三、以礼相让

礼治的第一个价值合理性基础是"让"——辞让、逊让、卑让。孔子说："能以礼让为国乎？何有？不能以礼让为国，如礼何？"（《论语·里仁》）在这里，孔子礼、让并称，并非偶然或随意，因为"让"的品格在礼治中很重要，是礼治的价值主旨和实质。《礼记·礼运》记载孔子的话，一方面肯定礼也只有礼才是崇尚辞让的，他说："讲信修睦，尚辞让，去争夺，舍礼何以治之？"另一方面，又举证禹、汤、文王、武王、成王、周公，"此六君子者，未有不谨于礼者也"。那么，他们是如何谨慎地根据礼来行事治国的呢？核心就是"刑仁讲让，示民有常"。可见，"让"在礼治中的地位不仅举足轻重，而且无可替代。《左传·襄公十三年》借君子之口表达："让，礼之主也。"又昭公二年，叔向曰："忠信，礼之器也。卑让，礼之宗也。"昭公十年，晏子谓桓子："让，德之主也，让之谓懿德。"显然，在先秦儒家那里，"让"代表了礼治思想的核心价值。

"让"的价值在"礼"的体系中有两个维度：一是辞让之"让"。《字汇》

有云:"先人后己之谓让",指在世俗的功名利禄面前能先人后己,退让不争。其对立面为"争",即竞名逐利,争夺不休。在礼治体系里,君子一般是无所争的,即便是在不得不争的地方,也要先行揖让,作君子之争。《论语·八佾》篇载孔子之言曰:"君子无所争,必也射乎!揖让而升,下而饮,其争也君子。"孟子进一步以此"辞让之心"为人之特质,为"四善端"之一,明确指出:"无辞让之心,非人也。"(《孟子·公孙丑上》)辞让的最高境界是推天下以贤。《尚书·尧典》有"允恭克让"之说,孔颖达引郑玄注云:"推贤尚善曰让",其主旨为让贤、让位。孔子认为此一让德是最难得亦最可贵的,所以他盛赞推贤让能的泰伯:"其可谓至德也已矣。三以天下让,民无得而称焉。"(《论语·泰伯》)

二是逊让之"让",指为人处世能谦虚逊让,其对立面为"骄",即骄矜自大,惟我独尊。逊让之德即为谦逊之德,孔子以之为自己躬行的"五德"之一,所谓"夫子温、良、恭、俭、让以得之"(《论语·学而》)。朱熹《论语集注》释"让"为"谦逊",这一点不难在《论语》中找到依据。《论语·述而》篇云:"若圣与仁,则吾岂敢?""文,莫吾犹人也。躬行君子,则吾未之有得。"孔子不仅身体力行这种逊让之德,而且对社会上和学生中言辞谦虚、举止逊让的人大加赞赏。如他称许"孟之反不伐",因其勇敢地独自押后却自谦为"马不进也"(《论语·雍也》);"子使漆雕开仕",而漆雕开"对曰:吾斯之未能信"时,孔子亦因其谦逊礼让而非常高兴(《论语·公冶长》)。所以,当孔子要求弟子们"各言其志"时,对"率尔而对"的子路却并无赞许之意,只是"哂之",原因就在于子路"为国以礼,其言不让"(《论语·先进》)。这就是说,子路之失礼,在其不让也。失让,所以失礼者也。

《论语·里仁》载孔子论"礼让为国"的一番话道:"能以礼让为国乎?何有!不能以礼让为国,如礼何?"何谓"让"?朱熹注曰:"逊(让)者,礼之实也。"(《论语集注》)以"让"为礼之本质内涵;并在《孟子集注》中解释其基本含义:"让,推以与人也。"将其具体化到了日常生活事务上来。而在集中讨论礼之意义的《礼记》里,"让"亦是一个十分重要的伦理概念,并以"让道"、"敬让之道"专门名之,将其提升到了"道"的高度。主要体现在两个方面:一是"让"是君子日常人际交往乃至诸侯之间"国际外交"的基本法则,乃礼义的体现,是对统治阶层的个人修养提出的要求。如《礼记·曲礼》:"是以君子恭敬撙节退让以明礼。"《礼记·聘义》:"敬让也者,君子之所以相接也。故诸侯相接以敬让,则不相侵陵。"等等。二是"让"是治国之道,为儒家礼治思想的核心要素。《礼记·乐记》中说:"揖让而治天下者,礼乐之谓也。"《礼记·聘义》亦道:"诸侯相厉以轻财重礼,则民作让矣。"

第六章 儒家礼治与创业团队管理

《礼记》在此认为，人君轻财重礼，以礼让为行事做人的准则，并推广到治理天下的政治实践中去，即可称为礼治。所以，对于君主来说，"一家仁，一国兴仁；一家让，一国兴让"，以礼让修身、齐家，便可治国平天下。关于此，朱熹在与弟子的日常讲论中曾有过讨论，如陈淳所记的一段话曰：因讲"礼让为国"，曰："'一家仁，一国兴仁；一家让，一国兴让。'自家礼让有以感之，故民亦如此兴起。自家好争利，却责民间礼让，如何得他应……如今官司不会制民之产，民自去买田，又取他牙税钱。古者群饮者杀。今置官诱民饮酒，惟恐其不来，如何得民兴于善。"（《朱子语类》）朱熹继承先秦儒家的礼治与德政思想，认为对于一国之君来说，"自家礼让有以感之"是"民兴于善"的关键所在。当今朝政却有种种不合传统"礼让为国"观念的现象，朱熹的相关批评既体现出了一个极具社会担当精神、满怀政治抱负的士大夫对于国事的慨叹与忧虑，也有几分英雄无用武之地的落寞情怀。而朱熹强调"礼让为国"，其中也有一定的民本思想。

晋文公继位以后，整顿内政，发展生产，把晋国治理得渐渐强盛起来。他也想像齐桓公那样，做个中原的霸主。这时候，正好周朝的天子周襄王派人来讨救兵。周襄王有个异母兄弟叫太叔带，联合了一些大臣，向狄国借兵，夺了王位。周襄王带着几十个随从逃到郑国。他发出命令，要求各国诸侯护送他回洛邑去。列国诸侯有派人去慰问天子的，也有送去食物的，可就是没有人愿意发兵打狄人。有人对周襄王说："现在诸侯当中，只有秦、晋两国有力量打退狄人，别人恐怕不中用。"襄王才打发使者去请晋文公护送他回朝。晋文公马上发兵往东打过去，把狄人打败，又杀了太叔带和其部下，护送天子回到京城。过了两年，又有宋襄公的儿子宋成公来讨救兵，说楚国派大将成得臣率领楚、陈、蔡、郑、许五国兵马攻打宋国。大臣们都说："楚国老是欺负中原诸侯，主公要扶助有困难的国家，建立霸业，这可是时候啦。"晋文公早就看出，要当上中原霸主，就得打败楚国。他就扩充队伍，建立了三个军，浩浩荡荡去救宋国。公元前632年，晋军打下了归附楚国的两个小国——曹国和卫国，把两国国君都俘虏了。楚成王本来并不想与晋文公交战，听到晋国出兵，立刻派人下命令让成得臣退兵。可是成得臣以为宋国迟早可以拿下来，不肯半途而废。他派部将去对楚成王说："我虽然不敢说一定打胜仗，但也要拼一个死活。"楚成王很不痛快，只派了少量兵力归成得臣指挥。成得臣先派人通知晋军，要他们释放卫、曹两国国君。晋文公却暗地通知这两国国君，答应恢复他们的君位，但是要他们先与楚国断交。曹、卫两国真的按晋文公的意思办了。成得臣本想救这两个国家，不料他们倒先来与楚国绝交。这一来，真气得直跺脚。他嚷着说："这分明是重耳这个老贼逼他们做的。"他立即下令，催动全军赶到晋军驻扎的地方去。楚军一进军,晋文公立刻命令往后撤。晋军中有些将士可想不开了,说:"我们的统帅是国君,对方带兵的是臣子,哪有国君让臣子的理儿?"狐偃解释说:"打仗先要凭个理,理直气就壮。当初楚王曾经帮助过主公,主公在楚王面前答应过:要是两国交战,晋国情愿退避三舍。今天后撤,就是为了实现这个诺言啊。要是我们对楚国失了信,那么我们就理亏了。我们退了兵,如果他们还不罢休,步步紧逼,那就是他们输了理,我们再与他们交手也不迟。"晋军一口气后撤了九十里,到了城濮(今山东鄄城西南),才停下来,布置好了阵势。楚国有些将军见晋军后撤,想停止进攻。可是成得臣却不答应,一步盯一步地追到城濮,与晋军遥遥相对。成得臣还派人向晋文公下战书,措辞十分傲慢。晋文公也派人回复说:"贵国的恩惠,我们从来都不敢忘记,所以退让到这儿。现在既然你们不肯谅解,那么只好在战场上比个高低啦。"大战展开了。才一交手,晋国的将军用两面大旗,指挥军队向后败退。他们还在战车后面拖着伐下的树枝,战车后退时,地下扬起一阵阵的尘土,显出十分慌乱的模样。成得臣一向骄傲自大,不把晋人放在眼里。他不顾前后地直追上去,正中了晋军的埋伏。晋军的中军精锐,猛冲过来,把成得臣的军队拦腰切断。原来假装败退的晋军又回过头来,前后夹击,把楚军杀得七零八落。晋军占领了楚国营地。把楚军遗弃下来的粮食吃了三天,才胜利回国。

在国内视讯行业首屈一指的深圳市同洲电子股份有限公司董事长袁明就是一位推崇礼仪治企的儒商,每年春节员工返工的第一天,他都会组织公司的副总裁以及各位高管们在公司门口站成两排迎接到来的员工们,并对他们致以九十度的鞠躬行礼,以表示对员工们辛勤了一年的劳动做出肯定,也为日后大家埋首为公司发展不断做出贡献而致敬。大家所熟知的礼的方式不同,古代行跪拜礼,现代最普遍的是握手之礼,但是一个公司的老总居然可以对每一位员工行鞠躬之礼。笔者以为,这是礼仪的最大呈现了。而有人说,礼不仅是表面的,而更注重于内心。在这一点上,同洲作为视讯行业的领头羊给我们做出了很好的表率作用。同洲对每一位刚入职的员工都有一套为期一周的军事训练,每次军训的开始每位学员都要齐声背出公司的口号:"尊重、理解、沟通、便利,顾客至上!"由此可见,尊重是第一位的,同洲将礼看得很重要,企业领导人和员工都要精通社交礼仪、公关礼仪、公务礼仪和服务商务礼仪等。只有做到了对他人的尊重,遵循了礼教,企业才会长期持久稳定地发展下去。而且,同洲也不负众望,拥有了国内最大规模的视讯研发队伍,自主创新专利达2600多项,成为同行业者中的翘楚。

人与人之间是平等的,并不因为你比别人闪耀夺目,比别人官高一级,就让所有人对你刮目相看。因此，想要领导好下面的人，首要的一条就是不要妄自尊大，要尊重他人，关心他人，真诚地对待他人。"夫礼者，自卑而尊人，虽负贩者，必有自尊心，而况富贵乎！"（《礼记·曲礼上》）"自卑"指的是谦卑。尊重别人是古往今来人际交往的基本准则。儒家学派重视人的尊严和价值，所以不仅强调爱人，还强调"尊人"和"敬人"。在《诗经》中孔子还说："伐柯伐柯，其则不远。我觏之子，笾豆有践。"这句话的意思是：做斧把只要按照先人传下来的斧把的样子去做，大体能像。我今遇见这个人，酒菜整齐摆满案。为此，要想获得尊重，就要尊敬他人，不只是礼仪之数，还必须要用礼规范自己，约束自己才能求得别人的尊敬。

第四节

儒家礼治与创业团队文化

一、乐交友

《论语》有云："有朋自远方来不亦乐乎？"意思是，有朋友啊，从很远的地方来不是非常快乐的事情吗？"人不知而不愠不亦君子乎？"意思是，人不了解你，得罪了你，而你能够不生气，不发怒，这岂不是君子的大度之风吗？

古代交友的形式很多。①有杵臼之交，这指交友不分贵贱。《聊斋志异·成仙》："文登周生，与成生少共笔砚，遂订杵臼交。"其意为：杵与杵交、臼与臼交，杵臼相交，如今再难有这样的痴人了。所谓"物以类聚"是也。②有布衣之交，这指普通百姓相交。《史记·廉颇蔺相如列传》："臣以为布衣之交不得欺，况大国乎？"意思是，布衣时易交，一布衣变锦衣后再难与之交。盖因"三句话不离本行"，已无共同语言也。③有刎颈之交，指即使掉脑袋也不变心的朋友。《史记·廉颇蔺相如列传》："卒相与欢，为刎颈之交。"意思是，怎么会有这样的傻子?! 君不见，当今多少"同林鸟"的夫妻，大难来时尚"各奔东西"，"识时务者为俊杰"啊！④有莫逆之交，指彼此情投意合的朋友。《北史·司马膺传》："所以游集，尽一时名流。与邢子才、王景等并为莫逆之友。"意思是，所谓"莫逆"，不妨是有目的的以假乱真。人生本是一场戏，只要大家"交"得高兴，又何必那么计较和认真，非要揭穿它呢。⑤有忘年之交，指不计年岁长幼、以才能德行为主的交往。《南史·何逊传》："南乡范云见逊对策，大相称赏，因结忘年之交。"意思是，在崇尚领导年轻化、知识化、专业化的当代，也是"长者"们为自己和亲友预留下一条后路的有效"交友"

手段，何况还可得"平易近人"的佳名呢。⑥有竹马之交，指幼年之交。《世说新语·方正》："帝曰：聊故复忆竹马之好不?"意思是，什么年代了啊，还兴这个?!过去的就让它过去吧，执着如初又何必呢，人是应该"向前（钱、权）看"的呀！⑦有君子之交，指看上去很平淡、重在道义的朋友。《诸子·山林》："君子之交淡如水。"意思是，白开水有什么好喝？还是喝可乐好！⑧有车笠之交，指不以贵贱而异的朋友。《太平御览》卷四〇六引周处《风土记》："越俗性率朴，意亲好合，即脱头上手巾，解腰间五尺以与之为交，拜亲跑妻，定交有礼……祝曰：'卿虽乘车我戴笠，后日相逢下车揖；我虽步行卿乘马，后日相逢卿当下。'"意思是，呵呵，这个恐怕是做给别人看的吧？君不见，当今"大人们"每次下乡都要邀上记者或"长舌"呢！⑨有金石之交，指交谊深厚、如金石之坚固。《汉书·韩信传》："今足下自以为与汉王为金石交，然终为汉王所擒矣。"意思是，放眼今天，深以为是！⑩有金兰之交，指友情契合、如兄弟般的朋友。《世说新语·贤媛》："山公与嵇、阮一面，契若金兰。"意思是，"亲兄弟"还"明算账"，何况朋友?!只不过"契若金兰"罢了！有肺腑之交，指无话不谈、推心置腹的朋友。白居易《代书诗一百寄韵微之》："肺腑都无隔，形骸两不羁。"意思是，那只不过是一个"天方夜谭"的愿望罢了。君不闻"逢人但说三分话，未可全抛一片心"、"祸从口出"、"沉默是金"啊！⑪有贫贱之交，在贫困时结交的朋友。《后汉书·宋弘传》："（光武帝）谓弘曰：'谚言贵易交，富易妻，人情乎？'弘曰：'臣闻贫贱之交不可忘，糟糠之妻不下堂。'"意思是，呵呵，宋弘一定未闻"贫在都市无人问，富在深山有远亲"、"各人自扫门前雪，莫管他人瓦上霜"、"雪中送炭无，锦上添花来"，或者他根本就是伪君子。⑫有知音之交，指互为知音的朋友。源于钟子期、俞伯牙《高山流水》的故事。意思是，太难！太难!!太难!!!君不见，"同行是冤家"、"文人相轻"?!"推心置腹待青衿，怎料伊人不共鸣。'好友'易交心难印，高山流水有谁人?!"⑬有再世之交，指与人父子两代都结为朋友。《宋史·邵伯温传》："伯温入闻父教，出则事司马光等，而光等亦屈名位辈行，与伯温为再世交。"意思是，有利可图，有机可用，"再世之交"太少；无，"半世之交"也多！⑭有石交，指交谊坚固的朋友。《史记·苏秦列传》："此所谓弃仇雠而得石交者也。"意思是，与坚固朴实的石交往，有何情趣可言？还不如与鲜花和露珠交往，"不求天长地久，但求曾经拥有。"⑮有款交，指真诚相待的朋友。《南史·杜君产传》："会稽孔凯，清刚有峻节，一见而为款交。"意思是，呵呵，杜君产真是书呆子。君不见当今社会，有"款"才能够"交"，即使28岁的姑娘嫁给82岁的老头也无所谓；无"款"免"交"，所以哀情至今仍是文学作品的表现主题。

第六章 儒家礼治与创业团队管理

儒家很重视朋友关系，把它列入了社会关系的一伦之一。"嘤其鸣矣，求其友声。相彼鸟矣，犹求友声；矧伊人矣，不求友生？"（《诗经·小雅·伐木》）其意为，鸟儿都知道嘤嘤鸣叫寻找同伴，人岂能无友？人之求生，不独有其身，更有其心。形固可使如槁木，而心不可使如死灰，心灵才是人生的最后根据地。心灵需要交流，交流才能使心灵开放，不开放就会自闭、抑郁。儒家认为择友应谨慎，并提出了"益者三友"与"损者三友"的择友标准。《论语·季氏》载孔子语："益者三友，损者三友。友直，友谅，友多闻，益矣；友便辟，友善柔，友便佞，损矣。"直即正直坦荡，谅即诚实无欺，多闻即见多识广。便辟是谄媚逢迎之意，善柔是两面三刀之意，便佞是夸夸其谈之意。这六种朋友益者与损者是两两相对的。儒家提倡以文会友，以友辅仁。《论语·颜渊》云："曾子曰：'君子以文会友，以友辅仁。'"其意为，君子用文章学问来与朋友聚会，用朋友的美德和帮助来培养自己的仁德。可见，以自己对社会人生的思考（用文章的形式表达）来会友，以与朋友讨论社会人生之理来增进自己的理解和德行，才是真正的交友之道。如果能在这个层次上交友，必定能获得比嘘寒问暖、礼物往来、散财结义式友谊更加深刻的友谊。

创业机会发现取决于两个必要条件：第一，个体获取承载创业机会的信息；第二，个体合理解读这些信息并识别其中蕴含的经济价值。[①] 认知学派认为创业机会发现是个体有意识地系统搜集、识别并处理信息价值的过程，并将创业机会发现归结为个体卓越的信息处理能力、搜寻技术或扫描行动。[②] 奥地利学派对此提出了质疑，认为个体不可能搜寻创业机会，因为"在被发现之前，创业机会是未知的"，个体并不能去找寻他不知道是否存在的东西，[③] 相反，个体往往通过识别偶然获取的新信息价值来发现机会。比较而言，认知学派认为创业机会发现的关键在于个体信息解读能力，因为个体都可以通过提供搜寻来获取相关的信息；而奥地利学派则认为信息获取质量与获取能力是创业机会发现的关键，因为个体因其创业警觉能够敏锐把握承载创业机会的有价值信息。[④] 社会关系网络是承载创业机会信息的重要来源，创业者往往在与人交

[①] Shane, S. Prior Knowledge and the Discovery of Entrepreneurial Opportunities [J]. Organizational Science, 2000, 11 (4).

[②] Shaver, K. G., L. R. Scott. Person, Process, Choice: The Psychology of New Venture Creation [J]. Entrepreneurship Theory and Practice, 1991, 16 (2).

[③] Kaish, S., B. Gilad. Characteristics of Opportunities Search of Entrepreneurs Versus Executives: Sources, Interest, and General Alertness [J]. Journal of Business Venturing, 1991 (6).

[④] Kirzner, I. Competition and Entrepreneurship [M]. Chicago: University of Chicago Press, 1973.

往过程中获取承载机会信息从而发现了创业机会。① 社会资本理论认为,个体所嵌入社会网络的资源水平越高,即个体的网络规模越大,网络资源越丰富,个体所接触到的信息数量也越多、质量也越高。② 更为重要的是,研究已经发现系统搜寻是发现模仿性机会的主要途径,而创新性机会往往是偶然获取的结果,③ 这意味着,与模仿性机会相比,发现创新性机会更有赖于个体在日常生活中的广泛的交往范围、高质量的交往对象,也就是说,个体的交往范围越广,交往对象的地位越高,所俘获新信息的数量就越大,质量也越高。如与大学教授存在着直接或间接联系的个体可能会先于他人发现新兴技术的应用前景,从而发现创新潜力更高的创业机会。又如当管理者缺乏相关知识时,可以通过结交有学识的人,来给自己充电,不断地从他们身上学习自己缺乏的知识,取长补短,也是一个可行的办法。当然,在这过程中还应该注意不能单纯地学习理论知识,还要与自己所积累的实战经验结合起来。做生意、办企业,必须具备开阔的视野、开放的思维。正是因为结识了顾怀这位有识之士,张传在发展过程中弥补了自己文化的不足,有了顾怀的帮助,他的事业才能够不断发展。特别是创业的初期,由于创业者缺乏经验,知识的力量在创业团队的发展过程中更有着举足轻重的作用,所以有必要加强团队的文化建设以弥补知识缺乏造成的损失。

张传出生在安徽一个偏远的小山村,15 岁那年由于家里发了洪水而无法填饱肚子,家里为了维持生计,只好让还年轻的张传去当学徒,从事当时很红火的盐业。家庭贫困使他并没有接受过真正的教育,而他通过自己的辛劳终于闯出一片属于自己的天地。人们都好奇:是什么让他对食盐行业的明文律法这么有见解?原本不识几个字的人,怎么能有这么独特的见解呢?原来,张传丰富知识的背后是因为他有专门的"军师"。这位"军师"是当时的落魄举人顾怀,由于家境太过贫穷,顾怀没有盘缠考试,机缘巧合碰见了张传,张传十分同情顾怀的情况,并且很欣赏他的才能,于是出钱让顾怀参加考试。从此,两人便成了知己。得知张传从事食盐行业,顾怀就帮助张传分析行业的利弊以及发展趋势。进行长途贩运,对商路路线的选择往往成为获利的重要前提,而张

---

① Hills, G., G. T. Lumpkin, R. P. Singh. Opportunity Recognition: Perceptions and Behaviors of Entrepreneurs [R]. Frontiers of Entrepreneurship Research, Babson College, Wellesley, MA, 1997.

② Lin, Nan. Social Capital: A Theory of Social Structure and Action [M]. Cambridge University Press, 2001.

③ Smith, B. The Search for and Discovery of Different Types of Entrepreneurial Opportunities: The Effects of Tacitness and Codification [R]. In S. A. Zahra et al. (Eds), Frontiers of Entrepreneurship Research, Wellesley, MA: Babson College, 2005.

传进行长途贩运的路线图,就是在顾怀的帮助下共同绘制的。这条汇合了两人智慧精华的路线图为张传带来了丰厚的利润。

二、谨行事

《谷梁传·桓公三年》:"父戒之曰:'谨慎从尔舅之言。'母戒之曰:'谨慎从尔姑之言。'"唐元稹《叙诗寄乐天书》:"朝廷大臣以谨慎不言为朴雅,以时进见者不过一二亲信。"古希腊的著名哲学家苏格拉底,不但才华横溢著作等身,而且广招门生奖掖后进,运用著名的启发谈话启迪青年智慧。每当人们赞叹他学识渊博、智慧超群的时候,他总谦逊地说:"我唯一知道的就是我自己的无知。"三国时的吕岱位高权重,名声显赫,但能虚心听取批评意见。他的朋友徐厚为人忠厚耿直,常常毫不留情地批评他的缺点。吕岱的部属对徐厚不满,认为徐厚太狂妄,并将此告诉了吕岱。可吕岱反而更加尊重和亲近徐厚。徐厚死后,吕岱失声痛哭,边哭边诉:"徐厚啊!以后我从哪儿去听到自己的过失啊!"

荀子曰:"礼者,所以正身也。"(《荀子·修身》)这句话的意思是:礼,是用来端正身心的。古代的"礼"对于不同社会等级的人言行都有明确的规定,要求每一个人都必须按照"礼"的规定来约束自己,克制自己的欲望,使之合乎"礼"的规定,要"顺乎礼义",以礼制欲。在今天,"礼"的典章功能,已经演变成了各种法律和法令以及若干规章制度,企业的管理者和员工要正身就是要自觉地遵守法纪,特别是企业的各级管理人员。

蒙牛前董事长牛根生是位商业传奇人物。1998 年从伊利第一副总裁的位置上被撤职,走投无路的情况下他创办了蒙牛集团,6 年时间把这家公司做到了全国第一。有意思的是,7 年后,撤牛根生职的伊利董事长郑俊怀进了监狱,而被撤职的伊利前副总裁牛根生已经没有了怨恨,他说:"什么事情就怕被打倒。我被撤职,现在看主要责任在我。我是企业'二把手',但做了'水大漫桥'的事。现在我已经是'一把手'了,如果我的副职也做了'水大漫桥'的事,我很可能也容忍不了。"

"有官守者,不得其职则去。有言责者,不得其言则去。我无官守,我无言责也,则吾进退,岂不绰绰然有余裕哉?"(《荀子·修身》)这是说有官位的人,如果无法尽职尽责就应该辞官不干,有尽言职责的人,如果所言不被采纳,就应该辞职不干。至于我,既无官位也无进言的职责,那么我的进退去留,岂不是非常宽松而有自由回旋的余地。

牛根生倡导"正心修身,克己复礼"的自律管理思想,突出道德导向,自身有完善的人格,才能让别人向你学习。在这个利益至上的今天很多人都缺乏责任感，很多人可能为了生存为了更大的欲望会走向道德沦陷的深渊，所以要加强领导者管理，起好表率模范作用，让埋头于工作的人时刻谨记要"正心修身，克己复礼"，不做有违道德名誉之事。孔子说："政者，正也。子帅以正，孰敢不正。"（《论语·颜渊》）这样的领导者就很有感召力和号召力，他的领导意图就能得到很好的贯彻执行。牛根生为我们较为全面地勾画了现代儒商的人格形象，不仅如此，还要求下面各级管理者"惠而不费，劳而不怨，欲而不贪，泰而不骄，威而不猛"；具有"自强不息"的奋斗精神；坚持"知之为知之，不知为不知"的求实精神；"君子坦荡荡"的豁达心态；"周则不比"的团结员工能力；"见危援命"的牺牲精神；"如切如磋，如琢如磨"的精益求精作风；"躬自厚而薄责于人"的自我批评精神等。管理者自己身正，起好表率模范作用，要求下级做什么事情，不需要动员和说服，他们就有自觉性和主动性，就像"天不言，而万物化成"一样。所以，管理者的行为是否符合纪律和法律规范，具有重要的意义。

当然，不能过分谨慎而失去魄力。《诗经·大雅·大明》载了一则故事：宋朝时有个很有学问的人，名叫贾黄中，他5岁起跟父亲读书。由于父亲的严格要求，贾黄中15岁就考中进士，当了校书郎。贾黄中为官清廉正直。他在任宣州大守时，有一年闹灾荒，百姓饿死不少。贾黄中就用自家的米做饭，救活了几千人。他在金陵任职的时候，发现府库内藏有几十匣金银宝贝，价值连城，马上清理上报朝廷。宋太宗十分高兴，夸奖他说，若不是他廉洁奉公，这些前朝的宝贝一定会丢失；此外还特地召见了贾黄中的母亲，赞扬她教子有功，可以比作孟子的母亲。但是，贾黄中办事过分认真、慎重，遇到大事往往不能当机立断。后来他被派往外地任职，在向太宗辞行时，太宗告诫他："做事恭谦，小心谨慎，不论是做君的还是做臣的都应该这样，但是如果做得太过分了，就失去了大臣的身份。"贾黄中死时，家中很穷，皇帝特地赐钱30万两，又给他老母亲白银300两，以表彰他为官廉洁无私，他母亲教子有方。

创业者既需要小心翼翼，更需要非凡的胆量与勇气。

三、互尊敬

在《论语·八佾》里，鲁定公问孔子君臣关系该如何界定："君使臣，臣事君，如之何？"孔子答曰："君使臣以礼，臣事君以忠。"朱熹于此解释说："二者皆理之当然，各欲自尽而已。"并引二程弟子吕大临之言："使臣不患其不忠，患礼之不至；事君不患其无礼，患忠之不足。"以及尹焞的解说："君臣，以义合者也。故君使臣以礼，则臣事君以忠。"（《论语集注》）从中可见，君礼臣忠，是理学家们从他们的"至圣先师"孔子处得来的关于君臣伦理关系的固有认识,而尹焞所言则体现出了两者之间所存在的因果联系。不过,他们虽然对"臣事君以忠"持绝对肯定态度,但有人却也对"君使臣以礼"与"臣事君以忠"之间是否有必然联系产生了怀疑。如朱熹门人金去伪道:"或说'君使臣以礼,臣事君以忠。'讲者有以先儒谓'君使臣以礼,则臣事君以忠'为非者,其言曰:'君使臣不以礼,则臣可以事君而不忠乎!君使臣不以礼,臣则有去而已矣。事之不以忠,非人臣之所宜为也。'"(《朱子语类》)孔子说"君使臣以礼,臣事君以忠",这本是一个正命题,但倘若君使臣不以礼,臣又该如何?难道可以"不忠"吗?金去伪此处所说的"讲者"认为:即使君主未能以礼待臣,臣最多是弃官而去,却不能"不忠"。这便只是要求臣对君绝对忠诚,而否定了君主也有礼待臣属的必然义务。对此,朱熹指出:"此说甚好,然只说得一边。尹氏谓'君使臣以礼,则臣事君以忠',亦有警君之意,亦不专主人臣而言也。如孟子言'君之视臣如犬马,则臣视君如寇仇。'此岂孟子教人臣如此哉?正以警其君之不以礼遇臣下尔。为君当知为君之道,不可不使臣以礼;为臣当尽为臣之道,不可不事君以忠。君臣上下两尽其道,天下其有不治者哉!乃知圣人之言,本末两尽。"(《朱子语类》)事实上,在孔子和孟子看来,君臣双方都应当有维护二者和谐关系的责任和义务,尤其是孟子,对此问题的态度更是决绝。在《孟子·离娄下》中,他曾非常明确地告诉齐宣王:"君之视臣如手足,则臣视君如腹心;君之视臣如犬马,则臣视君如国人;君之视臣如土芥,则臣视君如寇仇。"朱熹对此认为,齐宣王对臣下"恩礼衰薄","藐然无敬",所以孟子才对他有此言以示警告。朱熹同时也指出,就那些对待臣下态度非常恶劣的君主而言,"寇仇之报,不亦宜乎?"(《孟子集注》)但在此处,朱熹则强调孟子的上述说法只是一种要求君主礼遇臣下的警示之语,并非表示臣下可以真正对君"不忠"。朱熹对"君使臣不以礼"的情况下臣子该如何表现,以及拥有什么样的权利等问题避而不谈,表现出了对"臣民应绝对忠君"的观点在一定程度上的曲意围护。封建君主集权制度经过千年的发展,在朱熹的时代已是十分严整。若从现代民主政治的观点看,相对于孟子的君臣关系论,朱熹的上述思想无疑是一种可悲的历史倒退,但却是历史发展的必然。当然,朱熹在此主要强调的仍然是君主应当礼遇臣下的问题,这是推行德政最为重要的一个方面,为朱熹礼治思想的基本要素。他在相关的讨论中亦曾反复辨析这一点,如说:"自人臣言,固是不可不忠,但人君亦岂可不使臣以礼!若只以为臣下当忠,而不及人主,则无道之君闻之,将谓人臣自是当忠我,虽无礼亦得。如此,则在上者得肆其无礼。后人好避形迹,多不肯分明说。却不知使上不尽礼,而致君臣不以善终,却是贼其君者也。若使君能尽礼,则君臣划地长久。"(《朱子语类》)在朱熹看来,若只说臣事君有忠的义务，而不强调君待臣必以礼，则很可能使无道昏君胡作非为，最终葬送帝王基业。因此，劝谏皇上知礼行礼也是臣下的义务和责任，否则便是贼害其君主，亦是不忠君的表现。

朱熹对"君使臣以礼，臣事君以忠"的大力宣扬，其实质乃是希望在君臣之间营造一片充满温情的和谐氛围，但现实却并非如此。他说："看古礼，君于大夫，小敛往焉，大敛往焉；于士，既殡往焉；何其诚爱之至！今乃弃然。这也只是自渡江后，君臣之势方一向悬绝，无相亲之意，故如此。古之君臣所以事事做得成，缘是亲爱一体。因说房人初起时，其酋长与部落都无分别，同坐同饮，相为戏舞，所以做得事。如后来兀术犯中国，掳掠得中国士类，因有教之以分等陛立制度者，于是上下位势渐隔，做事渐难。"(《朱子语类》)这一番对于礼制的反思出于端肃谨严的朱熹之口，的确颇耐人寻味。他强调君臣应当"亲爱一体"，尤其是对金国朝廷在礼制确立之后"上下位势渐隔，做事渐难"的观察与分析可谓一针见血，无疑是一支传统君主政治的清醒剂，实为难得。不过，早在《礼记》和《荀子》中都已明确提出了"礼别异，乐和同"，认为礼乐的融会统一直接关乎人心人情的思想，而南宋君臣之间只见礼的等级森严，却无乐的和悦夹洽，自然令朱熹感觉不妥。

朱熹感慨"后世君太尊，臣太卑"(《朱子语类》)，强调君臣之间应当"诚爱"、"相亲"、"亲爱一体"，究其实质，则是一种"礼让为国"的政治哲学观念。而"礼让为国"的观念中同时又蕴藏着"以民为本"的思想，体现出了朱熹对君民关系的认识。

儒家的"君臣"关系论，为创业团队的上下级关系建立和维护提供了有力的借鉴。在创业组织中，构建领导与下属之间的互敬文化，便于形成良好的上下级关系。礼敬与忠诚是一种相互的责任。只要管理者做到礼敬，下属自然就会做到忠诚，双方的互动中，管理者起决定性作用。因此，管理者要在充分了解自己下属特质的基础上，信任下属，以礼相待，这是正确处理与下属关系、建设优秀创业团队的关键所在。

第五节

儒家礼治与创业团队领导

一个或两个领袖企业家的才能，对新的创业型企业至关重要，因为其他人愿意加入该团队是基于这些企业家的丰富经验和奉献精神，以及他们的人格魅力。1978年，苹果电脑的领导团队由三个人组成，他们均具有专业特长和个

第六章　儒家礼治与创业团队管理

人品质。史蒂夫·乔布斯是一位超凡的领导者，他激励员工并直接与电脑爱好者交谈；迈克·马克库拉（Mike Markkula）是业务和营销领导；斯蒂芬·沃兹尼亚克（Stephen Wozniak）是工程领导和公司的电脑研发人员。这种平衡的、强大的创业团队使苹果电脑开创了其在商界历史上的辉煌。可见，创业团队领导的技能与素质是创业成败的重要因素。儒家礼治为创业团队领导技能的培养与提升提供借鉴。

一、尚贤使能

尚贤的名称来源于战国时期著名思想家墨子观点——尚贤使能。此处之"贤"指有道德、有学识的人才。"贤"，本义指"多才"，但依中国古代政治传统论，"贤"等同于"善"。《吕氏春秋》中讲："以和氏之璧与百金以示鄙人，鄙人必取百金矣；以和氏之璧、道德之至言以示贤者，贤者必取至言矣。"可以看出，贤人是首先有德行的人。它的反义词是"不肖"，如果是自谦，就是"不才"的意思；如果他指，就是"品行不端"。正是"贤"的双重含义，任贤总的是要求重用优异之人。

孔子曰："天地之性人为贵。"孟子曰："道德仁义，非礼不成。教训正俗，非礼不备。纷争辨讼，非礼不决。君臣上下，父子兄弟，非礼不定。宦学事师，非礼不亲。"（《礼记·曲礼上》）可见以礼对待员工的价值。在一个创业团队中，管理者应"尊贤护能"。对于有能力者，悲伤时，有人替他分担；快乐时，有人与他共享。那么他便会把爱其者当作知己。孟子曰："尊德乐道，不如是，不足与有为也。故汤之于伊尹，学焉而后臣之，故不劳而王；桓公之于管仲，学焉而后臣之，故不劳而霸。"（《孟子·公孙丑》）其意为，君王要做到尊重德行喜爱仁道，不这样就不能够做到大有作为。因此商汤对伊尹，先向伊尹学习，然后才以他为臣，于是不费力就统一了天下；桓公对于管仲，也是先向他学习，然后才以他为臣，于是不费力气就称霸于诸侯。《战国策·燕策》记载，昭王曰："寡人将谁朝而可？"郭隗先生曰："臣闻古之君人，有以千金求千里马者，三年不能得。涓人言于君曰：'请求之。'君遣之。三月得千里马，马已死，买其首五百金，反以报君。君大怒曰：'所求者生马，安事死马而捐五百金？'涓人对曰：'死马且买之五百金，况生马乎？天下必以王为能市马，马今至矣。'于是不能期年，千里之马至者三。今王诚欲致士，先从隗始；隗且见事，况贤于隗者乎？岂远千里哉？"于是昭王为隗筑宫而师之。乐毅自魏往，邹衍自齐往，剧辛自赵往，士争凑燕。燕王悼死问生，与百姓同甘共苦。二十八年，燕国殷富，士卒乐佚轻战。于是遂以乐毅为上将军，与秦、楚、三晋合谋以伐齐，齐兵败，闵王出走于外。燕兵独追北，入至临淄，尽取齐宝，烧其宫室宗庙。齐城之不下者，唯独莒、即墨。其意为，昭王说："我将要拜访谁好呢？"郭隗先生道："我听说古时的一位人君，想用千金求购千里马，三年也没买到。一个侍臣对他说：'请允许我去寻求它。'国君派遣他去了。三个月后获得千里马，马已死，用五百金买了死马的头，返回去把此事回报国君。国君很生气，道：'我所要购求的是活马，死马有什么用而且还花费了五百金买它呢？'侍臣答道：'死马尚且要花五百金购买，何况活马呢？天下必定认为大王您是能出高价买马的人，千里马现在就会到来了。'于是不到一年，千里马来了好几匹。现在大王实在想要招揽贤士，先从我开始吧；像郭隗我这样的人尚且被重用，何况比我更贤能的人呢？他们难道会嫌路远而不来燕国吗？"于是昭王为郭隗专门建造房屋，并拜郭隗为自己的老师。乐毅（战国名将，率燕军先后攻占齐国七十多城）从魏国赶来，邹衍从齐国赶来，剧辛（赵人，后为燕将）从赵国赶来，人才争相奔向燕国。燕昭王悼念死者，慰问活着的人，与百姓同甘共苦。燕昭王二十八年，燕国殷实富足，士兵们生活安乐舒适，不怕打仗。于是就用乐毅为上将军，与秦、楚、三晋（赵魏韩，三国的国君原是晋国大夫，后瓜分了晋国）联合策划攻打齐国。齐军败，齐闵王外逃（至莒，不久被杀）。燕军独自追赶败退的齐军，深入到（齐都）临淄，掠尽齐国的财宝，烧毁齐国的宫殿和宗庙。齐国城邑没被攻下的，只剩莒、即墨。

荀子认为，礼法的制定与执行得好与坏，都取决于制定和执行的人。故曰"彼持国者必不可以独也"，一个国家的君王不可能只依靠自己一个人就完成这些事情，他一定要有足以信赖的左右亲信、侍从和大臣方能完成。

"国者，天下之大器也，重任也，不可不善为择道然后道之，涂薉则塞，危塞则亡。彼国错者，非封焉之谓也，何法之道，谁子之与也。故道王者之法，与王者之人为之，则亦王；道霸者之法，与霸者之人为之，则亦霸。"[①]因此，选用贤良、有能力的人来当自己的臣子是考察君王能力强弱的依据之一。"人主者，以官人为能者也"说的就是这个意思。

荀子提出了选用贤能之人的原则和方法。其一，要公正，不偏私。荀子认为，"口好味，而臭味莫美焉；耳好声，而声乐莫大焉；目好色，而文章致繁，妇女莫众焉；形体好佚，而安重闲静莫愉焉；心好利，而谷禄莫厚焉，合天下之所同愿兼而有之，睪牢天下而制之若制子孙，人苟不狂惑戆陋者，其谁能睹是而不乐也哉！欲是之主，并肩而存，能建是之士，不世绝，千岁而不合"，君主只有广招贤良的人才，并且不管亲近与疏远，不区分高低贵贱，只

---

① 熊公哲：《荀子今注今译》，重庆出版社，2008年。

寻求真正有才能的人来治理国家,这样,大臣们就会轻视职位并且主动让位给贤能的人而且甘心跟随其后,像这样,君主就可以建立起统一天下的功业,名声也可以与圣王相匹配了。"明主有私人以金石珠玉,无私人以官职事业"。贤明的君主有把金银珠宝和玉石私自送人的,却没有把官职事业私自给人的,说的就是这个道理。其二,因能设职。荀子说:"天子三公,诸侯一相,大夫擅官,士保职,莫不法度而公,是所以班治之也。论德而定次,量能而授官,皆使其人载其事,而各得其所宜。上贤使之为三公,次贤使之为诸侯,下贤使之为士大夫,是所以显设之也。修冠弁、衣裳、黼黻、文章、雕琢、刻镂,皆有等差,是所以藩饰之也。"这样,"百里之地,其等位爵服,足以容天下之贤士矣;其官职事业,足以容天下之能士矣;循其旧法,择其善者而明用之,足以顺服好利之人矣",即百里见方的小地方,它的等级、爵位以及相应的服饰、器皿足以容纳天下贤德之人了,它的官职事业足够容纳天底下有才能的人了,遵循原有的法治,选择好的公布并加以实施,就完全可以顺服爱好财利的人了。其三,要"取人有道"。荀子认为,做任何事情都要有一定的原则,都要有一个标准,否则就会使人陷入混乱,迷失方向,当然在选取官吏方面更是如此。荀子说:"其取人有道也,其用人有法也。取人之道,参之以礼也;用人之法,禁之以等也。行义动静,度之以礼;知虑取舍,稽之以成;日月积久,校之以功。"所以用礼义来检验,以观察一个人是否能够安静恭敬;让他不断地变动迁移,以观察他是否能够随机应变;让他安逸舒适,以观察他是否能够不放荡;让他接触声色、权力、愤怒、祸患和危险,以观察他是否能够不擅离职守。做到这样,一个人是否真正拥有这些品德,就是十分清楚明白的了。

春秋列国争霸,贤人政治备受推崇。打破贵贱出身的社会偏见,不拘一格选用,成为一条重要的治国经验。齐桓公曾问郭国父老亡国之因,父老回答说:"国君爱贤人而不任用;恨坏人而不剪除,所以导致了亡国。"齐桓公深受启发,重用鲍叔牙荐举的管仲为相,"九合诸侯,一匡天下",遂成霸业。而晚年任用了易牙、开方、竖刁之类的奸佞,结果导致身死国衰。管仲树立贤人伟业,孔子评价:"管仲相桓公,霸诸侯,一匡天下,民到于今受其赐。微管仲,吾其被发左衽矣!岂若匹夫匹妇之为谅也,自经于沟渎,而莫之知也!"鉴于此,孔子力主"举贤"。在回答鲁哀公治乱问策时,他说"政在选贤";在回答仲弓关于为政之要时,他说"先有司,赦小过,举贤才";在谈大同理想时,他说"大道之行也,天下为公,选贤与能,讲信修睦"。孟子主张"贤者在位,能者在职",他所提出的可致"无敌于天下"的五项国策中,第一项即为"尊贤使能,俊杰在位"。荀子也高度推崇"尚贤使能",将"贤能不待次而举，罢不能不待须而废"列为"王者之政"。荀子还讲："君人者欲安则莫若平政爱民矣，欲荣则莫若隆礼敬士矣，欲立功名则莫若尚贤使能矣，是人君之大节也。三节者当，则其余莫不当矣；三节者不当，则其余虽曲当，犹将无益也。"

领导是一个人以其实际的综合能力去解决组织团体中的有关问题，且能够影响组织内的成员接受他的领导的一个过程，其本质上应包括影响力，这种影响力并非完全来源于组织内的权力地位，还应包括领导者的自身影响力。在创业团队建设与管理的实践中，领导示范则得到了大量运用。

二、虽富犹俭

"俭，德之共也；侈，恶之大也"、"历览前贤国与家，成由勤俭败由奢"。诸葛亮把"静以修身，俭以养德"作为"修身"之道；朱子将"一粥一饭，当思来之不易；半丝半缕，恒念物力维艰"当作"齐家"的训言；毛泽东以"厉行节约，勤俭建国"为"治国"的经验。英国女王伊丽莎白二世经常说的一句英国谚语是"节约便士，英镑自来"，每天深夜她都亲自熄灭白金汉宫小厅堂和走廊的灯，她坚持皇家用的牙膏要挤到一点不剩。

季文子出身于三世为相的家庭，是春秋时期鲁国的贵族、著名的外交家，为官30多年。他一生俭朴，以节俭为立身的根本，并且要求家人也过俭朴的生活。他穿衣只求朴素整洁，除了朝服以外没有几件像样的衣服，每次外出，所乘坐的车马也极其简单。见他如此节俭，有个叫仲孙它的人就劝他说："你身为上卿，德高望重，但听说你在家里不准妻妾穿丝绸衣服，也不用粮食喂马。你自己也不注重容貌服饰，这样不是显得太寒酸，让别国的人笑话您吗？这样做也有损于我们国家的体面，人家会说鲁国的上卿过的是一种什么样的日子啊。您为什么不改变一下这种生活方式呢？这对于己于国都有好处，何乐而不为呢？"季文子听后淡然一笑，对那人严肃地说："我也希望把家里布置得豪华典雅，但是看看我们国家的百姓，还有许多人吃着粗糙得难以下咽的食物，穿着破旧不堪的衣服，还有人正在受冻挨饿；想到这些，我怎能忍心去为自己添置家产呢？如果平民百姓都粗茶敝衣，而我则妆扮妻妾，精养粮马，这哪里还有为官的良心！况且，我听说一个国家的国强与光荣，只能通过臣民的高洁品行表现出来，并不是以他们拥有美艳的妻妾和良骥骏马来评定的。既如此，我又怎能接受你的建议呢？"这一番话，说得仲孙它满脸羞愧之色，同时也使得他内心对季文子更加敬重。此后，他也效仿季文子，十分注重生活的简朴，妻妾只穿用普通布做成的衣服，家里的马匹也只是用谷糠、杂草来喂养。

荀子从内在人性的视角对礼的发生、演变进行了阐述："礼起于何也？曰：

人生而有欲，欲而不得，则不能无求；求而无度量分界，则不能不争。争则乱，乱则穷。先王恶其乱也，故制礼仪以分之，以养人之欲，给人之求。使欲必不穷乎物，物必不屈于欲，两者相持而长，是礼之所起也。"（《荀子·礼论》）情、欲是人性的外在表现，荀子洞察到人的本能冲动与社会原则的冲突的症结其实在于人的欲望的无限性与社会财富的有限性之间的矛盾。礼仪作为有效地解决这对矛盾的方法，以规范的形式为人们划定了各自的活动范围和欲求的限度，规制人的行为，以调节人的自然欲望与现实之间的矛盾，使人们的欲求在不同的程度上得到有效的满足，进而维持社会生活秩序的平衡和稳定。

人的欲望是无穷尽的，如果不加以节制，对物质的追求便永远无法满足。创业的成功能够成就富豪，创业成功之后还要守好业，否则，可能会导致家业流尽直至破产。这就要求创业者需要具有节俭的德行。

节俭是中华民族的传统美德，也是商人创业成功的一个重要原因。号称"车到山前必有路，有路必有丰田车"的日本丰田公司，在成本管理上从一点一滴做起，劳保手套破了要一只一只地换，办公纸用了正面还要用反面，厕所的水箱里放一块砖用来节水。一个贵为一国之尊、一个世界著名的跨国公司，节约意识竟如此强烈，令人赞叹。徽商自古以来就崇尚节俭，富而不奢。在《论语》中有这样的记载："林放问礼之本。孔子回答'大哉问！礼，与其奢也，宁俭；丧，与其易也，宁戚。'"（《论语·子罕篇》）这段对话是林放问孔子什么是礼的本质，孔子回答他说："就一般礼仪而言，与其奢侈，宁可节俭；就丧礼而言，与其铺张浪费，宁可过度悲哀。"在儒家思想中，一直提倡要节俭生活，徽商谨记这些观点，所以即使他们日后大富大贵，仍然保持着勤俭持家的习惯，从不会奢靡浪费。林一泓，安徽人，大学毕业后就跟着父亲学做生意。刚开始的时候，公司处境还比较艰难，他就利用任何机会和方法了解细节以节约成本，就连公司举办高层次的国际学术交流会议，他都会对会议经费的预算精打细算，如挑选票价最便宜的客机和买比单程票合算的往返票，会址选在租金低廉、交通方便而且能代办膳食的场所，一日三餐都是定量的，等等。这样一来，就在无形中降低了企业的运营成本，提升了公司的竞争力。他说："节约一块钱，可以靠自己的努力。节约一块钱就等于净赚一块钱。"他一直凭借节约，尽自己的能力努力创造财富。如今他的企业在合肥已经小有名气，虽然他现在非常富有，但是一直很崇尚节约，处处精打细算。他常常对人讲：当今社会，节约的就是利润，作为徽商，更要厉行节约，节约才是盈利的关键。然而，节俭不是吝啬，人的财富散还聚来，当用则用，不能做守财奴，要是一味只知道敛财而不知消费，也不值得提倡。

三、宽惠下属

儒家是把老百姓都当作良民看待的。儒家的根据是人性皆善或可以为善，故教化可施也。儒家把人民作为教化的对象，礼在教化中起着至关重要的作用。大凡教化之施，无非通过两种途径，一是仁、诚、敬、忠、恕等道德观念的作用，一是礼的行为规范的作用。尽管与刑、法、政等强制性的力量相比，礼与以仁为代表的道德观念对人都是一种软约束，但仁、诚等表现为觉悟、情操等内在的观念形态，它的推行靠的是个人的自觉自愿，而与他人无关，且只能由自我的良心来督责，而礼则表现为一系列明确而具体的条文规定，它对人来说是一种非我的外在约束，不一定自觉自愿，可由良心自裁，也可责之公众，督之舆论。孔子说："为仁由己，而由人乎哉？"（《论语·颜渊》）又说："仁远乎哉？我欲仁，仁斯至矣。"（《论语·述而》）而对于礼，他却说："人而不仁，如礼何！"（《论语·八佾》）儒家学说的目标，对外则治国平天下，对内则提高道德境界。

礼的作用不仅在于提供给人们一些行为规范以维持社会秩序，更在于通过这些外部的规范来起到教化的作用，启发和涵养人们内在的理性自觉，不断培育人们的道德心，从而提高人们的道德境界。当道德境界提升到一定高度后，人们的行为就会由礼的约束进为道德自觉，由他律进为自律，用现在的话来说，就是由"要我如何"进为"我要如何"。达此道德境界，人的内心高度自由，行为则于礼无不自然相合，孔子所谓"七十而从心所欲不逾矩"，孟子所谓"由仁义行"而非"行仁义"（《孟子·离娄下》），都是说的这一境界和效果。在潜移默化中将人引向道德之途，于不知不觉中提高人的思想境界，这就是礼的教化之功。

荀子在《大略》篇中说道："天之生民也，非为君也；天之立君也，以为民也。故古者列地建国，非以贵诸侯而已也；列官职，差爵禄，非以尊大夫而已也。"又曰："明礼义以壹之，致忠信以爱之，尚贤使能以次之，爵服庆赏以申重之，时其事、轻其任以调齐之，潢然兼覆之，养长之，如保赤子。"意思是说，真正能够实现宽民惠民、维护君王统治的方法就是：明确礼仪来统一百姓，努力做到忠信来爱护百姓，崇尚贤良的人，使用有能力的人并安排他们，用爵位、官服和奖赏来激励他们，依照时节来安排农事、减轻人民的各种负担，并且进行适当的调剂，全面地照顾人民，抚养人民，就像保护婴儿一样。这样，君主就会得到人民的归心，贤良有能的人都会过来投靠他，人人努力劳动,各司其职,从而使国家的生产力提高,君民俱富。① 荀子还说:"不富则无以养民情,不教则无以理民性。"讲的是,不使人民富裕就不能培养人民的感情,不教育他们就不能改变他们的性恶本性。

创业团队中可能存在群体压力,而群体压力又会改变团队成员的行为。如 Mello 和 Ruckes(2006)研究指出,团队成员可能面临被替换的威胁,因此为了避免被替换,团队成员会选择保持缄默,最终这种替换的威胁会促使团队成员趋于一致,这种一致性将侵蚀异质性团队所能带来的好处;而当团队成员无法通过缄默来与其他成员保持一致时,这些"异类"成员可能选择"用脚投票",而离开原创业团队,研究显示创业团队成员流动过度频繁会对创业绩效产生负面影响。因此当出现群体压力,无论成员选择沉默还是离开,都不利于创业绩效的提高,此时,团队成员构成的异质性就可能带来负面的影响。②

既然通过礼的规范可以提升人的道德境界,因此,作为创业团队领导应宽待下属,缓解创业团队的群体压力。孔子曰:"居上不宽,为礼不敬,临丧不哀,吾何以观之哉?"(《论语·八佾篇》)意思是说:作为领导不宽容,行礼仪不严肃认真,遭遇丧事的时候不悲哀,这种样子我怎么看得下去呢?作为领导最值得重视的就是"居上不宽"的问题。俗话说:"宽则得众。"有的时候,领导的一点点宽容就会使员工死心塌地地为自己工作。

精明的晋商程达深谙此道,他在处理下属工作的问题上一直都非常得心应手。程达在阳泉开了一家小型的药店,有一天店里负责进药材的伙计不小心把豹骨当虎骨买了回来,而且数量庞大,小伙计知道自己为店里带来了很大的损失,于是没等老板程达发现自己就主动提出辞职,并且要用自己为数不多的薪水补偿。但是令所有人都没有想到的是,商人不但没有解雇他,甚至连一句责备的话都没有,反而还安慰小伙计说:"没事儿,谁没有犯错的时候呢?忙中出错,在所难免,下次注意就行了。去工作吧!"老板的宽容和关心让店里所有的伙计都感动不已,他们很庆幸自己遇到了一位这么真心待人的老板,因此更加卖力地为他工作,而进货的小伙计以后在进货的过程中,对所进的药材检查得更仔细了。药店的生意在程达的带领下越来越好。

后来,程达生意的兴隆引起了同行人的妒忌,有些同行的商人想私下打听程达店里的生意情况,但是伙计们都非常忠诚于自己的老板,从来不会透露与自己店里有关的事情,甚至面对别的商人对自己的经济上的诱惑,也都不为所动。

---

① 李玉洁:《儒学与中国政治》,科学出版社,2010 年。
② Mello, Antonio S., Martin E. Ruckes. Team Composition [J]. Journal of Business, 2006, 79 (3).

晋商汲取了很多儒家教导的以诚待人的精华，很早就懂得一个卓越的管理者要尽可能在员工面前展示自身的亲和力，让员工感受到自己的真情实意，这样他们才会愿意为自己工作。管理者不能只是在口头上天天喊要"尊重人才、重视人才、吸引人才"，要想凝聚下属对自己的忠心，最重要的是要落实在行动上，从细节上对下属表示关心；对下属的家庭给予适当的帮助；多倾听下属的意见和建议。只有充分让下属感受到自己的真诚之心，管理者才能拥有下属的忠诚，才能让企业在激烈的竞争中发挥最大的优势。

四、以利让礼

孔子对管仲的不知礼曾提出过严厉的批评："邦君树塞门，管氏亦树塞门；邦君为两君之好，有反坫，管氏亦有反坫。管氏而知礼，孰不知礼？"（《论语·八佾篇》）

一次晏子出使吴国，吴王狂妄自大，在接见晏子时，让傧相喊"天子请见"。最终，晏子以其刚正不阿的姿态和大智若愚的方式维护了自己的尊严，捍卫了国家的国格："（晏子）曰：'臣受命敝邑之君，将使于吴王之所，以不敏而迷惑，入于天子之朝，敢问吴王恶乎存？'"最终，"吴王曰：'夫差请见。'见之以诸侯之礼"（《晏子春秋杂下·八》）。晏子提出自己受国君之命，准备出使吴王的国家，如今却因愚笨而糊涂，来到了天子的朝廷。紧接着反问："吴王在什么地方？"吴王听说后，赶快让傧相改称"夫差请您晋见"，并用诸侯的礼节接见了晏子。晏子以礼赢得了此次斗争的最终胜利。在《晏子春秋》中，晏子还多次阐述了"去礼"的危害。例如，齐景公当政初期，竟"饮酒酣……请无为礼"，晏子坚持强调"今君去礼，则是禽兽也……凡人之所以贵于禽兽者，以有礼也"。进而又引用《诗》说："人而无礼，胡不遄死。"人若无礼，还不如赶快去死，态度相当严肃。但景公依然我行我素，于是晏子用其人之道还治其人之身，举止非礼："少间，公出，晏子不起，公入，不起；交举则先饮。"这样一来，齐景公大怒，晏子于是叩首跪拜道："婴敢与君言而忘之乎？臣以致无礼之实也。君若欲无礼，此是也！"（《晏子春秋内篇谏上·二》）景公此时才幡然醒悟，转怒为喜，信服了晏子的教诲。此外，"力多足以胜其长，勇多足以贼君"（《晏子春秋谏上·二》），"上若无礼，无以使其下；下若无礼，无以事其上……人君无礼，无以临其邦；大夫无礼，官吏不恭；父子无礼，其家必凶；兄弟无礼，不能久同"（《晏子春秋外篇上·一》）等，都是晏子对"去礼"危害的见解，从侧面表明了他对礼的重视。

有句老话："义与利，人之所良友也。"意思是说，义与利就像是人类的好朋友，是生活中必不可少的。但是，鱼和熊掌不能兼得。在商界，这种利与义之间的取舍似乎难以抉择,所以才会有"无商不奸"的说法,因为在人们意识中,商人的本质就是获取利益,在"义"与"利"的天平上,商人永远是倾向于"利"这一边。徽商一直把见利思义作为立商之基,他们最看重的就是儒家讲求的仁义道德。基于这种商业道德和儒家理念,徽商声名远播甚至在天南地北落地生根,站稳商埠。徽商用实际行动给"义"、"利"取舍做出了最好的诠释。著名的徽商胡雪岩在经商中就是把"义"作为一切行动的根本。无独有偶。2002年,爱立信卷入一桩丑闻之后,儒商张醒生作为临时主席接管了公司,他的第一个行动就是命令公司的高层管理者"及时地、直接地"报告公司职员违法和不道德行为。他告诉公司的雇员:"损失了公司的钱,我会非常理解;若使公司的声誉受到一丝一缕的损失,那我就会残酷无情。"由于第一个行动就是抓公司的违法和不道德行为,说明爱立信把公司的伦理放在了工作的首位,这必然对企业员工的伦理行为进行了有效约束,这样做的原因正是因为他本身就是一个严于律己、正心修身的人。正如前面所说的,企业领导的伦理素养非常重要,人们可以原谅一个能力不强的领导,但不能原谅没有道德责任感的领导。包默尔在论述企业家的十大条件中,其中合作精神、勇于负责、敢担风险、尊重他人、品德超人五条都牵涉了企业领导伦理问题。

本章小结

18世纪的法国启蒙思想家孟德斯鸠在其名著《论法的精神》中探讨法律和民族精神以及风俗习惯时,曾指出"中国人的生活完全以礼为指南",并认为中国的立法者"将风俗礼仪、宗教文化和法律等都混在了一起,认为这些就是所谓的道德。这几个因素框定的范围,就肤浅地认为是礼治。中华民族历代的君王就是严格地恪守这种礼治而获得了某种意义上的成功"。此论确实一语道破"礼"在中国古代社会的特殊地位:上至治国典章制度,下至日用民生习俗,处处可见"礼"的踪迹。事实上,不仅是18世纪对中国文化感兴趣的西方学者有这样的直观感受,时至今日,一些西方学者在探讨中国思想文化的根源时,仍然坚持认为"礼"的"神奇魅力"是孔子为代表的儒家思想的新颖而有创造性的洞见,是"整个规范性社会秩序之黏合剂"。台湾著名"中国式管理之父"曾仕强就运用儒家礼学思想为核心的中国传统文化来创立现代中国式企业管理模式,取得了成功,而礼治在儒家思想中是适应古代社会发展的,不仅是古代儒家文化思想的核心,而且对中华民族的形成和民族精神的凝聚具有重要影响。近 20 年来，"儒家礼学思想"研究不仅转向运用儒家思想原有价值的再发现与全新诠释，而且明确提出了独特的理论体系，并致力于把这种管理理念及其体系转化为各种实践模式及方法，用以直接指导管理。所以，从目的、内容和形式上说，它有别于以往的研究，可以视作儒家礼学思想管理创业团队研究之当代勃兴。从创业团队管理的视角来思考儒家礼学思想，既体现了对儒家礼学管理思想的重新发掘，更强调运用新思维对这些思想古为今用。

从《论语·颜渊》的"克己复礼"，到"礼之用和为贵，正心修身"。儒学精神几乎渗透到国家与国民的脊髓。无论国家治理天下，还是国民教育，企业领导人理财、谋生，儒家的"礼治"精神都渗透到了国民的方方面面，接受着这一博大精深的思想的洗礼。在创业团队的管理过程中，应把典型树立、舆论引导、活动熏陶、思想教育有机结合起来，慢慢地让儒家礼治思想文化成为创业团队中领导的模范文化和员工的共同信仰，使员工在耳濡目染、潜移默化中接受儒家礼治文化，使"礼"成为约束商业行为的准则。

创业团队比个人创业家更能解释创业绩效。在 20 世纪 80 年代末期，创业团队开始成为研究者的焦点，原因有二：一是当时管理团队已经成为策略管理研究中的一项有趣的研究主题，这领域的研究刺激了创业团队研究的发展和理论的借用；二是当时美国由于日本的威胁所提倡的合作式的创业精神（Collective Entrepreneur）和解决国家竞争力的途径，如 Reieh 所提及的"经济的成功来自于具有天分、热情和共识的团队所创造，而非通过个人英雄创业家的反思"，尤其是 80 年代末期，策略理论已有明显重大的改变，代之而起的是以合作为基调的策略联盟或合作网络，因此团队的概念渐成为焦点。过去国内外有关创业团队的相关研究较少，主要是由于过去创业团队在一般的创业过程中不易显出其重要性，然而现在创业过程中创业团队的重要性较容易被凸显出来，如在某些高新科技创业的历程中，由于所需的技术能力往往单凭创业者一个人是不够的，必须要有各种不同技术的人员才能拥有足够的技能，且是因应激烈环境的方法，因此在创业的初期通常是以创业团队的形式，以两个以上的成员共同创业。因此，创业团队对创业的影响是极为重要的，创业团队在创业的研究方面仍属于新的领域。

一个好的创业团队，要想合理规范地发展下去，必须要有一套规范化的制度管理。随着社会主义市场经济的发展，新的商业文化也随之发展起来，"礼"在创业团队管理实践、经营活动、旅游产业以及服务行业中越来越具有重要的地位和作用。创业团队管理中应继承和弘扬我国传统的礼仪文化，但不是传承其形式，更要继承其中有价值的内容。

第六章 儒家礼治与创业团队管理

本章以儒家礼治思想为基点与创业团队中的管理学思想结合,运用儒商的商业案例分析了儒家思想在企业管理中的运用,肯定了儒家礼治思想在其中发挥的积极的作用。

// 延伸阅读 //

"闽商"狭义上指的是福建省商人的简称,广义指以福建、浙南、粤东潮汕地区(因处广东省管辖故不具闽民系认同感)和海外闽民系的从事商业的人们。他们在经济领域具有一些共同的思想、语言、行为,为人们所熟知概括而成。中国十大商帮之一,亦是传统三大商帮中惟一一个延续至今的商帮,被誉为华商第一族,因"开放、拓展"的精神闻名,如民国间由福建晋江潘湖徙印度尼西亚中爪哇古都斯金湖的针记创始人黄维源等。闽商社会价值观明显表现出与内地的差异。其中的原因是多方面的,首先闽人主体是从中原移民的后代,比如今北方更大程度上保留并发展了中华文明,宗族乡土观念很重。诚信为先且利义兼得是他们的经商基本理念。道光年间成书的《晋江县志》将商贾与农工并列,而非置于四民之末,"行货曰商,居货曰贾,商贾之名,虽亚乎士,而与农工,均在四民之列"。

在福建,歌曲"爱拼才会赢"几乎家喻户晓。从某种意义上说,这首歌正是闽商"爱拼敢赢"的性格写照。翻开历史的篇章,当我们探寻闽商足迹的时候,我们深深地感受到了一种"善观时变、顺势而为;敢冒风险、爱拼会赢;合群团结、豪爽义气;恋祖爱乡、回馈桑梓"的闽商精神。

闽商具有以下两大人文优势:①世界多元文化的新优势。闽商文化是中华文化的合理延伸,又是接受海洋文化熏陶的结果,有着自己的独特内涵和历史诠释。闽商文化属于移民文化,具有较强的兼容性和开放性,在不断南迁和聚合的过程中,不同时期入闽的汉民族,在福建地区显示出较强的交融性。南宋年间福建的对外联系进入空前的繁荣时期,尤其是在泉州地区经商而且还定居下来,传播了伊斯兰教文化,闽商文化也深受阿拉伯文化影响形成了多元文化融合发展的格局。闽商文化有广泛的延伸性。闽商文化以其独特的地理位置,上接中原、吴楚,下续台湾、东南亚,其涵盖面和影响力相当广泛。闽商文化兼备南北、宽和共济的人文特征,已经并将继续对海外华人社会和台湾经济发展发挥积极作用。因此,充分发挥闽商多元文化优势,深入挖掘闽商文化与海外华人的共性和其中的契合点尤其是闽商文化和社会的互动关系,对提升闽商企业竞争力、加快引进华人资本步伐、加强两岸文化交流和促进福建经济发展都有重要意义。②世界华人五缘关系的新优势。闽商以五缘结成商业网络,五缘促进了闽商网络的进一步拓展和互动。所谓

| 儒家创业管理 |

五缘是指商缘、亲缘、文缘、地缘和神缘。以商缘为例，闽商会在国内已经占有重要席位，如上海福建商会、泉州侨乡开发协商会等就是其中杰出代表。在国外以闽商为主体的商会也数以千计。以亲缘为例，闽商发展以亲缘为核心，姓氏宗亲会十分普及，家庭经营更是以族谱宗亲为主。早在唐朝，福建就有氏族经商的传统。如永春颜氏家族从商者约占总数40%，其家族成员都往南洋槟榔屿从商等。在商业发达的晋江一带，家庭式经营更为普遍，父业子承，形成风尚。以文缘为例，以南音为代表的泉州海丝文化已成为了世界闽商的共同乡音，共同的文化爱好使闽商更加团结，形成了文缘网络。以地缘为例，福建同乡会和福建宗亲恳谈会在世界各地遍布，早已成为凝结闽籍商人的重要渠道。再以神缘为例，妈祖崇拜已成为闽商最典型的文化标记。据不完全统计，目前全国有300多个县市保存着天后宫或妈祖，世界范围内的天后宫或妈祖庙也有近5000座。充分发挥上述五缘关系对闽商发展起到重要作用。

资料来源：http://baike.baidu.com/view/123943.htm?fr=aladdin。

第七章　儒家仁治与创业组织管理

■ 第一节

儒家仁治思想

一、儒家仁治思想的形成发展

儒学的核心是仁，儒家思想体系就是以仁为基础建立起来的。孔子提出了仁学，奠定了儒家思想体系的理论基础。孔子提出的"仁"，带有古典人道主义的性质。"仁者人也，道者义也"（《礼记·大学·中庸》），孔子把"仁"看作是人的本质属性，就是把人处在一种社会关系中。① 孔子"仁"思想还包括成为"圣人"和"仁人"，认为"仁"具有最高的道德价值，"志士仁人，无求生以害仁，有杀生以成仁"（《论语》），指的是仁人志士，宁可被杀来实现仁义，也不会为了求生而损害仁义，所以他重视道德修养，强调自身的努力，即"为仁由己"即说明实行仁德，完全在于自己。孔子的仁还包含着爱惜劳动者的思想，如仲弓问仁，孔子曰："欲出门如见大宾，使民如承大祭，己所不欲，勿施于人，在邦无怨，在家无怨。"（《论语》）翻译为，仲弓问怎样做才是仁，孔子说："出门办事如同去接待贵宾，使唤百姓如同去进行重大的祭祀一样认真严肃，自己做不到的，不要强加于别人；做到在诸侯的朝廷上没人怨恨自己；在卿大夫的封地里也没人怨恨自己。"可见孔子"仁学"重"仁爱"，将心比心地对待人，仁就是人与人的相亲相爱，他提倡自我道德的培养，做到人与人、人与自然的和谐相处。

孟子发展了孔子的仁学思想并在此基础上提出"仁政"思想，他的思想核心表达成一个字是"仁"，两个字便是"仁政"，就是"民为贵，社稷次之，

---

① 孔庆明、陈秀平：《中国儒家文化》，长春出版社，2010年。

君为轻"(《孟子》),表达的是人民放在首位,国家次之,君在最后的民本思想,在伦理观上主张"性本善",他的理论进一步把伦常之情扩展至人间之情。"仁也者,人也,合而言之道也",① 意思是为人之道,总而言之只是一个仁而已,孟子把"仁"看成人的原性,自然之道。所以孟子"仁学"重"仁政",认为仁是人的内在观念,需要自我道德的发掘。②

荀子将仁与礼直接联系在一起,强调"行礼显仁",③并在此基础上提倡性恶论,即"性本恶",这是中国古代人性论的重要理论之一,强调道德教育的必要性,应用礼乐等方式来规范人的行为,提高自身的道德修养。荀子集成发展了儒家仁学思想,他认为仁是一种原则,需要用外在行为礼节仪式来实现,主张以德服人,提出"君舟民水"的著名理念。

西汉的董仲舒大力发展荀子"行礼以显仁"的思想,形成了具有普世价值的"五常之道",即仁、义、礼、智、信。董仲舒还上书武帝,建议"罢黜百家,独尊儒术",被采纳,从此儒家思想成为正统思想。董仲舒越过人的本心或良心这一环节,直接将仁与天对接,把仁的本源归之于天,他说:"仁之美者在于天。天,仁也……人之受命于天也,取仁于天而仁也。"(《春秋繁露·王道通三》)"仁义制度之数,尽取之天。"(《春秋繁露·基义》)"霸、王之道,皆本于仁。仁,天心。"(《春秋繁露·俞序》)在董仲舒看来,天的本质属性是仁,仁就是"天心"。人之所以有仁,人世间之所以有仁义制度,是因为人受命于天。有善必有恶,有仁必有不仁。恶与不仁又是从哪儿来?董仲舒从善恶二元论的角度予以了回答。他认为,人有贪、仁之性,原因在于天有阴、阳之气:"人之诚,有贪有仁。仁、贪之气,两在于身。身之名,取诸天。天两有阴阳之施,身亦两有贪、仁之性。"(《春秋繁露·深察名号》)又说:"阳,天之德;阴,天之刑也。阳气暖而阴气寒,阳气予而阴气夺,阳气仁而阴气戾,阳气宽而阴气急,阳气爱而阴气恶,阳气生而阴气杀。"(《春秋繁露·阳尊阴卑》)董仲舒的论证很简单:天人相副,人身与天相对应,人的贪性来源于天之阴气,人的仁性来源于天之阳气。将仁归之于天,是早期儒家仁学的题中应有之义,而进一步将仁归之于天的阳气,却是董仲舒的新进展。董仲舒与孟子不同,他偏重从外在超越性的层面来探讨仁的根源问题,对于后世程朱理学从天或天理的层面探讨仁的本源问题或许是一个启发。

孔、孟仁学思想,具有很强的社会与政治意义,而宋明理学的兴起继承了董仲舒的仁与礼关系上的学说。"程朱理学"是北宋程颢、程颐和南宋朱熹思

---

① 王建伟:《孔子"仁"的范畴及其现代价值》,曲阜师范大学博士论文,2011年。
②③ 孔庆明、陈秀平:《中国儒家文化》,长春出版社,2010年。

想的合称,三人都是以儒家思想为基础,结合佛教和道教思想形成理学,也就是新儒学。程颢以"识仁"为主,认为"学者须先识仁,仁者浑然与物同体,义、礼、知、信皆仁也",意思是立志于学的人所必然面对、必须了解的问题,那就是认识仁能涵盖万物,普及一切。而朱熹提出"修道以仁",把仁学思想解释为个人"天人合一"的修身方法,即"成己之道在乎仁";① "故仁也者,礼之体也"。明朝王阳明则认为仁为礼之体,礼为仁之用。清初黄宗羲、顾炎武和王夫之以及清末戴震、康有为、梁启超,他们都对传统儒学仁学思想进行了继承与批判,并对后世儒学的发展产生了巨大影响。②

二、儒家仁治的内涵

"仁"字原始字形考证的差异导致对"仁"字内涵界定的分歧。一种观点指出,"殷墟甲骨文中有规范的'仁'字,并认为'仁'字最初起源于古老的东方夷人的'相人偶'礼仪所蕴含的一种人际意识,主要是指人们彼此间古朴的平等观念和亲爱之情"。③ 清朝学者阮元曾经说:"'仁'字不见于虞夏商周《书》及《诗》、《烦》、《易》卦辞之内,似周初有此言而尚无此字……盖周初但写'人'字,《周官》礼后始造'仁'字也。"④ 当代学者庞朴也认为:"'仁'字很早就产生了,起先单写'人'字,也就是'尸'字。后来加上'二'画作为美化,这一点从早期的甲骨文和金文的'尸'字,只是简单的'人'形而没有'二'画可见。'仁'字关键部件是'尸',而不是'二'。'仁'起源于东方夷族,是夷族的族风,表示一种人际亲爱的古风。"庞先生以"尸"为"仁"字的关键部件,明确否定了汉儒认为"二"是仁字的核心部件,仁字"从二"源于"相人偶"礼仪的说法。谢阳举认为,"古文'仁'字'从尸'起源于夏商周三代沿袭的'尸祭之礼'。'仁'原本是指对祖灵的一种极端虔诚和敬拜的自然心性,是一孝亲的精神"。⑤ 作为"仁"字核心部件的"尸",指祭者对死者的哀悼敬重等感情,是一"孝"的精神。但在周朝,"尸祭礼不仅用于宗庙祭祀,而且祭天地、上帝、社稷、山川、五祀等都用尸"。⑥ 这些"尸祭礼"所表达的,不仅仅是对祖先的孝敬,其更重要的含义,则是与当时统治者已经自觉到的"天人关系"有关。

---

① 王建伟:《孔子"仁"的范畴及其现代价值》,曲阜师范大学博士论文,2011年。
② 孔庆明、陈秀平:《中国儒家文化》,长春出版社,2010年。
③ 刘文英:《仁之观念的历史探源》,《天府新论》,1990年第6期。
④ 阮元:《论语·仁论》,中华书局,1993年。
⑤ 谢阳举:《"仁"的起源探本》,《管子学刊》,2001年第1期。
⑥ 钱玄:《三礼通论》,南京师范大学出版社,1996年。

在周初的天人观念中，起源于"尸祭礼"的"仁"观念，牟宗三说："孔子之提出仁，实由《诗》、《书》中之重德、敬德而转出来的。"① 刘家和也认为，"孔子仁学思想的来源就是周初的德治思想"。② "仁"的观念，起源于对道德之天的敬畏意识。"仁"表达了统治者"重德"、"敬德"的意识，"仁是一道德人文观念，是'王者之德'。'王者之德'的内容就是'保民'、'安民'与'惠民'"，③ 因为只有这样，一个王者才能守其天命，维持其统治者的地位。由此，可以从哲学的视角把"'仁'之为德"视为一种"工具理性"，它就具体成为一种理想、一种目标的实现手段。"周公制礼作乐是'敬德保民'思想的进一步落实，也是殷周之际人文思潮的主流"。

《论语》中讲到"仁"最清楚的是孔子答复颜渊问"仁"的一段话。这段话应当看为对"仁"的比较全面的论述。颜渊问"仁"。子曰："克己复礼为仁。一日克己复礼，天下归仁焉。为仁由己，而由人乎哉？"颜渊进一步问具体条目，孔子说："非礼勿视，非礼勿听，非礼勿言，非礼勿动。"（《颜渊篇》）意思是说，"仁"的基本内容是约束自己的行为使其符合于礼的规范，一旦能做到这一点，天下的人都会公认他做到了"仁"。具体条目是，不合礼的事不去看，不合礼的话不去听，不合礼的事不要说，不合礼的事不要做。孔子说"仁"的基本性质是约束自己的行为使其符合礼的规范，其特点是突出强调了从政治的角度理解仁，只有恢复礼制、巩固礼所制定的政治秩序的行为才能叫作仁。那么具备哪些具体的特点才能达到仁的标准呢？《阳货篇》云"子张问仁于孔子，孔子曰'能行五者于天下，为仁矣'，请问之，曰'恭、宽、信、敏、惠。恭则不侮，宽则得众，信则人任焉，敏则有功，惠则足以使人"。这就是说，一个仁人要具有五种品德：保持一定的尊严和恭敬，这就不会招到侮辱，待人要宽厚些，百姓不怨恨，言出令从，具有威信，这样别人才愿意为你任用，善于思考，行动果断，这样在工作中可以取得具体的成绩，善于给人们带来实惠和好处，这就可以使人尽力地工作，这是孔子对"仁"的又一诠释。"仁"的多重含义还包括"礼"的内容。孔子说："上好礼，则民莫敢不敬；上好义，则民莫敢不服；上好信，则民莫敢不用情。夫如是，则四方之民抱负其子而至矣。"（《论语·子路篇》）为什么说这里的"礼"就是孔子所说的"仁"呢？因为在《宪问篇》里，孔子说："君子而不仁者有矣夫，未有小人而仁者也。"这里的君子之"仁"，自然是指包括在孔子的"仁"的

---

① 牟宗三：《心体与性体》，上海古籍出版社，1993年。
② 刘家和：《先秦儒家仁礼学说新探》，《孔子研究》，1990年第1期。
③ 成中英：《合内外之道儒家哲学论》，中国社会科学出版社，2001年。

含义之中，也即体现在上面的"礼"中。"仁"的思想包括孝悌的内容。《学而篇》有子曰："其为人也，孝悌而好犯上者，鲜矣；不好犯上，而好作乱者，未之有也。君子务本，本立而道生。孝悌也者，其为仁之本与！"

可见，孔子"仁"的思想，不仅包括君子对修己的要求，也不仅包括社会个体齐家乃至亲亲、父父、子子的要求，还应包括入世、治世、行政的要求。"仁"的根本含义是"爱人"，这种"爱人"可分为三个层次："亲亲"、"仁民"（爱众）、"爱物"。即孟子所说："亲亲而仁民，仁民是爱物。"（《孟子·尽心上》）显然，儒家"仁"是由近及远，推己及人的"推爱"，由爱亲推及爱普通大众，再推及到爱万物。

仁爱是博爱，是大爱。除了爱人、爱人类之外，仁爱还有"爱物"的内涵。董仲舒对此也有积极的回应与发挥。他说："质于爱民，以下至于鸟兽昆虫，莫不爱。不爱，奚足谓仁？"（《春秋繁露·仁义法》）仁爱不是人类的自私自利之爱，而是必进一步惠施于鸟兽草木乃至天地万物之爱。康有为（1858~1927）欣赏董仲舒此说，予以阐发指出："孔子之道，最重仁。人者，仁也。然则天下何者为大仁，何者为小仁？鸟兽昆虫无不爱，上上也。凡吾同类，大小远近若一，上中也。爱及四夷，上下也。爱诸夏，中上也。爱其国，中中也。爱其乡，中下也。爱旁侧，下上也。爱独身，下中也。爱身之一体，下下也。可为表表之。"

董仲舒将仁爱定义为博爱，不仅直接启发了韩愈、康有为、孙中山等人，[①]在中国思想史上影响深远，而且还与西方基督教的博爱学说相契合，有力地证明了儒家的仁爱与基督教的博爱的一致性，以及东西方在人与人相亲相爱上"人同此心，心同此理"的一致性。

"仁治"是儒家治道的核心。其含义为由儒家之"仁"所衍生出来的治理之道，根据"仁的内涵，仁治包括"以仁为本"、"修己安人"、"和为贵"等主张。

三、儒家仁治的基本内容

仁是儒家思想体系的核心，也是中国古代的主流意识。从孔子的"仁者爱人"到宋儒的"仁民爱物"再到谭嗣同的"仁为天地万物之源"，"仁"升华为和谐、仁爱。"仁治"就是"以人为先、推己及人、珍爱万物"，"仁治"就是创业组织在经营管理的运行过程中，时时地地体现出仁爱精神。具体有以

[①] 孙中山曾说："中国古来学者，言仁者不一而足。据予所见，仁之定义，如唐韩愈所云博爱之谓仁敢云适当……谓之博爱，即可谓之仁。"见孙中山：《军人精神教育》。

下几个方面:

(一) 以人为先

儒家认为人与人、人与物、物与物的生存价值有等次差别,在所有生命体中以人为本、以人为先。王阳明讲得较全面明白:"仁是造化生生不息之理,虽弥漫周遍,无处不是,然其流行发生,亦只有个渐……譬之木,其始抽芽,便是木之生意发端处……父子兄弟之爱,便是人心生意发端处,如木之抽芽。自此而仁民,而爱物,便是发干,生枝生叶。"① 他发挥孟子"爱有差等"有先后次序的观点,形象喻解了孟子"亲亲而仁民,仁民而爱物"②的仁爱思想,仁爱当从根上做起,先得爱父母亲人进而爱民,由爱人进而爱物,按等级次序逐渐扩大推广至宇宙万物。他认为,人为生存而牺牲他物"宰禽兽以养亲与供祭祀,宴宾客,心又忍得(于心不忍)",但这是合乎道德的,"是良知上自然的条理,不可逾越"。③ 它既不同于人类中心论那样"理直气壮"地认为牺牲他物以满足人的利益需要是"天经地义",当该为而为之,相似于非人类中心论者对之怀同情怜惜之心,"于心不忍",是不得已而为之,然它又不同于非人类中心论而认为人为生存而牺牲他物是理当如此。朱熹说:"人者,天地之心。没这人时,天地(自然物)便没人管(照管)。"④ 正因为人类作为天地之心在宇宙万物中的特别重要的地位,儒家认为关爱人类自身最为紧要,只有人得以关爱保护,自然万物才能由人而得到关爱保护。荀子亦强调人类对自然物的剥夺索取当适时、适度,以求合理性(合其天理),认为君者当"善群",就是要使有无生命的自然万物"皆得其宜,皆得其长",才能使人类群生"皆得其命",⑤ 更指出,能把仁德发挥"塞备天地之间,加施万物之上,神明博大以至约",把仁德作用发挥统率天地间一切事物,称为"圣王之用"。⑥

(二) 推己及人

"恕,仁也"。⑦ "恕"属于仁的范畴,"恕"的基本意思是"推己及人",把自己内在的爱心推及于爱众人。"仁始之于己,而成之于人。""夫仁者,己欲立而立人,己欲达而达人。能近取譬,可谓仁之方也已。"⑧ 这强调的是"自强不息,善为人谋"。"己所不欲,勿施于人",孔子认为这是人与人相处

---

①③ 冯友兰:《中国哲学史新编》(下卷),人民出版社,1998年。
② 陈洪海:《白话孟子》,冉万里注译,三秦出版社,1996年。
④ 朱熹:《朱子语类》,中华书局,1994年。
⑤⑥ 梁海明译注:《荀子》,山西古籍出版社,2002年。
⑦ (汉)许慎撰、(清)段玉裁注:《说文·心部》,上海古籍出版社,1981年。
⑧ 杨伯峻注释:《(春秋)孔子·论语·雍也》,岳麓书社,2000年。

的最基本原则。孟子曰:"人之所以异于禽兽者几希,庶民去之,君子存之。舜明于庶物,察于人伦,由仁义行,非行仁义也。"(《孟子·离娄下》)在孟子看来,人区别于动物的地方主要在于君子懂得事物的道理,了解人伦之情,凡事能够从仁义出发。儒家的仁主张"泛爱众"。这种爱以血缘和宗族为圆心向外散播和辐射,其爱的圆心是家族或宗法组织。在家族内,"孝悌也者,其为仁之本与"(《论语·学而》),要求人们以孝顺父母、敬爱兄长为仁的根本;由家族扩散到宗法组织,则要求人们服从"君君、臣臣、父父、子子"(《论语·颜渊》)的秩序。以此亲亲、尊尊为"仁"的起点和圆心向社会的各个领域辐射,做到"不独亲其亲,不独子其子。使老有所终,壮有所用,幼有所长,鳏寡孤独废疾者,皆有所养"(《礼记·礼运》)。不可否认,儒家的理想是使人本其爱亲敬兄之良知扩大,由家庭以及全人类,进而至于大同,所谓"亲亲而仁民,仁民而爱物"(《孟子·尽心上》)。"推己及人"体现的是一种以仁对人对物的心理状态,其基本要求是人与人、人与组织和谐相处。

(三) 珍爱万物

"仁者,生生之德",珍惜生命、珍爱万物,是"替天行道"的善事。"仁"在儒家不仅是伦理道德,还有规律、本质之意。儒家把天地自然之本之德归结为一个"生"字,"生"有生命、生育、生长发展、生生不息、充满生机、新陈代谢等生物学、伦理学、哲学多重内涵。儒家之"生"不仅是宇宙本质、法则,也是道德的至善。孔子看到自然之天的生机,赞叹其生育万物的功能:"天何言哉?四时行焉,百物生焉。"[①]《易》从云形雨施、品物流行、四时代谢、万物生长的自然现象中悟到宇宙的生命意蕴,明确提出"天地之大德曰生",[②] 以生为天之本性德行的命题,天的仁德仁心就体现在它在不断地生养万物。"日新之谓盛德,生生之谓易。"[③]董仲舒对天生万物作发挥,更赋予天以主宰者的神性论内涵,为其天人感应的学说作注。宋明理学比以往儒家高明的是从理性并从社会现实性上说天说仁说生,其发挥《易》之以生释天的思想,超越以前儒家的突出见解是把仁与生紧密联系,以生释仁,更从生命生养意义上说解仁之本体及伦理内涵。周敦颐说:"天以阳生万物,以阴成万物。生,仁也。"[④] 程颐说:"其生之德,是为仁也。"[⑤] 朱熹则称自己"只是从生意上说仁","仁是生底意思"。"仁者,生生之德也",[⑥] 儒家从生命意

---

① 程昌明译注:《论语》,山西古籍出版社,1999年。
②③ 许绍龙:《易经的奥秘》,金城出版社,1993年。
④ 北京大学哲学系中国哲学教研室:《中国哲学史》,北京大学出版社,2001年。
⑤ 盛广智:《中国儒家文化名著》,延边大学出版社,1995年。
⑥ 罗国杰:《中国传统道德》,中国人民大学出版社,1995年。

义上赋予仁以人类与自然共同本质共同德性。生是宇宙内具必然性、普遍性的规律，人之仁就体现在须遵循、融入这一规律，珍惜生命、珍爱万物也即按天道行事，体现仁也体现"善"之内涵。程颢说"生生之谓易，是天之所以为道也。天只是以生为道，继此生理者即是善也。"①朱熹说："天地别无勾当，只以生物为心……人若爱惜物命，也是替天行道的善事。"人类要追求道德的至善即要追求与大德的合一，就须珍爱宇宙万物一切生命。

"仁者爱人"注重的是持有利他思想。董仲舒认为，仁是专门爱别人的，如果只是爱自己而不是别人，那就不能称为仁。这是仁的法则："仁之法，在爱人，不在爱我。人不被其爱，虽厚自爱，不予为仁。"仁者爱人的实现途径是忠恕之道，其基本精神就是要人们在处理组织人际关系时，将心比心，设身处地地为他人着想，具有牺牲精神，重义轻利、大公无私这种待人处世的模式已沉淀为中华民族与人为善、宽人严己的有利他人的优秀品格。这就需要在创业组织中营造出和谐爱人的环境氛围，要求管理者用人文精神关爱员工。

（四）修己安人

《论语·宪问》有言："子路问君子。子曰：修己以敬。曰：如斯而已乎？曰：修己以安人。曰：如斯而已乎？曰：修己以安百姓。修己以安百姓，尧舜其犹病诸？"其意为，子路问什么叫君子，孔子说，修养自己，保持严肃恭敬的态度。子路说：这样就够了吗？孔子说：修养自己，使周围的人们安乐。子路说：这样就够了吗？孔子说：修养自己，使所有百姓都安乐。尧舜还怕都难以做到呢。孔子认为，修养自己是君子立身处世和管理政事的关键所在，所以孔子的修身，更重要的在于"治国平天下"。"修己"是组织管理的基础，"安人"是组织管理的目标。组织管理其实就是树立榜样，做事先做人，把人做好了，才谈得上管理。如何管理自己？孔子的答案就是"修己"。修养自己的身心，是管理者必须要做的功课，这个话题的注脚就是，"正人先正己"、"行不言之教"等。子曰："苟正其身矣，于从政乎何有？不能正其身，如正人何？"（《论语·卫灵公》）孔子说：如果端正了自身的行为，管理政事还有什么困难呢？如果不能端正自身的行为，怎能使别人端正呢？孔子把"正身"看作是从政为官的重要方面，思想价值极为深刻。子曰："其身正，不令而行；其身不正，虽令不从。"（《论语·子路》）言外之意就是，领导者要以身作则，做出表率，让部下最大限度地信服，营造人人平等、公平至上的氛围，由此形成从上至下、凝聚一心的战斗力。子路问政。子曰："先之劳之。"请益。曰："无倦。"（《论语·子路》）子路问怎样管理政事。孔子说：做在老百姓之前，就能

---

① 河南程氏遗书（第1册），《二程集》，中华书局，1981年。

使百姓勤劳。子路请求多讲一点。孔子说：不要懈怠。由此我们可以看出孔子眼中的组织管理者，应该是身先士卒，劳力劳心，要居安思危；要有"万方有罪，罪在朕躬"的担当；要有"躬自厚，而薄责于人"的包容；要能高瞻远瞩，见人所未见，思人所未思；要能从谏如流，知人善任等。这些都是管理者"修己"的内容。"安人"的目的，就是赢得人心，也即孔子所说的"君子敬而无失，与人恭而有礼，四海之内皆兄弟也"（《论语·颜渊》）。孔子总是强调"吾从众"，即任何时候都拥抱众人。子曰："居上不宽，为礼不敬，临丧不哀，吾何以观之哉？"（《论语·八佾》），孔子说：居于执政地位的人，不能宽厚待人，行礼的时候不严肃，参加丧礼时也不悲哀，这种情况我怎么能看得下去呢？从组织管理的视角看，要求管理者应以人为本，严于律己，宽以待人，真正尊重、关爱下属，不断激发员工的工作积极性，从而达到"安人"的目的。

第二节

创业组织管理

一、创业组织

（一）内涵

FayLor认为，组织是为了达到某个共同的明确的目标，通过分工和职能的分解、部门的划分、权限和责任等级层次来合理地协调人们的活动的。社会系统学派的创始人Barnard提出，组织是由人的系统、物的系统和与社会联系的系统有机的整体活动。在Parsons看来，组织具有组织活动和组织肌体两层含义。静态的组织是指组织机构，包括部门、岗位等。动态的组织则指组织的活动，即组织的运行过程。组织活动的过程受组织模式的制约。组织模式的种类较多。组织理论之父马克斯·韦伯于1911年提出了官僚组织模式理论，即行政组织理论。韦伯认为，任何组织都必须以某种形式的权力作为基础，而人类社会存在三种为社会所接受的权力：传统权力，传统惯例或世袭得来；超凡权力，来源于别人的崇拜与追随；法定权力，理性、法律规定的权力，而只有法定权力才能作为行政组织体系的基础。据此，韦伯勾画出了理想的官僚组织模式（科层制）。决策学派的代表人物赫伯特·西蒙指出，组织可分为三个层次，包括最下层的基本工作、中间层的程序化决策制定和最上层的非程序化决策制定。美国日裔学者威廉·大内提出了 Z 形组织的概念，并认为 Z 形组织具有以下特点：长期或终身雇佣制度，长期考核和逐步提升制度，通才的职业道路，控制手段和启发诱导相结合，集体研究的决策过程，集体负责制，牢固的整体，平等观念，以自我指挥代替等级指挥。20 世纪 90 年代以来，随着信息革命以及知识经济时代进程的加快，传统的组织模式和管理理念已越来越不适应环境的变化，由此产生了学习型组织、虚拟型组织、柔性组织、网络组织、原子式组织和信息组织等组织模式。

创业组织是一个学习型组织，通过学习不断变换要素间的关系，实现动态性平衡，成功完成创业并且扩展的组织概念有利于决定如何创建组织、确定和保持竞争地位。创业组织作为一种战略资产、一种获取竞争优势的独特资源，由创业精神、承载创业精神的独特管理体制和人员、柔性化组织结构三个层次组成。这三个层次以创业精神为核心、以独特管理体制和人员为载体、以柔性化组织结构为依托而密切联系在一起。

经济学家强调了创业组织的三个功能：承担风险与不确定性、创新和组织与管理企业。Knight 认为创业者是一个特殊的群体，强调其承担风险和创新功能；Schumpeter 认为创新是创业者的首要功能，一个人仅仅当他完成了生产和分配要素的新组合时，他才是一个创业者。而根据 Harbison 的观点，创业者本质上是一个组织，由执行创业功能的所有人员构成。并根据创业者的功能推演了创业组织的功能，认为无论公有还是私有的现代创业组织都具有如下几类功能：承担或管理风险及经济上不确定的管理、计划和创新、协调和控制、日常监督。

由此可见，创业组织的功能主要体现在三个方面：一是与传统组织类似的功能，即协调、管理和控制功能；二是创新功能，即在技术、组织、战略和业务上的创新功能；三是承担风险和不确定的功能。其中创新是创业组织的一个核心功能，承担风险和不确定性是创新功能的一个引致功能，而协调、管理和控制则是服务于创新功能的一个辅助功能。[①]

(二) 特征

1. 柔性

创业组织具有柔性特征，这种柔性特征包含"无边界"（Boundary Lessness）概念。[②] 而这种能够减少组织边界的当代结构主要有三种类型：模块化组织类型（Modular Type）、虚拟组织类型（Virtual Type）和无边界组织类型（Barrier-

---

[①] 颜士梅：《创业组织的特征分析》，《软科学》，2006 年第 13 期。

[②] Heide, J. B. Interorganizational Governance in Marketing Channels [J]. Journal of Marketing, 1994 (58).

free Type)。

模块化结构通过外包而允许公司集中于独特胜任力,进而提高了效率。模块化结构能够使企业在准确的战略控制下,成为其他企业所环绕的一个创业轴心。

虚拟组织类型强调企业是持续演化的某一业务网络中的一部分。网络中的各企业分享技术和成本,进入彼此的市场。它以联盟(Alliance)为特征,联盟参与者分享责任,并放弃部分战略控制,接纳相互依赖的命运。这种结构能够使网络中的联盟伙伴彼此利用互补的技能、学习彼此的技术和Know-how,从而增加创新活动,进而有利于创业活动的产生和发展。

无边界组织具有以下典型特征:更少的管理层、小规模的业务单位、倡导创造过程团队和跨领域工作小组、授权给一线的管理者及非管理员工、开放的纵向沟通和侧面沟通、强调的重点在于对结果而不是对行动负责。①

2. 学习型组织

创业组织为了获取知识利用的有效性,会不断调整或改变自己拥有的知识领域以匹配不断变化的产品知识领域;创业组织要保证自己所拥有的知识领域能够不断调整和更新,就必须建立有效的知识获取、交流和利用机制。而只有学习型组织才能够拥有有效的知识获取和利用机制,才能保证组织知识的不断创新。创业组织必然是学习型组织。

根据Murphy的观点,创业组织"是投入到学习中的大脑,是一个学习场所,是一个能够将其成员整合入学习网络的组织",为了持续变革和创新,创业组织就必须成为"一个聪明的大脑"。Morgan在考虑组织的重要隐喻时,就认为对那些有兴趣提高组织有效性的人而言,头脑隐喻是非常重要的。头脑总是在学习,并喜欢能够柔性地、创造性地知觉、解决、指导行为以克服复杂难题。Siddons认为日本成功的原因在于日本人建立了"思考型组织"。创业组织具有学习型组织的一些典型特征:有战略性领导,即具有战略视野、适应迅速变化的环境、能够创造共同愿景、鼓励学习和创新的领导团队;有强势的文化,即有强调打破边界、善于接纳和认可他人价值观、鼓励共享信息和知识的文化;有柔性结构,即具有有利于交流和共享信息与知识、边界易于渗透的组织结构。这些特征为迅速捕捉机会、迅速整合资源提供了可能。

二、组织管理

组织管理是指通过建立组织结构,规定职务或职位,明确责权关系,以使

---

① Gulat, R., H. Singh. The Architecture of Cooperation: Managing Coordination Costs and Appropriation Concerns in Strategic Alliances [J]. Administrative Science Quarterly, 1998 (43).

组织中的成员相互协作配合、共同劳动以有效实现组织目标的过程。组织管理的具体内容是设计、建立并保持一种组织结构。

组织管理内容是组织设计、组织运作、组织调整。它的具体的工作内容，包括以下四个方面：①确定以及实现组织目标所要做的活动，分类是按照专业化分工的原则进行的，相应工作岗位的设立是以类别设立的；②根据组织的特点、目标需要和外部环境划分工作部门，设计组织机构和结构；③规定组织结构中的各种职务或职位，明确各自的责任，并授予相应的权力；④制定规章制度，建立和健全组织结构中纵横各方面的相互关系。

三、创业组织管理

创业组织管理的内容分为三部分，包括创业组织的设计、创业组织的运作、创业组织的调整。创业组织管理是在创业组织管理中建立健全管理机构，合理配备人员，制定各项规章制度等工作的总称，主要包括有效地配置创业组织内部的有限资源，实现一定的共同目标而按照一定的规则和程序构成的一种责权结构安排和人事安排等，其目的在于确保以最高的效率实现组织目标。

第三节 儒家仁治与创业组织设计

创业组织设计是指对创业组织的以下方面进行设计：组织领导和管理安排；选举、培训和员工薪酬；共同的价值观和文化；结构和风格。一个创业组织有9个构成要素，包括任务和愿景、目的和目标、战略、能力和资源、工艺流程和程序、人才、领导团队和管理、共同的价值观和企业文化、结构和风格，其中后4个要素被看作是组织的设计要素。儒家仁治对组织设计的分工、人才配置和组织文化等方面均有不同程度的阐发及启迪。

一、"群、分、义"与组织分工

孔子和荀子先后都提出了"正名"学说，其实质乃是在人群关系体系即社会组织结构秩序混乱的情况下，要求依据"礼"来实行对社会组织的重建或重构。所谓"礼者，贵贱有等，长幼有差，贫富轻重皆有称者也"（《荀子·富国》），即意味着要通过"礼治"，使社会组织中相互差异的人们都按"礼"所规定的名位或名分，各就其位，各安其分，做到"不在其位，不谋其政"（《论语·泰伯》），从而保证社会组织内部结构的有序性。

第七章 儒家仁治与创业组织管理

孔子所谓"名不正则言不顺,言不顺则事不成"(《论语·子路》),荀子所谓"贵贱不明,同异不别,如是,则志必有不喻之患,事必有困废之祸。故知者为之分别制名以指实,上以明贵贱,下以辨同异。贵贱明,同异别,如是,则志无不喻之患,事无困废之祸,此所为有名也"(《荀子·正名》),都说明了其"正名"的目的是为了实现社会组织结构的有序化,以此恢复或提高其组织的整体功能。荀子曾将内部结构合理有序的社会组织称为"群",认为"人能群",是人之所以"多力"而"胜物"的根据(《荀子·王制》)。所谓"胜物"(战胜和征服自然),就是社会组织整体功能的具体体现。荀子说:"人……力不若牛,走不若马,而马牛为用,何也?人能群,彼不能群也。""人之生,不能无群。""离居不相待则穷。"(《荀子·富国》)荀子想表达的意思是,个人的修身对提升自己的道德水准和能力固然重要,但是如果个体不能自觉融入国家、社群并承担社会责任,则可能导致自己难以立足,两者的关系也会处于紧张状态。荀子进一步论证人何以强于胜于万物,在于人能明分使群,组成社会。"人何以能群?曰:分。分何以能行?曰:义。故义以分则和,和则一,一则多力,多力则强,强则胜物;故人生不能无群,群而无分则争。争则乱,不可少顷舍礼义之谓也"(《王制》)。

《论语·为政》中子曰:"君子周而不比,小人比而不周。"其意为,孔子说:"君子是团结,而不是勾结;小人是勾结,而不是团结。"创业组织成员之间的团结尤其重要,一个团结最大的危害就是团队成员之间钩心斗角,由此产生"比而不周"的现象。所以,设立一个团结协作,具有强烈归属感的创业组织,充分利用组织内各个成员的个体优势,激发大家的工作热情与想象力,彼此信任,同舟共济,是实现创业组织目标的可靠保障。此外,一个组织或多或少都存在着小集团,没有小集团的队伍是不存在的。所谓小集团是指一个团队在正常组织之外的一切非正式组织,这些组织并没有一定的组织章程,其组织形式也表现得异常松散,大多数是依赖共同的爱好为联结纽带,如足球爱好者协会、象棋棋友会等。一般来说,这些非正式组织没有政治目的或危害创业团队行为的目的,他们的目的仅仅局限于对喜好的交流或提高,不会对创业组织的正常运行产生威胁和破坏。如果创业组织中的管理者能正确引导,这些非正式组织常常会为创业团队的发展带来益处。所以,在设计创业组织的同时,不能忽视、低估某些非正式组织。更不能把它排除在正式组织之外。

《论语·卫灵公》中子曰:"道不同,不相为谋。"其意为,孔子说:"主张不同,不互相商议。"反过来说,队伍上下应"道相同且相为谋"。对于设计创业组织,应把志同道合之士拉在一块,或者应在创业组织中形成一致的发展目标。否则,很难形成团结稳定的组织力量。法国工程师林格曼做过一个拉绳实验：把被实验者分成一人组、二人组、三人组和八人组，要求各组用尽全力拉绳，同时用灵敏度很高的测力器分别测其拉力。其结果是：二人组的拉力，只是单独拉绳时二人拉力总和的95%；三人组的拉力，只是单独拉绳时三人拉力总和的85%；而八人组的拉力，只是单独拉绳时八人拉力总和的49%。这个实验证明，如果一个组织中人人按照自己的目标致力，其综合能力将会受到来自个人力量的抵冲，使得整个组织的战斗力大打折扣。设立一个优秀的创业组织，要求全体成员必定思想统一、步调一致，目标相同。

二、配备仁性之才

孔子曰："致安之本，唯在得人。"孟子曰："尊贤使能，俊杰在位，则天下之士皆悦而愿立于其朝矣。"（《孟子·公孙丑上》）荀子指出："君人者，爱民而安，好士而荣，两者无一而亡。"（《荀子·君道》）这说明了优秀人力资源在组织中的重要作用。即"人能弘道，非道弘人"（《论语·卫灵公》）。

何谓仁性人力资源？"志于道，据于德，依于仁，游于艺"、"不患人之不己知，而患人之不知己"（《论语·卫灵公》）。意思是我不怪别人不了解我，只怪自己不了解别人，这些表明孔子认为人才首先要有德，再者要有知识，最后要有能力才是德才兼备之人。孟子说："富贵不能淫，贫贱不能移，威武不能屈，此之谓大丈夫。"（《孟子·滕文公下》）表明员工要具崇高的人格，面对各种利益诱惑始终如一地坚持自己的原则，绝不动摇对创业组织的忠心。正如孔子所说："内省不疚，夫何忧何惧？"（《论语·颜渊》）君子是无所畏惧的，因为他的言行是无愧于良心和德行的。仁性人力资源具有宽容之胸怀和团队精神。荀子说："故君子之度己则以绳，接人则用拙。度己以绳，故足以为天下法则矣。接人用拙，故能宽容，因众以成天下之大事矣。"[①]荀子认为能成就天下之大事的人，需要宽以待人，懂得包容他人，团结众人的力量，共同促进创业组织的发展繁荣。仁性之才需要良好的职业道德。在《论语·雍也》中，记载了孔子这样的话："仁者先难而后获，可谓仁矣。"意思是，困苦艰难在先而后酬报，这就可以叫仁。孔子在齐国时，去谒见齐景公，景公把一个叫廪丘的地方，封给孔子作为食邑，孔子表示感谢后谢绝了。这件事在《吕氏春秋·离俗览·高义》里是这样记载的：（孔子说）"'吾闻君子当功以受禄，今说景公，景公未之行而赐之廪丘，其不知丘亦甚矣。'令弟子趣驾，辞而行。孔子布衣也，官在鲁司寇，万乘难与比行，三王之佐不显焉，取舍不苟也夫！"意思是，我听说，君子凭功劳而接受俸禄，现在我虽然给景公出了主

[①] 孔庆明、陈秀平：《中国儒家文化》，长春出版社，2010年。

意,但他还没有实行就把廪丘赐给我了,看来他是非常不了解我的。然后孔子让弟子快速驾车,和景公告别后就离开了。孔子是一个布衣百姓,在鲁国担任的职务虽然是司寇,但有万乘军车的大国的君主都很难和他相比,三位帝王的辅佐大臣也没有他显要,这是因为孔子对于取和舍不苟且。孔子说:"事君,敬其事而后其食。"(《论语·卫灵公》)换言之就是:先出成绩,再谈待遇。孔子的说法听起来有巴结领导、欺负平民的嫌疑,凭什么要员工先付出而不是领导先做出表率呢?其实孔子的话是符合"交易"规则的,管理者与员工的关系,可以理解为一种交易关系。古语说得好:"学成文武艺,货与帝王家。"一个懂得"敬其事而后其食"的人,胸怀宽广,能够不计较一时的得失,脚踏实地地做好本职工作,加薪和升职也自然会到来,或者会成为管理者不可缺失的左膀右臂。

如何发现仁性人力资源?首先重视人才的品格,"有德者必有言,有言者不必有德。""人之所以异于禽兽者几希,庶民去之,君子存。舜明于庶物,察于人伦,由仁义行,非行仁义也",意思是人类不同于禽兽的地方是很少的,仅仅在于人能明白事理,可是一般人还是抛弃这些,只有高尚的君子才能保留它。舜能够明了各种事物的道理,体察各种人物的心情,是因为他按照仁义去做,不是把仁义作为工具来使用。管理者在选人、用人方面,需要注重选择仁德之人。哀公问曰:"何为则民服?"孔子对曰:"举直错诸枉,则民服;举枉错诸直,则民不服。"(《论语·为政》)理解为公平对待人才、任人唯贤,做到因人而异最大限度地开发和利用人的潜能。

松下幸之助提拔山下俊彦为总经理,是一个伯乐相才的生动故事。山下俊彦经销管理成绩卓著,具有出众才能,而且对公司内部因循序守旧等弊端看得准,又锐意改革,勇于创新。松下幸之助发现了他的才干,认准他是松下家庭中根本找不到的杰出人才,在整个公司中是最优秀的"将才"。于是,松下幸之助不计较门户出身,力排众议,破格起用山下俊彦。1977年当山下俊彦年富力强时,就从一位名列第25位的董事,超过前面所有的"老资格",直接提升为总经理,走上了光辉的征途。山下俊彦当了总经理后,也颇有松下幸之助的遗风。他重视有才干的"少壮派",亲自破格提升22名具有战略眼光且能力出众的董事。因此,松下电器公司的经营管理层力量就在短短的几年内得到了空前的发展。人才是企业的活力和生命。在山下俊彦当总经理的第二年,该公司的经营状况就从原来的"守势"很快变为积极进攻的态势。1983年该公司的利润总额已达1891亿日元,比他刚上任的1977年的利润额976.8亿日元几乎增加了1倍。

三、仁性价值观

20世纪80年代在管理理论上出现了一颗"明星"叫"企业文化"理论，它把现代管理理论与文化理论巧妙地结合在一起，被誉为"企业的灵魂，企业成败的关键"。"企业文化"管理的核心在于它的人本性。它最本质的内容就是强调人的价值观、道德、行为规范等"本位素质"在企业管理中的核心作用。安徽合肥的荣事达集团公司靠"和为贵"的理念使一个经营不景气的名不见经传的小洗衣机厂，经过十多年的努力，取得持续发展的巨大成绩。荣事达集团不仅用"和"字走出一条以人为本、协调人际的管理之道，而且用"仁爱"之心赢得了信誉，赢得了效益，赢得了企业快速发展。

创业组织的价值观，是指组织在追求发展成功的过程中所推崇的基本信念和奉行的目标。在每一个创业组织里，会同时存在着两种价值观体系，一种是员工个人所信仰的价值观，当他进入组织后会用个人的价值观来看待企业，这种价值观影响着他的态度和行为；另一种组织是由许多员工组成的，每个人所信仰的价值观是不同的，所以，创业组织必须建立一套共同的价值观来统一员工的思想，推动组织的发展与前进，这就是创业组织的价值观，用创业组织的正确价值观指导从而形成良好的企业文化。创业组织作为获取竞争优势的独特资源，包括两个层次：一是创业精神；二是培育和承载创业精神的组织管理体制和人员。① 而仁性价值观体现着创业组织创业精神，反映了创业组织人员的价值取向。

一方面，"己所不欲，勿施于人"，即自己不喜欢的不能接受的，勿强加于人。在创业组织制定规章制度时能充分体现这方面，制定时要时刻从"仁者爱人"、"由己及人"方面体现以人为本的原则，尊重对方。另一方面，"天行健，君子以自强不息"，这正是孔子和儒家思想所体现的积极进取精神，在现代创业组织的儒家思想管理上，积极进取向上的精神是企业所弘扬的，它使得创业组织的竞争力得到提高加强，创业组织在经营中不断地进步，业绩也得到不断提高。而在创业组织仁德已成为其重要的组成部分，"夫仁者，己欲立而立人，己欲达而达人。能近取譬，可谓仁之方也已"，子张问仁于孔子，孔子曰："能行五者于天下，为仁矣。"（《荀子》）创业组织管理过程中，应该鼓励和引导员工自强不息，立志向上，做到"学而时习之"、"见善如不及，见不善如探汤"（《论语》），即时时刻刻地学习，正如"苟日新，日日新，又日新"。时刻鞭笞促使员工与领导不断在学习中进步，鼓励他们见贤思齐，敢于挑战和创

---

① 颜士梅：《创业组织的特征分析》，《软科学》，2006年第2期。

新,营造积极健康勇于挑战的企业文化。最重要的是创业组织和管理者创业组织把社会责任感放置于创业组织价值观的首位,在创业组织的发展过程中坚持把国家富强、民族振兴作为个人和组织的责任,坚持按照党的路线方针政策办事,最大程度维护社会利益。如前所述,儒家的仁体现的是一种博爱情怀,这种博爱涉及多个利益主体。对各个利益主体的博爱便是承担起应有的社会责任。一代著名徽商"红顶商人"胡雪岩,其一生的经商过程中,始终将社会责任感看得很重。《孟子·公孙丑下》说:"如欲平治天下,当今之世,舍我其谁?"孟子正体现了"以天下为己任"的强烈的责任感和使命感。社会责任感是一个人甚至是创业组织的精神境界。胡雪岩在策划典当行业的时候,发现自己所在的水漕运输交通发达,但是这些船运属于外国洋商和官府的管辖范围,根本不承揽私人业务,当地的商人因此延误商机,而百姓种植的作物都烂在地里。胡雪岩想尽办法让朝廷同意漕运承揽私人业务,为百姓谋利,他本人受到百姓的尊敬,自己的生意也发展得更加顺利。

仁性价值观作为创业组织文化的核心,是一种道德文化,即儒家思想中的伦理道德。道德通过舆论、习惯、价值观等发挥其作用,培育一种内在的威严和力量,从而实现其对企业的管理职能。道德建设试图使道德规范深入人心,成为人们的信仰、意识、价值观念,在精神层面形成一种道德的普遍引导和约束力。这种管理职能可以渗入创业组织中的每个环节,最终形成良好的创业文化。

在创业组织中,不择手段一味谋取利益的创业企业及个人,都会像过度膨胀的气球而难逃破裂毁灭。它要求创业企业在经营活动中摒弃庸俗的功利主义和金钱至上主义,要求创业成员在团队中克服极端个人主义和自由主义,在生活中抵制腐化享乐主义。本着服务社会、服务人群的理念,致力于社会效益的最大化。只有当创业成员个体具备了这种仁性价值观时,创业企业的发展才可能具有长久的生命力。不正确的价值理念抬头,最终会损害创业企业的发展;也只有当创业成员个体具备了这样的价值根基,才不会出现所谓的"价值迷茫"。仁性价值观要求管理者尊重人。按照儒家仁治的要求,尊重人是创业组织管理的出发点。把"以仁为本"的原则落实在企业的各项管理制度和企业活动行为中,能够增强员工的主人翁责任感,激发员工的劳动积极性、绝对忠诚和创造意识,实现企业与员工的双赢。应将"仁"的理念和精神内化于创业成员个体及创业企业自身,使之成为精神的支柱和判断是非的标准。

如何实践仁性价值观?《论语》中记载孔子说过的这么一句话:"仁者安仁,知者利仁。"(《论语·里仁》)这句话说的是实践仁的两种方式:"安仁"与"利仁"。所谓"安仁",就是指对"仁"的伦理实践发自主体的自然需要,因而能够安之若素地在人群中实践"仁",这里的关键在于一个"安"

字,其在道德与利益之间毫不犹豫地选择了前者;所谓"利仁",指出于某种功利目的而实践仁,因此有利则行,无利则止,总是发现有利可图才愿意坚持"仁"的立场,这里的关键在于一个"利"字。朱熹认为:"惟仁者则安其仁而无适不然,知者则利于仁而不易守也。"(《四书集注》)就是说,"安仁"能够做到纵横驰骋,无往而非道,而"利仁"以"仁"为实现功利的手段,所以有利则行,无利则止,因而这样的"仁"是不可靠的。不管是孔子还是后来的儒家,在修养实践的境界上,都以出于自然的"安仁"高于人为的"利仁"。从创业企业文化的角度讲,"安仁"即是创业企业个体对企业文化中的核心价值理念完全认可与接受,同时在实践中身体力行,成为"仁"的实践者和倡导者,在遇到任何问题时,第一反应都能维护创业企业的利益,将创业企业的团队利益置于创业员工个人私利之上。

1984年,张瑞敏受命接手青岛电冰箱厂,与员工共同缔造了海尔集团。每天在公司工作12小时以上,无节假日。出差常选在周四,充分利用双休日办事,周一准时回公司上班。喜欢读《论语》、《道德经》、《孙子兵法》。在接手海尔以后先后提出了"有缺陷的产品就是废品","海尔定律"(斜坡球体论),"只有淡季的思想,没有淡季的市场","先卖信誉后卖产品","用户永远是对的"等一系列经营伦理思想。"在他的带领下,海尔从1984年底到2000年,创下了营业额年均增长80%的神奇速度,营业额406亿元、出口创汇2.8亿美元、利税30亿元"。张瑞敏个人也成为"全球30位最受尊重的企业家"之一,成为登上哈佛大学讲台的第一位中国企业家,个人的影响力在不断地扩大。英国《金融时报》认为张瑞敏"有坚定独到的经营策略,使消费者满意度和忠诚度达到最大化,坚持以人为本的管理,在行业领先,具备持续稳定的盈利表现以及成功的应变管理能力和市场全球化能力。"不容否认的是海尔的今天和张瑞敏自身的优秀素质是分不开的。他承认人的价值、尊重人的才能,在管理过程中提倡"人情化"管理;他重视企业的社会责任,提倡企业的用户意识和服务意识;他以身作则,具有强烈的事业心和责任感;他把自身对伦理道德的认识带到了企业发展中,重视企业的伦理道德建设,并把它贯彻于企业发展的每一个环节中。

第四节

儒家仁治与创业组织运作

创业组织运作与创业企业组织的运营能力紧密关联。清华大学深圳研究生院企业成长研修中心负责人、博商管理科学研究院创始人曾任伟提出,企业的组织运营能力包含组织能力和运营能力两部分,组织能力要素包括组织的治理结构、组织架构、团队管理(包括激励和文化培养等方面)。成长型企业的运营能力来源于以流程与规范为基础的制度体系。组织能力必须依托卓越的组织系统平台,让员工在卓越的组织系统中人尽其才、才尽其用,以期达到组织能力提升的终极目标。

一、仁性管理者与组织内部运作

创业组织的管理者作为组织的决策者,他们的素质和能力对企业的兴衰起着关键作用。作为创业组织的管理者,他除了具有一定的创新能力、交际能力、组织协调能力和决策能力外,还必须具备儒家仁治思想所强调的品质修养。事实证明,我国很多的创业组织之所以发展迅速与其管理者的修养是分不开的。

管理者应该具备仁性。首先,管理者具有仁者爱人的人本管理思想。"以人为本,修身以取人"、"其身正,不令则行。其身不正,虽令不从"(《论语》)。表明管理者要端正自身,做出表率,不用下命令,员工自然是服从,这说明管理者要将心比心,设身处地为员工着想;"为政为人,取人以身,修身以道,修道以仁"(《论语》)。要求管理者应提升自身修养,以仁德感召员工。其次,管理者应具有自省力。子贡曰:"君子之过也,如日月之食焉:过也,人皆见之;更也,人皆仰之。"(《论语》)讲的是君子的过错像日食和月食一样:有过错时,所有的人都看得见;改正的时候,人人都仰望着。"吾日三省乎吾身。与朋友交而不信乎?与人谋而不忠乎?传不习乎?"(《论语》)从这几句话我们可知,管理者应该博学多闻,知错必改,勇于端正态度敢于自省。再次,管理者应识大义。"国者,巨用之则大,小用之则小。""巨用之大,先义而后利。"(《荀子》)讲的是管理者要舍小利,立足于大处,因为先利后义,得的是小利;先义后利,得的是大利,表明管理者必须具备使命感和社会责任感,这些无不是管理者所需具备的个人修养和品格。最后,管理者应具有仁爱心。"发号出令而民说谓之和,上下相亲谓之仁……义与信,和与仁,霸王之器也,有治民之意而无其器,则不成",从这句可知义与信、和与仁是管理者治理员工的工具。如果创业组织做不到将企业员工看作为自己的家人,营造不了企业文化仁爱的氛围,让员工对企业没有归属感,无法将企业当成自己的家仔细呵护,不能使自己与企业成为一体,同甘苦,共患难,这种管理方式将埋藏着巨大的隐患,那么这种企业将在市场竞争中不战而败,要成为成功的企业就必须要让员工"老有所终,壮有所用,幼有所长,鳏寡孤独废疾者,皆有所养"(《礼记·大学·中庸》)。正如日本企业家常讲:"爱你的员工吧,这样他们会百倍爱你的企业。"要拥有忠诚的员工团队,需要管理者对员工抱有仁爱之心,善待员工,虽然"君子喻于义,小人喻于利","放于利而行多怨"(《论语》)。但是得有仁爱之心,以感情才能留住人才,而不是一味实行物质激励员工,靠利益吸引留住员工。

孟子说:"恻隐之心,仁也;羞恶之心,义也;恭敬之心,礼也;是非之心,智也。仁义礼智,非由外铄我也,我固有之也。弗思耳矣。故曰'求则得之,舍则去之'。"(《孟子·告子上》)"仁,人之安宅也;义,人之正路也。旷安宅而弗居,舍正路而不由,哀哉!"怀有仁心,以仁心待人,是君子应有的品格。孟子说:"君子所以异于人者,以其存心也。君子以仁存心仁者爱人,有礼者敬人。爱人者,人恒爱之,敬人者,人恒敬之。"(《孟子·离娄下》)"君子所性,仁义礼智根于心。""君子之于物也,爱之而弗仁;于民也,仁之而弗亲,亲亲而仁民,仁民而爱物。"

管理者如何提升自己的修养素质?首先应端正自己的态度,正视自己的内心,"所谓修身在正其心者,身有所忿懥……此之谓修身,在正其心"(《论语》),这是说修养自身品德在于端正自己的内心,做到格物致知,诚意正心具有仁德之性。其次是要不断地学习来充实自己,孔子曰:"生而知之者上也;学而知之者次也。困而学之,又其次也。困而不学,民斯为下矣!"(《论语》)意思是,"生来就懂得是最上等的,通过学习才知道的与遇到困难才开始学习的都是次等的,最下等的是遇到困难仍然不学习!"所以管理者要通过学习来增强自己的知识储备,管理者只有不断地学习和充实,才能跟上时代的发展。最后是管理者要时刻以身作则,树立榜样,培养自己的价值观,"修己以敬"、"正人先正己"、"行不言之教"(《论语》)。即以身作则,身先士卒做出表率,让员工信服,做到公平至上,由此形成凝聚力;"修己以安部下"表明管理者要有责任感,要负起对员工的责任,做到"兼善全公司员工",同时懂得"达则兼善天下",即衡量一个创业组织的成功不仅仅是盈利的多少,更重要的是社会责任感。

管理者良好的素养能使创业组织内部的人际关系得到更好的协调。"其身正,不令则行。其身不正,虽令不从。"(《论语》)这样员工更好地听从执行管理者的指挥,规章制度也得到更好的遵从,创业组织内部井井有条,管理者与员工、员工与员工的人际关系更加协调。

儒商代表人物李嘉诚是管理者学习的典范,他吸收运用了仁爱思想,并与西方的企业管理思想相结合。李嘉诚一直秉承不裁员的原则,因为他觉得一个企业中一定有职位是适合员工的,他也从不苛求员工做出终身效力的保证,而是通过企业管理中一些对员工有益的事，让员工觉得公司值得效力终身。所以在长实集团的发展过程中，并没有员工跳槽，公司行政人员十分稳定，流动率极低。李嘉诚曾说过："有制度要有比较，结合两种方法来做，而不是全盘西方组织管理或是全盘儒家仁治思想管理。"汇集中西方文化精粹的李嘉诚不仅像西方一样重视制度管理，也重情重义、讲求仁治、以仁待人，这种中西方相结合的经营方式和理念，在很多儒商企业家中都能见到。

张瑞敏崇尚传统，他是现代新儒商，认为中国的经、史、子、集包含许多门类特别是管理科学的知识，值得认真研读，他所带领的海尔集团到处都有着儒家思想的身影。1998年，海尔集团推向市场的健康型冰箱，受到众多消费者的喜爱，健康型冰箱的包装箱图案特别吸引大家目光，让人意想不到的是，黄蔚这位参与设计人竟是刚进厂的98届实习生，不仅如此，她还独立设计了燃气灶灶具面板设计，投入生产并获得了经济效益。没有工作经验的黄蔚为什么会有如此机会呢？是因为海尔提供了舞台！黄蔚说："在海尔不讲究论资排辈，企业为每个人提供了广阔的发展平台，自己为何不把握这个机遇接受挑战呢！"后来黄蔚又通过竞争转到技术中心工作。她感慨："与同时毕业在其他企业工作的校友比较，我是如此的幸运，因为海尔具有的公平、公开、公正的赛马机制激发了我的活力，让我有如此机遇。"正是因为海尔集团的管理者与员工都具有儒家仁治思想，管理者最大化开发利用人才，员工勇于挑战，积极进取，使创业组织竞争力加强。

二、仁治与组织关系

（一）仁性与内部关系协调

儒家思想的"仁者爱人"具有人与人和谐相处以及"爱人者人恒爱之，敬人者人恒敬之"的含义。同在一个创业组织之中，本就是一家人。对上司配合而不奉承巴结，对下属态度和悦而不霸道，对同级别的同事常沟通而不妒忌，这是儒家仁性的本质要求。

管理者与员工如何通过仁治思想处理人际关系？首先，"内圣外王"是手段，作为企业的管理者在创业组织发展运营中，通过"修己"以达"内圣"，通过"安人"以达"外王"。这就是内圣外王之道，即以仁为本，用于协调双方的关系，追求和谐统一的社会关系。孔子对仁做过不同的解释，主要的定义是"仁者爱人"与"克己复礼为仁"。"仁者爱人"是向外的爱人，即亲爱他人，孝顺父母，尊敬长辈等来形成良好的人际关系，达到"外王"的境界：齐家，治国，平天下。"克己复礼为仁"是向内的克己，即提高个人的内在修养，自我反省实现道德自觉，达到"内圣"的境地：天人合一，物我一体。

其次,"仁者爱人"是仁治管理思想的实现途径,"亲亲为大","泛爱众而亲仁","老吾老以及人之老,幼吾幼以及人之幼","亲亲而仁民,仁民而爱物","君子周而不比,小人比而不周"(《论语》)。这个发展历程将最初的父母的爱,推广到社会和天地万物,这正是表达人与人的关系。① 而企业在发展过程中无不存在企业与企业、企业与人、人与人的关系处理,爱人是仁的解释,也是企业的实现途径。再次,明白正确爱人,"唯仁者能好人,能恶人"(《论语》)。可见儒家所说的仁爱是有原则的,做到"君子敬而无失,与人恭而有礼,四海之内皆兄弟也"。懂得爱人的目的是建立健康和谐的人际关系,而不是追求无原则的一团和气,因此仁者爱人必须要遵循爱人以德、爱人以道德原则。以此在创业组织管理中,在以仁调节人际关系的时候,正确营造推己及人、移风易俗以趋善的和睦氛围。最后,管理者与员工和和气气地以心沟通,创业组织管理过程中贵在人和,管理者在对内的协调关系战略中需要与员工进行沟通,对员工"道之以德,齐之以礼",因此管理者要运用儒家仁治思想处理内外人际关系,充分发挥亲和力和沟通的作用,使企业人际关系平等和谐,形成和睦相处的工作氛围。子贡问为仁,子曰:"工欲善其事,必先利其器。居是邦也,事其大夫之贤者,友其士之仁者。"(《论语》)在人际关系的处理上,领导者要重视对员工的人文关怀、用心沟通,让他们真正为创业组织付出。

孔子认为,只要有仁的信念、仁的志向,始终不渝地去追求,就能实现自己仁的理想。孔子十分重视人的内心自觉与主观努力。他说"欲仁而得仁"、"求仁而得仁",这种对仁的"欲"、"求",就是信念与志向,它驱动主体去获得仁。他说:"仁远乎哉,我欲仁,斯仁至矣!"在孔子看来,仁并非远离人们而高不可攀,只要树立了"仁欲"的信念,只要着实去做,仁德的标准是可以达到的,人人都可以成为仁人。所谓"为仁由己,而由人乎哉?"

由此看来,依据孔子仁的信念观,发挥人的积极性和工作动力,也是调整创业组织内部关系的重要路径。

(二)仁性与对外关系协调

管理者运用仁治思想协调组织与顾客、企业和国家的关系。从生活中我们知道"仁爱"思想中渗透了"和"的理念,体现了构建和谐社会的理念,人与人、人与社会、人与自然的和谐关系,其实与企业中协调关系大同小异。对于顾客做到"不仁者不可以久处约,不可以长处乐。仁者安仁,知者利仁"(《论语》),创业组织要想和顾客建立良好的关系,要利用仁治思想了解他们

---

① 唐凯麟、陈仁仁:《成人之道——儒家伦理文化》,山东教育出版社,2011年。

第七章 儒家仁治与创业组织管理

的心理和需求,把握住顾客的心理和需求,搞好创业组织与消费者的关系。对于供应商做到"仁,远乎哉?我欲仁,斯仁至矣?"(《论语》)在互利互惠的基础上,要建立长期的合作关系,要通过组织交流或定期拜访,加深彼此感情,加强信息沟通和协作配合,确保及时、准确供货。正如"规矩,方圆之至也"(《论语》),处理人际关系的原则都浓缩于方圆之中,在与人交往中坚持做到和为上。对于政府国家,做到"苟志于仁矣,无恶也"、"唯仁者能好人,能恶人"(《论语》),创业组织要想与政府公众建立良好的关系,要遵纪守法,立志实行仁德,创业组织的所有经营活动都必须合法,不能置国家法律于不顾。"民之于仁也,甚于水火。水火,吾见蹈而死者矣,未见蹈仁而死者也。"(《论语》)说明创业组织与合作者、顾客和员工在金钱利益方面应做到以仁义道德为基础,这样创业组织才能长远发展;"知及之,仁不能守之……动之不以礼,未善也"(《论语》)。体现了在现代创业组织的管理过程中,企业员工互助互爱、和谐融洽相处,时时实行仁德来营造一种充满活力的精神环境。对于社会及生态环境的关系。"仁者爱人","亲亲而仁民,仁民而爱物","老吾老以及人之老,幼吾幼以及人之幼",无不体现了"仁",促进了社会人民生产活动中的伦理规范与秩序性制度的形成。"仁者以天地万物为一体,莫非己也"、"治人与我者,仁与义也。以仁安人,以义正我"(《论语》)。儒家思想"仁者爱物"具有"天人合一"的内涵,天人合一就是"天"与"人"合二为一,人和自然是一个不可分割的统一体,并且是和谐的统一体,即追求人与自然的和谐统一,要求人们要重视生态环境,这和国家政府提倡的科学发展观不谋而合,坚持以人为本,全面、协调、可持续地发展。企业自觉承担社会责任,做到节约资源,减少环境污染,是企业持续发展繁荣昌盛的根本途径,也是对社会及后世子孙负责,此外"仁治"思想还体现了人文精神,符合我国"以人为本"科学发展观国策的核心内容。

"仁"意即博爱、宏爱、爱人,这种博爱体现在商业道德上要用一颗博爱的心待人处事,态度上和颜悦色,笑容灿若春风,面对被服务方不推诿,高效率完成服务,无论是谁只要是利益攸关方我们先把态度放好。孔子以爱释仁,孟子以恻隐之心释仁,董仲舒以爱人而非自爱释仁,韩愈以博爱释仁,周敦颐曰:"爱曰仁,宜曰义。"程颐将仁理解为主体对外物的普遍关切之心,以及由此达到的物我同体的境界,他说:"仁者浑然与物同体,又礼智信皆仁也。"程颐认为,仁道贵在贯通,己与人贯通,我与物通,乃至物与物贯通,天地宇宙皆贯通为一体,方为仁;若相互隔绝,便不为仁。在协调对外关系方面,无论是上游供货方还是下游使用方,无论是身份地位高低,实力强弱,以一视同仁、标准的商业服务素养来完成交易与服务。几千年前的孔子,破除当时教育弊端，学生无论贫贱贵福，一视同仁，终成桃李满天下。一个团体所有的员工只要坚持这样做了，老客户会越发忠诚，不起眼的新客户会被培养成合作业务上的参天大树，与这样的单位合作，氛围融洽，效率高，没有人会拒绝这样的客户。经年累月，长期坚持，左右逢源，终将成就业内宏图。

三、仁治与放权

（一）管理者放权的必要性

几乎所有的成功企业家，都意识到放权是必然的，这样他们就从公司的日常事务性工作和中小级的决策处理的事务中脱离出来，集中大部分的精力到高层次的战略发展与对外关系开拓上，更好地将创业组织推上高平台。正如出自清朝曾国藩的《治兵语录》"总揽则不无偏蔽，分寄则多所维系"所表明的一样，管理者在权力的使用上，不能总揽一切，过度集权势必出现弊病，适当分散是有益的。一个创业组织在最初时期，管理者往往是事必躬亲，这对创业组织的快速决策和发展是有好处的。作为集权的一方，能有效地让创业组织团队确定目标，能约束团队向已定的目标前进，可以在发现问题时及时地改进。这从宋朝司马光的《上体要疏》里的"谋之在多，断之在独。谋之多，故可以观利害之极致；断之独，故可以定天下之是非"可以看出。意思是，在布置策略时要多考虑员工的意见，最后决策时却要独断。这就是人多计谋多有利于考虑周到，观察利害的细微；决策独断则可以避免员工纷纭的干扰，以果断决定创业组织的策略。然而，等到创业组织有了一定规模，管理者就要开始分权授权给其他的贤能之士。否则，老板如果事事包揽了，独任己而眼中无贤，那么就没有可用之人了，因为每个人都有自己擅长的一方面，以及每个人的精力是有限的，我们应把自己主要的精力放到最擅长的方面上，因此放权也可以看作是对下属的考验，是一种责任与培养，这就是一个集权与放权管理的合理体现。韩非子说："下君尽己之能，中君尽人之力，上君尽人之智。"敢于放权并善于放权，即是一个管理者必然要经历的。

徽商具有创新精神敢于改变和突破历史，程廷柱是敢于改革创新并获得成功的有名徽商之一。他在继承管理家族商业的重任后，为了获得更好的效益，做了一个大胆的决定，创新经营模式，大胆地放权，将家族企业划分成了三个部分，并分别由自己的弟弟负责经营，借助责任到人并且模块负责者拥有决策权，来提高每个人的办事效率，抓住机遇迎接挑战提高经济效益。他让他的二弟程廷柏全权负责兰溪的油业，主抓油类生产和运输，而程廷梓全权负责物流运输方面等，正是因为程家经商之道的权利改革，这种创新管理模式给程廷柱带来了丰厚的利润回报。

（二）运用仁治思想进行放权

管理者如何应用仁治思想来放权。首先，管理者把权力下放给胸怀宽广、意志坚强好品德的员工，曾子曰："士不可以不弘毅，任重而道远。仁以为己任，不亦重乎？死而后已，不亦远乎。"（《论语》）这句话的意思是人的胸怀不可以不宽广，因为责任重大、道路遥远，我们必须意志坚强，把仁爱看作自己的责任是很重大的，竭尽全力去效劳，一直到死为止。它告诉我们无论处于哪个时代，在哪种管理体制下，管理者都要有仁爱之心，要懂得适当的时候合理放权。"富贵不能淫，贫贱不能移，威武不能屈，此之谓大丈夫。"被授权的员工必须具有崇高人格，不会谋私做出不利于组织的事。其次，管理者即授权人充分信任下属。"知我者谓我心忧，不知我者谓我何求。"这句话出自我国最早的诗歌总集《诗经》，原意为：了解我心情的人，认为我心中惆怅；不了解我心情的，还以为我待在这儿有什么要求呢！表明管理者要充分信任下属，真正放权给下属，"明主好要，暗主好详。主好要则百事详，主好详则百事荒。"（《荀子·十一王霸》）意在说明聪明的管理者善于抓住纲领和战略，而愚笨的管理者却是事无巨细一齐抓，前者事情能落实到位，后者事必躬亲结果容易导致事情荒废，因此管理者必须学会信任下属，下放权力。东汉王符的《潜夫论·卷一务本》云："本末消息之争，皆在于君，非下民之所能移也。"说明务本抑或是务末，都取决于管理者，而非下属所能够改变的，这说明下属没有得到上司的信任觉得其能真正地独当一面；《左传》的"人非圣贤，孰能无过？过而能改，善莫大焉"表明就算下属犯了错误仍要给其改正的机会。此外刚得到权力的下属在做决策时可以"公议不可不恤，独断不可不谨"（《宋史·刘安世传》）。管理者高层领导只有真正确信下属的能力可以用好、用对这些资源权力之后，才能做到真正地充分放权。

管理过程中要懂得合理地放权，只有合理地放权，下面员工才可能会名正言顺地自行其是，做到在其位谋其政，不会因此延误商机，能够及时把握机遇应对挑战。"仁人者正其道不谋其利，修其理不急其功。"（《春秋繁露·卷九·对胶西王》）表明的是管理者不应急于取利，让利益冲昏头脑；应恪守理性，稳中求进，也不要贪图小利或短暂利益将权力下放给品德不好之人。作为公司战略及决策的管理者，经过前期的发展，会意识到缺乏战略高度的人才框架，会造成权责不明等问题，所以很多时候要放权于下属，秉承人本意识，以仁为本，尊重员工给他们适当的权力，让员工更好地为创业组织的进步发展而努力。

胡雪岩曾说过："做生意一定要懂得灵活变通。"在运用权力方面也是一样。信任他人，放权他人，通过发挥下属的才能使每个人得到有效的分工，获得利益最大化。胡雪岩最初做的是钱庄生意,之后才学习开设当铺。事实上,胡雪岩是钱庄伙计出身,对典当行业并不熟悉,但他充分信任、充分放权给下属朱福年,在中国经商历史上,典当业的管家大都来源于徽州,而朱福年正是徽州人,他从小耳濡目染,自然熟悉典当业的操作。胡雪岩从朱福年那里了解了许多有关典当业的运作方式、行规等知识,知道典当业的盈利情况及其典当业的行情局势,胡雪岩经过考察确认后,便放手让朱福年替自己留心典当业方面的人才,让他全权处理典当生意。胡雪岩到了杭州之后立刻在城内开设了自己的第一家当铺公济店,并在朱福年等人的帮助下,他的典当行发展到20余家,使得典当生意日后成为他仅次于钱庄的第二大经济来源。

第五节 儒家仁治与创业组织变革

组织变革(Organizational Change)是指运用行为科学和相关管理方法,对组织的权力结构、组织规模、沟通渠道、角色设定、组织与其他组织之间的关系,以及对组织成员的观念、态度和行为,成员之间的合作精神等进行有目的的、系统的调整和革新,以适应组织所处的内外环境、技术特征和组织任务等方面的变化,提高组织效能。创业企业的发展离不开创业组织变革,内外部环境的变化,企业资源的不断整合与变动,都给企业带来了动力。

一、仁性动力

在孔孟看来,仁既是一种道德境界和道德准则,同时又是一种道德动力,这种道德动力贯穿人的整个生命过程,人一生的奋斗和完善都依靠这种道德动力,最终成为一种生命的动力。孔子既不以仁自居,也很少称别人为仁者,就是因为仁作为一种生命动力,它是永无止境的。一个人在艰难恶劣的境况中所以能坚持自己的理想,不屈不挠,就是因为他身上蕴藏着一种旺盛的生机之仁、顽强之仁。宋明理学借用《周易》中代表无限生命力的"生生"二字解释仁。不过,宋明理学的生生之仁,不仅指个体的生命力,也不仅指人类的生命力,而且指整个宇宙万物的生命力。程颐说,仁就是"生生之性",认为天地之性就是生物之性,生物之性就是仁性,"仁之性"即"生之性",天地万物产生成长过程就是仁的生生之性显扬的过程。朱熹则以"生生之德"解释仁,在他那里,仁的"生生之德"超越了个体,超越了人类,充塞于宇宙,代表了宇宙普遍存在的"生意"、"生机"、"生气"。它的本质特征就是"生"。

对此，朱熹作了大量的论述，如"生的意思是仁"、"仁是生的意思"、"只从生之意上说仁"、"仁是天地之生气"。显然，这里仁已不仅是个体生命力量，而被赋予宇宙生命力量，由个体生命力量升华为宇宙生命力量，这是儒家之仁在历史演变中的质的飞跃和发展。

经济的全球化，技术的创新和发展，创业企业时刻面临着重大战略调整与转型，由此必然带来组织变革。其变革结果的好与坏极大地影响着企业的生存和发展。保持活力与创业激情、增强快速反应能力，成为许多创业企业在探索持续发展与保持竞争优势时面临的重要问题。能够实现高速增长并长期发展的创业企业都不可避免地要依据战略发展需要，历经转型和组织变革。[①]

创业组织变革是破旧立新的过程，面临着驱动力与阻力交替的状态。创业组织变革的推动力与执行力都离不开创业员工及创业团队。这是一种源于个人的自觉自律的内生动力，是一种道德动力。儒家仁性动力具有促进组织变革的主动性和积极性。

二、仁治与组织制度

（一）规章制度的重要性

制定合适的规章制度对于创业组织的绩效影响是重要的。"里仁为美，择不处仁，焉得知"（《论语》），是说人以安居于仁德之地为好，如果择身所居而不选仁德之地，怎能算作明智呢？这说明好的工作环境、好的工作制度有利于组织盈利。

规章制度有利于标准化管理。孔子主张人们都要按照制定的制度和规范行事，提出了"非礼勿视，非礼勿听，非礼勿言，非礼勿动"的主张。规范了员工的行为，有利于创业组织的管理，员工工作积极性也可以得到广泛调动。

孔子说："上好信，则民莫敢不用情。"（《论语》）其意为，只要管理者诚恳信实，员工就没有人敢不说真话。延伸下来，是指只要管理者充分重视制度的重要性，做到了"言必信，行必果"，在严格按照规则处理员工时，绝不应因员工的借口或有背景的空降兵而轻轻地处罚或一笔带过只是口头的训诫，长此以往员工也会深受影响，造成员工漠视规章制度的局面。

按制度行事，克服"人治"色彩。如在人员招聘和内部人员的提拔问题上，有些管理者往往以个人情感为出发点，用人考虑亲疏远近而非才能，没有真正做到仁者爱人，导致任人唯亲的局面，造成企业中一些员工素质低下，在

---

① 刘钢、何丹薇：《创业企业组织变革过程中的人力资源管理策略——基于动态竞争视角的案例研究》，《中国人力资源开发》，2012年第3期。

其位而不谋其政。长此以往不仅影响了企业的发展，也影响了企业的形象以及管理者自身的形象，具体表现为：一方面造成组织正常运作管理程序的混乱，导致规章制度失灵，出现有章不依、有规不循的局面，给创业组织造成巨大的损失；另一方面不利于企业内部竞争的公平竞争，甚至使真正有才华的人才流失。管理者与员工都应重视规章制度，而不要因为个人利益和个人亲情而忽视制度。

（二）规章制度调整

制度调整应以满足仁欲为前提。管子说："有道之君，行治修制，先民服也。"讲的是善于治国理政的人，懂得通过制定有效合理的制度来管理国家，达到所有百姓都服从执行的目的。白居易也曾写道："仁圣之本，在于制度而已。"说的是我们不是圣贤，都有欲望，要让天地人、人与人、人与组织和谐共处，只有用合理适当制度来约束它，"富而可求也，虽执鞭之士，吾亦为之"（《论语》），表明对物质利益的追求是合理的，所以要制定众人皆服的薪酬制度。

制度调整要仁和。"礼之用，和为贵。先王之道，斯为美，小大由之。有所不行，知和而和。不以礼节之，亦不可行也。"（《论语》）讲的是礼的使用，是以和谐为贵。君王的治国方法，不能只按和谐的办法去做，因为有时是不行的，需要礼节和规章制度来实现。从这些可知孔子虽然将礼法看得很重，但不是提倡无条件遵守制度规章，对于规章制度他的态度是灵活的。"无规矩不成方圆"，创业组织需要有明确的规章制度，不然组织的管理会混乱，但对所有情况不是按制度"一刀切"处理，应具体问题具体分析，这样的管理不再僵硬死板，而是充满人情味。制度仁和，就是要以人为本，在调整制度时应充分注意人性要素，充分挖掘创业组织成员的潜能。贞观六年的腊月，李世民来到长安城外的监狱视察。全国有300多名死刑犯，都集中在大理寺监狱。唐太宗挨个询问死因，他们都承认犯了死罪，不冤枉。唐太宗听后和这些死囚立了一个君子之约："现在是冬天，放你们回去过春节，和家人好好团聚团聚，来年秋收之后，咱们再在这里集合。"300多名死囚个个感激涕零，高高兴兴回家了。第二年秋后，这些死囚全都回来了，一个都没少。唐太宗高兴之下，全部赦免了他们的死罪。唐太宗"放虎归山"之举有其自身的历史背景。但是，无论怎样，其带来的启示是，对于制度应灵活掌握运用，同时，制度设计的初衷应具备仁性。即应关爱创业组织员工，从而形成对员工的激励力和吸引力。《论语·子路》中：叶公问政。子曰："近者悦，远者来。"其意为，叶公问施政。孔子说："境内的人使他高兴，境外的人使他来投奔。"要使"近者悦"，创业组织必须设计为其成员排忧解难，促进其个人发展的制度，这个制度使每个创业成员都心情舒畅,以队伍为家,以每个成员为兄弟,相互关心、互相爱护、互相帮助。而非相互排斥、尔虞我诈。好的制度可以激励创业成员,留住创业成员,亦可以吸引他人加入创业组织。这就是"远者来"。制度本身不能吸引人才,而是通过好的制度来实现个人的理想与价值,能够为个人带来更大的财富,才会吸引人才加入创业组织。《管子·牧民》中有一句话,"国多财而远者来,地辟举则民留处",意思是,国家的财富多就会吸引远方的人,土地开垦了人们就会安心地留下来。因此,通过调整组织制度,使之更灵活化、人性化,促进创业成员潜能的发展和创业组织目标的达成。

晋商乔致庸是有名的商人,而乔家立有众多家规店规,如"不捧戏子,不能赌博,不能任人唯用"等,其中有一条是"立规管店,不做霸盘",意思就是不能坐庄欺行霸市。然而乔致广违背了祖训,和竞争对手邱家竞争做包头的高粱霸盘,这使得乔家陷入了困境。乔致庸得知后,先以其人之道还治其人之身,使邱家身陷囹圄困境,乔致庸又放弃前嫌,不再尔虞我诈,与邱家握手言和做到和平共处,共同建立新的商业秩序。乔致庸在扭转局势后,为了解决店中存在的问题,重塑诚信经营的形象和建立新的商业规则,开除了店内存在的不按店规处事的员工。在乔致庸的经商生涯中,他陆陆续续增加了一些规矩,并把它汇集成册,严格做到"杀鸡吓猴"、"有法必依",在了解到工作了40余年的老掌柜违规后也照样毫不留情地将其处理开除了。

三、仁治与利益调整

组织变革的最大阻力和难点是各方利益的重新调整和分配。儒家仁治"博施济众"的思想,是创业组织变革过程中有价值的借鉴。

孔子提倡"富民惠民",强调"因民之利而利之"。荀子主张"以政裕民",他认为只要实行了"轻田野之税;平关市之征;省商贾之数;罕兴力役,无夺农时"(《荀子·富国》),民众就可以富裕了。他还说:"足国之道,节用裕民,而善藏其余。节用以礼,裕民以政,彼裕民帮多余,裕民则民富,民富则田肥以易,田肥以易则出实百倍。"(《荀子·富国》)孔子主张"仁政",并曰:"为富不仁矣,为仁不富矣!"(《孟子·滕文公上》)他认为只有用"礼"和"德"施于人,才能启发人的道德自觉,才能使人认识自己的价值,树立自尊的意识,在自尊的基础上尊重他人。

孟子提出了制民之产的主张。在孟子看来,人有恒产,方有恒心,而人无恒产,则无恒心,无恒心,则放僻邪纵。《尚书·无逸》要求为政者要"先知稼穑之艰难",进而"则知小人之依","依者,隐也",下层的普通民众心中的隐痛和难以言说的疾苦,为政者要从爱民的立场出发,要使民有恒产,要有

| 儒家创业管理 |

从事物质财富生产的生产资料，要使民众安居乐业，衣食饱暖，不饥不寒。

　　创业组织的变革必然会带来利益分配的差距及失衡。由此造成组织的不安定及变革的困难。如何找适宜尺度来平衡利益？儒家仁治思想值得借鉴。儒家均富和制民之产的主张，使民各安其业，极力反对游堕。这是深入人心、可顺而不可逆的。儒家义利观便是具体举措。在孔子看来，富贵不得离道而求，贫贱不得合道而弃。而且儒家的经济伦理比财富的积累更加关注它的平均分配。《论语》曰："丘也闻，有国有家者，不患寡而患不均，不患贫而患不安。盖均，无贫；化，无寡；安，无倾。"孔子把经济活动的目的理解为财富之均享和生活之安定。孔子重视的是平等、安定等社会福祉问题。

　　孔子在表述其财富观念时说："富与贵，是人之所欲也，不以其道得之，不处也；贫与贱，是人之所恶也，不以其道得之，不去也。"（《论语·里仁》）"不义而富且贵，于我如浮云"（《论语·述而》）。在这里，孔子不仅告诉我们什么样的富贵不可取，什么样的富贵应取，而且告诉我们谋取财富和荣耀的方法与途径。伦理规范在孔子那里不再是对人们取利行为的消极防范，而是已经具有了激励人们如何进取的积极的意义。他认为"邦有道，贫且贱焉，耻也。邦无道，富且贵焉，耻也"（《论语·泰伯》）。富贵虽是创业组织中各人之所欲，但非唯一的追求，还有更高的价值，这就是仁义、礼义或称善。

　　儒家的仁学经济思想的基本原则是重义轻利、以义求利。儒家的义利关系是道德与经济的关系。人们的物质生产生活以及所有的经济活动均受伦理道德的制约。儒家经济行为的价值追求是以群体为本位。道德总以利益为基础，儒家重义重德更体现在以整体利益为基础。儒家认为，与仁义对立之利是指个人私利，而不惜牺牲私利追求公利，正是重义的体现。

　　可见，对于创业组织变革，一方面，应充分考虑到创业员工每个人的利益诉求；另一方面，当产生利益矛盾与冲突时，应以创业组织团队的整体利益为重，个人不计小利，以小利让大利，以德让利。

　　1929年，日本受美国经济"大萧条"的影响，经济不景气导致松下公司库存严重积压，主管们提出"生产减半，工人也减半"的建议。但卧病的松下幸之助坚持："生产自即日起减半，但一个工人也不减。"日本企业对雇员的人性化管理，大大激发了员工对企业的忠诚与感恩。在外国观察者的眼中，日本职工对企业持有一种令人吃惊的忠诚，他们如"工蜂"般勤奋工作，忠于职守。无独有偶，2002年，鉴于当时的"丽珠"危机重重，朱保国决定对之进行改造，于是请来了本来在中美史克公司任职的萧思阳。对于这名来自台湾的职业经理人，朱保国的要求其实只有简单的四个字：改变"丽珠"。萧思阳并没有失掉职业经理人的自信，虽然他上任后面对的是一个令人眉头大皱的局面：有着 18 年国有企业历史，年销售额十几亿元却有过万名员工，连办公自动化都没实现。萧思阳并没有急于对企业动手术，既没有带来一个亲信，没撤换一个副总，也没有裁员。对丽珠企业来说，上万名员工似乎是一个过于庞大的队伍，但萧思阳却认为这个负担可以消化在管理中，也可以消化在扩张中。他与朱保国有意见相左的地方，但有一点却保持一致：企业机构重复，资源浪费不是员工的责任，让员工对经营的结果负责是不公平的，萧思阳有这样一个心理准备：如果"丽珠"的改造不成功，自己将承担过失，因为自己是一名总裁，上万名员工的命运和自己的决策息息相关。很出乎丽珠企业上下员工意料，来自台湾的总裁没有裁员，所以没有造成人心浮动。他把集团总部和销售部的信息合并，提出了工作效率要比从前提高两倍的要求，在对生物制药公司的整合上，鉴于有上海丽珠、珠海丽珠和一家生物工程厂，萧思阳将研发、生产放在上海，丽宝和生物工程厂合并到珠海总部，三个公司的销售部整合为一。显然萧思阳在决策时把"丽珠"的问题消化在管理中，一上来便显示出身手不凡和稳而坚定的做派。利益与伦理、理性与情感等机制结合起来进行管理的方式是一种更合乎人性，也更为有效的方式。它能更有效地调动员工的积极性，创造更高的经济效益。

本章小结

　　组织管理理论产生于 19 世纪末 20 世纪初，经历了 3 个发展阶段：形成于 19 世纪末 20 世纪初的古典管理理论，主要的代表人物有美国的弗雷德里克·温斯洛·泰勒、法国的亨利·法约尔和德国的马克斯·韦伯等人。泰勒等人重点探讨了组织内的企业管理理论，后期，以韦伯为代表的管理理论重点探讨了组织内部的行政管理。行为科学管理理论产生于 20 世纪 20 年代初，主要的代表人物有美国的乔治·埃尔顿·梅奥、弗雷德里克·赫茨伯格等人，他们的理论重点研究组织中的非正式组织中的人际关系、人的个性和需要等。产生于 20 世纪中叶的现代组织管理理论，主要是美国切斯特·巴纳德的社会系统论、赫伯特·西蒙的决策理论等。[①] 现代组织管理理论与创业组织理论已形成并完善，学者们对它们进行分析研究，形成了创业组织管理理论并进行发展完善。

　　随着社会和经济的快速发展，中国管理者发现现代创业组织管理仅仅依靠西方创业组织管理理论来管理企业是不够的，创业组织的管理还需要与本土文

---

① 陈树文：《组织管理学》，大连理工大学出版社，2006 年。

化相结合。儒家仁治思想作为中华民族主流的传统文化，涵盖了很多博大精深的智慧，儒家仁治思想折射出来的管理思想历久弥新，对现代创业组织的经营管理影响颇多。不仅为管理者提供了行为导向，更为现代管理提供了理论智慧。在当代，学者们发现所有取得成功的企业文化都具有很强的民族性特征。

儒家仁治作为中华优秀传统文化，一直以来对中国的哲学、社会学、伦理学等方面的研究具有重要意义。从儒家仁治思想与创业组织管理思想的关系出发，探讨儒家仁治思想对创业组织管理的影响与促进，不断丰富具有中国特色的儒家创业组织管理理论，使其进一步的深化和完善，有利于促进社会经济的发展与社会和谐。

有着中国特色思想的儒家仁治思想所折射的管理思想在国外一些企业已早有应用，不过国外学者对儒家仁治思想缺少系统的研究，而对创业组织的管理理论研究较多。在国外，尤其是日本、韩国，还有华人社会占大比例的马来西亚、新加坡和泰国，这些国家的创业组织管理中都能体现儒家仁治思想。在明清儒商实践的历史长河中，已经形成了一套中国古代经典的经济和商业标准。从古至今的闽商、徽商、晋商等都将"仁者爱人"、"将心比心、推己及人"的精神充分体现在以仁为本的管理模式中。由此可知历代儒家学者所提倡的仁爱思想在人类社会中起着重要的作用，"仁者爱人"不但反映了人类的本性，而且还是人类一切协作关系中基础的要素，对保持人际和谐、提高人的素质、推动创业组织的发展具有重要意义。

"仁"作为儒家的最高伦理、哲学范畴，是儒家处理人与人、人与自然关系的最高伦理原则、规范。仁者，"人也"，仁作为处理人与人关系的最高伦理原则，孔子强调仁是人之为人的本质，是人的最高人生伦理价值；以仁为本质的人不是单个的独立的人而是处于人与人的社会关系中的人（仁字，人旁从二，非单个的人）。"克己复礼为仁"，礼体现一定的社会关系、等级秩序，人须在一定的社会关系中、在按礼相爱中体现仁和人的存在，实现人的价值。仁不仅是处理人与人关系的最高伦理原则、规范，也成为处理人与自然万物关系的最高伦理原则、规范。

创业组织的设计、运作与变革始终离不开人这个核心要素，创业组织与外部环境要素，以及创业组织内部各种资源要素之间都存在着紧密关联。用儒家仁治理念来协调创业组织内人与人以及人与物、创业组织与外部环境要素之间的关系，以达到创业组织的内外和谐，具有重要的管理价值。

本章主要分析研究创业组织中的儒家仁治管理思想，围绕着创业组织的组织设计、组织运作、组织调整三个方面着手。其组织的设计从人员的配置及组织价值观的确立来展现，主要体现为管理者的修养素质的培养与知人善任，重视儒家仁治管理思想意识，充分地利用人才，在此基础上营造具有仁爱氛围的企业文化；组织的运作体现为社会责任即创业组织与社会、公众的和谐关系，具体表现为协调关系的处理，对内即重视企业员工的协调，实现团体价值与员工的个人价值的双赢；最后组织的调整是从构建具有儒家仁治思想特色的规章制度和管理者如何集权与放权来体现。

延伸阅读

儒商的企业管理组织方式是家族式的。把"齐家"的原理扩展到各种管理组织的行为中，以"父义、母慈、兄友、弟恭、子孝"作为经纬，从纵横两个方面把血缘关系与管理等级制度联系起来，所谓"君子之事亲孝，故忠可以移于君；事兄悌，故顺可以移于长；居家理，故治可以移于君"，说明这种伦理关系在各种管理行为之中起着关键性的调节机制的功能。一个企业的模式类似于一个家族，企业的最高执行官就如同家族中的家长，其余职员由最高执行官选择任命。日本工运评论家森田实这样描述日本企业的内部关系："企业主好比父亲，工会好比母亲，企业中层负责人类似小舅子，劳动者则似挣钱的儿子。"日本企业不断向职工灌输以企业为家的思想，再加上实行"终身雇佣制"、"年功序列制"，企业与职工结成了"利益共同体"、"命运共同体"。当然任命也有其一定的规则，"贤主劳于求贤，而逸于治事"是用人的总则；"治平尚德行，有事赏功能"是因时用人的原则；"智者取其谋，愚者取其力，勇者取其威，怯者取其慎"是因人任事的原则。这就如同家族中的家长认可德才兼备的人来各司职务一样。如果这种管理模式能使职工把企业当作自己的家庭，就会使员工与企业同甘共苦，努力使厂家一体。另外，儒商的管理思想也认识到要真正使员工爱岗敬业，以企业为家，就要尽企业之所能，为员工解决一些实际困难和后顾之忧，鼓励员工学习，要制定出一系列的鼓励员工学习的政策等，真正关心职工。总结一下家族式的管理方式的优势在于：一是凝聚力比较强，整个企业上下能够形成统一意志，员工有较强的自觉性和能动性，能尽职尽力地为企业而奋斗；二是当家长是一位优秀的人才时，其管理效率较高，能更有效地进行调度，更灵活地去适应市场的变化。其局限性在于：一是对高层管理人才，特别是主要管理人才的选拔带有一定的封闭性，不能做到完全开放地从社会上选取最优秀的人才来进行经营；二是对"家长"即企业首席管理者依赖过重，制度不够完善，因而当"家长"不称职时，企业就会陷入难以摆脱的困境。

西方商人的管理组织方式则基本上是采取契约制和科层制。企业的最高管理者都是聘用来的。企业管理分工明确，分层负责，各司其职，按绩付酬。

| 儒家创业管理 |

员工与企业的关系是在利益相互依存相互认可的基础上用契约关系来加以维持的。因此，员工与企业的关系只是以利益关系为转移的不稳定关系。企业不景气时，靠大肆裁减员工来减轻工资支出。员工找到很好的工作单位或薪水更好的职位就会跳槽。过于严密的分工，使得当某一环节出现问题时，容易造成不同方面和层次的断裂，整体运行受阻。对调动整个组织来适应市场的突变也常不如家长式的企业来得更为灵活。而且管理技术的复杂化造成了片面追求管理的数学化、模型化和计算机化的倾向，无视人的心理情感因素和管理艺术的丰富性，以致成为被美国人称为对"象牙之塔中的分析和理财手段的迷信"。总之，这种管理组织方式的特点就是组织制度和结构是理性化的、容易操作的。但是人员的构成是不稳定的，员工与企业本质是相互外在和分离的。

资料来源：http://www.stzp.cn/art/printpage.aspx?ArticleID=4583.

第八章 儒家的祸福观与创业生命周期管理

第一节

儒家祸福观

一、儒家祸福观的内涵

（一）种种祸福观

《圣经》有云，人总是以祸为福，以福为祸，该哭的时候笑，该笑的时候哭。耶稣说八福：虚心的人有福了；哀恸的人有福了；温柔的人有福了；饥渴慕义的人有福了；怜恤人的有福了；清心的人有福了；使人和睦的人有福了；为义受逼迫的人有福了。耶稣说什么人有祸：你们富足的人有祸了；你们饱足的人有祸了；你们嬉笑的人有祸了；人人都说你好的时候，你就有祸了。耶稣究竟在说什么呢？难道有钱就有祸吗？难道开心就有祸吗？细察《圣经》，发现耶稣并不是说所有富足的人有祸，不是说所有嬉笑的人有祸，他说的是，只有外面的钱财的富足，却赔上性命的人有祸了。好比一个人已经到了癌症晚期，但是因为不知道，他还在嬉笑着，这样的嬉笑的人有祸了。当自己使尽浑身解数，为自己钻营，得到了人所羡慕的好处的时候，人人都说你好，你就有祸了，因为在钻营的过程中，不知道做了多少惹神震怒的事，不知道在黑暗中积累了多少审判的材料。"不经历风雨，怎么见彩虹"。从另一个角度讲，痛苦与贫穷对某些人似乎是生命的一个过程。没有春的播种，就没有秋的收获。富裕者的使命是分享。《圣经》记载："凡要夸耀的，应因主而夸耀。"即叮嘱信徒们要感谢天主对他们的抬举，不夸耀自己的能力。当然，不能认为现实生活中的富人在耶稣和保禄眼里一文不值。耶稣以他天主性的爱爱每一个人。其主要意图是激励富人和现世有权势的人要有一种分享的责任。要与世界同乐！

在今日全球诸多体系日增发展、国际社会猛烈更新的时代，人类的生命价值却模糊混乱。耶稣并不反对人类物质文明的进步，也不反对个人在社会上的成功与辉煌。但他教训人类不要忽略从另一角度思考福与祸。祸福观就像苦乐观一样，是一种世界观、人生观、价值观。向往快乐，消除痛苦，渴求幸福，避免横祸是人的天性。实际上，苦与乐，福与祸，既有客观环境下人们所形成的一些共识，也有个人对世物的感受和体会。然而，苦乐祸福，作为一种价值观是每个人对自己人生和奋斗历程的综合性评价，同时也是促使自己迎接挑战，做出抉择的精神动力。对于创业者或创业企业来讲，如何拥有快乐幸福的人生取决于其对自身及其奋斗历程作综合性评价！

《易经》说："趋吉避凶，积善之家必有余庆，积不善之家必有余殃。"那里有吉的事情，你就可以到那个吉的地方去；那个凶的地方，你就可以避开它。命运如果逃不出去，吉何可趋？凶何可避呢？《易经》又说："作善降祥，作不善降殃。"做好事就会得到好的果报，做不好的事情就会得到不好的果报，这就是吉凶生大业。做善就得到吉祥的大事业，作恶就得到凶的大事业，就有凶的事情发生。所以命运不是一定的，吉凶也不是一定的。只要往好的方向来做，一转变，什么都转变了！为什么不吉祥呢？现在有很多人是宿命论，认为命运是先天注定，不可改变的。其实《易经》开篇就说了："天行健，君子以自强不息；地势坤，君子以厚德载物。"就是说每个人的命运完全可以通过后天努力，同时通过加强自我修养、积累道德来改变。其实每个人都有一种生物磁场围绕在你的周围，是信息场能的一种，它包含了你一切的生命信息。有点儿像头发能够反映身体健康状况的原理。如果修行的人，或者依靠特殊的仪器，能够更清楚明了地观测到更深层次的信息。这种信息场修行人称之为黑业或者业力。它会极大地影响你的运气、身体健康等。这也就是走霉运或者见鬼、鬼压、鬼缠身等情况的前引。做了好事善事，发了善心，了了善缘，就会在这个场能里忠实地记录下来。如果能修身养性，心平气和，不动妄念，那么脑波就会相应地调节成特殊的频段，与这个生物场能和谐地发生共振，消除其中的不良信息。如果相反，那效果正好相反。所以，多行善对改变命运很有用，只修炼不行善效果很有限，双管齐下立竿见影，这就是为什么修行的人大都是善人的原因。

道家认为，祸福是相伴相随并且是可以相互转换的，这也就体现了道家的一个重要的思想：做任何事情都不要过度，性格胜于事业，静胜于动。《淮南子》云："天地无予也，故无夺也；日月无德也，故无怨也。喜德者必多怨，喜予者必善夺。唯灭迹于无为，而随天地自然者，唯能胜理，而为受名。名兴则道行，道行则人无位矣。故誉生则毁随之，善见则怨从之。利则为害始，福则为祸先。唯不求利者为无害,唯不求福者为无祸。"主要就是说,祸福是相伴相随的。《淮南子》云:"夫善游者溺,善骑者堕,各以其所好,反自为祸。"喜好游泳的容易溺水,喜好骑马的容易摔下马来。也就是说,一个人的某些嗜好,很可能会给他带来灾祸。庄子曰:"山木自寇也;膏火自煎也。桂可食,故伐之;漆可用,故割之。人皆知有用之用,而莫知无用之用也。"就是生长在山上的树木,因为有许多用处而被人砍伐;膏脂因为能照明而被燃烧。桂树可以食用,所以被伐取;漆可以使用,而被割皮。有用有为必有害,无用无为才是福。这就是常常被人忽视的"无用之用"。这也就是庄子在告诫我们,不要太著名,也不可太有用。太肥的猪要被人杀死,去供神;羽毛太美丽的飞禽,易遭到猎杀,美丽的羽毛被用来做装饰品。大家都知道《塞翁失马》的故事。《淮南子》云:"夫祸富之转而相生,其变难见也。近塞上之人有善术者,马无故亡而入胡。人皆吊之。其父曰:'此何遽不为福乎?'居数月,其马将胡骏马而归。人皆贺之。其父曰:'此何遽不能为祸乎?'家富良马,其子好骑,堕而折其髀。人皆吊之。其父曰:'此何遽不为福乎?'居一年,胡人大入塞,丁壮者引弦而战,近塞之人,死者十九,此独以跛之故,父子相保。故福之为祸,祸之为福,化不可极,深不可测也。"这个故事也就是如老子所说的:"祸兮,福之所倚;福兮,祸之所伏。"道家的祸福哲学使人能够忍受一些折磨甚至磨难而不沮丧、不烦恼,因为祸福是辩证的正反两个方面,祸福是可以相互转换化的,也就是人们经常所说的,好事能变成坏事,坏事也能变成好事。这种祸福哲学能使人的内心得到真正的宁静,不去奔波劳碌,清心寡欲,淡泊名利。对于创业,越是成功也就越怕失败。但在道家看来,得道之人在成功时是不以为自己成功,在失败时也不以为自己失败。只有没有悟道的人,才会把外表的成功和失败当作是绝对真实的事情。

(二) 儒家祸福观

据《论语·述而》记载,孔子曾对他的弟子说:"饭疏食饮水,曲肱而枕之,乐亦在其中矣。不义而富且贵,于我如浮云。"意思是说,虽然吃着粗糙的食物,住着简陋的住所,但仍感到乐在其中。对于那种违背道义而取得的财富和尊位,他视其如同天上转眼即逝的浮云。他的得意门生颜回,也有着与孔子一样的精神境界,所以孔子称赞他,"一箪食,一瓢饮,在陋巷。人不堪其忧,回也不改其乐。贤哉,回也!"(《论语·雍也》)意思是说,颜回平时的生活,不过是一盒饭、一瓢水,住在破旧的巷子里,别人受不了这样的忧愁,但颜回却能自得其乐而没有一点动摇,颜回真是有贤德的人啊!孔子称赞的正是他那种"安贫乐道"的精神和境界。那么,孔颜之乐,所乐何事呢?显然他们所乐者正是人生之正道,这种道也就是合乎正义、有益于社会的生活准则和精神境界。另外，孔颜之乐，也反映了儒家祸福观，即虽然生活简单与清贫，但却是一种快乐与幸福，相比那些生活奢靡而背后却可能有健康或犯科问题之徒，这岂不是更有福。

荀子在其《荀子·大略》中提到："能除患则为福，不能除患则为贼……配天而有下土者，先事虑事，先患虑患。先事虑事谓之接，接则事优成。先患虑患谓之豫，豫则祸不生。事至而后虑者谓之后，后则事不举。患至而后虑者谓之困，困则祸不可御……敬戒无怠，庆者在堂，吊者在闾。祸与福邻，莫知其门"。荀子告诉我们在祸患来临之前要预先准备，要有预见性，如果等祸患降临的时候再来想对策就可能为时过晚了。同时《淮南子·人间训》中也提到"夫祸之来也，人自生之；福之来也，人自成之。祸与福同门，利与害为邻，非神圣人，莫之能分"。这几句话启示我们祸福相依相伴，灾祸的降临和幸福的到来都是有条件的，需要自身付出一定的努力才能使祸转为福。

董仲舒在其《春秋繁露·竹林》中写道"福之本生于忧，而祸起于喜也"。董仲舒让我们明白人如果因成功而过于得志、洋洋得意，那么就会招来祸患；懂得预先设定可能来临的祸患，有强烈忧患意识的人必定会有福气降临。

何谓"祸福"？祸指人们身患疾病、贫困、夭折、老而不终其命、受辱、损失、心理创伤和精神打击等；而福指人们身体健康、长寿、老而终其命、富裕、受人尊敬以及心理上、生理上的满足状态。可以说，祸福是与人生同在的两种不同境遇，是与人类共始终的永恒话题。清朝金缨所编著的《格言联璧》对祸福观也作了同样的理解，认为"盛者衰之始，福者祸之基；福莫大于无祸，祸莫大于邀福"。

祸福观存在哲学依据。其一，万事万物都是由对立双方构成的矛盾统一体，对立双方可以相互贯通。"万物负阴而抱阳"就是这一观点的准确表达。它说的是万物的生存与运化都是在阴气与阳气即事物对立面的统一和谐状态中存在与发生的。其二，事物不仅存在着矛盾，而且达到一定极限后会向其反面转化。换言之，任何事物的发展都必然走向自我否定，由正面向反面转化，最终返回原来的基础状态。

二、创业企业的祸福

古人很有智慧地发现了祸福的转换，所谓"祸兮福所倚，福兮祸所伏"；"乐极生悲"；"否极泰来"；"大难不死，必有后福"；等等。

对于创业而言，总是由祸福两个对立因素构成的，当不利的因素占主要地位时，创业就处在祸患中，可能会导致失败；当有利的因素占主要地位时，创

第八章　儒家的祸福观与创业生命周期管理

业就处在幸福中，可能会导致成功。随着主、客观条件的变化，创业面临的有利因素和不利因素也会发生移易，就是说处境既可能向有利于创业者主观愿望即"福"的方向发展，也可能向背离创业者的主观愿望即"祸"的方向发展。这两种可能性在具体创业的过程中都存在着，明智的创业者能创造条件守住"福"或促使"祸"向"福"转化，而不明智的创业者不能创造条件守住"福"，往往采取不正当的做法使"福"向"祸"转化。

中国历史上既有因贪欲致使"福"衍化为"祸"的一幕幕人间悲剧，也有因知足节欲使福气永驻或转"祸"为"福"的成功范例。春秋时期范蠡、文种辅助越王勾践灭吴之后，范蠡功成身退，弃政从商致富，后世称为陶朱公，不但得全性命而尽享天年，而且"名垂后世"。而文种留恋官场的权力，"功成不去"，终于获罪于勾践，受诛而亡。汉朝开国三杰张良、萧何、韩信的不同结局更有力地佐证了祸福相倚相伏的观点。张良是汉朝的开国元勋，深为刘邦倚重、信任。刘邦曾对群臣赞扬张良曰："夫运筹于帷幄之中，决胜于千里之外，吾不如子房。"尽管受此礼遇，张良洞悉刘邦多疑好忌、冷酷无情的特性，在关系到自身的名利、地位时，他会翻脸不认人，即使自己的父母、子女也不怜悯。因而，在消灭了项羽集团，稳定了刘氏江山之后张良退出了政治舞台。他虽然没有隐居山林，却推辞朝廷丰厚的俸禄，虽然任太子少傅之职，却居朝不参政。他平时总称自己身体有病，不参与朝中一切活动，对国家大事从不发表意见，有时甚至一年多不迈出大门一步，淡泊名利，与世无争。因而尽享天年，晚于刘邦 8 年去世，真正实现了知足常乐的人生信念。韩信辅佐刘邦打下天下后，不但不功成身退，反而居功自傲，计较名利，终被秉承刘邦旨意的吕后杀害。这应验了不知足招祸的观点。萧何能长期位居相国则得益于他洞悉祸福相倚，审时度势，转"祸"为"福"。这可从他"纳谏求平安"和"自污名誉、免除猜忌"的举动中得到绝好的说明。汉朝初定，刘邦便设计除掉了韩信、彭越等功臣，张良洞察世事，装病引退。朝中地位最显赫、权势最大的大臣就属萧何了。萧何位居相国，封地最多，并且素有"带剑履上殿，入朝不趋"的特权。从表面上看，刘邦对于他还是很信任和器重的。但生性猜忌的刘邦在内心里对萧何是存有戒心的，这种戒心在他带兵在外征讨、萧何留守长安时尤为突出。刘邦在带兵讨伐陈豨时，从前线传回命令：加封萧何封邑五千户，增派五百士兵作护卫。一个叫召平的幕僚认为刘邦给萧何加封是因为对他存有戒心，劝他辞掉所有封赏，否则大祸临头。萧何听从劝告，推辞掉了所有的封赏，刘邦非常高兴，认为他是一个知足、不居功自傲的臣子，因而放心重用。这可谓知足得福。讨平陈豨后，刘邦又统兵讨伐默布。萧何留守长安。刘邦在征伐途中及征战之时，数次派人回长安问候萧何。有人劝告他:"皇上问候你是因为你的声望太高,以至于让皇上感到威胁了。如果不赶快自污名誉,降低威望,就会遭到灭族之祸"。萧何意识到事态的严重性,即刻实施自污名誉的行动,他采用巧取豪夺的办法广置田地、住宅,弄得同僚怨恨、百姓愤怒。结果萧何的名声大损,威望扫地。刘邦却十分高兴,认为萧何果无政治野心,更加放心重用他。萧何又一次因"祸"即自污名誉得"福"即人身安全和重用。足以说明"祸"中有"福"。

第二节

创业企业生命周期

一、创业企业生命周期的内涵

创业企业生命周期实际上就是在创业过程中企业所经历的生命长度,间接地可以看作企业生命周期。1959 年,Haire 首先提出企业中存在"生命周期",认为企业的发展也符合生物学中的成长曲线。[①] 通常,企业生命周期是通过描述企业存续时间及其存续时间内各个发展阶段所表现出来的特征,反映企业的发展过程,诊断企业发展中的问题,制定科学的发展战略,进而促进企业健康发展的一种管理方法。

有两种主要的生命周期方法:一是传统的产品/行业生命周期;二是通过观察顾客需求是怎样随着时间演变而由不同的产品和技术来满足的需求生命周期。产品/行业生命周期假定,企业在生命周期中每一阶段的竞争状况是不同的。在这种方法中,由于假定事情必然会遵循一种既定的生命周期模式,这种方法可能导致可预测的而不是有创意的、革新的战略。需求生命周期理论假定,顾客有某种特定的需求希望能够得到满足。在不同的时候会有不同的产品来满足这些需求。

创业企业生命周期的理论,把创业企业看成一个机体,而不仅仅是一个组织,从把握全程到注重阶段提出动态管理的要求。

二、创业企业生命周期的阶段划分

Chandler 主张将企业的生命周期划分为四个阶段,公司的发展会出现四个

---

① Haire, M. Biological Models and Empirical Histories in the Growth of Organizations [M]. New York: John Wiley, 1959.

平稳上升的连续阶段,即企业初期的资源积累和扩张阶段、资源合理配置阶段、多元化阶段、多分布阶段。Greiner 认为企业生命周期会经历五个阶段,每一阶段都可能有一个革命性危机,经过层层蜕变获得企业的发展。Quinn 和 Cameron(1983)针对企业生命周期建立了一个四阶段模型,将企业的生命周期划分为创业期、集体期、正式控制期、结构细分时期。在国内,陈佳贵(1995)作为早期企业生命周期的研究者,他把企业的生命周期划分成孕育期、求生存期、高速成长期、成熟期、衰退期和蜕变期六个阶段。

Adizes 将企业的成长周期分为两大阶段:成长阶段与老化阶段,其中成长阶段包括孕育期、婴儿期、学步期、青年期和盛年期,老化阶段则分为贵族期、官僚化早期、官僚期和死亡期。在生命周期理论中,Adizes 用 PAEI 分别表示企业追求长期效益的创新能力和追求长期效率的整合能力。P 代表组织表现(Performance of the Purpose of the Organization),A 代表企业管理(Administration),E 代表创业能力(Entrepreneurship),I 代表整合能力(Integration)。PAEI 四种能力在企业各个阶段所呈现的影响大小有所不同,如婴儿期的企业——中小型企业大部分表现为创新能力较强,而其他能力较弱,这样根据四种能力所表现的大小情况可以推断出企业所处的阶段以及在每一阶段应当及时弥补的因素(见图 8-1)①。

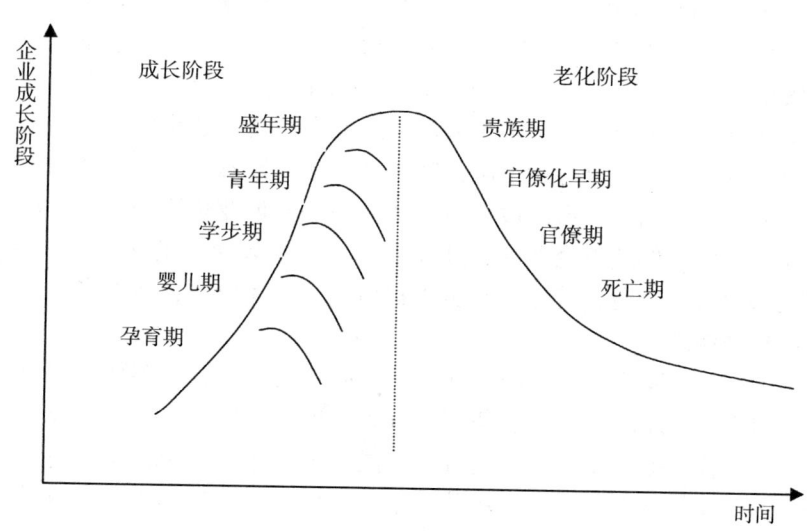

图 8-1 Adizes 的企业生命周期二阶段论

---

① Adizes:《企业生命周期》,中国社会科学出版社,1997 年。

| 儒家创业管理 |

Churchill 和 Lewis 将企业成长划分为五个阶段：创业阶段、生存阶段、发展阶段、起飞阶段和成熟阶段，并且指出了每个阶段的不同特点和面临着的不同的管理问题，企业成长实际上是不断跨越管理障碍的过程（见图 8-2）。

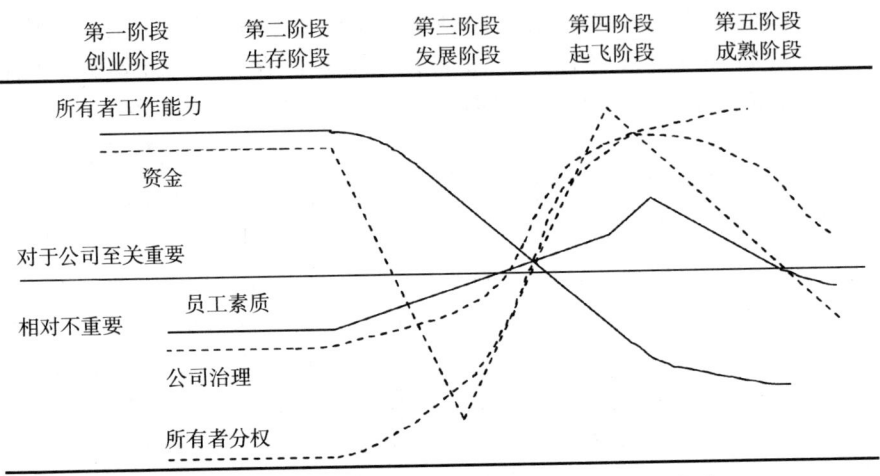

图 8-2　Churchill 和 Lewis 的企业生命周期五阶段论

从图 8-2 可以看到，所有者工作能力在企业创业和生存阶段至关重要，随着企业的发展，其重要性不断下降；资金在企业创业、生存阶段十分重要，到了摆脱束缚成功发展阶段和成熟阶段，资金的重要性随之降低，而起飞阶段，资金的重要性迅速升高；员工素质对企业来说越来越重要，但当企业发展到了成熟阶段，其重要性有所下降；随着企业不断地发展，所有者的分权能力变得越来越重要，到了成熟阶段有所下降；在企业创业阶段和生存阶段，企业治理不那么重要，但随着企业的不断发展，企业治理对企业来说越来越重要。对于创业企业来说，所有者能力和员工素质属于人才要素，所有者的分权能力可以由产权来体现。

对于创业生命周期的含义国内外学者各有各的见解，大多数的研究都假设企业经历创业期、发展期、成熟期、衰退期和蜕变期这五个阶段，只是在对阶段细分程度上有所差异，说法上也有所不同。企业作为一个社会系统，其兴衰成败是由内外部各种因素共同作用的结果，其生命周期遵循类似的规律，生命周期的各阶段有着不同的特征和问题，需要应变地选择解决问题的策略和方法。英特尔公司总裁葛洛夫先生有一句话"当一个企业发展到一定规模后，就会面临一个战略转折点"。就是说，你要改变自己的管理方式、管理制度、组织机构，否则你仍用过去的办法，就难以驾驭和掌控企业，更不用说永续经营。2003

年,一个日本人说,全世界企业都存在"一千万障碍",很多企业在收入不到1000万元时做得很好,一旦超过1000万元很快就完了。为什么?因为1000万元以下可以人盯人,靠个人,靠全家人去管理,超过1000万元人盯人就难了。超越这个阶段就不要用人去管,而用制度。企业发展的不同阶段、不同规模必须要有不同的管理,这是 Adizes 强调的企业生命周期的一条基本规律。

创业者容易走入一个误区,认为只要做大做强,创业企业就能生存发展。在这种经营思想指导下,采取发展型战略进行盲目扩张。在企业生命周期的高峰期会取得一定成果,一旦进入低潮期就适得其反,后果不堪设想。而低潮期是周期循环力量衰竭的产物,是必然的发展趋势。对创业企业生命周期管理只有选择最佳的时机,方能取得成功。

三、创业企业生命周期的阶段特征

由于研究的出发点和划分详细程度存在差异,国内外学者对企业生命周期的划分各有不同,本书将创业企业生命周期分为初创期、成长期、成熟期和衰退期四个阶段。

(一) 初创期

处于初创期的企业在各方面都较为薄弱,大部分要依靠自身的力量弥补各方面的不足,筹集资金保障企业的正常启动是首要任务,尽最大努力使自己在激烈的市场竞争中生存下来。同时企业对自身的发展道路还处在探索阶段,找到适合自身发展的管理模式也成为其初期需要解决的大问题。而且处于初创期的企业对市场的认知和反应都是较为迟钝的,在产品受众群中的知名度不高,为其产品的销售带来一定程度的影响,产品销售出现问题所带来的就是资金链脱节,对于处于初创期的企业来说要尽力实现资金的快速回笼,将现金流量控制在一定的范围内,确保企业的资金不会出现断流的问题。初创期的发展很大程度上决定了企业的生命周期长度,如果出现资金断流、决策性失误等问题可能就中断了企业的发展道路。在初创期的企业需要选择适合的细分市场、找准自身的市场和产品定位,加上适当的广告宣传,同时广告宣传不是盲目地进行推广,在资金预算内最大限度地在产品受众群中获取知名度,让其更多的产品受众群认识并认可企业的产品,这些前期工作的开展为其打开市场奠定了基础。

(二) 成长期

进入成长期的企业已经有了一定的能力,生存问题已基本解决,管理者积累了较为丰富的经验,管理制度趋于规范化,企业对资金的控制能力得到了一定的提升。而且随着市场的开拓程度和广告的宣传力度的加大,企业和其产品慢慢被消费者熟知和接受,产品销量也随之上升,可以进行批量生产,企业开始慢慢进入盈利模式，企业的资产随着产品销售量的上涨而增加，资金的充裕为企业规模的扩大奠定了经济基础。但是这快速发展的成长期有时会让企业盲目自大，对自身实力估计过高。可能出现过度扩张，企业自身拥有的资金增加，筹措资金的能力增强。形成了自己的主导产品而且销售量迅速上升，可以大批量生产，企业开始盈利。企业规模扩大，管理逐步规范化，一些先进的管理办法逐步在企业采用，管理变得复杂起来。

（三）成熟期

成熟期的企业发展速度逐渐放缓，但是效益仍处在较高的水平。企业的资源分配结构达到了一个较为合理的程度，依靠主营业务实现企业利润的增长，占据了一定的市场份额，拥有自身的核心竞争力。成熟期是企业在整个生命周期中的鼎盛时期，各方面都发展到一定的纯熟地步，对企业来说这是难得的"福"，正是这难得的福气会让企业产生骄傲心理，轻视市场和竞争者，容易出现决策失误，只是固守当前占有的市场份额，放弃对创新变革的追求。成熟期的企业可以认为已经发展到一个顶峰，销售收入保持在原来的水平或者呈下降趋势，利润的增长速度慢慢放缓。同时，前期投资的过剩造成现金流量的减少，市场的不断饱和使产品销售受阻，造成产品积压，产品积压所带来的是库存费用的增加，一切环环相扣使企业的处境越来越艰难，这就是企业没有看到福背后的祸的缘故，如果企业管理者深谙儒家"祸福观"的思想，那企业就会懂得将眼光放长远，有忧患意识，明白福祸相依，不管是企业处在低谷还是处于顶峰，都要时刻保持对市场的敏感度，关注市场动向，不断革新自己和追求自我的提升。

（四）衰退期

处在衰退期的企业在市场上的竞争力已经慢慢在下降，市场的过度饱和使企业的产品难以销售，利润急剧减少，现金流也减少，带来的可能就是资金链出现问题，资金周转不灵，企业的正常运营受阻。如果在此阶段企业还不进行变革，企业将会真正地退出市场，被日新月异的市场淘汰。

第三节

祸福观与创业企业生命周期段管理

儒家思想中有着优秀的管理思想，"祸福观"中的福祸相依和福祸相互转化的思想对企业生命周期各阶段的管理有着重要的启示作用。企业在其创业生命周期各阶段面临各种难题，在其艰难时期容易被打击而难以坚持运营下去，

第八章 儒家的祸福观与创业生命周期管理

儒家"祸福观"让企业找到转圜的契机。福祸相依警示着处在发展旺盛期的企业需要放远眼光,有忧患意识,不断革新寻找更好的发展。

一、祸福相生的初创期

对于还处在起步阶段的企业来说"福莫大于无祸,利莫美于不丧",没有祸就算是最大的福,不失去什么就是最大的利。《荀子·劝学》中也讲到"神莫大于化道,福莫长于无祸"。企业在初创期能够顺利经营下去就是最大的福气。然而事实上创业初期是"祸福相生"的一段时期,企业运营是比较艰难的,一切都处于起步阶段,管理制度的不完善,不被消费者认可,无法在市场上夺得一席之地,看似是祸,可是在这看似是"祸"的当中隐含着"福"。正如《淮南子·人间训》中所记载的包含"祸福观"思想的故事,文中说到"近塞上之人有善术者,马无故亡而入胡。人皆吊之。其父曰:'此何遽不为福乎?'居数月,其马将胡骏马而归。人皆贺之。其父曰:'此何遽不为祸乎?'家富良马,其子好骑,堕而折其髀。人皆吊之。其父曰:'此何遽不为福乎?'居一年,胡人大入塞,丁壮者引弦而战,近塞之人,死者十九,此独以跛之故,父子相保。故福之为祸,祸之为福,化不可极,深不可测也。"《淮南子·人间训》这个故事进一步道出了冥冥之中福中可生祸,祸中也可生福,这其中的变化难以捉摸,深不可测。足可见祸不可能一直伴随着某个人,必定会有福隐藏在其中,只是我们不善于发现,不善于进行换位思考,往往只看到了事情的表象。

对于企业来说创业期本身就是一个探索和自我定位的过程,同时也意味着要面对种种挑战和困难,企业能够克服重重障碍坚持下去,那么企业将获得更为长远的发展。企业也可以通过转换思维方式来找到祸中的福。陶渊明就认为"贞脆由人,祸福无门"(《荣木一首》),灾祸和幸福的界限在于人们如何对待它,祸中可能隐藏着福。企业在初创期可能会运营艰难,看似祸事连连,其实其中隐藏着福气,如《淮南子》中所说:"祸中有福也。"灾祸中会包含着福气。涩泽荣一在其《论语与算盘》中认为:"口是祸福之门,祸从口出,福也能从口出。"涩泽荣一喜欢辩论,因口舌会结下祸,但正因为善辩,能为他人调解纠纷,使事情得到圆满的解决,从口舌中得到了利益,这就是福之所在,揭示了祸福存于一体的道理。从中我们可以看出祸福不是独立存在的,它们是你中有我、我中有你。企业要学会在祸患中看到福乐的事,找到企业发展的突破口。

苏洵认为:"功成,非成于成功之日,盖必有所由起。祸之作,不作于作之日,亦必有所由兆。"(《管仲论》)初创期的企业是祸福萌发的时期,祸福在

| 儒家创业管理 |

企业开始运转之时就伴随而生。初创期的企业福气在于更加有活力、更加灵活，可以吸取同行业企业在管理过程中的经验教训，借鉴其他企业的成功案例，同时初创期的企业员工人数不多，作为创业初期的员工，就如同古代王朝的开国元老，使命感较强，做事更有激情且富有创新意识。因此在企业最艰难的初创期要学会在祸当中看到福，福祸相依，换个角度思考问题就会有别样的收获，即"故福之为祸，祸之为福，化不可极，深不可测也"（《淮南子·人间训》）。所以企业在初期不仅要关注市场，尽力打开市场，提升在消费者中的知名度，更要关注与企业共患难的员工，他们对企业的用心和付出程度对于创业初期的企业来说尤为重要，间接决定了企业能否发展下去。创业初期的企业意识到这一点就是企业艰难背后的福音。学会处理和员工的关系，能够最大限度地激励员工，让员工在企业找到归属感，齐心协力让企业渡过难关，这才是初创期的企业祸中的福。同时，刘禹锡在《天论·上篇》中提到"福兮可以善取，祸兮可以恶召"。幸福是通过正确的途径而取得，灾祸是通过错误的手段而招致。这告诫企业在创业过程中要遵循市场法规，诚信合法经营，不断积累良好的企业形象来延长企业的生命周期。

儒家的"祸福观"思想也深深地影响着格兰仕的创始人梁庆德，梁庆德作为儒商代表之一，用实际行动向我们说明了只要重视人的作用可以把"祸"变为"福"。"门人曰：'闻君子祸至不惧，福至不喜。'孔子曰：'有是言也。不曰乐其以贵下人乎？'"（《孔子世家》）格兰仕在初创期时遇上了大洪水，企业面临停产甚至倒闭。在这个艰难的时刻，他临危不惧，第一时间想到了员工，他借钱给每个员工发了三个月的工资，让他们自由选择去留。正是梁庆德的这个举动深深地打动了员工，他们都自觉地留下来与企业共患难，从而使企业走出困境。企业也因为大家的团结协作生存了下来并发展壮大。梁庆德非常重视人才的培养，实行人本管理，认为员工是转变企业处境的重要资源，只有充分重视员工的作用并加上良好的环境，处在初创期的企业才能较快地走出困境，迎来快速发展的成长期。格兰仕的生命周期能够延续到今天，正是梁庆德懂得"祸福相生"的道理，通过增强员工和企业的凝聚力来使初创期的格兰仕转危为安，让企业的福气化解祸患。

现代儒商张勇把儒家"祸福相生"的思想运用到极致，海底捞在初创期时也面临各种困难，祸事不少，但张勇看到了背后的福，他懂得尊重每一位员工的意愿，给他们平台尽情地表达自身的想法，员工快乐工作，从而快乐地服务顾客，张勇懂得员工才是克服困难的福音，海底捞正是这样一步一步走向成功，正如《淮南子》中所说"夫祸福之转而相生，其变难见也"。张勇依靠员工的努力度过了初创期，创立了有"福气"的企业。

二、祸福相依的成长期

祸福相依在《荀子·大略》中得到较为详细的阐述，文中说到"天子即位，上卿进曰：'如之何忧之长也！能除患则为福，不能除患则为贼。'授天子一策。中卿进曰：'配天而有下土者，先事虑事，先患虑患。先事虑事谓之接，接则事优成。先患虑患谓之豫，豫则祸不生。事至而后虑者谓之后，后则事不举。患至而后虑者谓之困，困则祸不可御。'授天子二策。下卿进曰：'敬戒无怠。庆者在堂，吊者在闾。祸与福邻，莫知其门。豫哉！豫哉！万民望之。'"这段天子和大臣的对话揭示了祸福相依相伴，在祸患到来之前就要考虑到祸患，事情就能进展得较为顺利，国家就能治理好，百姓就能安乐。如果等到祸患降临了再想应对的策略，到那时就可能会因束手无策而使国家陷入困境。灾祸和幸福是紧紧依靠在一起的，如果对未来的祸患没有进行事先预测或设想，过于沉浸在福中，那祸也不远了。企业也同样如此，如果对市场没有保持危机意识，提前做好相应的危机预案，等祸患危机到来的时候就可能无法应对，企业也将面临困境而岌岌可危。刘向更是认为："福者祸之门也，是者非之尊也。"（《说苑·谈丛》）将福作为祸的先导，刘向的思想为企业在成长期掌握祸福的转变提供了信心和指导。

成长期对于企业来说是个发展壮大的过程，实力逐步增强的历程。这段时期是企业发展较为快速的时期，市场占有率的提升、利润的增长使企业在激烈的市场中占据一定的份额。在资金充裕的情况下，企业可能会选择扩大规模，试图通过实体店来进一步宣传产品，宣传企业形象，从而进一步扩大企业在市场的影响力，然而这种规模化的扩张是基于对市场需求的预测，预测较为准确的企业能获得较为满意的投入产出比，预测失误的企业则可能面临资金的回笼问题，固定资产的投入占据大量的流动资金，使企业资金运转面临困境。造成这种状况的原因很大程度上归咎于企业在成长期的骄傲心理，对自身实力的过高估计和对市场激烈程度的轻视。这种骄傲心理极有可能使企业的福气消失，祸患相随。刘向认为"祸生于欲得，福生于自禁"（《说苑·谈丛》），过于贪心是会招来祸福的，能够控制自己的人会有福气降临。企业在成长过程中能够掌控自身的骄傲心理，谦虚地对待自身的进步和成功，企业就会有更大的福气。《淮南子·缪称训》中写道："君子能为善，而不能必得其福；不忍为非，而未能避免其祸。"可见祸福的改变不是轻而易举就能做到的，需要我们努力达到一个质的改变才能规避祸患。刘向则提出"祸与福相贯，生与死为邻"（《战国策》）的观点。进一步验证了祸福是相互贯通、相依相伴的，这种相互依存的状态让我们从祸中看到了福。"祸福无门，唯人所召"（《左传·襄公二十三年》），进一步阐述了灾祸和幸福不是上天注定的，大多数都是自己造成或促成的，只要我们有心并付出一定的努力，祸事也可以变成好事。同时，袁了凡也表示"吾于是而知，凡称祸福自己求之者，乃圣贤之言。若谓祸福惟天所命，则世俗之论矣"（《了凡四训》）。意思是说认为祸福是天注定的人都是愚蠢的，只要付出足够的努力祸是可以变成福的，人的命运也是可以改变的，一切都要靠自己去把握。鲁哀公就曾问孔子："夫国家之存亡祸福，信有天命，非唯人也。"（《孔子家语·五仪解第七》）鲁哀公认为祸福的到来都是天意，不只是人决定的。孔子回答他："存亡祸福，皆己而已，天灾地妖，不能加也。"（《孔子家语·五仪解第七》）孔子则认为祸福都是由人来决定的，上天无法施加影响。

现代鲁商朱新礼在1993年将企业主营业务转成生产浓缩果汁之后，企业得到较快发展，在行业里慢慢有一定的竞争实力。但朱新礼知道"祸与福邻，莫知其门"（《荀子·大略》），他时刻保持不断奋进的心，尽力维护产业生态链，并在企业有一定实力的同时资助公益事业，慈善事业虽然不能给企业带来直接的利益，但"积爱成福，积怨则祸"（《淮南子·人间训》），仁爱积聚多了就会有福，汇源也因公益慈善活动的开展而不断建立了良好的企业形象。同时汇源的不断壮大验证了曾子的"人而好善，福虽未至，祸其远矣；人而不好善，祸虽未至，福其远矣"（《中论》）。朱新礼曾说："尽管前方是沙漠，尽管前方看不到绿洲，我还是义无反顾地向前，因为我相信，前面一定会出现绿洲。"这句话可以看出他深得儒家"祸福观"思想的影响，相信祸福相依，企业一定会迎来它的"福"。

新浙商任正非创立的华为在发展过程中面对国际电信巨头和国内市场恶性竞争时就及时调整策略，放弃城市市场的争夺，转战农村市场，放弃城市市场的份额看似是祸，但正是这样的舍弃使企业占据了大量的农村市场份额，进而获得企业发展的福气，正如刘向所说"存亡祸福，其要在身"（《说苑·敬慎》），祸福是可以被人掌控的。深入农村市场的决策使华为很好地规避了电信巨头施加的祸，收获了农村市场发展的福。

三、福转祸的成熟期

企业在成熟期可能会因为自身发展状态的良好而对未来发展前景过于欢喜，在激烈的市场竞争中获得一定成功就沾沾自喜、得意忘形，放松了对市场的警惕，这种自傲的状态最终会导致祸患。柳宗元在其《天说》中就谈到"功者自功，祸者自祸"。一定的举动会产生一定的结果，企业的祸患和自身的心态有很大关系，企业对待福乐之事要像《荀子·仲尼》说到的"福事至

第八章 儒家的祸福观与创业生命周期管理

则和而理,祸事至则静而理"。企业成熟期经营有方、保持正确的心态就能获得长远的发展,对市场竞争掉以轻心就可能有灾难降临。

正如《春秋繁露·竹林》所说:"齐顷公亲齐桓公之孙,国固广大而地势便利矣,又得霸主之余尊,而志加于诸侯,以此之故,难使会同,而易使骄奢。"齐国因独尊地位而骄奢,正是相当于现在的企业在市场中拥有一定的竞争实力和地位而忽视潜在的竞争对手。最后齐国在战争中败于晋、鲁、卫和曹四国,因而董仲舒在文中总结出"得志、有喜,不可不戒"(《春秋繁露·竹林》),并感叹"是福之本生于忧,而祸起于喜也。呜呼!物之所由然,其于人切近,可不省邪"(《春秋繁露·竹林》)。齐国正是由于过于骄傲而没有对臣子表示应有的尊重,在战争中过于轻视敌人而导致落败的。企业应该从中吸取教训,不管企业发展得如何成功都不能忽视员工的价值,要尊重和重视他们,肯定员工对企业的贡献,激励员工使他们更好地为企业的发展贡献力量。与此同时不能忽视竞争对手的威胁,要时刻关注市场动向,不然就可能被竞争对手抢占市场,甚至使企业陷入困境,正如董仲舒所说的"祸起于喜也"。孔子曾这样对孟子说道:"为此诗者,其知道乎!能治其国家,谁敢侮之,今国家闲暇,及是时,般乐怠敖,是自求祸也,祸福无不自己求之者。"(《孟子·公孙丑上》)可见要想转祸为福必须有所行动,企业也是如此。企业如果想规避祸患的来临,将可能到来的祸变为福,就必须学会将眼光放长远,预测未来市场动向,对于自身的成功要学会理性对待,更加谨慎地经营,忧患意识是预防针,可以较好地规避危险来临时的惊慌失措,"福之本生于忧"说的就是这个道理。韩婴也在其《韩诗外传》提到"福之本,起于忧,而祸起于喜","利为害本而福为祸先"(《韩诗外传》)。幸福的来源大多本于忧患,而灾祸则大多因为得意忘形。《左传·襄公十一年》中也表明"居安思危,思则有备,有备无患"。不管企业发展得如何都要培养忧患意识,更重要的是培养员工的忧患意识,让大家意识到企业运营的挑战性,树立危机感和责任感,使企业在激烈的商战中形成自我的防守体系,从而使企业健康顺利地发展下去。"善游者溺,善骑者堕,各以其所好,反自为祸"(《淮南子·原道训》)。善于游泳的人更容易淹死,善于骑马的人更容易摔伤,这就如同企业在成熟期有所恃更容易招来祸患是一个道理。

福转祸的事情是很容易发生的,古代就有这样的实例。有历史记载:"昔者,殷王帝辛之世,有雀生大鸟于城隅焉。占之曰:'凡以小生大,则国家必王而名必昌。'于是帝辛介雀之德,不修国政,亢暴无极,朝臣莫救,外寇乃至,殷国以亡,此即以己逆天时,诡福反为祸者也。"(《孔子家语·五仪解第七》)殷纣王帝辛继位时重视农耕,鼓励农业发展,国力不断增强。国家的发展促进了民族之间的融合，因而就出现了雀的吉兆，殷纣王相信这个占卜之说，认为国家不治理也能繁荣昌盛，居功自傲，苛待臣民，横征暴敛，最后被敌国所灭，这就是过分相信天意，幻想着坐享其成，不愿用心维护这来之不易的福，从而使"奇福"变成了"大祸"。企业在成熟期的境遇和国泰民安的殷国如出一辙，有了一定的实力和社会地位，使企业极易因强生骄，止步不前，失去上进心，放弃创新，浪费了成熟期所拥有的优良的人力、物力和财力，即企业不知不觉中就会被其他企业所赶超，等企业意识到时再做对策就可能会措手不及，甚至不知不觉中让企业面临困境，使福气变成祸患。

现代粤商李嘉诚就深刻地领悟了董仲舒的"福之本生于忧，而祸起于喜也"（《春秋繁露·竹林》），李嘉诚的企业靠经营塑胶发展为行业内的知名企业，李嘉诚也成为公认的"塑胶花大王"，企业运营的成功并没有让他骄傲地懈怠下去，而是不断寻求更高层次的发展。在资金充裕的条件下，李嘉诚涉足地产业，实行多元化战略，使资源得到最大限度的利用。孟子对忧患意识的认识是"生于忧患而死于安乐也"。孔子也认为"人无远虑，必有近忧"。李嘉诚正是遵循这个理念，时刻保持危机感，总是提前在心里面创造出公司的逆境，《中庸》中就说道："至诚之道，可以先知。国家将兴，必有帧祥；国家将亡，必有妖孽。见乎蓍龟，动乎四体。祸福将至：善，必先知之；不善，必先知之。故至诚如神。"李嘉诚相信祸福来临时可以事先预知，通过别的公司的事件设想自己公司的状况，找到可能松弛的部分，然后去改变，做好准备，逆境到来的时候反而变成了机会。李嘉诚对儒家"祸福观"有深刻的理解，正是他的这种根深蒂固的忧患意识才成就了今天的商业帝国，才为企业带来了福气和幸运。

新浙商邵逸夫作为著名电影制作人、娱乐业的大亨，20世纪六七十年代他的电影公司成功上市发展到鼎盛时期，但这位电影制作精英看到了企业将会面临的祸患，果断地转战电视行业，成为当时实力强劲的传媒企业，实现了企业发展的又一次飞跃。同时邵逸夫是慈善家，为教育事业和贫困地区的建设做出了巨大贡献。"福由己发，祸由己生。"（《淮南子·谬称训》）邵逸夫的英明决策和公益善举为企业的发展带来了福气，及时地转将要到来的"祸"为"福"。

四、祸转福的衰退期

处在衰退期的企业产品和市场份额呈下降趋势，产品供大于求，新产品研究失败或者还没有完全被市场所接受；同时企业利润减少，财务状况日渐趋于恶化。产品的大量积压造成企业资金回笼慢，现金流量减少，盈利能力下降使企业申请银行信用贷款的难度加大。企业筹资能力也随之下降，在企业资金运

第八章 儒家的祸福观与创业生命周期管理

转不畅、融资困难情况下，企业的财务状况开始恶化，员工对企业发展也会慢慢失去信心。这种状态下被竞争对手接手、兼并的可能性增大，企业生存受到较为严重的威胁。这就是企业在衰退期需要承受的"祸"，要想摆脱这个祸，让祸转化为福，就要在企业进入衰退期时及时蜕变，如《孔子家语·五仪解第七》中所说："又其先世殷王太戊之时，道缺法圮，以至夭蘖，桑谷于朝，七日大拱。占之者曰：'桑谷野木，而不合生朝，意者国亡乎！'大戊恐骇，侧身修行，思先王之政，明养民之道，三年之后，远方慕义。重译至者，十有六国，此即以己逆天时，得祸为福者也。故天灾地妖，所以儆人主者也；寤梦徵怪，所以儆人臣者也。灾妖不胜善政，寤梦不胜善行，能知此者，至治之极也。唯明王达此。"当殷国开始没落的时候，为了避免国家灭亡，殷国努力进行革新，借鉴先王的治理良策，勤政爱民，带领百姓过上了富足的生活，从而使国家进入又一个鼎盛时期。企业也同样如此，在衰退期时不能就放任自流，要及时进行革新或转型，进一步重组，优化资源的配置，使资源的利用效率得到最大限度的利用，"此即以己逆天时，得祸为福者也"就深刻说明了要转祸为福是有条件的，是要付出努力的。

祸福并不是一成不变的，通过人的作为是可以改变的，可以将祸转化为福。杨炯就说："阴阳为道，大道无亭毒之心；祸福惟人，圣人有抑扬之教。"（《从弟去溢墓志铭》）是祸是福很大程度上取决于人自身的所作所为，要想将祸转变成福，就需要有所行动，使事情向好的方面发展。王錂也阐述了相同的道理，"天网恢恢真可信，须知祸福由人。"（《春芜记·反目》）祸福的降临大多是人自身的所作所为造成的，要想逃离祸患就需要付出一定的代价。孙梅锡也认为："祸福无常，忧喜难定，圣上一日心悔，娘娘便荣还，何苦悲凄。"（《琴心记·长门望月》）福和祸不是固定不变的，它随时都在不断的变化中，稍不留心就可能引祸上身。"祸福无门，惟人所召"（《左传·襄公二十三年》）。灾祸和幸福也并非是上天注定的，多半是自己造成或促成的，只要我们有决心并付出一定的努力，祸事也可以变成好事。如陶渊明在其《命子》中谈到"福不虚至，祸不易来"。福气不是那么容易降临的，要想获得福气的庇佑，就必须有改变的决心和魄力。朱熹在《四书集注·孟子集注》中也表明"祸福之来，皆其自取"。说明福和祸的到来都不是无缘无故的，灾祸和幸福都是自己招来的，同时，"祸福无不自己求之者"（《孟子·公孙丑上》），福气的获得没有不是自己努力得来的，没有什么是轻而易举得到的。企业也同样受用这些道理，企业在衰退期时可能会遇到各种"祸"，市场份额的减少、企业增长速度的倒退会使融资变得越来越困难，资金链问题得不到及时的解决就可能陷入被兼并甚至破产的境地。企业要想改变自身的处境就必须及时进行转型，选择性地进行割舍，放弃一些效益较差的产品线，实行战略收缩策略，集中有限的资源用于企业的转型或者新产品的研究，使资源发挥它最大的价值，从而使企业逃离祸患，转祸为福。所以企业只有自身寻求转变才能招来福气，采取一定的策略使企业蜕变才能使企业进入一个新的发展周期。

　　通过蜕变实现祸转福的事情也发生秦国，战国初期的秦国土地私有制的产生较其他六国晚，经济发展落后于齐、楚等六国，随时可能面临被吞并的状况。秦孝公找来商鞅推行变法，商鞅深受儒家思想的影响，他推行的一系列变法措施使秦国不断强大，经济和军事实力都得到大大的增强，最后成为战国后期最富强的国家。秦国及时进行变革，使国家一步一步进入一个强盛时期。企业也是如此，"祸福无门，唯人所召"（《左传·襄公二十三年》），只要敢于变革，愿意付出一定的努力，不断寻求企业的蜕变方式，就能使企业转祸为福。

　　张瑞敏作为新一代的鲁商，他将儒商思想运用到企业经营中，有着较强的忧患意识和市场意识，当初张瑞敏毅然决然地选择"砸冰箱"，将眼光放长远看问题，正如《淮南子·人间训》中写到的"夫祸之来也，人自生之；福之来也，人自成之。祸与福同门，利与害为邻，非神圣人，莫之能分"。幸福的到来是自己努力促成的，正是这次事件在海尔员工心中树立了强烈的质量意识和市场危机意识，间接使海尔实现了一次产品质量意识和经营理念上的蜕变，这场蜕变使海尔进入一个全新的发展周期，带给海尔不断发展并走向国际的福气。

本章小结

　　"日本企业之父"涩泽荣一在其代表作《论语与算盘》中把《论语》尊为企业管理的圣经，强调企业在其生命周期内要取之有道，拥有商德才能推动生产。①

　　在国内，儒家祸福观思想由来已久，儒家代表人物之一荀子在其《荀子·大略》中说："庆者在堂，吊者在闾；祸与福邻，莫知其门。"淮南王刘安也在《淮南子·人间训》中提到："祸与福同门，利与害为邻。"他们都强调福祸相依。另一儒家代表人物董仲舒在《春秋繁露·竹林》中提到："福之本生于忧，而祸起于喜也。"他着重于福祸相互转换。福祸相依，儒家祸福观思想跟随历史的车轮不断得到发展。在当代，儒学热不断升温，国人越来越深入地发现儒家经典中蕴含了深刻的智慧，企业家们争相借鉴儒家思想中优秀的管理

---

① 涩泽荣一：《论语与算盘》，李政译，江西美术出版社，2010年。

思想，国内学者对儒家思想研究也越来越深入。部分学者对福祸的相互转化进行了研究，秦榆、王爽以没有福祸观意识所带来的危害为出发点进行研究，孙新主张辩证地看待一切事物，防止福转化为祸，促使祸转化为福。赵杏根主张福祸转化是需要条件的，没有条件是转化不了的。

在创业的生命周期内会面临各种各样的难题，需要不断吸取科学的创业理念。儒家思想中的"祸福观"，对创业生命周期各阶段的管理有着重要的启示作用。本章以儒家"祸福观"和创业生命周期管理的关系为基点，探析了儒家"祸福观"中"祸福互转"对创业生命周期各个阶段的管理的指引性作用。

创业本身就是一种探索的旅程，寻找适合的管理思想对延长创业企业的生命周期长度有着重要的影响。儒家"祸福观"为创业企业延长生命周期提供了较为契合和新颖的管理思想，在企业处于"祸"时，换个角度来看待问题，困境有可能转化为另外一个契机，当企业处于"福"时，要学会把眼光放得长远，不能因顺境而掉以轻心，福祸相依，企业越是经营顺利越要处事谨慎，要提防可能的祸给企业带来损失。通过对儒家"祸福观"的深入研究以及当前我国创业生命周期的现状分析，提出有利于创业生命周期管理的建设性研究成果。

本章以儒家"祸福观"为基点进行研究，探讨其对创业生命周期各阶段管理的指导，挖掘其积极的促进作用，为企业延长创业生命周期提供建设性的意见。初创期的企业各方面都处在起步阶段，可能会面临各种各样的"祸"，但祸福相生，企业可以通过激发员工的积极性来挖掘出企业的"福气"。"故福之为祸，祸之为福，化不可极，深不可测也。"这句话深刻揭示了祸福之间微妙而难以捉摸的关系，企业在创业初期既有祸也有福，"福"就在于此时的企业拥有最有活力、最具创新力和爆发力的员工，关键在于企业是否善于发现潜在的"福"。重视员工，最大限度地激励员工是企业摆脱困境的契机。对于企业来说成长期是"祸福相依"的，没有成长过程中的艰辛就没有成长中的发展。企业要肯定员工对企业的贡献，对员工进行一定的奖励，同时鼓励员工再接再厉使企业获得更为长远的发展。成熟期的企业已经发展到一定的水平，要设想未来可能到来的祸，要把骄傲之态扼杀在摇篮里，预防"福"变成"祸"。衰退期是企业生命周期中的低谷，企业可以实施多元化战略或者进行产业转型，通过蜕变来寻找企业新的生命周期，使"祸"转变成"福"。

// 延伸阅读 //

郴商，即郴州商人，旧郴州府籍的商人或商人集团的总称，郴商又称"桂阳商人"。因郴州境内由资兴江（即耒水）贯穿而过，又称为"资兴商人"，俗称"资兴帮"，是指在旧郴州府人，经商过程中因同乡、业务关系而结成的商业行帮。

　　郴商萌生于商朝，成长于唐宋，盛于明，郴商是湖南八大商帮之一，鼎盛时期郴商曾经占有湖南总资产的1/3，亦儒亦商，辛勤力耕，赢得了"水上骡子人"的美称。郴商的活动范围遍及城乡，东抵江淮，西达滇、黔、关、陇，北至幽燕、辽东，南到闽、粤。郴商的足迹还远至日本、暹罗、东南亚各国以及西班牙等地。因郴州古属于南楚与西瓯，百粤交集之地，与相隔千里东瓯的温商虽分离千年，但勤劳创业吃苦耐劳的精神却惊人相似。清朝后期，随着封建经济的瓦解，郴商影响力减弱，民国后期因战乱逐渐消亡。近年随着改革开放的发展，郴商这个老品牌再次复兴。

　　郴商经营行业以煤、银、盐、典当、茶木为最著，其次为米、谷、棉布、丝绸、纸、墨、瓷器等。其中资兴人郴县人多煤商，永兴多银商，桂东人多茶、木商。郴商除了从事多种商业和贩运行业外，还直接办产业。郴州和粤北很多地方的煤矿、铁矿都是郴州人开的。郴商讲究商业道德，提倡以诚待人，以信接物，义利兼顾。以勤奋和吃苦耐劳而著称，在外经营，三年一归，新婚离别，习以为常。

　　郴商具有儒学气质。郴商之所以"贾而好儒"、"商而通理"，一则因为商业自身发展的需要。由于在激烈竞争的市场上，商品与货币的运动错综交织，商品供求关系变化万千，作为商品经营者须有相关的商业知识和社会知识，才能正确分析和把握市场形势，当机立断以获厚利。同时，随着商业规模的不断扩大，同行业之间以及各行业之间的交往关系日益密切，这又需要商人具备一定的组织管理才干，方能在商海中大显身手。如此从贾就要与业儒结下不解之缘。二则因为商人自我完善人性品格的追求。郴州素称"礼让之国"，尤其在宋朝理学兴盛之后，崇儒重学的风气日益炽烈，这样的社会环境致使郴商潜移默化地受到熏染和影响，加上郴商中许多人自幼就接受比较良好的儒学教育，孔孟儒家的思想说教、伦理道德，自然就成为他们立身行事、从商业贾奉守不渝的指南。

　　郴商有许多杰出代表，像舜华临武鸭的胡建文、中特教育集团的刘万友、高斯贝尔的刘潭爱、煤矿投资的袁述红、风险投资的曹成功等一大批优秀的企业家。

　　资料来源：http://baike.baidu.com/view/3069765.htm?fr=aladdin。

参考文献

[1] Tversky, Amos, Daniel Kahneman. Rational Choice and the Framing of Decisions [J]. The Journal of Business, 1986, 10 (59).

[2] Arasvathy, S. , S. Kotha. Dealing with Knigheian Uncertainty in the New Economy: The Real Networks Case [A]. Butler, J. (Ed.). Research on Management and Entrepreneurship [C]. Greenwich, CT: IAP Inc. , 2001.

[3] Cornelius, Barbara, Hans Landstrom. One Persson, Entrepreneurial Studies: The Dynamic Research front of Adeveloping Social Science [J]. Entrepreneurship Theory and Practice, 2006 (5).

[4] Barsky, E. D. Enterpreneurial Heuristics and Serial Entreprenueur [D]. Temple University, United Stetes, 2010.

[5] Bird, B. Implementing Entrepreneurial Ideas: The Case for Intention [J]. Academy of Management Review, 1988 (13).

[6] Busenitz, L. W. , P. West, D. Shepherd, et al. Entrepreneurship in Emergence: Past Trends and Future Directions [J]. Journal of Management, 2003, 29 (3).

[7] Busenitz, L. Research on Entrepreneurial Alertness: Sampling, Measurement, and Theoretical Issues [J]. Journal of Small Business Management, 1996, 34 (4).

[8] Busenitz, L. Research on Entrepreneurial Alertness: Sampling, Measurement, and Theoretical Issues [J]. Journal of Small Business Management, 1996, 34 (4).

[9] Cunha, M. P. E. Improvisational Entrepreneurshipas Decision Making: Rational, Intuitive and Approaches [J]. Journal of Enterprising Culture, 2007, 15 (1).

[10] Deakins, D. , M. Freel. Entrepreneurship and Small Firms [M]. CA: McGraw Hill, 2009.

[11] Politis, Diamanto, Jonas Gabrielsson. Entrepreeneurial Decision Making: Examining Preferences for Causal and Effectual Reasoning in the New Venture Creation Process [J]. Lund Institute of Economic Research Working Paper Series, 2006 (4).

[12] Ensley, M. D. Exploring the Existence of Entrepreneurial Teams [J]. International Journal of Management, 1999, 16 (2).

[13] Forbes, D. P. Cognitive Approaches to New Venture Creation [J]. International Journal of Management Reviews, 1999, 1 (4).

[14] Gaglio, C. M., J. A. Katz. The Psychological Basis of Opportunity Identification: Entrepreneurial Alertness [J]. Small Business Economics, 2001, 16 (2).

[15] Gartner, W., B. Bird, J. Starr. Acting as if: Differentiating Entrepreneurial from Organizational Behavior [J]. Entrepreneurship Theory and Practice, 1992, 16 (3).

[16] Gersick, C. Pacing Strategic Change: The Case of a New Venture [J]. Academy of Management Journal, 1994, 37 (1).

[17] Greiner, L. E. Evolution and Revolution as Organizations Grow [J]. Harvard Business Review, 1972 (7-8).

[18] Gulat, R., H. Singh. The Architecture of Cooperation: Managing Coordination Costs and Appropriation Concerns in Strategic Alliances [J]. Administrative Science Quarterly, 1998 (43).

[19] Gustafsson, V. Ettrepreneurial Decision – making: Individuals, Tasks and Cognitions [M]. Northampton, MA and Dheltenham: Edward Elgar, 2006.

[20] Hackman, J. R. A Normative Model of Work Team Effectiveness [R]. Office of Naval Research Arlington, 1983.

[21] Haire, M. Biological Models and Empirical Histories in the Growth of Organizations [D]. New York: John Wiley, 2009.

[22] Hartman, E., C. Tower, T. Sebora. Information Sources and Their Relationship to Organizational Innovation in Small Businesses [J]. Journal of Small Business Management, 1994, 32 (1).

[23] Hayton, J. C. Strategic Human Capital Management Entrepreneurial Performance [J]. Human Resource in SMEs: Management An Empirical Study of Journal, 2004, 42 (4).

[24] Heide, J. B. Interorganizational Governance in Marketing Channels [J]. Journal of Marketing, 1994 (58).

[25] Hill, R., M. Levenhagen. Metaphors and Mental Models: Sensemaking and Sensegiving in Innovative and Entrepreneurial Activities [J]. Journal of Management, 1995, 21 (6).

[26] Jones, A. E. Reflection-impulsivity and Wholist-Analytic: Two Fledglings? Oris R-I a Cuckoo? [J]. Educational Psychology, 1997, 17 (1-2).

[27] Craig, Justin B., Lindsay, Noel J. Quantifying "gut feeling" in the Opportunity Recognition Process Frontiers of Entrepreneurship Research: Proceedings of the Twenty-first Annual Entrepreneurship Research Conference [J]. Sapienza Wellesley Babson College, 2001.

[28] Kahneman, D., D. Lovallo. Timid Choices and Bold Forecasts: A Cognitive Perspective on Risk Taking [J]. Management Science, 1993, 39 (1).

[29] Kaish, S., B. Gilad. Resources, Characteristics of Opportunities Search of Entrepreneurs Versus Interest and General Alertness [J]. Journal of Business Venturing, 1991, 6 (1).

[30] Kamm, J. B., J. C. Shuman, J. A. Seeger, A. J. Nurick. Entrepreneurial Teams in New Venture Creation: A Aesearch Agenda [J]. Entrepreneurship Theory and Practice, 1990, 14 (4).

[31] Katz, J. A. The Chronology and Intellectual Trajectory of American Entrepreneurship Education [J]. Journal of Business Venturing, 2003, 18 (2).

[32] Masten, S. E. Transaction Costs, Mistakes, and Performance: Assessing the Importance of Governance [J]. Managerial and Decision Economics, 1993 (14).

[33] Mcclelland, D. Testing for Competence rather than Intelligence [J]. American Psychologist, 1973 (2).

[34] Mello, Antonio S., Martin E. Ruckes. Team Composition [J]. Journal of Business, 2006, 79 (3).

[35] Miner, A. S., et al. Organizational Improvisation and Learning: A Field Study [J]. Administrative Science Quarterly, 2001, 26 (2).

[36] Oxley, J. E. Institutional Environment and the Mechanisms of Governance: The Impact of Intellectual Property Protection on the Structure of Inter-firm Alliances [J]. Journal of Economic Behavior & Organization, 1999 (38).

[37] Palich, L., R. Bagby. Using Cognitive Theory to Explain Entrepreneurial Risk-taking: Challenging Conventional Wisdom [J]. Journal of Business Venturing, 1995, 10 (6).

[38] Quinn, R. E., K. Cameron. Organizational Life Cycles and Shifting Criteria of Effectiveness: Some Prelim in ary Evidence [J]. Management Sci, 1983 (29).

[39] Rauch, A., M. Frese. Let's put the Person back into Entrepreneurship Research: A Meta Analysis on the Relationship between Business Owners' Personality Traits, Business Creation and Success [J]. European Journal of Work and Organizational Psychology, 2007.

[40] Ring, P. S., A. H. VondeVen. Structuring Cooperative Relationships between Organizations [J]. Strategic Management Journal, 1992 (13).

[41] Sampson, R. C. The Cost of Misaligned Governance in R&D Alliances [J]. Journal of Law Econom ics & Organization, 2004 (20).

[42] Santaro, M. D., J. P. Mcgil. The Effect of Uncertainty and Asset Cospecialization on Governance in Biotechnology Alliances [J]. Strategic Management Journal, 2005 (26).

[43] Shane, V. S. The Promise of Entrepreneurship as A Field of Research [J]. Academy of Management Review, 2000, 25 (1).

[44] Shapero, A., L. Shkol. The Social Dimensions of Entrepreneurship [M]. Encyclopaedia of Entrepeneurship [M]. Prentice-Hall Inc, 1982.

[45] Starbuck, W., A. Greven, B. Hedberg. Responding to Crises [J]. Journal of Business Administration, 1978, 9 (2).

[46] Vera, D., M. Crossan. Improvisation and Innovative Performance teams [J]. Organization Science, 2005, 16 (3).

[47] Wright, M., et al. Firm Rebirth: Leveraged Buyouts as Facilitators of Strategic Growth and Entrepreneurship [J]. Academy of Management Executive, 2001, 15 (1).

[48] Adizes:《企业生命周期》，中国社会科学出版社，1997 年。

[49] [美] 吉姆·柯林斯:《从优秀到卓越》，俞军利译，中信出版社，2009 年。

[50] [日] 涩泽荣一:《论语与算盘》，李政译，江西美术出版社，2010 年。

[51] [日] 伊藤肇:《东方人的经营智慧》，光明日报出版社，1987 年。

[52] (汉) 董仲舒:《春秋繁露》，中华书局，2011 年。

[53] (明) 顾炎武、张京华注释:《明清思想经典丛书：日知录校释》，岳麓书社，2011 年。

[54] (清) 焦循:《孟子正义》，中华书局，2011 年。

[55] （宋）朱熹：《朱子语类》（卷37），中华书局，2011年。

[56] 安小兰：《荀子》，中华书局，2007年。

[57] 白诗郎、张颖：《波士顿儒家：全球儒学的第三次浪潮》，《儒教研究期刊》，2009年第5期。

[58] 鲍丛丛：《高新技术企业创新团队管理研究》，天津科技大学硕士论文，2009年。

[59] 北京大学哲学系中国哲学教研室：《中国哲学史》，北京大学出版社，2001年。

[60] 彼得·德鲁克（1954）：《管理的实践》（中译本），机械工业出版社，2006年。

[61] 编委会：《周易·第十二卦》，中国纺织出版社，2006年。

[62] 编委会：《周易·乾》，中国纺织出版社，2006年。

[63] 陈德智：《创业管理》，清华大学出版社，2001年。

[64] 陈冠任、肖万华：《个人创办私营公司全过程操作》，中国工人出版社，2002年。

[65] 陈广忠：《淮南子译注》，吉林文史出版社，1990年。

[66] 陈国庆：《中华儒家精神》，西北大学出版社，1999年。

[67] 陈洪海、冉万里译注：《白话孟子》，三秦出版社，1996年。

[68] 陈佳贵：《关于企业生命周期与企业蜕变的探讨》，《中国工业经济》，1995年第7期。

[69] 陈来：《东亚儒学九论》，生活·读书·新知三联书店出版社，2008年。

[70] 陈美兰译注：《礼记·孝经/中华经典藏书》，中华书局，2008年。

[71] 陈树文：《组织管理学》，大连理工大学出版社，2006年。

[72] 陈晓芬译注：《论语大学中庸》，中华书局，2011年。

[73] 程昌明译注：《论语》，山西古籍出版社，1999年。

[74] 程俊英译注：《诗经》，上海古籍出版社，2006年。

[75] 杜维明：《儒家思想论集》，生活·读书·新知三联书店，2013年。

[76] 杜维明：《儒学第三期发展的前景问题》，联经出版事业公司，1989年。

[77] 方向东注译：《新书》，中华书局，2012年。

[78] 方勇、李波译注：《荀子（精）/中华经典名著全本全注全译丛书》，中华书局，2011年。

[79] 方勇等译注：《荀子·大略》，中华书局，2011年。

[80] 方勇等译注：《荀子·法行篇》，中华书局，2011年。
[81] 方勇等译注：《荀子·非十二子》，中华书局，2011年。
[82] 方勇等译注：《荀子·荣辱》，中华书局，2011年。
[83] 方勇译注：《墨子·修身》，中华书局，2011年。
[84] 冯友兰：《中国哲学史新编》（下卷），人民出版社，1998年。
[85] 郭丹译注：《左传》，中华书局，2012年。
[86] 郭璞译注：《尔雅注疏》，上海古籍出版社，2010年。
[87] 郭彧译注：《易经》，中华书局，2006年。
[88] 韩德民：《荀子与儒家的社会理想》，齐鲁书社，2001年。
[89] 韩冬：《企业间竞争与合作的伦理探究》，《沈阳工程学院学报》（社会科学版），2006年第1期。
[90] 韩婴、许维遹校释：《韩诗外传》，中华书局，2004年。
[91] 河南程氏遗书（第1册），《二程集》中华书局，1981年。
[92] 胡平生、陈美兰译注：《礼记·聘义》，中华书局，2007年。
[93] 黄俊杰编注：《孟子·告知上》，生活·读书·新知三联书店出版社，2013年。
[94] 黄俊杰编注：《孟子·离娄下》，生活·读书·新知三联书店出版社，2013年。
[95] 姬昌：《周易大全珍藏本/(图文)超值白金版》，华文出版社，2009年。
[96] 姬娇娇、乔志杰：《谈员工满意度对企业发展的重要性》，《商业经济》，2012年第4期。
[97] 加里·德斯勒：《人力资源管理》（中译本），中国人民大学出版社，1999年。
[98] 蒋灵达：《试论中国企业文化对儒家思想的承接》，华东师范大学博士论文，2007年。
[99] 解晓燕：《儒家管理思想与现代企业柔性管理研究》，中国石油大学博士论文，2008年。
[100] 孔庆明、陈秀平：《中国儒家文化》，长春出版社，2010年。
[101] 孔子：《礼记》，中华书局，2006年。
[102] 孔子：《论语》，中华书局，2006年。
[103] 贾志刚校释：《孔子世家》，广西师范大学出版社，2011年。
[104] 老子：《道德经第三十三章》，吉林大学出版社，2011年。
[105] 雷震：《中国传统儒家伦理的逻辑》，黑龙江大学博士论文，2011年。

[106] 李万寿编注：《晏子春秋·内篇谏上》，贵州人民出版社，1993 年。

[107] 李先银译注：《四书章句集注》，中华书局，2009 年。

[108] 梁海明译注：《荀子》，山西古籍出版社，2002 年。

[109] 梁启超、蔡锷辑录：《曾国藩箴言录》，中国画报出版社，2013 年。

[110] 林宏星编注：《荀子·礼论》，复旦大学出版社，2011 年。

[111] 林俊俊：《〈荀子〉管理哲学思想研究》，华东师范大学博士论文，2012 年。

[112] 刘军、黄少英：《儒家伦理思想与现代企业管理理论》，科学出版社，2010 年。

[113] 刘利、纪凌云：《左传》，中华书局，2007 年。

[114] 刘沁玲：《中国创业学研究的现状与未来方向》，《科学学研究》，2008 年第 4 期。

[115] 刘述涛编注：《每天读点名言智慧》，中国纺织出版社，2012 年。

[116] 刘向：《说苑·立节》，中华书局，1987 年。

[117] 刘向：《向宗鲁校释．说苑》，中华书局，2001 年。

[118] 刘禹锡：《傅佩荣校释．天论》，中华书局，2010 年。

[119] 刘玉瑛、张今：《诚信决定存亡》，新华出版社，2008 年。

[120] 刘兆祥译注：《左传》，海潮出版社，2012 年。

[121] 刘宗志译注：《论语》，贵州人民出版社，2009 年。

[122] 柳宗元、梅新林校释：《天说》，中国社会科学出版社，2010 年。

[123] 吕丽、韩婷译注：《诗经·羔裘》，陕西人民出版社，2012 年。

[124] 吕丽、韩婷译注：《诗经·小雅·巧言》，陕西人民出版社，2012 年。

[125] 吕丽丽、韩婷编注：《诗经·旱麓》，三秦出版社，2012 年。

[126] 吕明瑜：《竞争法》，法律出版社，2004 年。

[127] 罗国杰：《中国传统道德》，中国人民大学出版社，1995 年。

[128] 马秋丽、张德苏：《儒家思想导论》，首都经济贸易大学出版社，2010 年。

[129] 麦小颖、许秀瑛：《论语》，广州出版社，2004 年。

[130] 孟轲、王常则：《孟子》，山西古籍出版社，2003 年。

[131] 顾长安校释：《孟子》，万卷出版公司，2009 年。

[132] 《孟子》，中华书局，2006 年。

[133] 牟钟鉴：《儒家仁学的演变与重建》，《哲学研究》，1993 年第 3 期。

[134] 钱玄、钱兴奇、王华宝、谢秉洪编注：《周礼·地官·司徒》，岳麓书社，2001 年。

[135] 秦榆：《孔子学院》，中国长安出版社，2006 年。
[136] 清渠：《徽商的儒道》，工业大学出版社，2014 年。
[137] 涩泽荣一：《论语与算盘》，九州出版社，1994 年。
[138] 盛广智：《中国儒家文化名著》，延边大学出版社，1995 年。
[139] 师为公：《中庸深解》，作家出版社，2009 年。
[140] 石书蔚：《孔子的哲学思想》，吉林大学硕士论文，2007 年。
[141] 舒大刚、彭华：《忠恕与礼让》，四川大学出版社，2008 年。
[142] 宋长琨：《儒商文化概括》，高等教育出版社，2010 年。
[143] 苏东水：《东方管理学》，复旦大学出版社，2005 年。
[144] 苏询：《管仲论》，中国工人出版社，2006 年。
[145] 孙安邦、马银华：《荀子》，山西古籍出版社，2003 年。
[146] 孙梅锡：《琴心记》，中国长安出版社，2007 年。
[147] 孙希旦译注：《礼记》，中华书局，1989 年。
[148] 孙新：《福祸得失之间》，《思维与智慧》，2004 年第 2 期。
[149] 唐凯麟、曹刚：《重释传统——儒家思想的现代价值评估》，华东师范大学出版社，2008 年。
[150] 唐凯麟、陈仁仁：《成人之道——儒家伦理文化》，山东教育出版社，2011 年。
[151] 蔡文锦校释：《命子》，上海古籍出版社，1999 年。
[152] 袁行霈校释：《荣木一首》，中华书局，2003 年。
[153] 田玲：《顺通公司创业团队管理研究》，兰州大学硕士论文，2010 年。
[154] 佟平：《半部论语学管理》，南方日报出版社，2007 年。
[155] 万丽华等译注：《孟子》，中华书局，2006 年。
[156] 王夫之：《读通鉴论》，中华书局，1975 年。
[157] 王国轩：《大学》，中华书局，2006 年。
[158] 王家烨：《儒家思想与日本现代化》，浙江人民出版社，1995 年。
[159] 王建伟：《孔子"仁"的范畴及其现代价值》，曲阜师范大学博士论文，2011 年。
[160] 王镂：《春芜记》，吉林文史出版社，2003 年。
[161] 王彦嘉：《儒家仁道思想与现代企业管理中的道德建设》，青海师范大学博士论文，2013 年。
[162] 王云云：《朱熹礼学思想渊源研究》，西北大学博士论文，2013 年。
[163] 魏光兴：《企业生命周期理论综述及简评》，《生产力研究》，2006 年第 6 期。

[164] 吴楚才:《古文观止》,中华书局,2009年。
[165] 吴则虞:《晏子春秋集释》,中华书局,1962年。
[166] 吴则虞译注:《晏子春秋·谏篇》,国家图书馆出版社,2011年。
[167] 犀然编注:《孟子·公孙丑下》,人民文学出版社,2010年。
[168] 犀然编注:《孟子·离娄》,人民文学出版社,2010年。
[169] 徐斌、辛愿:《海底捞的心智管理模式创新》,《中国人力资源开发》,2012年第5期。
[170] 许绍龙:《易经的奥秘》,金城出版社,1993年。
[171] 颜士梅:《创业组织的特征分析》,《软科学》,2006年第2期。
[172] 杨杜:《现代管理理论》,中国人民大学出版社,2001年。
[173] 杨炯:《从弟去溢墓志铭》,中华书局,1999年。
[174] 杨蕾:《基于经典模型的机会型创业机会研究》,合肥工业大学博士论文,2008年。
[175] 杨文士、焦叔斌、张雁、李晓光:《管理学》,中国人民大学出版社,2009年。
[176] 余焕新:《儒家行为管理》,经济管理出版社,2012年。
[177] 余英时:《现代儒学的回顾与展望》,三联书店,2004年。
[178] 袁闯:《混沌管理》,浙江人民出版社,1997年。
[179] 尚荣、徐敏评注:《了凡四训》,中华书局,2008年。
[180] 约瑟夫·熊彼特:《经济发展理论(中译本)》,商务印书馆,1990年。
[181] 张岱年:《玄儒评林》,湖南人民出版社,1985年。
[182] 张丹:《伊恩·夏皮罗民主思想研究》,河北师范大学硕士论文,2012年。
[183] 张鹤丽:《国外创业理论的发展历程》,人力资源管理,2010年第10期。
[184] 张能为、代祥龙、王军、王志红:《多视角中的诠释——儒学文化的现代展开与实践》,安徽大学出版社,2008年。
[185] 张荣刚:《儒家思想的历史演变》,《安徽文学》,2009年第10期。
[186] 张世亮、钟肇鹏、周桂钿译注:《春秋繁露》,中华书局,2004年。
[187] 赵德志:《企业伦理问题及其根源》,《辽宁大学学报》(哲学社会科学版),2006年第5期。
[188] 赵秀清:《组织与联结——浅谈访谈资料的整理和分析》,首都经济贸易大学博士论文,2012年。
[189] 赵子祥:《哲学要研究竞争与合作》,《实事求是》,2006年第

2期。

[190] 中国孔子基金会：《儒学与二十一世纪》，华夏出版社，1996年。

[191] 周劲波、蔡成凤：《创业决策研究综述》，《柳州职业技术学院学报》，2011年第11期。

[192] 周立升、颜炳罡：《儒家文化与当代社会》，山东大学出版社，2002年。

[193] 朱熹：《四书集注》，岳麓书社，1986年。

[194]《朱子语类》，中华书局，1994年。

[195] 朱相宇：《企业生命周期视野中的专业化和多元化》，《商业时代》，2009年第3期。

[196] 朱绪建：《儒家管理思想论》，山东大学硕士论文，2012年。

[197] 何忆校释：《左传》，中国工人出版社，2008年。

后　记

　　出于欣赏儒家文化和研习创业管理理论，我开始了《儒家创业管理》的撰写征程。历时一个多春秋，夜不能寐，终成拙作。

　　难忘对中国古代传统思想的体验之行。山东孔子故里之行、鹰潭龙虎山道家文化之行、九江东林寺之行以及奉新百丈寺之行，这些旅程增加了我写作的感性认识，也激发、提升了创作的热情。

　　在江西省管理学会于江西财经大学举办的第二届白鹿洞论坛上，长老、禅师及专家学者们对传统管理思想的现代诠释也对写作释疑良多。

　　儒家思想博大精深，儒学理论推陈出新，新的儒商层出不穷。创业环境不断变革，创业理论持续创新。单凭有限学识，仅用粗浅的笔触勾勒了儒家创业管理的轮廓，却难以勾勒出儒家创业管理的全貌。

　　在探究儒家思想的过程中，我发现了其中辩证的哲理，与最近研究的"企业战略管理理论的辩证逻辑"不谋而合，产生了增加儒家辩证观与创业战略管理一章的冲动。经过几夜的权衡，终究放弃了此想法，甚是遗憾！

　　感谢导师吴照云教授的悉心指导和帮助。导师深厚的学术功底、敏捷而创新的思维、开放而豪迈的气魄、厚德载物的人格及丰富的处世阅历深深激励着我前行。

　　在撰写本著作的过程中，还蒙老师、师兄弟及同事们的指点。他们是江西财经大学工商管理学院的胡宇辰院长、南昌航空大学经济管理学院的平飞副院长、江西财经大学首席教授方宝璋教授、江西财经大学产业经济研究院的邢小明副院长、江西财经大学工商管理学院的胡海波副院长、江西财经大学人文学院的王玉琦副院长、江西财经大学旅游与城市管理学院的邹秀清副院长、江西财经大学马克思学院的周书俊博导和吴通福教授、江西财经大学当代财经杂志社的徐鸣教授、江西财经大学人文学院的系主任龚贤教授，以及江西财经大学工商管理学院的蔡文著教授、柳振群博士、刘爱军博士、钟尉博士、余焕新博士、宋丽丽博士。对他们给予的帮助表示深深谢意！感谢江西省科技厅重大软科学项目的支持。

| 儒家创业管理 |

　　文化是历史的积淀，创业管理思想无不打着先辈的烙印。日本学人认为，"二战"后新一代商人的成功离不开三子（孔子、老子、孙子）、三书（《论语》、《道德经》、《孙子兵法》）和三种学说（儒家、道家、兵家）中悟出的经商理念。日本商战尚且能把中国传统文化精华运用得如此淋漓尽致，更何况在中国国内？

　　马克思主义认为，理论在一个国家的实现程度取决于需要程度，而需要归根到底是由经济发展的历史进程所决定的。儒商自古有之，现在新儒商不断崛起。在当下创业型经济迅猛发展的态势下，研习儒家创业管理是急社会经济发展之需。

　　推动中国民营经济腾飞的主力军应是怎样的人？民族文化走向现代化的推动者是谁？数创业风流，看今日儒商！

余长春
农历戊戌年腊月十七日
于卧龙港启航路 G 栋楼